나는 권리종자다!

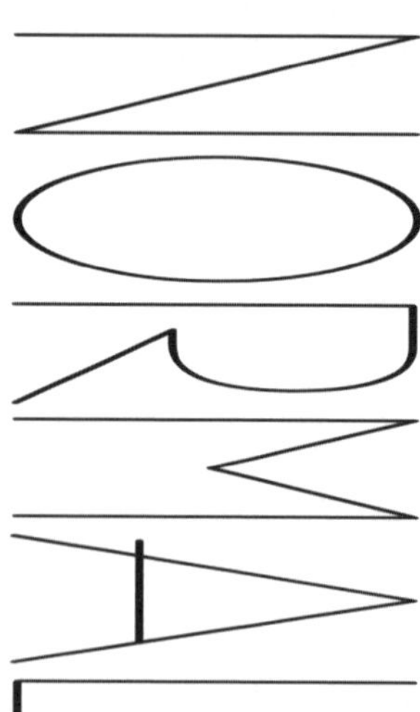

관계의 숲속 누구나 일으키는 아무나 혁명

노멀 레볼루션

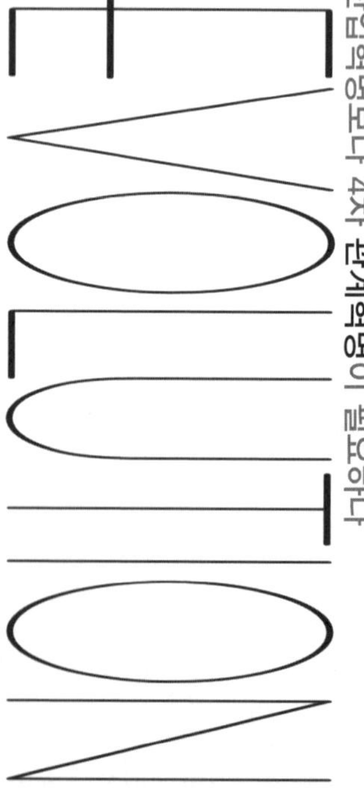

4차 산업혁명보다 4차 관계혁명이 필요하다

| 머리말 |

나는 경계인이다. 연구하는 전문 이론가가 아니다. 더 많은 노동시민이 권리를 찾아 누리기를 바란다. 노동현장과 함께 실천하지만 현장노동을 하지 않는다. 이론가와 현장노동자 사이에 있다. 20여 년 노조 상급단체에서 활동했다. 9년째 수도 서울과 지방 사이에 낀 경기도에서 활동 중이다. 수도권으로 불리지만 서울도 아니고 먼 지방도 아닌 경계에 있다. 1980년대에 시작한 민주노조와 함께했다. 지금은 누구에게나 필요한 대안노조와 더 나은 사회를 갈망한다. 20세기 경험과 21세기 현실을 함께 품고 산다.

모든 인간은 경계에 산다. 모든 인간은 사건과 사건이 겹치는 시간의 경계에 산다. 사건과 사건이 벌어지는 공간의 경계에 산다. 삶이 경계고 사회가 경계다. 경계는 어디에도 속하지 못한 혼돈일 수 있다. 그러나 경계는 한곳에 묻힌 편향을 넘어 모든 것을 받아 창조할 수 있다. 경계는 혼돈이 아니라 창조다. 경계에 서지 않으면 삶은 정지한다. 사회는 창조하지 못한다.

한국 사회는 경계에 섰다. 2017년, 민주화운동이 폭발했던 때로부터 딱 30년이 된 시점에 탄핵촛불운동으로 정권이 바뀌었다. 20세기 성장기는 지났다. 21세기 저성장기에 있다. 산업화 시대는 아주 오래전 얘기다. 민주화 시대도 오래된 얘기다. 양극화 시대를 지나고 있는 한국 사회는 어디로 갈 것인가. 우리 삶은 어떻게 될까. 한국은 경계에 있다.

경계를 넘는 방향이 문제다. 유행처럼 '4차 산업혁명'이라는 말이 번지고 있다. 4차 산업혁명이 저성장을 성장으로 바꿀까? 우리 삶이 나아질까? 기술은 늘 발전하고 있다. 반대할 생각이 없다. 그러나 4차 산업혁명이 마치 사회를 구할 혁명인 것처럼 떠드는 것에 반대한다. 기술이 사회 문제를 고치고 행복을 가져오지 않는다. 문제는 사람관계에 있기 때문이다. 관계가 엉망이다. 산업혁명보다 관계혁명이 절실하다. 4차 산업혁명보다 4차 관계혁명이 필요하다.

노멀 레볼루션은 무엇일까. 노멀(Normal)은 '보통의' '평범한' '일반적인' '정상적인' 뜻을 가진다. 레볼루션(Revolution)은 혁명을 의미한다. 내가 쓰는 '노멀 레볼루션'은 첫째, 특별한 혁명가나 뛰어난 활동가에 의한 위대한 혁명이 아닌 평범한 시민 '아무나'가 주체인 혁명이다. 둘째, 일터와 일상에서 시작하는 혁명이다. 국가를 둘러싼 권력투쟁을 통해 일으키는 혁명도, 상징적 광장에서 시작하는 혁명도 아니다. 일터를 비롯한 익숙한 일상 공간에서 시작한다. 셋째, 목적을 생활을 바꾸는 데 둔다. 2017년 광장탄핵촛불은 꺼졌다. 정권이 바뀌어도 내 삶이 바뀌지 않으면 의미가 없다. 이제 국정농단이 아니라 삶의 농단을 없애야 한다. 장시간 노동을 인내하며 현재 행복을 유보하는 과거 삶의 기준이 아니라 '오늘만 산다' '욜로족' '워라밸 세대' 등 다양한 변화요구가 솟아나고 있다. 넷째, 방법을 관계에 둔다. 관계가 바뀌어야 삶이 바뀐다. 누구나 일상에서 맺고 있는 관계를 바꾸는 혁명이 '노멀 레볼루션'이다.

상식은 바뀐다. 세계 금융위기 이후 과거와 다르게 저성장 · 저금리 · 저물가 같은 새로운 표준이 확산하면서 뉴노멀(New Nomal) 시대라는 말이 유행했다. 과거 표준은 더 이상 작용하지 않는다. 한국에서는 전혀 다른 의미로 '노멀'이라는 단어를 쓰기 시작했다. 경쟁을 통해 성공하는 특별한 인생이 아니라 평범한 '아무나'가 돼 편안한 삶을 추구한다. 산업화와 민주화는 20세기 시대정신이었다. 이제는 양극화 끝에 '헬조선'에 이르렀다. 시대도 바뀌고 사람과 사람들 성향도 변화했다.

운동이 구리다. 앞장서 사회를 바꾸는 활동이 사회운동이다. 그런데 한국 사회운동은 구리다. 과거 상식이 통하지 않는 시대로 바뀌었는데 과거 운동권 생각으로 세상을 앞서갈 수는 없다. 바꾸기는커녕 따라가기만 해도 다행이다. 한국 사회운동과 노조운동에 뿌리박힌 낡은 사고방식을 깨야 한다.

1장은 왜 관계를 주목해야 하는지를 얘기한다. 인간이 맺는 사회관계를 혈연・이익・권력・권리 등 4차원으로 구분한다. 내가 주장하는 모든 내용의 일관된 기본 뼈대다. 가장 많은 시민이 노동시민이다. 노동시민 권리를 세우고 지키고 넓혀야 할 집단이 노조다. 누구나 누려야 할 권리를 위해 아무나 필요한 필수 아이템이 노조다. 그러나 오늘날 민주노조마저 이익집단으로 전락했다. 노조를 경제적 이익을 위한 집단으로 보는 것이 지금까지 지배적 생각이다. 노조만이 아니라 시민단체도 마찬가지다. 노조와 시민단체에 대한 근본 비판이 관계를 4차로 구분하게 된 이유다. 책 뒷부분에 나오는 21세기 대안노조는 인간관계를 구별할 수 있을 때 상상할 수 있고 탄생할 수 있다.

2장과 3장은 누구나 일하면서 맺는 직업관계를 삼각관계로 설명한다. 우리가 삼각관계에 어떻게 지배당하고 있는지, 삼각관계가 어떻게 다단계로 진화하면서 소위 비정규직으로 불리는 불안정노동과 삭제된 노동을 만드는지를 묘사한다. 삼각관계가 기업을 넘어 어떻게 우리를 지배하는지를 얘기한다. 삼각관계를 탈출하는 방향을 간략히 요약한다.

4장은 관계의 숲을 망치는 권력을 말한다. 3차 관계에 관한 부분이다. 조폭과 같은 국가권력을 시민에게 필요한 산타로 바꾸는 5가지 방법을 설명한다. 이를 근거로 평범하게 살아가는 시민이 할 수 있는 정치를 말한다. 정치인이 하는 정치는 물론이고 시민에게 정치참여를 훈계하는 "닥치고 정치"가 아니라 "아무나 정치"가 중요함을 얘기한다.

5장은 권리를 위한 4차 관계를 다룬다. 우리 사회에서 직장은 끊임없이 이익종자를 만든다. 정치는 권력종자를 만들고 있다. 이익과 권력을 추구하는 인간형을 성적경쟁과 입시경쟁을 부추기는 학교가 육성한다. 사회는 특권과 특혜를 차지할 수 있는 성공을 목표로 삼아 경쟁하라고 한다. 이런 삶은 대다수 시민에게 망상이고 허무다. 권리종자는 특권과 특혜를 없애고 권리를 일반화하는 인간형이다. 이익종자는 특별한 인간이 되기 위한 경쟁이 아니라 누구나 소중한 '아무나'가 되는 협력을 중요하게 여긴다. 이익종자를 만드는 4차 관계가 대폭 늘어나야 사회가 바뀐다. 4차 산업혁명이 아니라 4차 관계혁명이 필요한 이유가 여기에 있다.

6장부터 노동에 대한 얘기다. 4차 관계 중 가장 많은 시민이 참여하는 노동과 노동시민이 찾아야 할 권리가 무엇인지를 말한다. 과거에 노조가 추구한 목표와 다르게 노동시민에게 필요한 노동권을 설명한다.

7장은 왜 노조가 타락하고 인기가 없는지를 생각한다. 누구나 가입하고 싶은 노조가 돼야 하지만 한국 노조는 낡았다. 한때 앞장서 노동현실과 사회를 변화시켰던 민주노조 시대는 지났다. 어떻게 새로운 노조가 꿈틀거리는지 몇 사례와 함께 소개한다.

8장은 대안노조를 말한다. 평범한 직장인들과 노조를 만들면서 배운 내용을 얘기한다. 21세기 삭제된 존재, 잉여로 밀려나는 노동자에겐 '관계-권리-자존감'이 삼위일체가 되는 관계가 필요하다. 삼위일체를 이루는 관계가 대안노조다. 내가 생각한 독창적 개념이다. 이 시대에 필요한 대안노조는 무엇일까. 활발한 토론을 기대한다.

9장은 서로를 일깨우는 기여자를 소개한다. 맺음말이다. 평범한 노동시민이 당당한 일상을 살아가기 위해 필요한 기여자(起予者)는 누구일까. 사실 기여자는 곳곳에 있다. 노조에 대해 한 번도 배우지 못하고 한 번도 경험하지 못한 '아무나'가 나를 깨우치고 동료를 일으켜 세우는 모습을 봤다. 기여자를 만나는 일은 소중하고 행복한 일이다.

못 한 말이 있다. 관계에 대해 세밀한 얘기를 못 했다. 직장에서 동료와 상사와 어떤 구체적 문제가 있고 어떻게 이런 관계가 바뀔 수 있는지, 어떻게 바꾸는지를 세밀하고 생생하게 다루지 못했다. 지금도 현장에서 배우며 생각하고 기록한다. 기회가 오면 글로 엮고 싶다.

독창적 주장을 담았다. 첫째로 관계를 중심으로 세상을 본다. 경제와 정치, 몸과 정신, 토대와 상부구조로 나누는 '이분법'이 만연해 있다. 관계를 통해 사회를 통합적으로 파악하고자 했다. 둘째로 '인간종자론'을 주장한다. 사회적 관계가 이익형·권력형·권리형 인간을 만든다. 각 유형은 이익종자·권력종자·권리종자로 이어진다. 셋째로 관계를 통한 통합적 사고와 인간종자론에 근거한 실천으로서 '관계예술'을 주장한다. 정치우선론이나 정치세력화를 추구하는 사회운동을 비판한다. 경쟁력보다 관계력이 중요하고 21세기 사회운동을 '관계예술'로 바꿀 것을 주문한다. 시민운동도 노조운동도 관계예술이 돼야 한다. 비판과 논쟁이 있다면 새로운 사고방식을 창조하기 위한 즐거운 일로 받아들이겠다.

절박하다. 노동시민 삶이 무너진 현실은 참담하다. 헬조선을 벗어나지 못한 참담함 때문에 글을 멈추지 못했다. 촛불운동이 일어났지만 삶의 혁명은 아직 멀다. 최악은 막았을지 몰라도 최선은 아니다. 정권은 교체했지만 삶의 교체, 일상 교체는 아직 멀었다. 수많은 시민이 그러하듯 광장에 나선 내 두 딸은 다시 입시와 취업경쟁으로 찌그러진 일상으로 돌아가야 했다. 노조가 더 나은 사회를 위한 희망이 되지 못해 답답하다. 몇 년간 현장노동자와 함께 관성을 깨고 희망이 되는 노조와 사회운동을 위해 노력했다. 여전히 관성에 머물러 있는 모습이 답답하다. 경험을 공유하고 소통하며 희망을 발견하고 싶은 애틋함으로 글을 썼다. 다른 분야에 있는 지인들과 대안노조와 대안사회를 얘기하면서 짧은 만남이 아쉬웠다. 정리해서 나누고 싶은 절박함으로 썼다.

기여자를 만나 행복하다. 나를 일으켜 세우는 기여자, 나를 일깨우는 사람이 고맙다. 서로를 일깨우고 일으켜 세우는 관계가 행복을 느끼게 한다.

처음 내민 원고에 대해 조돈문 선생님은 누구에게 뭘 얘기하려는지 분명하게 하라고 했다. 낡은 사회운동을 바꾸려는 사람과 새롭게 노조를 만들려는 사람, 더 나은 삶과 사회를 바라는 시민을 위해 쓰고 싶었다. 박근태는 "직관적 생각에 의존한다"고 했다. 연구조사보다 노조활동 경험이 글에 더 스며 있다. 쏟아지는 노조 일을 핑계로 풍부한 근거를 제시하지 못한 한계를 인정한다. 노조 현장간부 몇 사람은 "글이 잘 읽히지 않는다"고 했다. 쉽게 쓰라는 충고였지만 내공이 더 깊어야 가능한 일이다. 이 책에 등장하는 사례 주인공인 노동자는 틀린 사실을 지적했다. 바꾸려 노력했지만 완벽은 없다고 스스로 위안하며 책을 낸다.

수많은 노동시민이 내 스승이다. 내게 가끔 "자본가계급의 프락치" 혹은 "내부의 적"이라는 섬뜩한 비판을 쏘아 댄 이들도 내 스승이었다. 1997년 기아자동차, 1998년 현대자동차와 만도기계, 2001년 대우자동차 등 숱한 정리해고 현장은 2009년 쌍용자동차 정리해고라는 엄청난 사건으로 나를 덮쳤다. 2010년 경기지역에서 포레시아 · 파카한일유압 · 시그네틱스 · 주연테크 · 동서공업 · 인지컨트롤스 · 우창정기 · 하이디스 등 구조조정이나 유사한 상황에 놓인 현장노동자들을 만났다. 격한 현장에서 분노와 좌절, 다시 일어나는 용기를 보여준 노동자 모두 나를 일깨워 줬다.

자본권력이 막강한 때 노동권 주인이 되고자 만난 평범한 시민인 노동자가 나를 일깨웠다. 삼성에버랜드 · 삼성전자서비스 · 현대위아평택비정규직 · 코리아에프티 · 현대모비스화성 노동자들과 함께하며 배웠다. 희망연대노조 · 청년유니온에게도 배웠다. 지큐피엔씨 · 말레동현 · 삼화 · 대창 · 삼성웰스토리 · 썬텍 · 현대위아안산 등 새롭게 노동권을 찾아 나선 노동자에게 배운다.

다양한 분야에서 활동하며 다양한 소식과 발상을 안겨 준 사람이 있다. 각 분야에서 열심히 활동하지만 각자 분야를 넘어 만났다. 때로는 깊이 토론했다. 세월호 참사와 촛불탄핵 같은 거대한 상황에 뛰어들어 소통하는 모습이 좋았다. 때로는 멋진 장소에서 맛있는 음식을 만들어 먹으며 얘기꽃을 피웠던 초월회에 감사드린다. 인권을 만나게 도와준 다산인권센터, 최대 재벌 삼성그룹과 맞선 삼성노동인권지킴이, 열심히 내 얘기를 들어 주면서도 때론 생각 못한 얘기를 해 준 사회진보연대를 비롯한 사회단체 회원들에게 감사드린다.

2010년부터 함께한 금속노조 경기지부 조합원과 간부는 가장 많은 기쁨과 영감을 준 스승이다. 이 책은 경기지부 간부와 조합원에게 얘기했고 되돌려 받아 다듬은 내용이 많다. 8년간 함께한 분들 이름을 모두 쓰고 싶지만 너무 많아 쓰지 못하니 이해를 바란다. 바쁜 활동 중에 글을 쓰는 나를 보고 "전생에 글을 못 써 한이 된 귀신이 붙었냐"면서 의견을 주고 응원해 준 금속노조 경기지부 집행위원에게 감사한다.

10년 이상 일주일에 한 번 들어오는 '원 데이 아빠'에게 쓴소리와 위로를 아끼지 않으면서 성인이 된 윤영이와 내 원고를 끝까지 읽고 조언을 해 준 윤수, 그런 두 딸 엄마에 그치지 않고 꿋꿋하게 인생이모작을 개척해 나가며 나를 방목하면서도 존중해 준 동반자이자 가장 긴 세월 함께한 벗 박성희에게 깊은 고마움을 느낀다.

매일노동뉴스는 불쑥 찾아가 책을 출판해 달라는 부탁에 흔쾌히 응해 줬다. 글을 고치기로 약속해 놓고 한 해를 넘겨 다시 불쑥 들이민 글을 책으로 출판해 준 매일노동뉴스에 감사드린다.

뜨겁게 실천하고 생각하며 소통하다 지금은 병상에 있는 오랜 벗이자 후배인 탁이가 건강을 완전히 회복하기를 기원한다.

2018년 4월 조건준

차 례
Contents

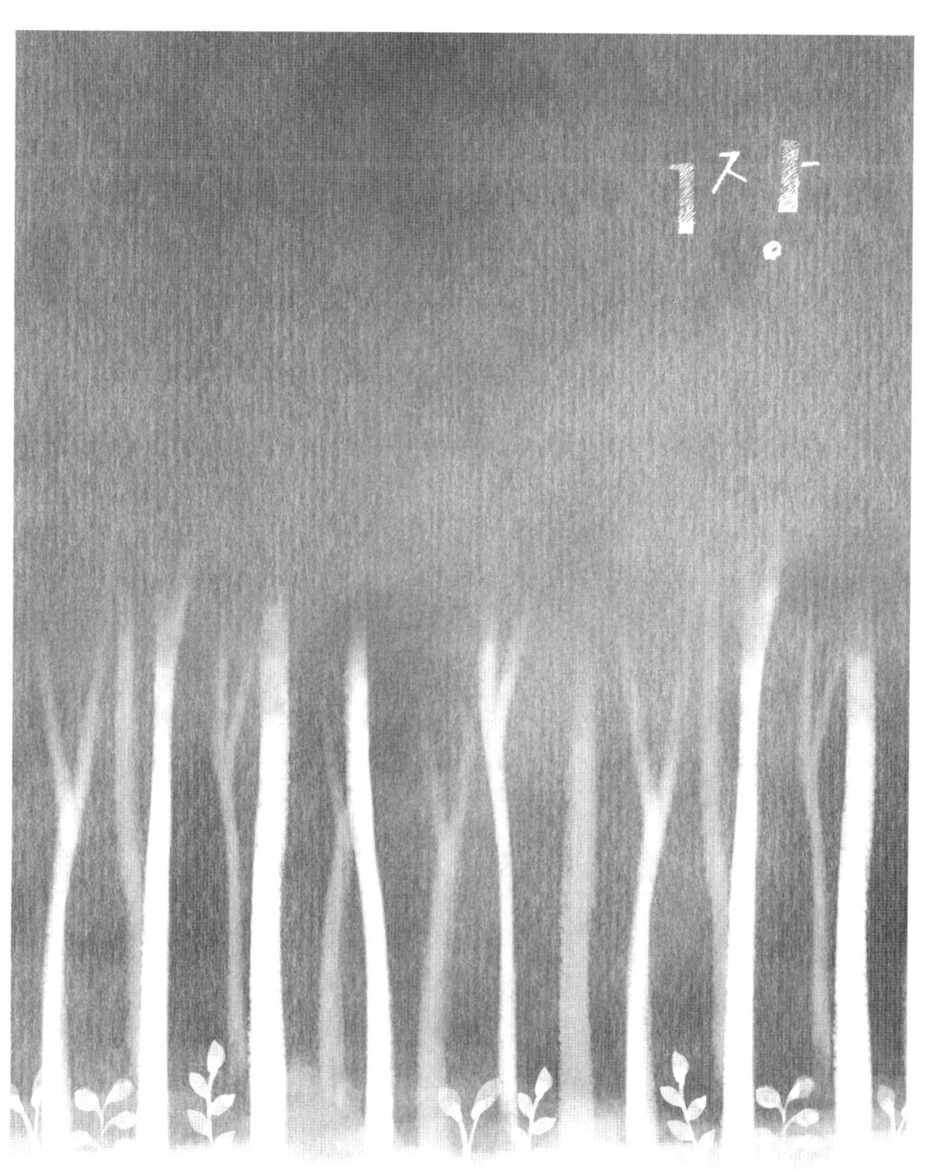

관계의 숲

엉망과 희망

뒤틀린 관계

회사 사장과 관리자의 쌍욕을 들으면서 일하는 하청업체 노동자를 자주 만난다. 할머니가 돌아가셨다는 소식을 들었지만 사장은 "일 끝내고 가라"고 했다. 울면서 일하다 작업이 끝난 후 장례식장으로 달려갔다고 했다. 말문이 막혔다.

2013년 삼성전자 직원으로 알았던 삼성전자서비스 협력사 노동자를 만났다. 2014년 현대위아평택공장 비정규직에게서 많은 이야기를 들었다. 몇 년 전에는 청년유니온 관계자로부터 '삭제된 갈등'에 관해 들었다. '삭제당한 사람'이라고 느끼는 청년들을 만나면서 인간관계가 얼마나 뒤틀려 있는지를 절감했다.

2016년에는 교육부 관료가 "민중은 개돼지"라고 해서 난리가 났다. 그 직후 강남 아파트주민대표가 아파트 관리업무를 하는 분들에게 "종놈"이라고 했다. 드문 일이 아니다.

2017년 12월 18일 국가인권위원회가 숙명여대 산학협력단에 의뢰해 조사한 '직장내 괴롭힘 실태조사'에 따르면 직장인 73.3%가 "최근 1년 안에 괴롭힘을 당했다"고 답했다.[1] 우리 일상이 이렇다.

아픈 경험

여러 현장을 경험했다. 외환위기 직후 최초로 대규모 정리해고가 벌어진 1998년 현대자동차, 경찰이 진압작전을 한 98년 만도기계와 2001년 대우자동차, 77일 동안 공장점거파업을 하면서 경찰과 회사가 고용한 용역들과 싸웠던 2009년 쌍용자동차 현장에 있었다.

함께 일하던 동료가 '산 자'와 '죽은 자'로 갈라져 서로를 향해 거대한 새총으로 쇳덩이를 쐈다. 적이 된 어제의 동료 노동자들을 보면서 파탄 난 인간관계를 경험했다. 잘 알려진 대로 그 험한 사건 이후 스스로 목숨을 끊은 노동자들이 있다.[2]

* 이 책 미주는 350~365쪽을 참조하시기 바랍니다.

쌍용차는 특수한 사례가 아니다. 2008년 금융위기 여파와 함께 수많은 노동현장에서 구조조정이 잇따랐다. 쌍용차 점거농성이 끝난 뒤 경기도에서 일하면서 동서공업 · 주연테크 · 파카한일유압 · 포레시아 · 한국쓰리엠에서 비슷한 상황을 목도했다.[3)]

새로 노조를 만든 안산 인지컨트롤스에서 직장폐쇄에 맞서야 했다. 동료관계 단절과 뒤틀림이 가져오는 아픔을 보여준 곳이다. 직원 다수가 친회사 노조에 가입했지만 민주노총 금속노조에 가입한 노동자들도 버텨 내고 있었다.

2012년 7월 27일 새벽 자동차부품을 생산하는 에스제이엠 공장에 들이닥친 용역깡패들이 노동자들에게 쇳덩이를 던지고 몽둥이를 휘둘렀다. 우리는 그날을 "야만의 새벽"이라고 부른다. 조합원과 지역노동자가 뭉쳐 노조를 지켰다. 회사 사과를 받고 위로금도 받았다. 싸움에서 이겼다. 하지만 상처는 쉽게 사라지지 않았다. 그러한 사건이 인간관계를 뒤틀고 얼마나 깊은 상처를 남기는지 절감했다.[4)]

성찰의 힘

2011년 경기도 지역에 흩어진 민주노조들이 더 튼튼하게 단결하자며 모였다. 건설 · 금속 · 보건의료 · 학교비정규직 · 공무원 · 교사 등 다른 산업에서 일하는 노조간부들이 자리를 함께했다.

어떤 분이 다른 학교비정규직 노조에 대해 "이명박보다 나쁜 새끼들"이라고 욕했다. 학교비정규직이 만든 다른 노조가 있었는데 모두 민주노총 소속이었다. 그런데 욕을 한 사람은 어떤 정파 조직원이라고 했다. 자신의 정파가 큰 영향력을 미치는 학교비정규직노조와 따로 활동하는 다른 학교비정규직 노조에 대해 이렇게 욕했다. 서로 뭉쳐야 할 사람들이고 서로 뭉치기 위해 모인 자리에서 자신들이 가장 싫어하는 이명박 대통령에 빗대어 욕했다.

민주노총 경기도본부는 2010년부터 이 책을 쓰는 지금까지 정파끼리 싸우느라 제대로 활동을 할 수 없을 지경이다. 2016년 직선제로 경기도본부장을 뽑았지만 부정선거 시비로 내부갈등이 폭발해 본부장을 뽑지 못하는 상황에 이르렀다.

정파가 사람관계를 뒤틀고 끊어 버리는 모습을 봤다. 경기지역만 이런 게 아니다. 여러 가지 이유가 겹쳤지만 한때 국회의원 10명을 당선시킨 민주노동당은 분열했다. 뒤이어 탄생한 통합진보당은 서로 다른 정파에 주먹질까지 하면서 갈라섰다.

수많은 현장에서 노조가 깨지는 충격적 현실을 경험하면서 성찰이 중요함을 알았다. 성찰은 말이 아닌 몸으로 해야 한다. 뒤틀린 인간관계는 비판이 아닌 뼈저린 성찰을 통해 달라진다. 비판적 태도보다 '성찰적 태도'가 중요하다.[5)]

관계의 향기

좋은 인간관계에서 '좋은 향기'를 맡는다. 경기도 지역에서 정리해고와 '노조깨기'에 맞서며 희망을 찾았다. 현장 노동시민들은 정리해고와 노조파괴라는 힘겨운 현실에 맞서며 가능성을 보여줬다.

"불의는 참지만 작은 불이익은 참지 못한다"는 말이 있지만 현장 조합원 상당수가 "우리 이익보다 다른 사람을 생각하는 정의로운 노동조합이 됐으면 좋겠다"는 소망을 품고 있다. 공동체를 살아가는 시민의 자세를 잊지 않고 "정의로운 노조를 통해 자부심을 느끼고 싶다"는 열망을 확인했다.

2013년부터 매년 진행한 금속노조 경기지부 조합원 설문조사 결과를 보면 "정권 · 사용자 · 언론 등의 문제도 있지만 남 탓하기 전에 우리부터 성찰하자"는 의견이 다수 조합원 생각이었다.

조합원 생각을 듣고 '노조의 향기'라는 문구를 떠올렸다. 꽃은 스스로의 향기로 나비를 불러들인다. 노조는 정의로운 활동으로 공감을 얻어야 한다. '노조의 향기'를 주제로 몇몇 지역 조합원과 얘기를 나눴다.

작은 혁명

삼성전자가 만든 제품을 수리하는 전국 108개 서비스센터 기사는 바지사장 밑에서 일하는 비정규직이다. 2013년 노조를 만들어 '삼성전자-삼성전자서비스-서비스센터 협력업체'로 이어지는 다단계 구조에서 차별받고 무시당하던 관계를 바꾸기 시작했다. 노조 출범 때부터 76년 무노조 방침을 고수한 삼성그룹 민주노조로서 첫 단체협약을 체결한 2014년까지 함께했다.

2015년 평택 자동차부품사 하청 비정규직 노동자와 함께 노조를 만들었다. 회사가 100명 미만 몇 개 업체로 쪼개 놓아 노조를 만들기 어려운 조건인데도 노동자들은 굴하지 않았다. 지금도 노조활동을 이어 간다.

2015년 안성 시골공단에서 티끌 같은 임금인상도 불만인데 외려 임금을 깎으려는 회사에 맞서 부당한 노사관계를 바꾸려는 사람과 생애 첫 노조를 함께 설립했다.

2017년 자동차부품사 다단계 하청업체 노동자를 만났다. 무권리 상태로 일하는 이들은 자기 생애 최초이자 같은 원청사가 관리하는 하청업체 최초로 노조를 만들었다.

내가 만난 '작은 혁명'들이다. 뒤틀린 인간관계를 바꾸는 혁명이었다. 무권리 상태로 욕설과 차별과 멸시 속에 일하던 노동자는 관계를 바꾸는 그 과정을 "생애 가장 행복한 순간"이라고 표현했다.[6)]

평범한 일상을 살아가는 노동자들이 일터에서 뒤틀린 관계를 바꾼다. 반란을 일으키는 주인공이다. 이런 노동시민이 '평범한 영웅'이다.

관계를 살피고 인간관계 흐름을 알면 튼튼한 노조를 만들 수 있다. 관계맺기에 실패하면 노조를 지키기 어렵다. 무권리 노동자와 노조를 만들면서 이를 깨달았다.

이론적 영감

시장이 가장 공정하고 정의롭다고 믿는 시장주의, 제도가 사람을 만든다고 생각하는 제도주의, 인간은 중심이 아니고 구조가 인간을 결정한다고 생각하는 구조주의 등 많은 주장이 있다. 저마다 타당한 측면과 부족한 측면이 있다. 이 책에서 나는 관계를 중심으로 세상을 본다.

타인들 경험이 쌓인 글을 읽는 독서는 타인과 하는 소통이다. 활동하는 과정에서 틈틈이 책을 읽었다. 노동에 관한 이론, 관계론, 인권이론, 심리학, 평화이론에서 도움을 얻었다.[7)]

마르크스는 자본론에서 돈(Money)을 가지고 상품(Commodity)을 만들어 돈(Money)을 벌게 되는 상품의 생산과 교환을 분석했다. 나는 '돈-상품-돈'의 물질적 관계보다는 '사용자-생산자-소비자' 처럼 인간을 중심에 두고 관계를 얘기한다. 마르크스는 인간 본질을 "사회적 관계의 앙상블"이라고 했다. 계급관계를 분석하고 계급투쟁이 역사발전 원동력이라고 했다. 상품이나 돈(자본)에 대한 마르크스 분석은 결국 인간관계 분석이다.

마르크스주의를 수정한 일부 포스트주의 이론도 읽었다. 원문을 읽을 수준은 아니기에 번역서를 참고했다. 난해한 내용이 생소했고 곤혹스러웠다. 하지만 생각을 넓히는 데 도움이 됐다. 마르크스주의 한계와 공백을 인정하고 '마르크스주의의 일반화'를 위한 이론을 통해 '인권의 정치'나 '반폭력의 정치'를 생각할 수 있었다.[8)]

공자의 논어를 비롯한 동양철학은 관계를 생각하는 데 도움이 됐다. 특히 신영복 선생이 쓴 책에서 영감을 얻었다.[9)] 다산인권센터 활동가 박진은 인권이론을 읽고 싶어 하던 내게 조효제 교수 책을 소개했다. 조효제 책은 인권이론을 알게 해준 좋은 교과서였다.[10)] 요즘 관계 단절이 늘어난다. '히키코모리'는 집안에서 나오지 않고 관계를 단절한 채 살아간다. 혼자 술 먹는 '혼술'과 혼자 밥 먹는 '혼밥'이 등장하고 급기야는 '고독사'가 늘었다. 이런 현실에서 아들러 심리학은 또 다른 발상을 줬다.[11)] 요한 갈퉁이 쓴 평화이론을 읽으며 직접폭력 · 구조폭력 · 문화폭력

을 알았다.[12)]

연구자가 아니기에 이론을 깊이 이해할 능력은 없다. 다만 실천하며 싹튼 생각을 정리할 때 힌트를 얻었다.

관계성장

외환위기가 왔을 때 "경제가 망하면 다 힘드니까 경제부터 살리자"는 얘기가 넘쳤다. 그런데 외환위기를 극복한 이후 "경제가 좋아도 힘들다"는 사실을 실감했다. 경제가 좋든 나쁘든 사회가 성숙하지 않으면 고통은 사라지지 않는다.

자본과 보수 세력은 '경제성장'을 주로 얘기한다. 진보 지식인과 정치인은 '정치민주'에 주목하는 편이다. 정치와 경제라는 구분방식을 벗어나지 못한 두 주장과 두 세력 모두 대안을 보여주지 못했다. 성장론과 민주화론을 넘어서는 성숙한 시민에 의한 '사회성숙'이 필요하다.

오랫동안 자동차산업 노사관계를 경험했다. 2000년대 초반부터 아웃소싱과 함께 새로운 생산시스템으로 모듈화가 급속하게 진행됐다. 한국 자동차산업은 급속히 발전했다. 불과 수년이 지나지 않아 모듈 단위로 아웃소싱된 밑바닥 하청업체에서 저임금 불안정 노동이 늘었다. 산업은 성장하는데 일부를 제외한 다수 시민은 다단계 하청업체에서 무권리 상태에서 일하고 있다. 나쁜 일자리만 급속히 늘었다.

산업혁명과 함께 인류는 급속한 경제성장을 이뤘다. 19~20세기 급격한 생산력 발전은 오히려 인류역사에서 예외다. 인류가 다시 저성장 시대를 맞을 것이라는 주장이 늘고 있다.

여전히 경제성장 프레임이 강하다. 정치권과 산업계 · 학계에서 4차 산업혁명을 통해 성장을 기대한다. 4차 산업혁명이라는 용어를 쓰는 것이 옳은지 논란도 있다. 설혹 4차 산업혁명이 온다고 해도 현재 인간관계를 보면 인공지능이 핵심일자리를 차지하고 다수의 사람들은 잉여인간으로 살아갈 우려가 크다.

저성장 시대가 계속될지 혹은 다시 경제성장 시대가 올지 확신할 수 없다. 어떤 미래가 오든 '관계성장'이 절실하다. 가족관계, 기성세대와 청년세대 관계, 갑과 을 관계, 대기업과 중소 영세기업 관계, 정규직과 비정규직 관계, 노동자와 사용자 관계, 국가권력과 시민 관계, 전쟁과 국지전 위험 속에 놓인 남북관계, 동북아시아를 둘러싼 국가 사이 외교관계 등 관계성숙이 필요하다.

'경쟁력'보다 '관계력'이 절실하다. '관계 성장속도'가 '기술발전 속도' 보다 느리면 불행한 사회가 올 것이다. 사회 핵심가치를 경제성장 프레임에서 관계성장 프레임으로 바꾸자.

행복은 좋은 관계에서 나온다. 더 나은 사회를 만들기 위한 사회운동은 관계력을 키우는 '인간관계 예술'이다. 관계력이 발전해야 성숙한 사회다.

다차원 숲

사람은 관계의 숲 속에서 살아간다. 사회란 인간관계다. 자연도 있고 의식주 등 생활에 필요한 재화도 있지만 결국 사회는 인간관계로 이뤄진다.

관계의 숲은 다차원을 이룬다. 혈연 지연 등 태어나면서 맺는 혈연적·운명적 관계는 1차 관계다. 자라나 직장생활을 하면서 맺는 사회관계는 2차 관계다. 태어나자마자 우리는 한 국가의 국민으로서 법과 제도의 영향을 받으며 산다. 국가권력을 둘러싼 정치적 관계를 맺는데, 이것이 3차 관계다. 살면서 직장관계나 정치를 통해 해결되지 않는 문제를 해결하고 대안을 찾으려는 관계가 4차 관계다.

1차는 운명

누구나 태어나면서 1차 관계를 맺는다. 중매결혼이나 정략결혼을 비롯한 경우도 적지 않지만 서로 사랑하는 사람이 연애하고 결혼해서 가족을 이루고 아이를 낳는다. 부모 형제 친인척은 본인이 선택할 수 없다. 태어나면서 운명적으로 맺는 관계다.

요즘은 재혼도 하고 가족도 변한다. 그래도 나와 피를 나눈 부모와 형제는 달라지지 않는다. 태어나 자라면서 동네친구를 사귀고 같은 지역의 학교친구를 사귄다. 요즘은 다문화로 섞여 단일민족이라고 할 수는 없지만 한반도에서 태어났으니 운명적으로 한민족이 된다. 1차 관계는 인간의 번식 과정이고 관계의 시작점이다.

2차는 이익

2차 관계는 먹고살기 위한 직업관계다. 먹고살려면 취직해서 일하거나 혹은 장사를 하거나 노동을 해야 한다. 인류는 태어나 자라면서 생존을 위해 노동을 했다. 원시사회부터 현대에 이르기까지 노동분업을 했다. 현대사회에서 실업자는 2차 관계를 맺지 못한다. 직장이 없기 때문이다.

자본주의에서 2차 관계는 더 많은 이익을 얻기 위한 이해관계다. 같은 회사를 다니면 동료관계를 맺고 같이 사업을 하면 동업관계를 이룬다. 2차 관계는 이익을 주요 목적으로 한다.[13)]

3차는 권력

현대 시민은 유치원부터 대학에 이르기까지 거의 20년을 교육받으면서 자란다. 교육은 국가 제도다.

옷을 사고 먹을 것을 사고 주거할 집을 구하는 등 대부분 삶이 국가 제도에 영향을 받는다. 시민은 노동하고 소비하면서 국가에 세금을 낸다. 우리 일상에 영향을 미치는 법·제도는 정치가 결정한다.

바로 이런 정치, 정치권력을 둘러싼 관계가 3차 관계다. 3차 관계는 정치권력을 목적으로 한다.[14)]

4차는 권리관계

회사가 알아서 임금 올려 주는 것도 아니고 국가가 복지를 알아서 챙겨 주지 않으니 직장 동료들과 노조로 뭉친다. 노조만이 아니라 여성권·환경권·이주노동자·성소수자 등 다양한 영역에서 고통에 대한 공감을 키우며 권리를 찾는다. 이런 시민사회운동이 4차 관계다.

구분	구체적 모습	성격	목적
1차	혈연, 지연, 인종	운명적	번식
2차	직장, 사업	필수적	이익
3차	국가, 정당정치	제도적	권력
4차	시민단체, 노조	선택적	권리

4차 관계는 권리를 목적으로 한다. 스스로 필요에 따라 시민단체에 가입하거나 노조를 만들어 가입하거나 탈퇴할 수 있다. 선택적이다.

다른 차원도 있다

자연과 인간의 관계다. 사회는 자연 속에서 탄생하고 발전한다. 인간 사이 관계가 아니라는 점에서 0차로 분류할 수 있다. 점점 더 자연과 인간은 중요한 관계로 떠오르고 있다. 환경 문제는 환경권이라는 권리로 등장했다.

동물은 인간에게 자연이 아니라 동반자다. 인간과 인간이 아닌 인간과 반려동물 관계가 떠오른다. 동물권리를 위한 운동도 지구적으로 확산됐다.

기술발전에 따라 또 다른 관계가 탄생할 수 있다. 인공지능과 인간의 관계다. 기술이 발전해 독립적 감정과 판단을 할 수 있는 인공지능이 탄생한다면 사람과 인공지능 관계가 새로운 차원의 관계로 등장할 것이다.

이익 중심 관계가 동물에 연장되면 반려동물은 애완용으로 이용하다가 버려지는 도구가 된다. 권력 중심 인간관계를 동물에 적용하면 동물을 지배하다가 언제든 버린다.

이익과 권력으로 뒤틀린 인간관계를 인공지능에 적용하면 인공지능은 타인을 착취하고 지배하기 위한 도구가 된다. 뒤틀린 인간관계에서 얻을 수 없는 사랑과 성욕을 해소하기 위해 언제든 지배하고 성욕을 채우는 섹스로봇이 이미 상업화됐다.

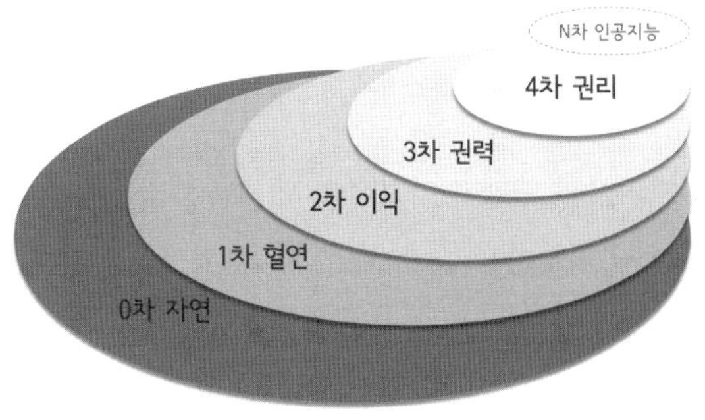

모든 관계는 변한다

가족 · 형제 · 친척 같은 1차 관계는 변했다. 농업 중심 사회에서 가족형태는 대가족이었지만 자본주의에서 핵가족으로 바뀌었다. 요즘에는 결혼제도가 달라지고 있다. 비혼 1인 가족, 재혼 가족, 다문화 가족, 동성결혼 등 다양하게 바뀌었다.

2차 관계도 변한다. 가족이 함께 논밭에 나가 일하던 농업사회는 1차 관계와 2차 관계가 잘 분리되지 않았다. 자본주의에서는 주거지와 일터가 분리된다. 가족관계와 직장관계는 완전히 다른 영역이 됐다. 직장에서도 경쟁과 승진을 둘러싸고 관계가 바뀌고 회사 경영상태에 따라 변한다. 요즘엔 하도 고용유연화가 판을 치니 평생직장을 유지하기 어렵다. 알바 비정규직이 늘었다.

3차 관계도 바뀌었다. 왕이 절대권력을 가진 시대가 있었다. 현대사회는 민주주의 제도에 따라 뽑은 국회에서 법을 만든다. 선거로 뽑은 대통령이 국가를 운영한다.

가족이 함께 농사를 지었던 농업사회에서 4차 관계는 별로 없었다. 자본주의 사회가 되면서 노동조합 · 시민단체를 비롯한 시민사회 관계들이 다양하게 생겼다.

서로 영향을 끼친다

1차 관계는 시작관계다. 태어나지 않으면 인간관계를 맺을 수 없다. 1차 관계는 2차 관계에 영향을 미친다. 부잣집에 태어나면 좋은 직장이나 직업을 가질 가능성이 높다. 좋은 학교를 다니고 좋은 친구를 만나면 2차 사회관계도 잘 맺을 가능성이 높다.

경제가 잘 돌아가면 2차 관계가 안정된다. 반대로 직장관계가 불안하고 실업이 넘치면 3차 관계인 정치 문제가 된다. 1997년 외환위기를 거친 한국 사회는 경제문제가 정치의 핵심을 차지했다. 2차 관계에서 강력한 사용자가 탄생했는데, 바로 재벌이다. '재벌공화국' '삼성공화국' 같은 말은 2차 관계가 3차 관계인 정치권력을 압도하고 있음을 보여준다.

정치는 4차 관계에 영향을 미친다. 정치권력이 노조를 싫어하고 시민사회운동을 경계하는 보수적인 태도를 취하면 노조와 시민사회운동은 위축된다. 3차 관계가 극단적으로 강하면 독재국가가 된다. 반대로 정치권력이 시민사회와 노동조합에 우호적인 태도를 취하면 노조를 비롯한 시민사회운동이 활기를 띤다.

반대 방향으로 영향을 준다

4차 관계는 3차 관계인 정치에 영향을 미친다. 노조나 시민권리가 약하면 정치는 일부 정치가에 의해 잘못된 길로 나아간다. 때로는 독재정치를 만든다. 반대로 시민사회운동이 활발하고 시민 힘이 강하면 민주사회를 만든다.

4차 관계는 2차 관계에 직접 영향을 끼친다. 노조가 강하면 직장생활이 안정된다. 사용자 일방 결정을 견제한다. 4차 관계가 직장이나 직업을 지키는 힘이다.

3차 관계인 정치가 잘되면 빈부격차나 실업률을 줄여 2차 관계인 직장생활도 안정되고 1차 관계인 가족관계도 보호받는다. 정치가 엉망이면 사회도 엉망이 된다.

2차 관계는 가족관계에 영향을 준다. 돈을 벌어야 가족이 먹고산다. 어떤 직장에 취직했는가에 따라 가족생활이 달라진다. 최근에는 2차 관계가 불안한 탓에 1차 관계도 불안하다. 취업이 어려우니 삼포세대니 오포세대니 하는 말이 나온다. 청년들의 연애포기 · 결혼포기 · 출산포기는 1차 관계가 불안하다는 방증이다.

간섭은 관계를 변질시킨다

관계 사이에 서로 간섭하는 현상이 있다. 사내커플은 1차 관계가 2차 관계 안에서 발생하는 현상이다. 회사 공적관계와 연인의 사적관계가 혼합된다. 가족관계가 회사에 파고들어 족벌경영이 발생하기도 한다. 세대를 따라 이어지는 족벌경영은 경영세습으로 나타난다. 반대로 2차 관계가 1차 관계에 파고들면 가족 안에서 이익을 둘러싼 재산분쟁이 발생한다. 연애나 결혼이 사랑보다 돈에 물든다.

1차 관계가 3차 관계인 정치에 파고들면 권력세습이 일어난다. 반대로 3차 관계가 1차 관계에 파고들어 간섭하는 경우 정치적 입장차이가 가족 갈등을 일으킨다. 가족끼리 지지하는 정당이나 후보가 달라 논쟁하는 모습은 3차 관계가 1차 관계에 개입하는 흔한 사례다.

2차 관계인 기업이 3차 관계인 정치에 깊이 간섭하면 정치는 기업을 위한 정치로 타락한다. 2차 관계와 3차 관계는 서로 영향을 받지만 합법적 방식을 벗어나 은밀한 로비를 통해 거래가 오가는 경우 '관작업'을 통한 '부정부패'가 된다. 3차 관계가 2차 관계에 파고들면 '관피아' 문제를 일으킨다. 정치와 경제가 밀착하면 '정경유착'이다.

정치권력이 시민단체에 파고들면 시민단체는 '어용단체'가 된다. 정치권력이 노조에 파고들면 '어용노조'가 된다. 3차 관계가 4차 관계에 간섭현상을 일으키는 사례들이다.

기업이 시민단체를 매수하면 시민단체는 도덕성을 잃는다. 기업에 매수된 노조는 노동자를 위한 노조가 아닌 사용자를 위한 '어용노조'가 된다. 노조 부패 사건도 일어난다. 2차 관계가 4차 관계에 간섭현상을 일으킨 결과다.

생각의 뿌리

어떤 관계에 놓여 있는가에 따라 생각이 달라진다. 인종주의나 민족주의는 1차 관계에 그 뿌리가 있다. 가부장 가족관계는 정치권력과 만나 가부장 사회를 만들어 낸다. 혈연·혈통에 근거한 인종주의가 정치와 만나면 끔찍한 인종차별로 나타난다. 민족과 국가가 만나면 민족해방투쟁 논리가 되지만 타국과 대립할 때에는 국민동원 논리가 된다.

계급투쟁이론은 2차 관계에 뿌리가 있다. 자본주의 노동자와 자본가의 존재에서 계급투쟁이론이 활발하게 피어났다.

'진보 대 보수'로 구분하는 사고방식은 3차 관계에 뿌리가 있다. 국가권력을 둘러싼 정치에서 좌우, 진보와 보수라는 진영논리가 생겨나고 확장되고 부딪친다.

인간형을 만든다

이익을 앞세운 관계는 '이익형 인간'을 만든다. 2차 관계인 자본주의 직업관계, 시장 중심 사회는 '이익형 인간'을 원한다. 기업은 단지 상품을 만드는 데 그치지 않는다. 이익을 목적으로 하는 인간을 만들고 이익에 복종하는 인간을 만든다.

3차 관계는 '권력형 인간'을 만든다. 타인을 지배하려는 권력욕을 가진 사람, 권력질서에 순응하고 복종하는 사람이 권력형 인간이다. 보수정치든 진보정치든 정치관계에서는 '권력형 인간'을 원한다.

한국 사회는 국가권력이 강력한 힘을 가진 독재시대를 거쳤다. 경제성장과 함께 경제권력이 성장했고 외환위기 이후에는 기업권력이 최고 힘을 발휘했다. '재벌공화국' 혹은 '삼성공화국'이라는 표현이 등장한 지 오래됐다. 고 노무현 대통령은 "권력은 시장에 있다"고 했다. 배타적 이익과 권력을 차지하려는 인간은 타인의 이익이나 권력을 배제한다. 이 때문에 아예 존재가 삭제되는 사람이 늘었다. 공동체 시민이 누려야 할 권리가 약해진다.

4차 관계는 '권리형 인간'을 지향한다. 한국 사회는 4차 관계가 약하다. 노조 조직률과 시민단체 참여율이 10% 수준에 머물러 있다. 시민들이 2차 관계가 요구하는 '이익형 인간'과 3차 관계가 요구하는 '권력형 인간'으로만 살아간다면 건강한 사회를 만들 수 없다. '권리형 인간'이 많아야 좋은 사회다.

인간은 다중적

다차원 관계 숲에 사는 인간은 다중성(多重性)을 갖는다. 여러 차원의 관계에서 영향을 주고받기 때문에 다양한 성향을 품고 있다.

먼저 1차 관계에 영향을 받는다. 어떤 지역에서 태어나 어떤 지연관계를 맺고 어떤 학교에서 어떤 교육을 받고 어떤 친구를 사귀는가에 따라 영향을 주고받는다. 2차 관계에도 영향을 받는다. 어떤 직업과 직장을 가지고 있고 어떤 회사에서 어떤 직책에서 일하는가에 따라 입장이 다르다. 3차 관계도 마찬가지다. 어떤 국가권력이 어떤 정책을 실행하는가에 영향을 받는다. 학교에 다니면서 일방적 훈육이 아닌 자기주장을 할 학생자치조직을 경험했는가, 직장에 노조가 있어 사용자에게 요구하고 협상하고 행동할 수 있는가에 따라 영향을 주고받는다.

노동자는 생산수단이 없어 단지 노동력을 사용자에 팔고 직장에 다니는 단순한 관계만 갖고 있지 않다. 때로는 빚을 내서라도 주식투자를 하고 부동자 투자에 뛰어들고 논란이 반복되는 비트코인에도 투자한다. 온갖 재테크를 통해 타인 노동을 착취하는 일에도 뛰어든다. 노동자 의식과 함께 투자자로서 자본가 의식을 갖는 노동자도 있다.

영세업체 사장이나 자영업자는 생산수단을 가지고 있지만 노동자 임금보다 더 적은 수익을 올리는 경우가 많다. 이런 기준으로 보면 노동자보다 열악한 프롤레타리아다. 그럼에도 노동력을 사서 노동자를 관리하고, 생산수단을 가지고 이윤을 추구하는 자본가 속성을 쉽게 버리지 못한다.

인간은 1차, 2차, 3차, 4차의 다양한 관계에 영향을 받기에 다중성을 갖는다. 그러나 2차 관계에서 보면 노동력을 팔아 노동하는 자와 노동력을 구매해서 사용하는 자는 분명하다. 3차 관계에서 권력을 가진 자와 가지지 못한 자는 분명하다.

모든 시민은 다중적이다. 그러나 어떤 관계에 가장 큰 영향을 주고받는가에 따라 주요한 성향이 결정된다. 관계가 바뀌면 주요 성향도 바뀐다.[15)]

사회를 바꾸는 관계

1차 관계가 강하면 부족이나 씨족사회가 된다. 출신에 따라 신분이 결정되는 신분제 사회는 1차 관계가 강력한 영향을 미친다. 오늘날에도 가족관계가 여전히 위력을 떨쳐 기업권력을 세습한다. 혈연과 지연이 정치에 영향을 미치면 "우리가 남이가"라는 식으로 지역감정을 일으킨다.

2차 관계가 중심인 사회는 기업국가, 기업권력의 시대, 신자유주의 등 다양한 이름으로 불리는 자본주의 사회다. "기업하기 좋은 나라"를 최고 목표로 삼는다. "불의는 참아도 작은 불이익은 참지 못한다"는 사람이 늘어난다. 서로가 "부자 되세요"라며 이익욕망을 부추긴다.

3차 관계가 중심인 사회는 국가권력이 강력한 힘을 발휘한다. 군사독재, 파시즘, 국가사회주의 등 다양한 모습으로 나타난다. "억울하면 출세해서 권력을 가지라"는 생각이 지배한다. "권력은 총구에서 나온다"는 말처럼 국가폭력이 사회를 결정한다.

4차 관계가 중심인 사회는 시민권리를 충분하게 보장한다. 이익과 권력을 넘어 권리를 존중하는 "함께 살자"는 원리가 실현되는 사회다.

어떤 사회든 관계가 얽혀 있다. 2차 관계가 중심인 사회에서 1차 가족관계가 영향을 미치면 기업은 족벌경영이 많고 세습자본주의가 된다. 3차 국가권력이 강력하고 1차 혈연이 영향을 미치면 국가권력을 세습하는 사회가 된다. 4차 관계가 성장해 시민들의 힘이 잘 조직된 사회는 국가권력과 이익관계가 압도하지 못하는 새로운 사회가 된다.

4차가 중요하다

각자 처지에 따라 중요한 관계가 달라진다. 환자, 노약자, 아동, 중증 장애인 등 2, 3, 4차 관계를 맺기 어려운 사람에게 가족이 중요하다. 가족에게 의존하기 어렵고 국가 보호도 받을 수 없는 조건에 있다면 2차 관계가 중요하다. 가족도 있고 취직도 했지만 사회보장 등 국가 보호가 취약하다면 4차 관계가 중요하다.

사회상황에 따라서도 달라진다. 회사가 노동자를 버리고 국가 사회보장이 약하면 1차 관계인 가족이 중요하다. 외환위기 초기에 회사는 구조조정으로 노동자를 몰아냈다. 사회보장도 취약했다. 가족에 의존하게 되는데, 한국 사회 가족은 안전한 장치가 될 수 없었다. '맞벌이 가족'은 '모두벌이 가족'으로 바뀌기 시작했고 일자리 경쟁은 격화했다.

외환위기를 극복하는 과정에서 경제를 살리자는 명분을 내세워 기업들이 기업 살리기를 요구했다. '기업하기 좋은 나라' 또는 '기업하기 좋은 도시'를 목표로 내건 국가와 지방자치단체가 등장했다. 2차 관계가 중요한 위치를 차지한 것이다.

2007년 금융위기가 시작되자 탐욕스런 기업이 위기에 빠졌다. 시장 실패를 대신해 국가 역할이 강조됐다. 기업 중심 일자리 정책이 양극화를 낳았다. 불안정 노동 확산으로 일을 해도 가난한 '워킹푸어'가 등장했다.

2010년대에 접어들자 복지 문제가 쟁점으로 떠올랐다. 2014년 온 나라를 충격에 빠뜨린 세월호 사건에서 "이게 국가냐"라는 분노가 퍼졌다.

2016년 최순실 비선실세의 적폐가 드러나고 박근혜 대통령 탄핵을 요구하는 시민이 정치와 국가를 바꾸려 나섰다. 3차 관계에 관심이 쏠렸다.

2017년 이후는 어떻게 될까? 광장 민주주의는 선거를 통해 제도권 정치로 흡수됐다. 광장에서 주인이라고 외치던 시민은 학교나 직장에서 '찌그러져야' 하는 괴리에 빠졌다. 그래서 노조, 협동조합 등 일상에서 조직된 시민의 힘이 중요하다. 4차 관계가 중요한 시대다.[16)]

가족 · 성(性) · 이주민 · 인종 · 민족 문제도 중요하다. 1차 관계는 2, 3, 4차 관계에 영향을 미치고 영향을 받지만 이 책에서 다루지 않는다. 2차 관계를 살펴본 다음 3차 관계, 4차 관계를 차례대로 다룬다.[17)]

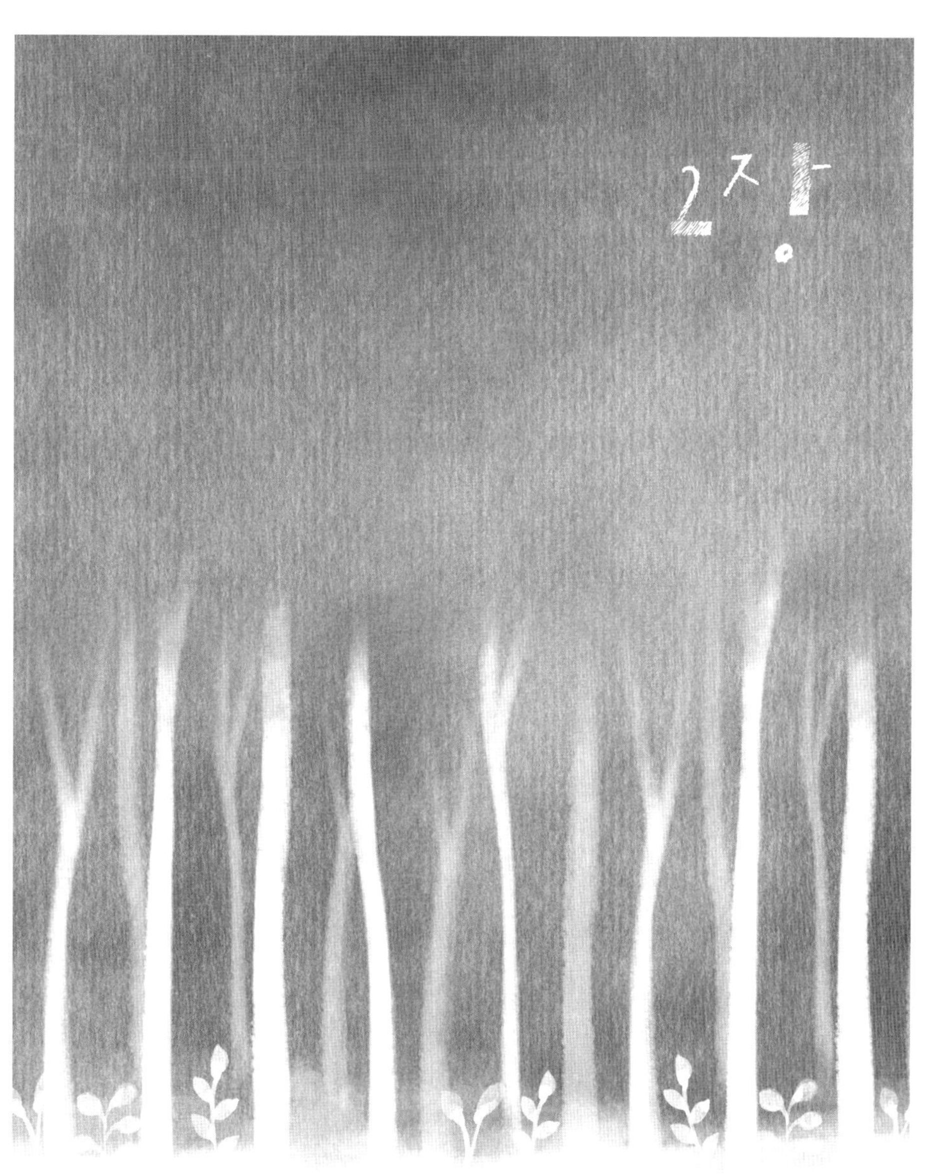

우린 삼각관계

삼각관계를 고백하자

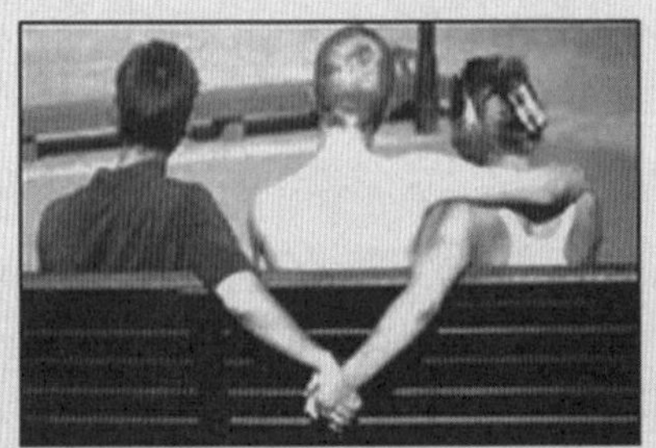

삼각관계

우린 직장에 취직해서 일하는 순간 삼각관계에 빠진다. 취직해서 일하는 이유가 있다. 첫째로는 먹고살기 위해서다. 부자 부모님 만나 재산을 물려받은 사람들은 그럴 필요가 없겠지만 대부분 시민은 취직해야 먹고산다.

둘째로는 소비자에게 필요한 것을 만든다. 제조업에서 생산품을 만들고, 정보통신산업에서 프로그램을 만들고 깔아 주고, 서비스업에서 고객을 위한 서비스를 만들고, 유통업체에서 상품을 나르고 판매한다. 내가 일해서 만든 제품이나 서비스는 소비자가 있다. 난 생산자고 당신은 소비자다. 나는 노동자고 당신은 고객이다. 거꾸로 보면 난 소비자다. 당신이 생산한 것을 먹고 쓰니까. 우린 모두 '생산자-소비자' 관계를 맺고 있다.

셋째로 우리는 각자 회사에 취직해서 일한다. 회사에는 직원뿐만 아니라 회사를 소유한 주주 등 사업자가 있다. 이 사람들이 '사용자'다. 법에는 "사업주나 경영담당자 또는 그 사업의 근로자에 관한 사항에 대하여 사업주를 위하여 행동하는 자"를 사용자라고 설명한다.[18] '노사관계'는 노조(또는 노동자)와 사용자 관계다.[19] 회사에 필요한 땅 · 기계 · 건물 · 자재구입비 등 자본을 가진 사람들을 '자본가'라고 부른다.

나는 나와 소비자인 당신, 그리고 사용자를 위해 일한다. '생산자-사용자(자본가)-소비자'가 삼각관계를 맺고 살아간다.

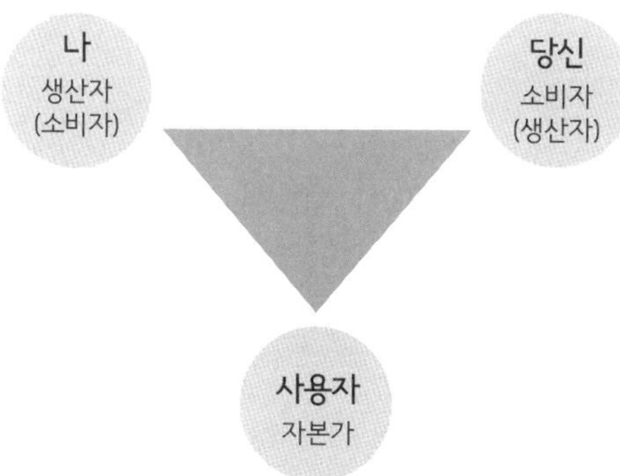

삼각관계 벗어난 사람 거의 없다

실업자는 일을 못하니까 생산자는 아니다. 그렇지만 먹고살아야 하니까 소비한다. 어떤 물건이든 쓰려면 특정 회사가 만든 제품을 사야 한다. 삼각관계를 벗어날 수 없다. 어린아이나 정년퇴직을 한 사람도 소비한다. 삼각관계와 무관하지 않다.

학생도 소비자다. 대부분의 학교는 돈 많은 자본가가 만든 회사다. 선생님들은 임금을 받고 취직해서 일하는 노동자다. 선생님들이 교육을 생산하고 학생들이 교육을 소비한다. 삼각관계다.

돈이 많아서 부모한테서 회사나 건물을 물려받은 사람들은 굳이 취직하지 않고 사용자(자본가)가 된다. 사용자로서 삼각관계를 맺는다. 회사가 아닌 건물을 가지고 있으면 건물을 관리하는 사람을 고용해야 하고 건물을 사용하는 소비자가 있을 테니까 마찬가지로 삼각관계를 맺는다.

생활에 필요한 모든 것을 자급자족하면 삼각관계에서 벗어나 있다고 할 수 있다. 하지만 우리 사회에서 완전한 자급자족을 하면서 살아가는 사람은 많지 않다. 아주 드물고 특별한 경우만 빼고 자본주의를 살아가는 대부분의 사람은 삼각관계를 맺고 있다.

좋은 관계일까

서로 사랑하는 연인 사이에 누가 끼어들면 경쟁 · 갈등 · 질투에 휩싸인다. 나와 당신 사이에 사용자(자본가)가 끼어든 관계는 어떨까.

나 혼자서 자동차나 스마트폰을 만들 수 없다. 돈 많은 자본가가 땅 · 기계 · 자재를 사야 물건을 만들 수 있다. 회사를 만들어 대량생산을 하고 첨단기술을 이용해 좋은 제품을 만들면서 사회가 발전했다. 이러니 당신과 나 사이에 끼어들어 삼각관계를 만들었다고 원망할 수는 없는 노릇이다.

집안에서 물건을 만드는 가내수공업에서 시작해 공장으로 이어졌다. 이게 발전해서 오늘날에 거대 회사가 됐다.

거대 재벌회사를 만든 정주영 · 이병철 등 재벌 회장 영웅담이 책으로 나오고 드라마로 나왔다. 재벌 회장에게 고마워하고 존경을 보낼 수 있다.

그러나 회사는 재벌 회장 개인성과가 아니다. 열심히 일한 노동시민, 기업 성장을 지원한 국가 정책, 기업 물건을 믿고 구입한 소비자가 함께 만든 것이다.

그들 목적은 사랑이 아니다

결혼정보회사가 많다. 연애하기도 바쁜데 짝을 찾아 준다. 내 주변에서 찾아봤자 거기서 거긴데 전국을 뒤져서 찾아 준다. 국경을 넘어 조선족이나 베트남을 비롯한 동남아시아까지 연결해서 짝을 찾아 준다. 좋은 일을 하는 것 같다.

결혼정보회사가 회사를 만들어 중매를 서는 진짜 이유는 뭘까? 짝을 찾기 힘든 연인들을 만나게 하니까 사랑을 위해서일까. 이렇게 생각할 분들은 별로 없을 것이다. 결혼회사는 중매쟁이(일명 뚜쟁이) 역할을 해서 돈을 번다. 사랑도 결혼도 돈벌이 상품이다.

죽음도 상품이다. 수많은 장례업체가 생겼다. 결혼정보회사 목적이 사랑이 아니듯 장례업체 목적은 자식들을 대신해서 효도하는 데 있지 않다. 진짜 목적은 돈이다. 사랑도 죽음도 돈벌이를 위한 도구가 됐다.

이익이 중심이다

사용자는 "돈 벌려고 경영한다"고 말하지 않는다. 삼성전자의 경영이념은 "인재와 기술을 바탕으로 최고의 제품과 서비스를 창출하여 인류사회에 공헌 하는 것"이다. 불법과 편법으로 상속하고 특권과 반칙을 사용하다 법적 심판을 받는 삼성을 보면 경영이념은 거짓말이다.

그렇다고 생구라는 아니다. 좋은 제품을 만들어 사회에 기여하는 측면이 있으니까.

대부분의 회사들은 멋진 목표를 내걸지만 진짜 목적은 얼마나 많은 이윤을 남기느냐에 있다. 이윤이 먼저고 그 과정에서 사회에 기여한다. 가끔 공공의 이익을 침해하면서 이윤을 챙기는 사용자 모습이 드러나곤 한다.

옥시는 가습기 살균제에 사람을 죽이는 독성물질을 썼다. 옥시만이 아니라 애경 · 롯데쇼핑 · 홈플러스 등이 이런 가습기 살균제를 만들어 팔았다. SK케미칼이 독성재료를 공급했다. 2016년 이 사건으로 난리가 났다. 사용자들은 제품을 팔기 위해 이 사실을 숨겼다. 실제로 목숨을 잃고 병을 얻은 사람이 생겼다. 잠재적 피해자만 최소 30만명이다. 피해자 모임에 따르면 2016년 5월 말 기준 가습기 살균제 피해자 수는 2,339명이다. 이 중 사망자는 464명이다. 기업에겐 돈벌이가 우선이다. 인간의 생명은 그 다음이다.

연인 사이가 삼각 관계가 되면 사랑은 경쟁 · 갈등 · 질투로 바뀐다. 당신과 나를 위한 노동은 사용자(자본가)가 끼어들어 변했다. 자본가는 상품을 만들어 돈벌이를 하는 데 목적을 둔다. 자본가에게 제1 목적은 이윤이다. 너와 나 사이에 끼어든 자본가가 우리를 바꾼다. 우리 사이는 점점 이익을 따지는 관계로 변해 간다.

당신은 왕이고 난 봉

우린 서로 만든 것을 직접 교환하지 않는다. 오직 자본가를 통해서만 상품을 교환한다. 단둘이 만나 데이트할 수 없는 셈이다. 늘 사용자가 끼여 있는 상태에서 만난다. 당신과 나는 직접관계가 아닌 자본가를 통한 간접관계로 바뀌었다.

옛날처럼 서로 물건을 만들어 직접 바꾸면 서로를 잘 아니까 속이기 힘들다. 서로를 위해 좋은 물건을 만들려고 노력한다. 그래야 당신도 내가 쓸 물건을 잘 만들 테니까. 서로가 고객이고 생산자다. 끈끈한 인간관계를 맺는다.

자본주의가 발달하면서 당신과 나 사이는 멀어졌다. 나는 상품을 파는 직원이고 당신은 상품을 사는 고객이다. 고객은 왕이고 나는 봉이다. 삼성전자서비스에서는 "고객은 무조건 옳다"고 가르친다. 그러니 무조건 고객만족을 위해 복종한다. 거꾸로 내가 고객이 될 때 당신은 봉이고 나는 왕이다.

한국에서 부동산 · 교회 · 편의점 다음으로 많고 전 세계 맥도날드점보다 더 많다는 통닭집을 보자. 세상은 '튀기는 놈, 배달하는 놈, 주문한 놈'이 있다고 한다. 내가 주문을 했는데 늦게 오면 짜증 난다. 다시 전화 걸어서 언제 오냐고 묻는다. "금방 갑니다"고 대답한다. 그래도 늦으면 "양계장에서 닭 잡냐"고 짜증 낸다.

피자회사에 '30분 배달제'가 있었다. 2011년 대학입학을 앞둔 알바생이 배달하다 죽었다. 사회 문제로 부각되자 30분 배달제를 폐지한다고 했다.

통닭집이나 피자집에만 있는 일이 아니다. 회사는 납품기일을 맞추기 위해 최대한 빨리빨리 일을 시킨다. 노동강도가 세진다. 우리가 자주 가는 식당이니 술집도 마찬가지다. 고객이 돼 식당이나 술집에서 일하는 직원들에게 빨리빨리 음식을 내놓으라고 큰소리칠 때가 있다. 고객인 나는 노동시민인 직원에게 노동속도를 높이도록 압력을 준다. 직원의 인격보다 음식이 먼저다.

감사하는 마음 없다

자본가가 끼어들어 멀어진 우리 사이에 고마움이 점점 사라진다. 내가 쓸 것을 만들어 준 당신에게 감사해야 하는데 고마움을 느낄 수가 없다. 나는 당신보다 회사 돈벌이를 위해 상품을 만들었으니까 당신이 내 노동에 감사할 이유가 사라진다.

우리 사이는 서로 이익을 챙기려는 이해관계다. 당신의 노동에 감사하는 마음을 잊은 정도가 아니다. 고객이 되면 갑이고 직원 입장에 서면 을이다. 서로 인격을 존중할 이유가 사라져 버렸다. 서로에게 진상고객이 되기도 한다.

왕이 된 고객 위에 또 다른 신이 있다. 사용자(자본가)는 돈벌이를 위해 고객을 왕으로 만들고 직원을 봉으로 만든다. 왕이 된 고객 주머니를 털려는 회사는 '돈'을 신으로 모신다. 당신과 나 사이에 사랑은 사라지고 서로 갑질을 한다. 우린 돈벌이를 위한 도구가 됐다. 우리 모두는 '돈신'이 좋아하는 손익만 따지는 삼각관계에 빠졌다.

나는 도구

'사용자'라는 말을 생각해 보자. 사용한다는 말은 물건을 필요한 곳에 쓴다는 뜻이다. 회사에 취직했는데 사업주나 경영자가 '사용자'라면 직원인 나는 그들이 쓰는 물건이다. 법이 그들을 사용자라고 하니 우린 그들 도구다. 이런 법이 어딨냐고? 대한민국 법이 이렇다.

너와 내가 만나 사랑했지만 삼각관계가 되면서 너무 많이 바뀌었다. 중간에 낀 자본가는 나를 사랑으로 대하지 않는다. 돈벌이를 위한 수단으로 생각한다.

정규직 일자리는 부족하고 비정규직 알바가 빠르게 늘었다. 단기계약으로 언제든 잘릴 수 있는 불안정 노동이 늘었다. 예전엔 결혼식 주례사에 "검은 머리 파뿌리 될 때까지 행복하게 살라"는 말이 단골메뉴처럼 등장했다. 한 사람만 평생 사랑하는 것도 끔찍할 수 있지만 요즘은 사랑도 직장도 너무 빨리 바뀐다. 평생 알바만 하는 사람도 적지 않다. 사용자는 나를 쓰다가 버린다. 당신과 내 사랑은 사라지고 나는 싸구려 도구가 됐다.

그럼에도 나는 사용자들에게 노동력을 팔아야 한다. 내가 노동할 수 있는 능력을 몸에서 따로 떼어 내서 팔 수 없다. 내 몸은 회사에 출근해야 하고 내 시간은 회사에 내준다. 나는 노동력을 파는 판매자다. 사용자는 내 노동력을 사는 구매자다. 인격은 중요하지 않다.

취직은 불평등 계약

상품이 된 나는 회사에 노동력을 팔면서 매매계약을 맺는다. 근로계약서를 쓴다. 근로계약서를 쓰지 않으면 위법이다. 여전히 근로계약을 쓰지 않는 경우가 많다.

사회 첫발을 내디디고 취직해서 근로계약서를 쓰면 불평등 계약일 가능성이 높다. 공정한 계약을 하려면 계약 당사자가 대등한 조건에서 계약해야 한다. 그런데 입사하는 나는 불리한 조건에 있고 사용자는 유리한 조건에서 계약을 한다.

취업하려는 사람은 넘치지만 일자리는 부족하다. 좋은 일자리를 얻기 위해 경쟁한다. 나와 친구들은 입시경쟁, 취업경쟁에 시달리며 어떻게든 좋은 일자리에 취직하려고 한다. 사용자는 "너 아니어도 사람 많다"고 배짱을 부린다. 우리가 골라서 좋은 회사로 갈 수 있는 상황이 아니다.

근로계약서를 쓰지만 늘 우리에게 불리하다. 표준근로계약서는 회사를 '갑'으로, 나를 '을'로 표현한다. 근로계약서에서 사용자와 나의 권력관계가 드러난다.

2013년에 갑질이 사회 문제로 떠오르자 고용노동부가 표준근로계약서에 나오는 '갑'과 '을'이라는 표현을 '사업주'와 '근로자'로 바꿨다. 말을 바꾼다고 갑을관계가 사라질까.

당신은 고객인가 호갱인가

나와 당신 사이에 끼여 있는 사용자는 당신과 짜릿한 사랑을 하는가. 콜센터에 전화를 하면 "사랑합니다. 고객님"이라는 멘트를 하던 때가 있었다. 레스토랑에

갔을 때도 이런 멘트를 듣는다. 전혀 모르는 사람이 나를 사랑한다고 하니 불편한 느낌이 든다. "미워합니다. 고객님"이라는 말보다 낫긴 하다.

그게 장삿속이라는 거 안다. 친절도 돈벌이를 위한 도구다. VIP 대접을 받으면 기분이 좋다. 진정으로 인정하고 사랑하기 때문이 아니라는 걸 알지만. '호갱'이 아닌 귀한 고객으로 여기니까 기분이 나쁘진 않다.

신분사회에서는 신분에 따라 집이나 옷이 달랐다. 자본주의는 이런 식으로 신분을 구분하지 않는다. 돈도 있고 빽도 있는 사람은 다른 사람과 똑같은 집 · 옷 · 차를 쓰기 싫어한다. 뭔가 우월감을 드러낼 방법이 필요하다. 돈 많은 사람들은 다른 사람과 달라도 뭔가 다른 것을 소비한다. 명품을 쓰면서 다른 사람들에 비해 우월감을 느낀다. 돈 많은 사람은 고급스런 취향을 갖고 있다. 이걸 부르디외라는 사람이 '구별 짓기'라고 했다.

차도 클래스가 있고 아파트도 클래스가 있다. '아파트계급론'을 지나서 2015년에는 금수저 · 은수저 · 동수저 · 흙수저로 구분하는 '수저계급론'이 나왔다.

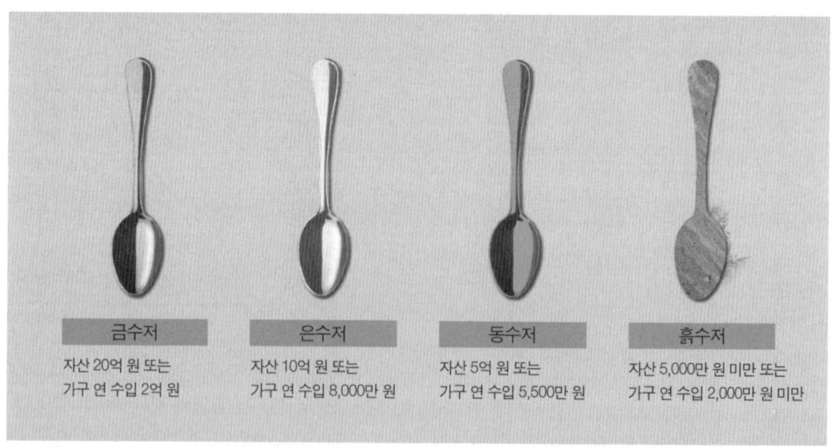

자본가는 물건을 팔기 위해 우월감을 부추긴다. 더 새롭고 더 좋은 제품을 사서 "당신의 품격을 증명하라"고 광고한다. 고객을 왕으로 모시는 이유는 주머니를 터는 데 있다. 좋은 제품을 사서 쓰는 소비자에게 행복감을 주는 효과도 없지 않다.

명품매장만이 아니라 할인마트도 많다. 우리 대부분이 비싼 명품을 쓰면서 우쭐거릴 만한 금수저 계급은 아니다. 할인마트 덕분에 싼 상품을 쓸 수 있는 맞춤형 판매에 감사해야 할까.

어쨌든 나와 사랑했던 당신은 소비자로 사용자와 관계를 맺었다. 때로는 명품을 제공하고 때로는 할인판매를 하는 맞춤형 사랑을 할 수 있다면 좋겠다. 하지만 그들이 당신에게 원하는 것은 사랑이 아니다. 자본주의적 삼각관계에서 당신과 나는 왕과 봉의 역할을 번갈아 한다. 나는 자본가 돈벌이 수단이 돼 노동력을 판다. 소비자인 당신은 자본가 돈벌이 전략에 따라 물건을 사고 주머니를 털리는 먹잇감이 된다.

인정투쟁

"당신은~. 사랑받기 위해 태어난 사람~. 지금도 그 사랑~ 받고 있지요~."

잘 알려진 찬송가다. 하느님은 우리를 사랑하고 계신지 모르지만 현실에서 우리는 서로 사랑하고 사랑받으며 산다고 할 수 있나.

사랑을 받지도 못하고 관심도 받지 못하니까 남에게 인정받으려고 애쓰며 살아가면 행복할까. 나름 인정받고 살아가는 사람은 좀 다를 수 있겠다. 끊임없이 인정받으려 노력해야 하는 사람은 행복을 느끼기 어렵다.

삼각관계가 되면 사랑을 얻으려는 경쟁이 심해진다. 사랑받기 위한 '인정투쟁'이 시작된다. '인정투쟁'은 개인이나 집단이 타인이나 사회에서 인정받기 위해 벌이는 싸움이다.[20]

연인과 가족 사이에 무시당하지 않고 사랑받으려는 싸움이 있다. 재산을 둘러싼 소송이나 임금인상을 위한 노사 간 싸움을 비롯해 권리를 인정받기 위한 싸움도 있다. 자신이나 집단이 사회적 가치를 인정받기 위해 여러 가지 싸움을 한다. 정당이나 후보가 유권자에게 표를 많이 얻으려 애쓰는 선거도 인정투쟁이다.[21]

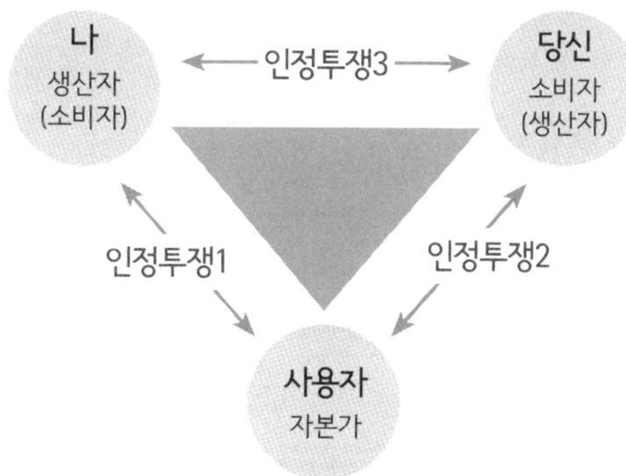

노동자와 사용자의 밀당

나는 일이 필요하고 사용자는 노동력이 필요하다. 노동력을 파는 나는 되도록 비싸게 팔고 싶다. 사용자는 당연히 싸게 사서 많이 쓰고 싶다. 돈벌이를 중요하게 생각하는 사용자 입장에서 보면 인건비는 비용이다. 비용을 줄여야 이익을 많이 남긴다. 비용을 줄이려는 사용자와 조금이라도 더 받고 싶은 나는 밀고 당기는 '밀당'을 한다.

임금만이 아니다. 사용자 입장은 오랫동안 일을 시켜야 많은 생산을 할 수 있으니 '시간밀당'을 한다. 나는 직장에서 일하다가 편하게 쉴 멋진 휴게실이라도 있으면 좋겠다. 아이들 학비도 좀 받았으면 좋겠다. 집에 경조사가 있으면 돈이 들어가니 이런 복지제도가 많으면 좋다. 사용자에게 이 모든 것이 비용이다.

혼자 사장과 맞짱 떠서 더 달라고 요구하려면 배짱이 두둑해야 한다. 배짱이 좋아 혼자 회사에 덤볐다가 인사고과에서 밀릴 수도 있다. 사용자에 찍혔다가는 잘릴 위험이 있다. 노조를 만들어 집단으로 덤비면 임금도 올리고 노동조건도 개선하고 당당하게 말할 수 있다.

노사분규는 인정투쟁 폭발

사용자에게 인정받고 존중받기 위해 노조를 만들면 노사관계에 갈등이 생긴다. 전국에서 이런 일이 벌어지면 어떻게 될까. 전국 노동시민이 파업을 하고 노동조건 개선을 요구하면 난리가 난다. 개인 사이 인정투쟁을 넘어선 전 사회적 투쟁이 된다. 이걸 노사분규라고 부르는 사람도 있지만 '계급투쟁'이라고 부르는 사람도 있다.

1987년 노동자 대투쟁이 있었고 1996~1997년에도 노동자 총파업이 있었다. 크고 작은 파업들이 계속 일어난다. 사용자에겐 두려운 일이다. 회사가 돌아가야 돈을 버는데 노동자들이 한꺼번에 일을 멈추고 밖에 나가 집회를 하고 정부와 싸우고 있으니까.

사용자가 가만히 있을 리 없다. 회사마다 인사노무관리를 하는 부서가 있다. 동료들과 뭉쳐 사용자에게 덤비면 곤란하니까 사용자는 내가 동료와 경쟁하도록 만든다. 승진경쟁 혹은 연봉경쟁을 붙인다. 조금이라도 빨리 승진하고 연봉을 높이려면 동료들보다 인정받아야 한다. 지각 · 조퇴 · 결근을 비롯해 불량이 많거나 고객 불만이 많으면 고과 점수가 깎여 임금과 승진에서 불이익을 당한다. 그러니 열심히 잘하려고 애를 쓴다.

메기에 쫓기는 청어

'메기경영'을 주장한 사람이 있다. 아직 냉동기술이 발전하지 않았을 때 유럽에서 청어를 잡으면 시장까지 가는 동안 고기들이 죽어 버렸다. 그래서 생생하게 살아 있는 고기를 팔 방법이 필요했다고 한다. 청어의 천적은 메기다. 사실 여부를 떠나 청어 담은 곳에 메기를 풀어놓으면 청어들이 살려고 열심히 도망 다니다 보니 시장까지 가도 팔팔하게 살았다는 얘기가 전해진다.

메기경영은 이처럼 직원들이 긴장을 풀지 못하고 열심히 일하도록 해고 공포를 불어넣는 경영이다. 실적평가를 해서 징계하고 자르면 직원들이 열심히 움직인다. 이게 삼성 이건희 회장이 말한 메기경영이다. 메기경영은 1993년 이건희 회장이 주장했다.

외환위기 이후 구조조정이 일상적으로 일어난다. 누군가를 자르려고 하면 잘리지 않으려고 일자리 경쟁을 한다. 회사에 인정받기 위해 경쟁하는 시대다. 지금은 정리해고제가 있다. 파견근로제 등 비정규직을 늘리는 법을 만들었다. 노동자에게 언제나 잘릴 수 있는 해고 공포를 심어 회사에 충성하게 만든다.

인정투쟁은 사회에 쫙 퍼졌다. 일자리를 둘러싼 인정투쟁은 취업경쟁 · 스펙경쟁 · 입시경쟁 · 조기교육경쟁으로 어린애까지 전부 인정받기 위해 살도록 만든다. 아이들은 학교공부만이 아니라 대부분 과외를 한다. 학원 선생님이나 개인과외 선생님들은 인정투쟁이라는 무대에 선 아이들을 가르친다. 인정투쟁이라는 검투장에 나가 싸울 검투사인 아이를 훈련한다. 직장인은 물론 학생들과 아이들까지 졸지에 메기에 쫓기는 청어 신세가 아닌가.

소비자와 사용자의 밀당

사용자는 물건을 팔고 싶고 소비자인 당신은 물건이 필요하다. 사용자는 되도록 더 비싼 값으로 많이 팔고 싶어 한다. 이해관계가 엇갈린다.

자본가와 소비자인 당신 사이에서 갑은 누구일까? 자본가들은 고객인 당신에게 인정받아야 물건을 판다. 그러니 당신이 갑이다. 그런데 현실은 꼭 그렇지 않다.

소비자인 당신은 다른 소비자들과 경쟁을 한다. 고객인데 그냥 자본가들에게 큰소리를 치지 못하고 거꾸로 그들에게 인정받으려 애를 쓴다. 이게 바로 소비자인 당신과 자본가의 역전된 인정투쟁이다.

이미 당신들은 '구별 짓기'를 통해 분열했다. 남들에게 인정받기 위해 비싸고 좋은 물건을 사서 자랑하고 싶은 '과시욕망'이 소비자에게 있다. 자본가는 이를 부추긴다. 음식점이든 백화점이든 당신은 왕처럼 대접받는 VIP가 되고 싶다. 소비자들 간 경쟁이다. 명품 VIP 고객부터 싸구려 제품을 사용하는 소비자에 이르기까지, 일등부터 꼴찌로 나뉘었던 학생 시절처럼 서열화된 소비자로 산다.

물건값이 올라가면 소비자는 잘 사지 않는다는 경제학 상식이 있었다. 정반대의 현실을 100년 전에 베블런이라는 사람이 밝혔다. 사람은 과시욕 때문에 비싼 제품을 사려고 한다. 물건값이 올라가는데도 소비가 늘어난다.[22)]

남들에게 인정받고 과시하기 위해 비싼 차, 비싼 아파트를 사려고 한다. 죽어라 벌어서 비싼 상품들을 구매하려는 인정투쟁이 벌어진다. 마치 경기장에서 한 사람이 일어서면 안 보이니까 모두가 일어서는 것처럼 '경기장에서 일어서기'가 벌어진다.[23)]

자본가는 집어등을 설치했다

오징어를 잡을 때 전등 불빛을 환하게 켜면 불빛에 이끌려 오징어들이 모인다. 그러면 그물로 오징어를 잡아들인다. 고기를 모이게 하는 전등이 집어등(集魚燈)

이다.

자본가들은 고기를 모으는 집어등처럼 소비자들의 소비욕망을 부추기는 '욕망의 집어등'을 만들어 냈다. 화려한 백화점 진열장의 불빛, 찬란한 조명, 매혹적인 인기스타가 등장하는 광고들이 당신을 유혹한다.

이렇게 진화한 욕망의 집어등에 이끌려 당신은 오징어가 돼 자본가의 소비그물에 잡히는 소비자가 된다. 욕망의 집어등에 이끌려 생활에 꼭 필요한 물건이 아니라 저들이 조장하는 욕망에 이끌려 필요보다 많이 소비한다.

당신은 임금을 받지만 상품들을 사야 하기 때문에 결국은 주머니가 털리는 신세다. 빚을 내서 집을 사고 그 빚을 갚기 위해 평생을 일한다. 비싼 차를 사서 폼을 잡지만 할부금을 갚으려면 일해야 한다.[24]

소비자는 개인적으로 소비한다. 같은 직장에 다니는 사람들이 모여 만든 노조처럼 집단이 되기 어렵다. 소비자 몇 명이 물건을 판 자본가에게 불만을 터뜨리며 불매운동을 해도 오래가지 못한다. 당신이 아니더라도 물건을 살 소비자는 많다. 옥시 사건과 같이 사회가 발칵 뒤집힐 정도로 특별한 경우가 아니면 소비자가 사용자에게 영향력을 미치기 어렵다.

일부러 회사를 공격하는 블랙컨슈머(Black Consumer)가 있다. 문제가 없는데 제품에 하자가 있다고 우기거나 꼬투리를 잡아 돈을 뜯어내려는 나쁜 소비자가 종종 있다. 이건 당신과 사용자 사이에 벌어지는 빗나간 인정투쟁이다.

좋은 소비, 착한소비를 하려는 소비자가 적지 않다. 소비자 권리를 보호하기 위한 소비자운동도 있다. 전문가 중심 소비자단체와 정부 지원을 받는 소비자보호단체가 있지만 삼각관계 중심을 차지한 자본가와 을이 된 소비자 관계를 뒤바꿀 정도는 아니다.

소비자와 노동자 입장은 다르다

당신은 소비자로서 싸고, 좋고, 빠르고, 친절한 서비스를 원한다. 과시를 위해 명품을 찾는 분들도 있다. 궁핍한 서민은 싼값에 좋은 물건을 구하고 싶다. 덧붙여서 친절하게 대접받고 싶다. 친절은 소비자인 당신이 제대로 인정받느냐, 아니냐 문제다. 당신을 고객으로 맞이하는 나는 입장이 다르다.

첫째로 당신이 같은 제품의 물건을 되도록 싸게 사려고 한다면 그만큼 내 임금이 줄어들 가능성이 있다. 물론 물건을 비싸게 판다고 해서 자동으로 내 임금이 오르지는 않는다.

둘째로 당신은 되도록 좋은 제품을 사고 싶다. 좋은 제품을 만들기 위해 나는 신경을 써야 한다. 제조업에선 품질관리를 위해 노력을 해야 한다.

셋째로 당신은 '빠르게'를 원한다. 나는 빨리 배달하기 위해 목숨을 걸고 달려야 할 때가 있다. 제조업에서 일하는 나는 빨리빨리 일해야 하니까 노동강도가 높아진다. 전자제품 고장수리를 하는 서비스직원인 나는 더 많은 건수를 처리하기 위해 바쁘게 뛴다.

넷째로 당신은 친절을 원한다. 나는 아무리 힘들고 바빠도 당신에게 상냥하게 웃음을 지어야 한다. 내 기분이 나빠도 웃음을 짓는 또 다른 노력을 해야 한다.

고객이 무조건 옳다?

소비자인 당신의 입장과 생산하는 내 입장이 다르다. 당신이 싸고, 좋고, 빠르고, 친절한 대접을 원하듯 나는 높은 임금을 받고, 스트레스 덜 받고, 여유 있게 일하고, 편하게 고객을 만났으면 한다. 고객인 당신에게 존중받을 권리가 있듯 노동하는 나도 존중받을 권리가 있다.

그런데 고객인 당신과 나 사이에 사용자가 있다. 사용자는 물건을 비싸게 많이 팔아야 한다. 당신의 소비욕망을 부추겨야 한다. 당신 과시욕을 뽐낼 수 있도록 신상품을 내놓기도 하지만 때로는 싼 물건을 원하는 당신을 위해 할인행사를 한다. 고객인 당신을 꾀기 위해 당신이 대접받고 싶은 심리를 이용한다. 그래서 "고객은 왕"이라고 부추기고 "고객은 절대 옳다"고 나에게 교육한다.

당신의 소비욕망을 자극하는 사용자는 물건을 싸게 팔더라도 이익을 남기려고 한다. 나에게 임금을 덜 준다. 당신에게 상품이나 서비스를 빠르게 공급하기 위해 사용자는 나에게 빨리빨리 일하도록 강요한다. 사용자는 나에게 친절한 모습을 보이도록 내 감정과 상관없이 무조건 웃고 상냥하라고 요구한다.

당신은 진상고객

서로 협력하고 사랑하던 당신과 나는 이젠 인격을 존중하는 관계가 아니다. 사용자들이 끼어들면서 당신은 왕이 됐고 나는 왕을 모시는 신하나 종이 되라고 강요받는다. 당신이 고객으로 인정받기를 원하고 사용자가 그걸 조장할수록 나는 인격을 가진 사람으로 인정받지 못할 가능성이 높다. 그래서 갑질을 하는 고객이 생기고 진상고객이 생겼다.

진상고객을 만나면 욕을 퍼붓고 직장을 때려치우고 싶을 때가 있다. 그러나 음식점을 하는 욕쟁이 할머니처럼 손님에게 시원하게 욕을 맘대로 하는 것은 꿈꾸지도 못한다. 물건을 팔아야 먹고살아야 하기 때문에 그냥 참는다. 고객 불만이 생기면 관리자에게 욕을 먹고, 인사고과 점수가 깎인다. 나는 당신이 내 인격을 무시하는 진상고객 노릇을 하더라도 참아야 한다.

당신은 때때로 내 인격과 권리를 인정하지 않는다. 음식점이나 술집에서 일할 때 당신이 밤늦게까지 죽치고 앉아 먹을 때가 있다. 나도 쉬고 싶은데 내 쉴 권리를 생각하지 않는다.

그림에서 보듯 한 커피전문점에서 알바생이 등에 "남의 집 귀한 자식"이라고 적힌 셔츠를 입고 있어 화제가 된 적이 있다. 커피전문점 · 술집 · 식당 · 마트 · 백화점에서 일하는 사람들은 귀한 자식이고 가족들에게 소중한

부모들이다. 다들 인격을 존중받고 살아갈 권리가 있다. 얼마나 함부로 대하고 갑질을 해 댔으면 이런 글을 쓴 셔츠를 입고 일했을까.

착하게 살아도 답 없다

모욕을 주고 수치심을 느끼게 하니까 '인정받고 싶은 욕망'이 강해진다. 당신과 내가 왜 이런 식으로 서로 인격과 권리를 무시하면서 인정투쟁을 해야 할까. 당신과 내가 서로 사랑하고 도우며 살아도 부족한 인생인데 왜 이럴까.

원래부터 비뚤어진 성격 때문은 아니다. 개인 사고방식이 문제라면 "서로의 인격을 존중하자"며 착하게 살기운동을 할 수 있다. 당신과 내가 조금만 신경 쓰면 어느 정도 나아질 거다.

하지만 근본적으로 나아지지는 않는다. 삼각관계 때문이다. 우리가 이렇게 된 근본 이유는 당신과 나에게 있지 않다.

당신과 나 사이에 자본가(사용자)들이 끼어들면서 우리 관계는 서로를 돈벌이 수단으로 여기게 됐다. 인격이 사라진 삼각관계, 돈벌이 수단으로 여기는 관계, 이해득실만 따지는 관계가 문제다.

이런 관계가 근본적으로 달라지지 않는다면 착한 마음을 가지려 아무리 노력해도 답을 찾을 수 없다.

다단계 삼각관계

반란을 일으켰다

1980년대까지 근로자들을 그냥 '공돌이' '공순이'라고 불렀다. 법에는 노동 3권을 보장하지만 노동시민 권리는 사실상 없었다. 대부분 노동자는 노동 3권을 누리지 못했다. 한국노총에 소속된 노조가 있었지만 '어용노조'라고 욕을 먹었다.

어용(御用)이라는 말은 '임금 어(御)'에 '쓸 용(用)'이다. 왕이 쓰는 물건을 뜻한다. 의미가 좀 바뀌었다. 노조는 조합원을 위해 임금을 올리고 노동조건을 개선하는 역할을 해야 한다. 반대로 노조가 사용자를 위해 움직이면 '어용노조'가 된다.

1987년 7~9월 민주화 대투쟁으로 군사독재정권이 약해지는 틈을 타서 노동자 대투쟁이 벌어졌다. 회사가 세운 어용이 아닌 직선제로 위원장을 뽑고 노동자를 위해 활동하는 민주노조가 탄생했다.

민주노조는 회사에 머물러 있지 않고 전국 조직을 구성했다. '전국노동조합협의회'(전노협)를 만들었다. 대기업 노동조합들이 모여 '대기업연대회의'를 결성했다. 이런 조직이 모여 1995년 11월 11일 40만 명이 넘는 조합원이 '민주노총'을 만들었다.

충돌이 일어났다

'시키면 시키는 대로' 일하다가 '주면 주는 대로 받는' 근로자들이 "인간답게 살고 싶다"면서 덤비니까 사용자는 난감했다.

노동시민과 자본가의 계급투쟁이 벌어지기 시작했다. 자본가들은 자기 돈을 투자해서 회사를 만들었으니 회사는 자기 재산이라고 생각한다. 소유권이 있으니까 회사 경영도 내 맘대로 할 수 있다는 '경영권'을 주장한다.

노동자는 "왜 당신 회사냐, 나도 투자했다. 우린 노동을 투자했다. 내 노동이 없으면 회사는 그냥 멈춘다. 노동이야말로 모든 것을 생산하는 이윤의 근본이다"고 주장하면서 싸웠다. 노동자는 세상 만물을 노동이 만들기 때문에 노동자야말로 회사의 주인이고 사회역사 주인이라는 계급의식을 가지기 시작했다.

자본가 소유권과 노동자 노동권이 충돌했다. 소유권과 노동권 충돌은 한국에서만 일어난 일이 아니다. 전 세계에서 계급투쟁이 벌어졌으니까.

90년대에 사용자와 정부는 어떻게든 노동자 힘을 빼려고 한다. 이 과정에서 '노동시장 유연화'가 등장했다. 정부가 앞장서 '노사관계 선진화'를 하자고 주장했다. 정부와 사용자는 노동자를 정리해고할 수 있는 법을 도입하려고 했다. 반발이 심하니까 1996년 크리스마스 새벽에 몰래 날치기로 법을 통과시켰다. 열 받은 노동자들이 총파업을 해서 97년 초까지 난리가 났다. 날치기 법이 무효화될 뻔했다.

뒤집기

1997년 외환위기가 닥쳤다. 대한민국이 망할 수 있다는 위기감이 퍼졌다. 경제를 살리려면 구조조정을 해야 한다는 분위기가 깔렸다. 정부와 사용자는 구조조정을 시작했고 결국 정리해고제와 근로자 파견제가 도입됐다.

소사장제를 도입하는 사용자들이 늘어났다. 공장을 사장 한 사람이 관리하지 않고 작은 사장을 많이 만들어 관리하기 시작했다. 큰 공업단지에 대규모 사업장을 만들어 놓으니까 노동자가 뭉쳐 노조를 만들어 덤볐다. 작게 쪼개기 시작했다. 소사장이 관리해 주니 신경 덜 쓰게 되고, 소사장을 통해 싼 임금을 주고 일을 시키니 돈도 더 벌 수 있다.

대기업 노동자는 크게 뭉쳐서 싸웠다. 회사를 쪼개 놓았으니 작은 회사에서 뭉쳐도 쪽수가 작다. 작은 곳에서 싸우면 다른 곳에서 생산을 대체하니 힘이 빠진다. 법적으로 노사관계는 소사장이 책임진다. 원청 대기업은 법적 책임이 없다.

근로자 파견제가 확산됐다. 근로자 파견회사가 노동자를 고용해서 원청회사에 보낸다. 대기업이든 중소기업이든 일은 그곳에서 하더라도 근로계약은 밖에 있는 파견업체와 맺는다. 노동자들을 실제 사용하는 원청회사는 근로계약상 책임이 없다.

아웃소싱

사용자와 내 관계는 다양하다. 대기업에서 일하면 그냥 그 회사 직원이면 되는데 그게 아니다. 하청업체와 근로계약을 맺기도 하고, 그 회사와 무관한 파견회사 직원일 때도 있다. 대기업에 납품하는 중소기업 직원도 있고 그 중소기업 하청업체 직원도 있다.

정규직을 1차 노동시장이라고 하고 비정규직을 2차 노동시장이라고 한다. 2차 노동시장은 단순하지 않다. 직접계약직, 단기계약직, 초단기계약직, 사내하청, 파견근로 등 복잡하다.

자본주의가 원래 이랬을까? 아니다. 어떤 때는 비정규직을 늘렸다가 어떤 때는 비정규직 늘리는 것을 중간착취라며 줄이기도 했다.[25]

20세기 후반에 자본가는 전 세계에서 회사 조직형태를 바꾸기 시작했다. 아웃소싱이 늘었다. 회사가 커지면 사람이 많으니 조직관리 비용이 늘어난다. 노조를 만들어서 덤비면 임금을 올려 줘야 하고 노무관리 비용도 많이 든다. 비용을 줄이려 아웃소싱을 한다.[26]

기업은 세계화를 위해 언제 어디로든 옮겨 다니기 쉽게 조직을 바꿨다. 대규모 기업들은 아웃소싱을 많이 해서 거대한 내부조직을 두지 않는다. 회사 밖에 회사를 만들어 네트워크로 연결한다.

사용자들은 노동을 최대한 드러내지 못하게 한다. 노동의 중요함이 드러날수록 노동시민에게 더 많은 임금과 권리를 줘야 하니까. 노동을 쪼개고 밖으로 밀어내 감춘다. 사용자와 내 관계는 하청 · 재하청 · 파견업체로 복잡한 다단계가 됐다. 다단계 판매는 불법이라지만 이젠 대부분 회사가 다단계다.

소비자와 사용자도 다단계

생산 · 유통 · 판매 · 서비스산업은 물론 공기업들까지 다단계를 한다. 지금은 너무 흔한 일이라 당연하게 보일 정도다.

가장 오래된 다단계 하도급 산업은 건설업이다. 2015년 시공능력 평가에서 2위를 자지한 현대건설은 국내 50여 개 공사, 해외 20여 개 공사를 수주했다. 국내 수주액만 19조6천억 원인데, 한 해 동안 정부에서 발주하는 공공공사 물량이 40조 원이었다. 어마어마한 양이다. 하지만 현대건설 임직원은 7천여 명이 조금 넘는다. 7천여 명으로 50개가 넘는 대규모 공사를 못한다. 그럼에도 가능한 이유는 하도급 형태로 외부노동력을 대거 활용하기 때문이다.[27)]

제조업을 보자. 자동차산업은 2만 개 이상 부품이 들어간다. 완성차 회사에서 다 만들 수 없다. 1차 부품사, 2차 부품사, 3차 부품사 등 수많은 협력업체가 있다. 완성차 내부에는 1차 사내하청, 2차 사내하청, 3차 사내하청 등으로 다단계다.

조선업은 재벌대기업 안에 하청업체가 있고 하청업체에서 일부 물량을 받아서 일하는 '물량팀'이 있고, 그 밑에 또 '돌관팀'이 있다. 돌관팀은 긴급물량이나 원래 계획대로 처리하기 어려운 넘치는 물량을 빨리 처리하기 위해 "돌격하여 관철한다"는 의미로 붙은 이름이다. 돌발적인 물량을 처리하기 때문에 '돌발팀'이라고도 한다.[28)]

삼성전자를 비롯한 반도체산업도 비슷하다. 휴대전화는 10대 중 1대 정도만 한국에서 생산한다. 공장을 세계 각지로 외주화했다.

"삼성 하도급업체는 개가 돼야 한다"는 말이 있다.[29] 삼성 개가 돼야 하는 반도체 하도급업체는 때로는 납품대금을 제때 못 받고 갑자기 생산물량을 취소당해 손해를 본다. 물량이 줄어 납품업체에서 제외되는 '벤더아웃(Vendor Out)'을 당하기도 한다.

다단계 천국

유통산업을 보자. 화물운송을 보면 제품을 만들어 팔거나 혹은 사는 회사가 있다. 이 회사가 화물 주인인 화주다. 화주가 물건을 보내거나 받기위해 물량을 관리하는 대형물류회사 또는 주선업체들에게 화물운반을 맡긴다. 도로운송회사가 이 물건을 받아 하청 소규모 운송회사나 화물차 운전노동자에게 넘긴다. '화주→대형물류회사 · 주선업체→도로운송회사→하청 운송회사 · 화물차 운전노동자'로 이어지는 다단계다.

화물차를 운전하는 노동자는 노동법을 적용받지 않는 1인 기업 사장이다. '특수고용직'이라는 이상한 이름으로 불린다.

판매업을 보자. 백화점이나 대형 할인마트들은 입주업체들에게 매점을 빌려주고 돈을 받는다. 입주업체들은 직원들을 고용한다. 이 직원들은 백화점 정규직이 아니다. 정규직은 소수다.

자동차 판매업은 완성차들이 직접 운영하는 판매점보다 딜러업체들이 많다. 딜러업체 사장들은 자동차 딜러들을 고용해 차를 판다. 딜러는 판매하청업체인 딜러회사 정직원도 있고, 개인판매사업자인 특수고용직도 있고, 비정규직도 있다.

보험을 판매하는 분들도 많다. 대부분 재벌대기업 보험상품을 팔지만 보험대리점 사장들에게 고용된 하청노동자이거나 개인판매업자다.

공공서비스도 마찬가지다. 철도만 해도 수많은 일을 외주화해 하청업체들에게 맡겼다. 청소노동자 · 집배원을 비롯해 공무원들도 외주화한다. 철밥통이 아니라 깡통 신세에 놓인 공무원이 넘친다.

제조업과 유통서비스업은 다르다

건설 · 제조업과 유통 · 판매 · 서비스업에서 소비자인 당신과 사용자 관계는 다르다. 건설이나 제조업은 다단계 꼭대기에 있는 원청재벌 사용자와 소비자인 당신이 직접 만난다. 전자제품이나 자동차를 만드는 하청업체 사용자와 당신은 만날 일이 없다. 당신은 오직 삼성, 현대자동차, 엘지 같은 메이커를 달고 있는 대기업과 만날 뿐이다.

하청회사 사용자 고객은 소비자인 당신이 아니라 원청회사다. 하청업체들이 만드는 자동차부품, 전자부품들을 사는 소비자는 원청회사다. 제조업 밑바닥 하청회사 고객은 당신처럼 백화점이나 대형마트에서 물건을 사는 개인이 아니라 막강한 힘을 가진 원청회사다. 건설이나 제조업에서 소비자인 당신과 하청업체 사용자 관계는 멀다.

유통 · 판매 · 서비스직 다단계 밑바닥에 있는 사용자와 당신의 관계는 직접 드러난다. 퀵서비스 하청업체는 당신 집에 물건을 배달한다. 하청회사에 일을 준 대형유통업체는 소비자인 당신을 만나지 않는다. 보험을 판매할 때 보험대리업체가 당신을 만난다. 그 보험을 만들고 돈벌이를 하는 재벌금융회사를 만나지는 않는다. 차를 팔 때 딜러업체가 당신을 만나지만 현대자동차 · 기아자동차 · 한국지엠 · 쌍용자동차 · 삼성차 사람들을 만나지 않는다. 삼성전자서비스 · LG전자서비스 · SK통신 설치나 고장수리를 하는 하청업체는 당신을 만난다. 당신이 하청업체에 일을 준 재벌회사를 만나는 일은 드물다.

이런 산업에서 당신과 하청 사용자의 관계는 그대로 드러난다. 대신 재벌대기업 사용자는 숨어 있다.

이게 뭐 그리 중요할까. 가만히 보자. 건설 · 제조업 하청업체에게 소비자인 갑은 원청회사다. 건설이나 제조업에서 갑질은 원청회사가 한다. 고객은 왕이라고 했는데 건설 · 제조업에서는 원청회사가 왕노릇을 한다. 반면에 유통 · 판매 · 서비스업에서 고객은 원청사도 있고 소비자도 있다. 이런 산업에서 일하는 노동자는 원청회사와 소비자로에게 이중갑질을 당한다.

나와 당신이 권리를 인정받고자 한다면 제조업에서는 원청과의 관계가 중요하다. 유통 · 판매 · 서비스업에서는 원청과 소비자 두 관계를 잘 풀어야 한다.

제조업은 얼굴 없는 노동

삼각관계가 다단계로 바뀌면서 당신과 나 사이는 점점 멀어지고 있다. 서로를 위해 물건과 서비스를 생산하고 협력하며 살아온 우리는 삼각으로 꼬였는데, 다단계가 되면서 더 꼬였다.

하청업체 직원인 내가 만든 물건은 몇 개 하청을 거쳐 결국 원청업체로 가서 완성된다. 당신이 사는 휴대전화 · 가전제품 · 자동차에는 오직 완성업체인 대기업 메이커만 찍힌다. 모든 광고에 완성업체 이름만 나온다. 내가 일하는 회사는 광고에 나오지 않는다. 당신은 내가 무엇을 만들었는지 모른다.

제조업 하청에서 일하는 나와 당신의 관계는 '얼굴 없는 관계'다. 내가 만든 제품은 대기업 부속품일 뿐이다. 나는 원청회사 상표에 가려진다. 원청회사 얼굴만 당신에게 보인다.

나는 숨겨진 노동자다. 그나마 삼성 · 현대차 · LG · SK 등 잘 알려진 메이커회사 사원이라면 자부심을 가질 수 있다. 나는 완전히 숨겨져 인정받지 못하고 '삭제된 노동'을 한다.

내 얼굴이 가려져 당신이 알아 주지 않는 서러움에 그치지 않는다. 가려진 내 노동은 제값을 받지 못한다던 원청 대기업이 당신에게 물건을 팔고 남은 돈은 원청 대기업이 가져간다. 그런 다음 하청1이 먹고, 하청2 · 3 · 4를 거쳐 내가 일하는 하청회사에 오면 쥐꼬리만 한 이익만 남는다. 얼굴 없는 내 노동은 헐값이 된다.

얼굴이 없기에 누구에게도 기억되지 않고, 노동 가치도 인정받지 못하는 '삭제된 노동'이다.

〈하청 제조업의 나와 소비자인 당신 사이〉

서비스업은 마음 없는 관계

판매서비스업은 제조업과 다르다. 백화점, 대형할인마트, 은행창구, 공공기관 민원창구, 당신 집의 쓰레기 청소, 보험 상품이나 카드판매를 위해서 당신을 만난다. 고장 난 가전제품을 고치거나 통신케이블을 설치하기 위해 당신 집을 방문할 때도 있다. 당신 얼굴이라도 보니까 다행이라고?

아니라는 걸 당신도 안다. 나는 전자제품 · 자동차 · 옷 등을 판매하는 백화점이나 대형마트 정식직원이 아닌 경우가 많다. 내 사장은 백화점이나 대형마트의 사장이 아니다. 나를 고용한 사장은 매장을 임대받거나 혹은 파견업체 사장이다. 철도를 타는 당신을 만나는 승무원은 철도공사 정식직원이 아닌 경우가 많다.

나는 대형마트에 물건을 사러 온 당신 얼굴을 본다. 기차를 탄 고객인 당신을 만난다. 우정사업본부에 소속된 정규직 공무원은 아니지만 우체국 택배서비스를 하는 나는 당신 집에 찾아가 얼굴을 보고 물건을 건넨다.

나는 여러 하청을 거치는 재하청회사 직원이다. 편의점에서 일하는 나는 대형편의점 본사 직원도 아니고 전국 프랜차이즈 중 하나를 운영하는 사장이 채용한 정규직도 아니고 그냥 잠시 일하는 알바다.

판매서비스직에서 고객인 당신의 얼굴을 보고 있지만 당신이 물건을 사러 오는 백화점 사용자와 나는 아무런 근로계약도 맺지 않았다. 프랜차이즈를 운영하는 회사 사용자와도 마찬가지다. 그냥 당신이 물건을 사러 오고 커피를 마시러 오는 건물에서 물건을 팔 뿐이다.

나는 고객인 당신을 친절하게 맞아야 한다. 원청회사가 판매를 늘리기 위해 압력을 넣으면 행여 밉보여 장사를 못할까 걱정하는 하청 사용자가 나를 쫀다. 고객인 당신을 만나는 나는 '원청→하청→재하청'의 사용자에게 이중 삼중으로 쪼이면서 당신을 만난다.

고장 난 삼성전자 가전제품을 고치는 나는 '삼성전자→삼성전자서비스→삼성전자서비스의 협력사인 서비스센터' 사용자들에게 쪼임을 당한다. 삼성전자가 실적을 압박하면 내게는 욕과 협박이 날아온다. 꼭대기인 원청이 재채기를 하면 내게는 태풍이 몰아친다.

내 마음은 다단계 압력을 받아 찌그러졌지만 웃는 얼굴로 당신을 만난다. 당신을 사랑하지도 않는데 때때로 "사랑합니다. 고객님"이라고 사랑고백을 한다. 당신이 물건값으로 지불한 돈은 결국 원청이 먹고, 하청이 먹는다. 층층에 있는 사용자들이 이익을 남긴다. 내겐 쥐꼬리만큼 떨어진다. 그래도 웃어야 한다.

솔직히 난 당신을 만나지만 마음은 원청 사용자와 하청 사용자를 거치는 다단계만큼이나 당신과 거리가 있다. 제조업에서 일하는 사람 얼굴은 다단계에 가려 공간적 거리가 있다. 서비스직인 나는 소비자인 당신과 얼굴을 마주하지만 마음에 거리가 있다. 나는 진심을 감추고 당신과 '마음 없는 관계'를 맺는다.

〈판매서비스업의 나와 소비자인 당신 사이〉

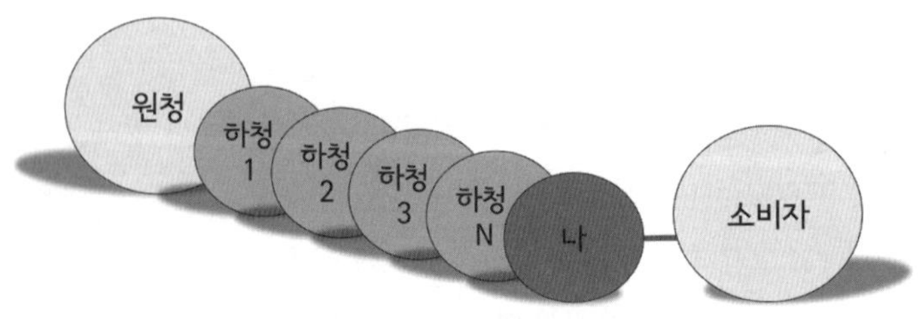

나는 이중삭제 됐다

제조업 하청 노동자는 얼굴이 없고 임금도 싼 '이중으로 삭제된 노동'을 한다. 판매서비스직인 나는 마음을 감추는 내공을 발휘하지만 그 대가로 비싼 임금을 받지는 않는다. 어차피 싼 임금을 받는 김에 마음을 솔직히 드러내고, 하고 싶은 이야기를 하고, 짓고 싶은 표정을 지으면 좋겠지만, 그러면 안 된다. 마음은 다단계 압력을 받아 찌그러졌다. 원청・하청・재하청 사용자들이 챙기고 남은 쥐꼬리 같은 임금을 받는다. 마음 없고 임금은 싼 '이중으로 삭제된 노동'을 한다.

나는 때로는 내 몇 달치 월급을 모아도 살 수 없는 비싼 제품을 당신에게 파는 백화점이나 전자제품 매장 직원이다. 때로는 당신이 아주 지저분하다고 생각하는 당신 집 쓰레기를 치우는 청소노동자다. 때로는 당신이 집에서 편한 옷을 입고 나와 물건을 살 수 있는 동네마트 알바생이다.

난 당신에게 필요한 물건을 팔거나 서비스를 한다. 하지만 당신은 내 노동을 가치 있게 보지 않는다. 명품매장에서 엄청난 고객인 당신을 왕으로 모시지만 그 명품은 내가 몇 달치 월급, 아니 몇 년치 월급, 때로는 평생 벌어도 살 수 없는 물건들이다. 당신이 쓰고 버린 쓰레기를 치우는 나는 세상을 깨끗하게 만들지만 인정받지 못하는 밑바닥 인간으로 취급받는다. 마트 알바생인 나는 언제나 교체되기 때문에 당신은 나를 동네이웃으로 생각하지 않고 그냥 물건팔이 알바로 여길 뿐이다.

나는 존재하는 걸까

일등 삼성에 납품하는 하도급업체 사용자가 개라면, 그보다 못한 대기업에 납품하는 하도급업체 사용자는 뭐가 돼야 할까. 그 하도급업체 사용자도 아닌 직원인 나는 또 뭐가 되겠는가. "개만도 못한 신세"가 될 가능성이 높지 않겠나.

"개같이 일했고 개같이 쫓겨났다." 2016년 5월 11일 삼성중공업 하청업체에서 일하다가 자살한 정아무개 씨가 아내에게 남긴 말이다. 최연소 반장이 될 만큼 촉망받는 숙련공이었던 정씨는 연휴에 특근을 하지 않았다는 이유로 직책을 강등당하고 임금이 깎였다. 그리고 목숨을 끊었다. 극도의 모멸감을 느꼈기 때문이다.[30]

"개 같다" 또는 "개만도 못하다"는 표현도 적절하지 않다. 요즘엔 개도 계급이 있다. 부잣집 개는 생일잔치를 하고 좋은 요리를 먹는다. 버려져 떠도는 개도 있다. 개들의 처지가 같지 않다. 늘 우리는 개를 빗대어 욕하지만 그건 개 모욕이다. 동물에게도 권리가 있다.

반려동물 사랑과 동물권리까지 얘기하는 사회에서 나는 뭘까? 나는 당신과 함께 살아가는 반려자인가. 당신과 내가 함께 살아가는 공동체의 반려자 맞는가.

'사축(社畜)'이라는 말이 있다. 가축은 집에서 기르는 동물이고 사축은 회사 사용자가 기르는 동물이라는 뜻이다. 일본에서 나온 말인데 2015년에 한국에 꽤 많이 퍼졌다.

2016년 5월 28일 서울지하철 2호선 구의역에서 스크린도어를 혼자서 수리하던 외주하청업체 직원 김아무개(19세) 씨가 열차에 치여 사망했다. 비용절감을 한답시고 두 사람이 할 일을 혼자서 했다. 김 씨가 일을 하는지 안 하는지 다들 모르고 있었다. 그냥 홀로 삭제된 채 일하다 생일을 하루 앞두고 목숨을 잃었다. 사회 문제가 되고 많은 분들이 추모를 했다. 수많은 노동시민이 이렇게 버려지고 삭제된 채로 산다.

사람 먼저라는 헛소리 그만하자

언론에 가끔씩 갑질 사건이 나온다. 일상적으로 갑질을 당하면서 살아가는 사람 얘기는 잘 나오지 않는다. 하도급업체에서 일하는 내가 어떤 모멸과 수치를 감당해야 하는지 그 사례를 다 얘기하려면 몇 날 며칠 밤을 새도 모자란다.[31]

비싼 고급 전자제품, 자동차, 아파트를 만들고 유통 · 판매 · 서비스직에서 일하는 노동자가 없다면 이 사회는 주저앉는다. 사회에 기여하고 있는 나는 존중받을 자격이 있다.

하지만 내 얼굴은 가려져 있고 내 마음은 빼앗긴 채 살고 있다. 얼굴도 없고 마음도 빼앗긴 돈벌이 도구가 돼 버렸다.

당신과 나의 사랑을 빼앗아 간 삼각관계는 당신과 나를 돈벌이 수단으로 만들었다. 다단계가 된 삼각관계 속에서 나는 인정받지 못하는 정도가 아니라 이 사회에서 삭제된 것 같다.

이런 뒤틀린 관계를 바꾸지 않으면서 "사람이 희망" "사람이 먼저" "사람이 중심"이라는 얘기를 해 봤자 다 헛소리다.

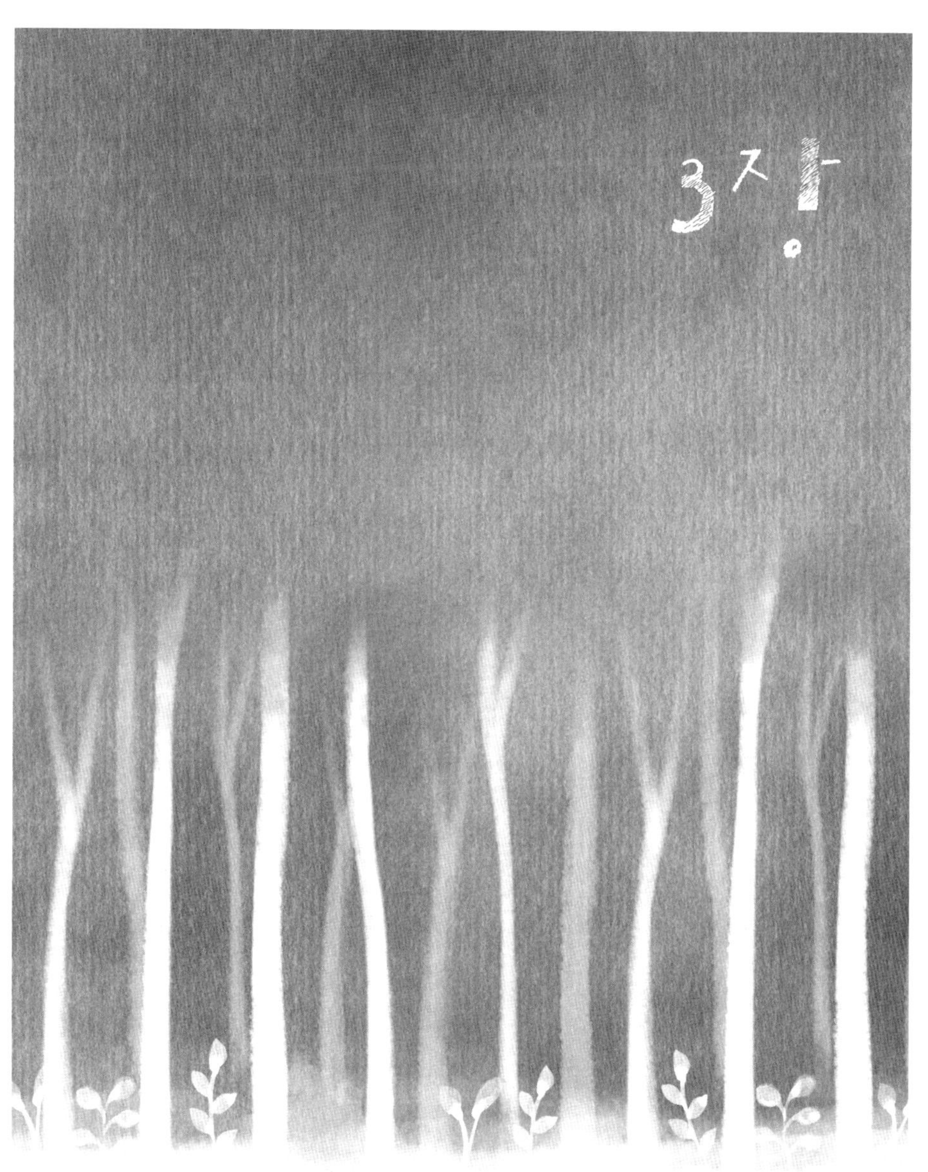

삼각관계 싫다

확장된 삼각관계

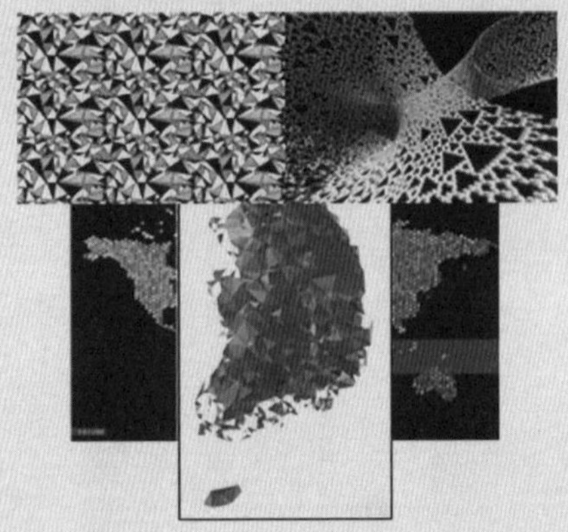

두 번째 레벨업

삼각관계는 다단계로 변하는 첫 번째 레벨업을 했다. 1990년대 후반 비정규직이 늘어나기 시작하더니 2000년대를 지나며 다단계가 정착됐다.

삼각관계에서 인정투쟁은 사용자 승리로 기울어진다. "경제를 살리려면 기업을 살려야 한다"면서 '기업하기 좋은 나라'를 내걸었다. 지방자치단체는 '기업하기 좋은 도시'를 내걸었다. 기업하기 좋은 나라는 사용자들이 투자하기 좋게 세금도 깎아 주고 노동자를 더 쉽게 해고하고 노조를 만들기 어렵게 법을 고쳐 주는 나라다.[32)]

여기에 멈추지 않았다. 삼각관계는 다단계를 거쳐 두 번째로 레벨업을 한다. 두 번째 레벨업은 다단계 삼각관계가 사회문화로 확산되고 정착되는 단계다. 2000년대부터 시작돼 2010년대에 본격적으로 드러났다.

사용자는 잘 숨는다

인정받고 싶다면 누군가에게 나를 인정해 달라고 말해야 한다. 요구할 상대가 분명해야 한다. 삼각관계에서 나는 사용자에게 내 인격을 존중해 달라, 직장에서 당당하게 말할 권리를 인정해 달라, 나를 존중한다면 그에 맞게 임금도 올려 주고 복지도 개선해 달라고 한다.

인정해 달라고 요구해야 할 대상이 사라지면 어떻게 될까? 황당하다. 나와 사용자 관계가 다단계가 되면서 이런 상황이 됐다.

가짜 사장인 하청업체 바지사장은 임금을 올려 달라고 하면 "내가 돈이 어딨냐. 나도 원청에서 돈을 조금 받는다"고 한다. 근로조건을 개선해 달라고 하면 "내가 무슨 권한이 있냐. 나도 원청 눈치 보며 산다"고 한다.

현대자동차 사내하청 노동자가 진짜 사장인 현대차 사장에게 "교섭하자"고 하면 콧방귀도 안 뀐다. 2015년 현대자동차 부품회사인 현대위아 평택공장 사내하청 노동자가 진짜 사장인 현대위아 사장과 교섭하고 싶어 했다. 삼성전자 · LG · SK 등 통신사나 애프터서비스를 하는 기사가 노조를 만들어 바지사장과 교섭을 해 봤자다. 말 그대로 핫바지 하청사장은 원청이 돈을 풀지 않으면 임금 올려 주기 힘들다.

원청인 재벌대기업 진짜 사장은 숨어 있다. 삼성전자서비스센터 기사가 일하면 삼성전자가 돈을 번다. 그렇지만 삼성전자 사장은 법적으로 각 센터에서 일하는 수리기사와 아무 관계가 없다고 한다. 삼성전자 밑에 있는 삼성전자서비스 사장도 서비스센터 수리기사들과 관계가 없다고 한다. 센터 바지사장과 근로계약을 맺지만 말 그대로 바지일 뿐이다.

할 수 없이 "진짜 사장 나와라"고 외친다. 2014년 9월 1일, 아래 그림에서 보듯 노동자와 시민단체들이 '진짜 사장 나와라 운동본부'를 만들었다.

늘어난 쌩얼 자본가

"진짜 사장 나와라"고 외쳐도 숨어 있는 진짜 사용자는 나오지 않는다. 반대로 자꾸 나오지 말라고 해도 등장하는 사용자가 있다. 하청업체 사장, 파견업체 사장 등 바지사장이다.[33)]

바지 사장은 진짜 사장처럼 숨거나 가면을 쓰지 못한 채 화장도 없이 쌩얼로 등장한다. 진짜 사용자는 돈을 투자해서 땅을 사고, 공장이나 회사 건물을 짓고, 기계를 설치해 놓고 나를 고용해서 일을 시킨다. 사내하청을 비롯한 하도급업체는 원청회사 땅 · 건물 · 기계설비를 사용한다. 근로자 파견업체 사용자는 필요한 회사에 노동자를 보내 돈을 번다. 땅 · 공장 · 기계설비를 가지고 있지 않다. 인건비를 따먹고 산다.

진짜 사용자는 땅 · 건물 · 기계 · 원자재 등 돈을 투자했기 때문에 모든 생산물이 자기들 소유라 주장한다. 땅 · 건물 · 기계설비 등이 없는 바지사장은 소유권을 주장할 근거가 약하다. 원청회사에 붙어 노동자 인건비를 따먹는 중간착취를 한다.

재벌대기업이나 별도의 땅 · 공장 · 설비를 가진 납품업체 사용자는 생산관리 · 인사노무관리 · 마케팅 같은 경영활동을 한다. 하청업체에도 관리자가 있지만 원청 지시에 따라 조금 거드는 수준이다. 바지사장은 별로 하는 일 없이 인건비를 갈취한다.

법이 바지를 보호?

파견업체 사장은 "일자리를 구하기 힘든 근로자와 일손을 구하기 힘든 회사 사이에서 중매를 잘 서서 일자리가 필요한 근로자에게 일을 찾아 주고 인력이 필요한 회사에 사람을 구해 준다"고 주장한다. "중간착취가 아니고 일자리 창출에 기여한다"고 한다. 이런 근거로 파견업 범위를 넓혀야 한다고 주장한다.[34]

말이 안 되는 얘기다. 자본가가 땅 · 건물 · 기계설비 · 원자재 등 투자를 이유로 노동력이 만든 이윤을 착취한다면, 사내하청을 비롯한 하도급업체와 근로자 파견업체 사장들은 아무것도 내세울 게 없다. 그냥 노동력을 착취할 뿐이다.

재벌이 거대 자본권력이라고 한다면 바지사장들은 거대 자본권력들이 뿌려 놓은 세포다. 이들은 자신을 중간착취자로 인정하지 않으려고 한다. 죄의식이 없다.

삼각관계를 맺은 사람은 서로를 인격적으로 대하지도 않는다. 그냥 자기 이익을 챙긴다. 자연스럽게 내 이익을 위해 타인을 도구로 이용한다. 법이 근로자파견을 합법화한다. 법이 그들에게 양심을 버리고 사람을 도구로 이용하도록 장려

한다.

사용자는 자기 번식을 한다. 바지사장이 그 결과다. 바지사장은 '이상한 자본가'나 '돌연변이 자본가'일까. 아니다. 오히려 노동력을 착취하는 자본가의 순수한 모습을 보여준다. 노동력을 착취하는 자본가의 본질을 드러낸다. 인간을 도구로 팔아서 착취하는 인신매매와 별로 다르지 않다. 자신은 별로 투자하지 않고 노동을 이용해 착취한다.

노동 없는 노동 착취

세계 유명 기업은 아웃소싱으로 '굴뚝 없는 회사'가 됐다. 공장 없는 회사다. 애플은 아이폰이나 아이패드를 만들지만 생산공장을 소유하지 않는다. 전 세계에 아이폰과 아이패드를 만드는 공장이 있지만 애플 소유는 아니다. 단지 그들을 하청으로 거느리고 납품을 받는다. 애플은 연구개발, 디자인, 광고와 판매 등 마케팅을 한다. 공장 같은 하드파워는 세계 각국에 아웃소싱했고 소프트파워만 가진다.

애플만이 아니라 나이키를 비롯한 세계 유명 기업이 이렇게 회사를 운영한다. 중국이나 동남아시아에서 유명 회사에 납품하는 공장노동자를 극심하게 착취해 문제가 돼도 책임지지 않는다. 자신들은 생산공장 노동자를 착취한 적이 없다고 발뺌한다.

애플은 마치 빼어난 기술과 멋진 디자인, 매혹적인 광고를 통해 이익을 남기는 것처럼 보인다. '얼굴 없는 노동'을 하는 전 세계 제조공장 노동자는 열심히 일해도 애플처럼 멋진 이미지를 가진 브랜드에 가려진다.

2011년 애플 제품을 만드는 중국의 폭스콘이라는 회사에서 노동자 자살이 문제가 됐다. 얼굴 없는 노동 위에 서 있는 스티브 잡스는 창조적 아이디어를 가진 천재나 첨단기술을 창조하는 영웅으로 남는다. 삼성도 멋진 광고와 세계 일류를 앞세우지만 공장에서 일하다 직업성 암에 걸려 노동자들이 죽어도 외면한다. 애플은 착취하지 않는 척하면서 더 착취하는 '노동 없는 노동착취' 선두주자다.

아바타 통해 독하게 착취한다

이런 기업이 '노동 없는 착취'를 할 수 있는 이유는 숨겨진 사용자를 대신해 민낯을 드러내고 착취하는 하청 사용자 때문이다. 하청업체들은 원청이 착취현장에 투입한 아바타다. 아바타가 통제하는 '얼굴 없는 노동'이 늘어났다.

2007년부터 세계 금융위기가 왔다. 그 이전부터 금융세계화를 우려하는 말이 많았다. 평범한 노동자는 도무지 알아들을 수 없는 금융상품들이 마구 생겼다. 그러다 와르르 무너졌다.

금융산업은 대표적인 '노동 없는 수탈'이다. 주식시장을 보면 돈만 오간다. 노동은 보이지 않는다. 돈 놓고 돈 먹기처럼 보인다. 금융산업에 종사하는 사람들의 노동이 있기는 하다. 이들이 주식시장과 경제동향을 분석한다. 금리가 어떻게 될 것인지, 부동산시장은 어떻게 될 것인지 예측한다.

그런데 이들의 노동이 주식시장에서 얻는 이익의 뿌리가 아니다. 대출받은 사람은 뼈 빠지게 일해 번 돈을 금융기관에 갖다 바친다. 아파트 사면 대출금을 갚기 위해 열심히 일한다. 할부금융으로 차를 샀다면 어디선가 열심히 일해서 갚는다. 금융산업은 돈놀이 같지만 그들이 고용하지 않은 사람의 노동을 통해 돈을 번다. 겉으로는 잘 보이지 않는다. 따라서 '노동 없는 수탈'로 보인다. 금융세계화는 다르게 표현하면 '노동 없는 (것처럼 보이는) 노동수탈'이 세계에 늘어났다는 얘기다.

전쟁에 직접 뛰어들지 않고 멀리서 컴퓨터 영상으로 전투현장을 바라보면 그 참혹함을 느낄 수 없다. 이처럼 착취 현장에 있지 않은 원청회사는 오직 더 싸고 더 빠르고 더 질 좋은 제품을 만들라고 요구한다.

공장 없는 기업과 금융회사는 삼각관계가 다단계로 진화하면서 환상적인 첨단기술과 첨단금융업으로 포장돼 있다. 그 실체는 다단계의 맨 꼭대기에 앉아 '아바타를 통한 원격착취'를 하는 주범이다.

응용번식

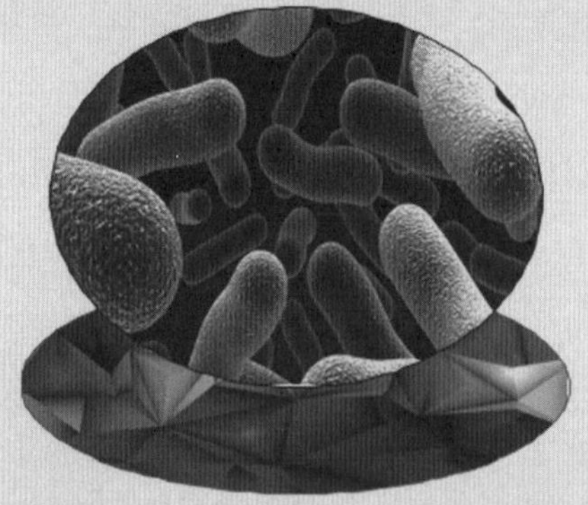

새로운 삼각관계

노동시민은 하나가 아니다. 다단계로 분리돼 줄을 섰다. '대기업-중기업-영세 소기업'의 규모별 서열이 심하다. '정규직-1차 하청-2, 3, 4차 하청' 등 정규직과 비정규직의 고용형태에 따른 서열도 분명하다. 정말 나쁜 일자리에 이주노동자들이 자리 잡는다. '정규직-1, 2…N차 하청-이주노동자'로 층층이 서열을 만들고 있다.

새로운 삼각관계가 탄생한다. '사용자-정규직-비정규직' 삼각관계다. 삼각관계 꼭대기 사용자는 뒤로 숨는다. 비정규직인 나는 바지사장을 상대한다. 하청업체에서 일하는 나는 원청 재벌기업 진짜 사용자를 만나기 어렵다.

삼각관계에서 인정투쟁은 이상한 방향으로 흐른다. 사용자인 자본가들에게 인간대접을 해 달라고 싸워야 할 노동자들이 서로 싸운다.

"때리는 시어머니보다 말리는 시누이가 더 밉다"는 속담이 있다. 요즘엔 가족관계가 많이 바뀌었지만 시어머니는 원청 대기업이고 시누이는 원청 대기업 정규직이다. 하청 노동자는, 맞는 나는 며느리 신세다.

이상한 담합

대기업 진짜 사용자는 정규직노조와 담합한다. '담합'이란 남들 모르게 자기들끼리 짜고 합의하는 행동이다. 순우리말로 '짬짜미'다.[35)]

고용불안 시대에 사용자는 정규직에게 고용과 임금을 보장해 주는 대신 비정규직을 쓰자고 말을 맞춘다. 비정규직을 무시하고 쓰다가 버린다. 정규직은 사용자와 '담합'하고 비정규직은 '버림'을 당한다.

모든 정규직이 담합하지는 않지만 정규직과 사용자 담합 사례가 생기면 비정규직 노동자는 정규직을 원망한다. 진짜 사장은 숨어 있기에 정규직에게 원망을 쏟아붓는다. 이게 '배부른 귀족노조론' '정규직 돼지론' '정규직 개새끼론'으로 나타난다.

정권과 언론은 정규직노조를 공격하면서 진짜 사장인 재벌대기업 사용자 책임은 감춘다.

그들은 응용한다

이렇게 탄생한 새로운 삼각관계는 응용단계에 이른다. 2000년대에 탄생한 "비정규직을 위해 정규직이 양보해야 한다"는 '정규직 양보론'과 "정규직이 너무 보호받고 있어서 일자리가 부족하고 비정규직이 늘어나고 있다"는 '정규직 과보호론'이 악용되기 시작한다.

2015년 박근혜 정부는 "청년일자리 창출"을 내세웠다. 그 방법은 "너무 많이 보호받는 정규직에게 빼앗아 청년에게 주자"는 식이다.

오래 일하는 정규직이 나이가 들면 임금을 깎아서 청년에게 주자며 임금피크제를 밀어붙이고, 긴박한 경영상 이유가 있어야 해고할 수 있는데도 실적을 평가해 저성과자를 해고할 수 있도록 하자고 했다.

'사용자-정규직-비정규직' 삼각관계는 '사용자-정규직-청년'으로 변한다. 청년을 지렛대 삼아 고령 정규직 노동자를 공격하는 '정부-고령자-청년' 세대갈등을 만드는 삼각관계로 응용했다.

정부와 언론은 이주노동자를 들여오기 위해 '다문화 가족'을 받아들이고 언론도 신경을 좀 쓰는 편이다. 이주민이 늘어나 '백의민족'이니 '단일민족'이니 하는 말은 옛말이 됐다.

외국에서 이주노동자와 자국노동자 갈등을 부추기는 사례가 늘어난다. 이주민이 일자리를 빼앗고 범죄를 저지른다며 외국인 혐오를 선동한다. 이런 선동으로 우익세력이 지지를 넓힌다. '사용자-자국인-외국인' 삼각관계를 만들어 악용한다.

아직 한국은 이 정도는 아니다. 그러나 이주민이 늘어나고 일자리 경쟁이 심해지면서 위험이 차곡차곡 쌓인다.

무(책임)한 권력 탄생

삼각관계가 다단계로 진화하면서 노동자는 수직서열화됐고 자본가도 원・하청으로 수직서열화됐다.

갑질은 계급을 가리지 않는다. 대기업이 중소기업에 갑질을 하고, 정규직이 같이 일하는 비정규직에게 갑질을 한다. 자본가계급 안에도 갑을관계가 생기고 노동자 안에도 갑을관계가 생겼다.

더 이상 노동자와 사용자 양자대결이 아닌 듯 보인다. 노동자와 자본가의 계급투쟁은 점점 약해졌다. 대신 계급 안에서 갑질이 부각된다.

삼각관계는 부한도전을 통해 진화한다. 마침내 무한권력을 탄생시킨다. 무한권력은 두 가지 의미를 가지고 있다.

첫째로는 힘의 한계가 없다. 그야말로 무한(無限)하다. 미국에서도 '기업권력의 시대'라고 한다.[36] 한국은 외환위기 이후 '기업하기 좋은 나라'를 앞세워 기업권력을 키웠다. 특히 다단계 삼각관계 꼭대기에 있는 재벌대기업 사용자를 견제할 힘이 약하다. 이미 오래전부터 '재벌공화국'이니 '삼성공화국'이니 하는 말이 나왔다. 삼성은 '슈퍼재벌'이라고 불릴 정도로 사회 전체에 영향을 미쳤다.[37] '갑질 공화국'이라는 말은 오래됐다.[38] '갑 중의 갑' 슈퍼갑이 재벌이다. 2017년 박근혜 탄핵과 함께 이재용 삼성전자 부회장도 한때 구속됐다. 새로운 시대가 올까? 대통령은 5년에 한 번씩 바뀌지만 재벌은 대를 이어 세습한다.

둘째로는 무(책임)한 권력이다. 다단계 삼각관계 꼭대기에 있는 원청 대기업은 하청 노동자인 비정규직에 대해 어떤 법적인 책임도 지지 않는다. 납품단가를 후려쳐서 싼값으로 일을 시키고 이익을 독점한다. 뒤에 숨어 책임을 지지 않으면서 이익을 독식한다.

고용불안과 저임금에 시달리고 울분은 쌓이는데 책임질 사람이 없다. 화가 나는데 화풀이를 할 데가 없다. 어떻게 할까? "종로에서 뺨 맞고 한강에서 분풀이한다"는 속담이 있다. 책임질 사람은 없으니 그냥 약자를 향해 화를 내게 될 가능성이 높다. 약자 혐오, 약자에게 향하는 '묻지 마 범죄'가 탄생하기 딱 좋은 환경이다.

노동 힘이 빠졌다

상황이 엎치락뒤치락한다. 노동에 대한 생각도 바뀐다. 80년대 중반부터 노동은 세상을 창조하는 힘이라는 생각이 퍼졌다. 노동해방을 꿈꾸는 저항 무기가 됐다. 2000년대에는 노동해방이 아니라 "영혼을 팔아서라도 일하고 싶다"며 노동이 욕망의 대상이 된다. 노동은 저항 무기가 아니라 지배 도구가 된다. 노동이 노동시민의 무기에서 흉기로 바뀐다.[39)]

첫째로 기술이 발전하면서 대부분 노동이 단순노동으로 전락했다. 만물을 창조하는 생산 중심에 있던 노동이 주변부로 밀려난다. 첨단 고급기술을 가진 노동도 늘어났다. 여전히 노동은 세상을 창조하는 힘이다. 그러나 대부분 노동시민은 첨단기술자가 아니다. 노동시민은 첨단기술에 밀려 나쁜 일자리를 채운다.

둘째로 노동자 힘이 약해진다. 오랫동안 일을 하면 노하우를 터득한다. 회사는 숙련기술을 가진 사람을 함부로 쫓아낼 수 없다. 노하우를 가진 노동시민은 큰소리를 칠 수 있다. 반면 누구나 할 수 있는 일을 하는 사람이 사용자에게 대들면 잘리고 다른 사람으로 바뀐다. 기술발전으로 자동기계가 노동을 대체한다. 단순한 노동은 언제든 다른 사람으로 대체할 수 있다. 노동자 말발이 먹히지 않는다. 쓰다 버릴 수 있는 비정규직이 늘었다.

3차 세계대전은 진행 중

셋째로 일자리가 공포를 몰고 왔다. 갈등 씨앗이 됐다. 세계를 충격에 빠뜨린 9·11테러 다음 해인 2002년 미국인들을 붙잡고 당신이 가장 두려운 것이 무엇이냐고 물었다. 흔히 "테러공포"라고 말할 것 같았지만 아니었다. "실직에 대한 두려움"이란 대답이 가장 많이 나왔다.[40]

2013년 세계적인 여론조사 기관인 갤럽은 "3차 세계대전은 일자리 전쟁이 될 것이다"고 했다.[41] 한국에서도 일자리를 둘러싼 전쟁이 시작됐다. 일자리를 둘러싼 싸움은 구조조정이 벌어지는 회사에서 심각하게 드러난다.[42] 구조조정을 하는 회사만이 아니라 평소에도 잘리지 않기 위해 경쟁한다. 정규직과 비정규직 갈등이 심화했다. 청년실업을 둘러싼 세대갈등도 일어났다.

노동이 썩는다

넷째로 노동이 지배도구가 된다. 3차 세계대전이라고 표현할 만큼 일자리가 이념(이데올로기)이 됐다.

일자리를 둘러싼 갈등은 일 자체가 만들어 낸 결과는 아니다. 취업경쟁으로 노동욕망을 부추긴 것은 노동자가 아니다. 사용자들이 일자리 싸움을 시켜 회사에 충성하고 체제에 순응하도록 만들기 때문에 '훈육 장치로서의 실업'이다.[43)]

다섯째로 노동이 부패하기 시작한다. 일자리를 둘러싸고 아우성을 치니까 나쁜 일자리를 만들어 취직시킨다. 먹고살아야 하는 사람들은 무슨 노동이든 한다. "목구멍이 포도청"이다. 목에다 뭐라도 넣어야 살 수 있으니까 포도청에 잡혀가더라고 뭔 짓이든 한다. "생존경쟁"을 시키니까 불법 도박사이트를 만들고 금융사기가 늘어나고 불법 성매매도 늘어난다. 국가마저 경마장을 만들고 카지노를 만든다. 먹고살기에 바빠 도덕이나 정의를 생각할 겨를이 없다.

작가 알베르 카뮈는 "노동을 하지 않으면 삶은 부패한다. 그러나 영혼 없는 노동을 하면 삶은 질식돼 죽어 간다"고 했다. 한국에서 "영혼이라도 팔아서 취직하고 싶다"는 얘기가 나온 지 벌써 10년이 넘었다. 노동이 썩기 시작했다.

노동계에서는 "노동존중사회"를 만들자고 한다. 노동을 존중하자고 캠페인을 하면 노동이 존중받게 될까. 우리를 둘러싼 확장된 다단계 삼각관계가 바뀌지 않으면 흰소리다.

알파고는 굉장한 이벤트

2016년 3월 알파고와 이세돌 바둑대결이 세계 관심을 모았다. 알파고가 5대 1로 이세돌을 이겼다.

알파고는 어떻게 바둑을 두는지, 인공지능의 미래는 어떻게 될지 인간은 어떻게 인공지능과 공존해야 할지 전망이 쏟아진다. 알파고는 현대 기술 상징으로 떠올랐다. '4차 산업혁명'이라는 말이 확산됐다.

도끼와 인간의 손 중 나무를 쪼갤 때 더 잘 견디는 것은 무엇일까? 밭을 갈아야 하는데 소와 인간 중 쟁기를 끄는 힘 대결에서는 누가 이길까? 자동차와 인간 중 더 빠른 속도를 낼 수 있는 것은? 컴퓨터와 계산 잘하는 사람 중 누구 계산이 더 빠르고 정확할까?

답은 뻔하다. 알파고와 이세돌 바둑대결 결과도 뻔했다. 바둑은 수가 굉장히 많지만 무한대는 아니니까.

과거 기계와 달리 알파고는 인공지능이라 다를까. 기계가 학습하는 '머신러닝(Machine Learning)'은 첨단기술이다. 알파고는 높은 학습능력이 있다고 한다. 인간 생각 방식을 기계가 실행하도록 만드는 기술이 '딥러닝(Deep Learning)'이다. 어떻게 얼마나 깊이 있게 가르치고 배우게 하는지 전문가가 아니니까 이해하기 어렵다.

기술로 만든 삼각관계

인간은 도구를 이용한다. 도구는 인간 한계를 보완하기 위해 필요하다. 알파고는 인간이 만들었다. 알파고에 필요한 하드웨어를 만들기 위해 노동이 들어갔다. 복잡한 계산과 학습능력을 개발하기 위해 수많은 기술노동과 소프트웨어를 개발하는 연구노동이 들어갔다.

그런데 왜 알파고와 이세돌의 대결을 기계(또는 인공지능)와 인간의 대결이라고 얘기할까? 수많은 인간이 함께 만들어 낸 노동 종합물이 알파고다. 왜 축적된 지혜와 이세돌의 대결이라고 하지 않는 걸까?

여기에 정보통신기술사회 삼각관계가 작용한다. 바둑을 둔 알파고와 이세돌이 있고 그 중심에 알파고를 소유한 구글이 있다.

정확히 말하면 구글이 알파고 주인은 아니다. 구글은 인터넷 검색서비스만이 아니라 빅데이터 · 인공지능 · 드론 · 사물인터넷 · 머신러닝 · 무인자동차 · 스마트홈 등과 관련한 기업들을 인수합병해서 소유하고 있다. 그중 알파벳 자회사가 알파고 주인이었다.

이세돌과 알파고 대결이 세계 관심을 받자 구글 주식 값이 엄청나게 뛰었다. 구글은 대결 직후에 엄청난 돈벌이를 했다.[44)]

인간 없는 관계

기술을 매개로 새로운 삼각관계가 부각된다. 이 삼각관계에서는 구글 자본가(사용자)가 보이지 않고 알파고와 이세돌이 눈에 들어온다.

인공지능이 인간 능력을 대신하게 된다는 두려움이 든다. 기술발전과 자동화 때문에 노동시민은 기계에 밀려나 단순한 노동을 하거나 일자리를 뺏길까 봐 걱정이다.

"기계가 새로운 프롤레타리아다. 노동자계급에게 해고통지서가 발부되고 있다." 1990년대에 나왔던 얘기다. 97년 한국 사회는 외환위기와 함께 '실업공포'가 자리 잡은 채 고용빙하기에 접어들었다. 해고와 실업으로 인한 고통과 공포를 치유하지 못하고 있다. 여기에 아직 오지 않은 미래 공포가 우리를 덮쳐 온다. 4차 산업혁명이 실업 공포를 자극하면서 우리에게 다가오고 있다.

심지어 〈인간은 필요 없다〉는 굉장히 섬뜩한 제목을 가진 책까지 나왔다. 인간과 인간이 맺는 관계가 아닌 인공지능 중심 관계가 탄생한 것일까.

뭣이 중헌디

기계를 어떻게든 인간과 비슷하게 만들려는 '기계의 인간화'가 인공지능으로 나타났다.

그러나 기계의 인간화보다 빠른 것은 인간의 기계화다. 전 세계 수많은 노동자가 "우리는 기계가 아니다"며 저항했다. 한국 노동자들도 87년 "인간답게 살고 싶다"면서 큰 투쟁을 했다.

요즘은 어떤가. 좀 값나가는 기계는 애지중지한다. 기름칠하고 약간이라도 이상이 생기면 수리한다. 부품도 새것으로 갈아 준다. 하지만 노동자는 다쳐도 참아야 하고 몸에 이상이 생기면 해고된다. 초단기계약직과 일용직 등이 너무 많다.

알파고와 이세돌 대결에서 구글은 첨단기술력을 자랑했다. 인공지능은 '인간과의 공존'보다 그들 주인인 자본가에게 인간을 돈벌이 도구로 사용하는 방법을 먼저 배우지 않을까. 이대로 간다면 영화처럼 인공지능이 인간을 노예처럼 지배하는 세상이 오지 말라는 법이 없다.

기술 환상에 빠져 인간을 도구와 기계로 만들고 있는 현실을 잊으면 안된다. 첨단기술에 매혹된 '기계의 인간화'보다 '인간의 기계화'가 위험하다. 우리가 해결할 문제는 '기계의 인간화'가 아니라 '인간의 기계화'다.

접속이 관계를 바꿀까

인간은 접속하는 동물

신세계인 사이버공간이 열렸다. 사회관계망서비스(SNS)를 사용하는 사람들은 전 세계적으로 수십억 명이다. 온라인 쇼핑 · 이메일과 화상회의 등 각종 업무처리, 온라인 금융거래 · 교육 · 놀이를 이용한 육아, 다양한 온라인 성 상품을 이용한 온라인 섹스까지 놀라운 세계가 열렸다.

사이버 공간은 현실관계를 반영한다. 1차 관계인 혈연 · 지연 · 학연은 가족 · 친구 · 동창생 카페, 밴드, SNS로 이어진다. 2차 관계인 회사 업무관계는 사내 온라인망, 국경을 넘는 온라인 업무나 화상회의, 거액을 송금하고 받는 온라인에서 반복된다. 3차 관계인 정당은 온라인을 통해 정치 견해를 밝히고 지지를 얻으려 활동한다. 4차 관계인 노조 · 시민단체도 온라인 공간에서 만난다.

삼각관계도 온라인에서 다시 펼쳐진다. 구글을 비롯한 기업이 온라인에 있다. 페이스북을 이용해 친구를 맺는다. 사이버 공간에도 자본가가 있다. 일하는 직원이 있으니 노사관계도 있다. 온라인 공간을 이용하는 모든 사람은 소비자다.

인간은 정치적 동물이다. 인간은 경제적 동물이다. 인간은 사회적 동물이다. 이제 인간은 접속하는 동물이라고 할 만하다.

진실과 거짓 모두 넓고 빠르다

사이버공간은 오프라인과 똑같지 않다. 오프라인에서는 만날 수 없는 사람을 사이버공간에서 만날 수 있다. 오프라인에서는 직접 만나거나 전단지 · 신문 · 서류 등을 통해 제한적으로 정보를 주고받지만 온라인에서는 훨씬 더 넓게 정보를 올리거나 전달받을 수 있다.[45]

사이버공간은 얼굴을 보는 관계가 아니다. 내 모습을 숨기고 닉네임이나 아이디로 익명의 관계를 맺을 수 있다. 아바타를 여럿 만들어 홍길동이나 손오공이 하던 분신술을 할 수 있다. 실제 모습이 아닌 거짓으로 포장한 나를 만들기도 한

다.[46)]

사이버 신세계에서 진실은 날개를 펼쳐 빠르고 넓게 퍼진다. 거짓도 날개를 얻어 빠르고 넓게 퍼진다. 전 지구를 연결해 더 넓고 빠르게 공감할 수 있는 길이 열렸고, 왜곡 가능성도 함께 열렸다.[47)]

공감과 공유지식만 늘어나나

온라인 커뮤니티에서 교류하던 사람들이 오프라인 광장에 모인다. 온라인 소통은 광장 민주주의로 이어진다. 촛불시위가 대표적이다.

미래학자 제러미 리프킨은 온라인 세상과 함께 '공감의 시대'가 왔다고 했다. 오프라인 장벽을 넘어 세계 누구와도 접속할 수 있기에 공감이 확장된다.[48)] 5장에서 살펴보겠지만 공감을 차단하는 장벽도 함께 높아지고 넓어진다.

게임이론에 나오는 얘기다. 두 사람이 사냥을 한다. 사냥감은 토끼와 여우다. 토끼는 한 사람이 사냥해도 잡을 수 있다. 여우는 두 사람이 함께 사냥해야 잡을 수 있다. 두 사람은 사전에 짜지 못하고 각자 행동한다고 가정한다. 두 사람은 무엇을 잡으려 할까.

다른 사람이 여우를 잡으러 나서면 나도 여우사냥으로 여우를 잡아 최고 결과를 얻는다. 상대가 어떻게 할지 알 수 없으면 토끼를 사냥한다. 혼자 여우를 사냥했다가 빈털터리가 될 수 있기 때문이다.

상대가 여우사냥을 생각하고 나도 여우사냥을 생각한다는 것을 알면 여우를 잡을 수 있다. 서로 최선의 선택을 할 생각을 가지고 있고 이 사실을 아는 것이 '공유지식'이다.

온라인 소통은 공유지식을 넓힐까. 나만 박근혜 대통령 탄핵을 위해 싸우면 성과 없이 낭패를 본다. 그러나 온라인에서 광장에 나올 의지를 서로 확인하면 믿고 광장에 나간다. 이렇게 온라인을 통한 공유지식이 1,700만 시민 탄핵촛불을 만드는 데 기여한 측면이 있다.

정보를 얻고 사건을 공유하며 공감과 공유지식을 얻었던 책 · 전신전화 · 신문 · 라디오 · 텔레비전 등이 했던 역할과 사이버 공간이 하는 역할은 본질적으로 다른 걸까?

사이버공간이 과거 매체와 동일하지 않을 뿐만 아니라 다양성과 질에서 엄청난 차이가 있기 때문에 이런 질문을 우습게 여길 수 있겠다.

접속이 새 시민을 만들까

사이버공간이 발전하자 세상을 바꿀 주체는 '누리꾼' '다중지성' '집단지성'이라는 주장이 나왔다. 빼어난 지식인이나 먼저 깨달은 전위 시대는 갔다고 했다. 사이버공간에서 쌍방향 소통으로 정보를 공유하고 사회 문제를 폭로하고 해결책을 찾아가는 '집단지성' '다중지성'이 세상을 바꿀 주인공이라고 한다. 정말 그런가?

반대 측면도 있다. 다수 시민은 사이버세계 능력자가 되기 어렵다. 어나니머스(Anonymous) · 위키리크스(Wikileaks) 등 권력이 만든 방어장벽을 뚫고 숨겨진 비밀을 빼내 세상에 폭로하는 단체가 있다. 이런 활동은 해킹과 권력에 맞서 자신을 방어할 능력이 필요하다.

오프라인 권력자는 자금력과 조직력을 가지고 온라인에서도 권력을 휘두른다. 2012년 대통령선거 때 국가정보원 심리정보국 요원들이 인터넷에서 여론을 왜곡하고 조작했다. 재벌기업에게 억울한 일을 당해 인터넷에 올리면 재벌기업이 고용한 사람이 떼로 달려들어 댓글을 달고 여론을 바꿔 버린다.

고객에게 일을 시킨다

생산자(producer)며 소비자(consumer)인 프로슈머(prosumer-생비자)라는 단어가 오래전 등장했다. 당신은 온라인 공간을 이용하는 소비자지만 동시에 정보 생산자다. 당신이 구글이나 페이스북 등에 취직하지 않았지만 온라인에 글과 그림과 동영상을 올려 정보를 생산한다.

온라인에 접속하는 순간 착취당한다. 접속이 곧 착취다.[49] 마크 저커버그 등과 함께 페이스북을 공동 창업했고 페이스북 초대 사장을 지낸 션 파커는 "소셜네트워킹은 인간 심리의 취약성을 착취하는 것"이라고 규정했다.[50]

맥도날드 경영방식이 세계에 퍼진 현상을 '맥도날드화'라고 한다. 패스트푸드 매장을 이용하는 소비자는 임금을 받는 대신 돈을 내면서 노동한다. 고객은 자신이 먹은 햄버거 음식쓰레기를 스스로 처리한다. 직원이 처리하던 주문을 터치스크린으로 직접 한다.

은행창구 직원이 처리했던 업무는 도시 곳곳 현금입출금기를 찾은 고객이 처리한다. 소비자는 단말기에 프로그램된 명령에 따라 은행업무를 처리한다.

하이패스가 설치된 고속도로 톨게이트, 소비자가 직접 주유하는 셀프주유소, 고객이 직접 단말기를 통해 계산하고 방을 잡는 무인텔, 의료진이 하던 진단을 병원 고객이 하고 결과를 의사에게 보내는 의료산업, 고객이 조립노동을 하게 만드는 가구판매기업 이케아, 고객이 휴대전화로 금융거래를 하는 온라인 은행이 등장했다.

삼각관계는 바뀐다. '생산자-자본가-소비자' 삼각관계는 '자본가-생비자(프로슈머)' 둘 관계로 변한다. 노동자는 사라진 듯 보인다. 자동화로 일자리에서 쫓겨난 노동자도 있다. 기업과 소비자가 온라인 접속으로 가까워진 반면 나쁜 일자리가 늘었다.

과거에 서비스 노동자가 하던 일을 소비자가 한다. 공짜노동을 넘어 내 돈을 내고 일한다. 소비자 편리를 위한다는 요란한 기업 광고와 달리 '사용자-생비자' 관계에서 사용자가 이득을 얻는다.[51]

카를 마르크스는 생산 자본주의가 지배하던 시대의 노동자 착취에 관해 얘기했지만, 이제는 (노동자가 여전히 착취당하고 있지만) 무보수 노동뿐 아니라 비정상적으로 높은 이윤과 가격인상을 통해 이뤄지는 소비자 착취로 초점을 옮겨야 한다.[52]

기술은 감추는 기능 있다

기술은 특정한 측면을 잘 보여주는 반면 다른 면을 감춘다. 통신기술은 먼 거리 사람과 대화를 나눌 수 있게 한다. 그런데 얼굴을 보면서 말할 때 분위기와 느낌을 제거한다. 인간관계는 얼굴을 보지 않는 '비대면(非對面)' 관계가 된다.

우리는 온라인을 통해 다른 나라에 일어나는 사건을 만난다. 온라인 실시간 전쟁 화면을 볼 때 현장 고통과 비참한 상황을 피부로 느낄 수 없다. 기술은 눈으로 볼 수 없는 미시세계나 우주 거시세계도 보게 하지만 별과 달에 대한 감성과 상상력을 제거한다.[53)]

강자는 문제를 감추고 약자는 문제를 드러내려 한다. 지배권력은 문제를 숨긴다. 약자는 힘이 없으니 문제를 드러내야 공감을 얻는다. 문제를 드러내지 않고 해결하려다 당한다. 사이버공간은 약자가 드러내는 공간이 되고 강자가 문제를 덮는 공간이 될 가능성이 있다.

'얼굴 없는 노동'으로 내 얼굴을 감추고 '마음 없는 노동'으로 내 마음을 감추는 다단계 삼각관계와 기술이 가진 감춰 버리는 속성이 만나면 사이버공간은 현실을 더욱 숨길 가능성이 높다.

온라인 쇼핑이 혹독한 노동 만들어

온라인 쇼핑이 늘었다. 소비자는 매장에 가지 않고 온라인 쇼핑몰에서 손가락으로 구매한다. 상품판매 기업은 소비자를 온라인에서 만난다. 판매 노동자를 거치지 않고 매장을 찾아가지 않기 때문에 굉장히 편리한 쇼핑이다.

그러나 온라인 쇼핑이 늘어날수록 오프라인에서는 독한 노동이 늘어난다. 택배노동자가 급속히 증가했다. 상당수 택배기사는 물류산업 꼭대기를 차지한 원청 대기업 아래 하청업체와 거래하는 특수고용직이다. 우체국 택배도 눈에 띄게 늘었다. 택배노동자는 넘치는 물량을 처리하려 고강도 장시간 노동을 한다.

빠르고 편한 쇼핑이 확산하는 만큼 힘들고 독한 노동이 늘고 있다. 첨단정보통신이 만든 온라인 쇼핑이 거리를 더 많은 배달운송수단으로 채운다. 더 복잡해진 거리를 더 빠르게 달려 배달하는 오프라인 노동을 늘린다. 당신이 마우스를 클릭할 때 누군가는 험한 길을 힘겹게 달릴 준비를 해야 한다.

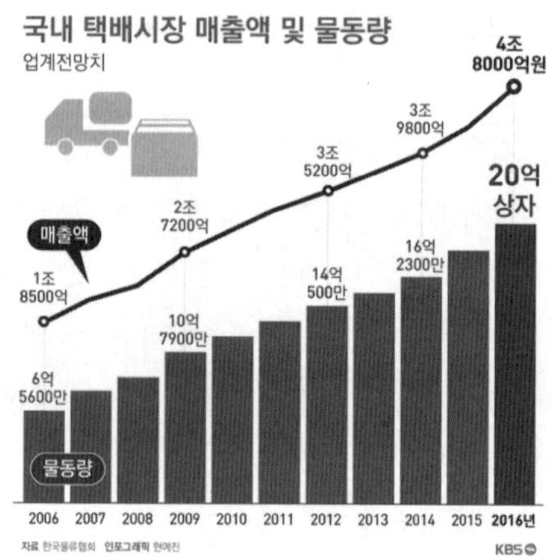

빅 사용자 등장

내가 접속해서 남긴 정보와 이용한 정보는 누군가가 수집한다. 내 생각과 생활을 알 수 있는 '빅데이터'가 생겼다. 빅데이터는 정치 선거, 정부 정책, 기업경영과 마케팅, 학문 연구, 스포츠 등 각 분야에 쓰인다.

'빅(Big)'이라는 말 그대로 어마어마하게 큰 정보를 평범한 시민이 가질 수 없다. 국가권력과 거대 기업 사용자가 가진다. 내가 어떻게 이동하는지 어떤 생각을 가지고 어떤 얘기를 나누는지 사생활 정보까지 모두 파악할 수 있다.

2013년 6월 10일 전직 CIA 요원인 애드워드 스노든이 미국 첩보기관의 불법사찰, 도감청 행위를 폭로했다. 미국 국가안보국(NSA)이 전 세계 일반인 통화기록과 인터넷 사용정보 등 개인정보를 '프리즘(PRISM)'이라는 비밀정보수집 프로그램을 통해 무차별적으로 수집 · 사찰하고 있다고 했다. 미국이 다른 국가와 협력체계를 구축해 헤아리기 어려울 만큼 넓은 감시와 사찰을 했다. 전 세계가 충격을 받았다. 정보를 독점하고 감시하는 거대 권력인 '빅브라더'가 탄생할 것이라는 경고를 증명했다.

내가 온라인에 접속하는 순간 착취당한다. 내가 휴대전화나 컴퓨터로 온라인에 접속하는 것은 "나를 착취해 주세요" 혹은 "내 정보를 알려 줄 테니 나를 감시해 주세요"라는 요청을 하는 셈이다.

사이버 돌연변이

강한 권력을 가진 사람들에게 늘 당하고 살아가는 을은 다른 곳에서 갑질을 한다. 자기보다 약자인 사람에게 횡포를 부린다. 갑질 폭력은 위에서 아래로 흐른다.

직장에서 갑질을 당하는 을은 집에서 꼰대가 되거나 심한 경우 가정폭력을 휘두른다. 평소에는 당하고 살다가 술을 마시면 알코올 힘을 빌려 음주폭력으로 취중 갑질을 하기도 한다.

현실에서 인정받지 못하는 무기력한 을로 살기에 온라인 게임에서 적을 마구 쳐부수는 사이버게임에 빠지기도 한다. 오프라인에서 인정받지 못하지만 온라인에서 인정받고 싶은 욕망을 실현하려 사회관계망서비스(SNS)에 집착할 수도 있다. '얼굴 없는 노동'을 하는 나는 노출증 환자처럼 이상한 사진을 올리고 싶은 충동을 느낀다. '마음 없는 노동'을 하는 나는 짓눌린 마음을 해소하기 위해 온라인에서 악성 댓글을 누구에게나 마구 쓸 수 있다.

많은 사람이 인정받지 못하고 삭제된 채 살기 때문에 사이버공간에서 자신을 드러내려 한다. 가려져 있기에 주목받고 싶고 관심을 끌고 싶어 상식을 넘는 행동이나 충격적인 주장을 하는 사람이 등장했다. 바로 '관심종자'다.

그들은 관계술을 쓴다

작품 속 삼각관계

삼각관계는 소설 · 영화 · 드라마 같은 문화작품에 자주 등장한다. 세계 유명 문학작품은 물론이고 '춘향전'에도 '이몽룡-성춘향-변학도' 삼각관계가 등장한다. 멜로는 물론 공포 · 액션 · SF 등 대부분의 영화나 드라마에 삼각관계가 등장한다. 삼각관계는 이야기를 풍부하게 만들고 재미를 준다.

영화나 소설과는 달리 현실에서 삼각관계가 만드는 사건과 갈등을 경험하면서 재미를 느낄 수 있을까. 어렵다. 삼각관계를 즐기는 사람은 별로 없다.

그러나 나와 너 사이에 끼어든 자본가(사용자)는 적극적으로 삼각관계를 만든다. '사용자-정규직-비정규직' 삼각관계가 그렇고 '사용자-기계-인간' 삼각관계도 실은 사용자가 만들고 활용하는 삼각관계다.

사용자는 현실 삼각관계 즐긴다

사용자는 회사에서 일상적으로 삼각관계를 활용한다. 회사 내부도 삼각관계로 만든다. 직원과 직원은 함께 일하는 동료지만 '직원-사용자-직원'의 삼각관계를 만들어 사용자에게 잘 보이고 충성하도록 경쟁을 붙인다.

협력과 경쟁이 섞인 동료와 일상적 삼각관계는 가끔 힘들어도 견딘다. 삼각관계 갈등이 증폭되는 순간은 기업이 구조조정을 할 때다. 인력 구조조정을 하는 회사는 '사용자(경영자)-비해고자-해고자' 삼각관계로 나뉜다. 정리해고를 둘러싸고 '사용자-산 자-죽은 자' 삼각관계가 얽힌다.

2009년 쌍용자동차가 대표 사례다. 사용자는 뒷전에 숨고 함께 일하던 동료들끼리 '산 자'와 '죽은 자'로 나뉘어 서로 싸웠다. 얼마 후 구조조정을 했던 부산의 한 회사 노동자는 '총 맞은 자'와 '맞지 않은 자'로 구분했다.

상시적 구조조정의 시대다. 회사가 마음만 먹으면 희망퇴직을 명분으로 직원을 잘라 낸다. 2015년에 삼성그룹은 수천 명을 잘랐다. 노조도 없고 상시적 구조조정

시대니 늘 해고한다. 알바노동자와 단기계약직은 매번 해고당하는 인생이다.

쌍방관계를 삼각관계로

노사관계는 노동자와 사용자 쌍방관계가 강하다. 쌍방관계에선 노동권과 경영권이 충돌한다. 사용자는 이 관계가 싫다. 양자관계를 삼각관계로 바꾸고 싶어 한다.

양자관계를 삼각관계로 만들기 편한 제도가 생겼다. 2011년 7월 1일부터 각 회사에서 복수노조를 만들 수 있도록 법을 바꿨다. 여러 개 노조가 있으면 교섭창구 단일화를 한다. 다수노조 혹은 과반수노조만 교섭을 할 수 있다. 회사가 모든 노조와 따로 교섭하겠다고 하지 않는 한 소수노조는 교섭도 파업도 할 수 없다.

하나의 노조만 인정하던 2011년 7월 이전에 사용자는 노조가 아무리 미워도 만나서 교섭했다. 협상이 안 되면 파업 부담을 져야 했다.

이젠 아니다. 사용자는 자기와 친한 노조를 만들어 노조끼리 경쟁시킨다. 말 잘 듣는 노조를 키워 말 잘 듣지 않는 노조를 왕따시킨다.

복수노조 교섭창구 단일화가 시작된 후 회사가 복수노조를 만들어 민주노조를 깨는 사례가 많아졌다. 사용자는 '사용자-민주노조'라는 양자관계를 '사용자-친사용자노조-민주노조' 삼각관계를 만들어 더 많은 힘을 가지게 됐다.[54)]

회사 넘어 관계술

사용자는 회사를 뛰어넘는 삼각관계기술을 보여준다. '사용자-정규직-하청업체 비정규직' 삼각관계를 이용한다.

말 잘 듣는 공장에는 많은 일감을 주고 잘 듣지 않는 공장에는 일감을 덜 주는 '사용자-공장1-공장2' 삼각관계를 이용한다.

납품업체 중 노조 없는 업체에 물량을 더 준다. '원청사-부품사1-부품사2'와 같이 소위 '이원화'로 불리는 삼각관계를 만들었다.

사용자는 관계술을 글로벌 차원으로 확장했다. 세계화를 통해 국내 공장에서 말을 잘 듣지 않으면 해외에서 생산한다. 이쪽 나라 노동자가 불만을 터뜨리면 저쪽 나라 공장에서 더 많이 생산하는 '사용자-A국가 공장-B국가 공장'으로 국경을 넘어 삼각관계를 이용한다.

정부도 삼각관계 즐긴다

정부가 끼어든 삼각관계도 오래됐다. 정부는 어떤 때에는 노사관계를 노사자율에 맡겨야 한다면서 발을 뺀다. 그러다 노조를 비판하면서 사용자 편이 되곤 한다.

노사정이 함께 가야 한다면서 '노사정위원회'를 만든다. 노조 반발이 심할 경우 노조 발목을 붙잡기 위해 '노사정 합의'를 강조한다. 어차피 노사정위원회는 정부와 사용자가 한편이고 노동자만 다른 편이니 노조가 불리한 경우가 많았다.

정부는 중립과 공정성을 강조하지만 믿을 수가 없다. 기업하기 좋은 나라를 만들겠다면서 기업규제를 풀어 주지만 노동조합활동 규제는 되레 강화시켰으니까.

관계술 확장

노조가 파업할 때 어김없이 삼각관계기술이 등장하곤 했다. 생산자인 나와 소비자인 당신을 갈라 친다. 철도나 지하철 노동자가 파업을 하면 "시민 발을 볼모로 파업을 한다"면서 노동자와 시민을 분리하고 대립시켜 파업여론을 나쁘게 만든다.

병원노동자가 파업을 하면 "환자 불편"을 부각해 병원노동자 파업을 공격한다. 나는 병원노동자에게 고객이지만 언젠가 노동자로서 파업을 할 수 있다. 하지만 이런 삼각구도를 만들어 파업을 곱지 않게 보도록 만든다.

언론과 사용자와 정부가 한 몸으로 '언 · 사 · 정-노동자-시민' 삼각구도를 만들어 노조를 고립시킨다. 우리 모두 시민인데 시민이 다른 시민 권리를 부정하게 만든다. 이이제이(以夷制夷)다.

제갈공명 삼분지계 살아 있다

제갈공명은 천하를 세 개로 나눠 먼저 독립 세력을 만든 후 중국을 통일하려는 '천하삼분지계(天下三分之計)'를 썼다. 위 · 촉 · 오 세 나라 삼각관계를 만들었다.

대개 사회운동은 노동자와 자본가, 지배세력과 피지배 세력, 진보와 보수로 사회세력을 구분한다. 이와 달리 진보세력이 정치에 진출하기 위해 천하삼분지계를 주장했다. 양당체제가 지배하는 한국 정치를 '보수여당-야당-진보정당' 3당 체제로 바꾸자고 했다.

이보다 훨씬 오래전부터 한국 정치는 지역감정을 이용해 삼각관계를 만들었다. 지역감정이 격했을 때 전라도 출신을 비하하는 '전라디언'이나 경상도 출신을 비하하는 '개쌍도'라는 말까지 나왔다. 정치는 '정치권력-경상도-전라도' 삼각관계를 이용했다.

일자리를 둘러싸고는 '정부-청년-기성세대' 삼각관계를 만든다. 정부는 책임을 회피하고 기성세대에게 책임을 씌워 세대갈등을 조장하기도 했다.

삼각관계는 국내 정치를 넘어 국제 정치에 등장한다. 대한민국은 유일한 분단국가다. '미국 중심 강대국-남한-북한' 삼각관계가 한반도를 둘러싸고 있다.

통계와 관계술

어떤 문제를 정확히 드러내기 위해 통계 숫자를 자주 이용한다. 우리는 숫자가 가진 정확성이나 객관성을 인정한다. 숫자는 누가 어떤 용도로 쓰는지에 따라 거짓말 수단이 된다.

사례가 되는 기사 하나를 보자. 제목은 "박근혜 정부 4년 노동개혁 '역주행' … 정규직 임금 21% 오를 때 비정규직은 7%"[55]다.

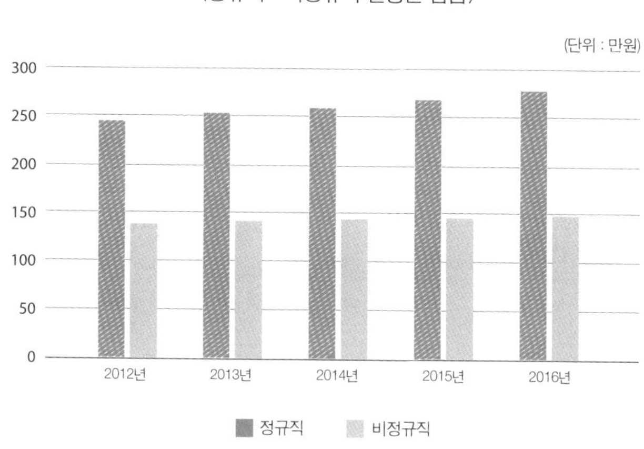

기사는 정규직과 비정규직 임금격차를 강조한다. '사용자-정규직-비정규직' 삼각관계가 있는데 기사에 사용자는 등장하지 않는다. 정규직과 비정규직 임금격차만 드러낸다. 이런 통계를 이용해 정규직과 비정규직을 비교한다. 비정규직에게 박탈감을 느끼게 하고 정규직 노동자를 '배부른 귀족'으로 만드는 흔한 수법이다.

격차를 누가 만들었나. 사용자다. 그런데 정규직이 임금을 많이 받는 바람에 비정규직이 적게 받는다는 인상을 준다. 실제로는 비정규직이 적게 받는 만큼 사용자가 더 많은 돈을 번다. 이런 사실은 철저하게 숨긴다.

기사 하나 더 보자. "정규직-비정규직 임금격차 13%差 … 기존연구 과장"[56]이라는 제목의 기사다. 정규직과 비정규직 임금격차가 생각보다 크지 않다는 주장이다. 정규직과 비정규직의 임금격차를 드러내는 통상적인 기사와 달리 격차를 과장하는 주장을 비판한다.

통계 속에 삼각관계는 그대로 숨어 있다. 기사와 그래프에 정규직과 비정규직만 등장한다. 사용자는 등장하지 않는다. 정규직 비정규직만을 무대 위에 올려 두고 비교한다.

〈정규직 · 비정규직 임금 분석 결과〉

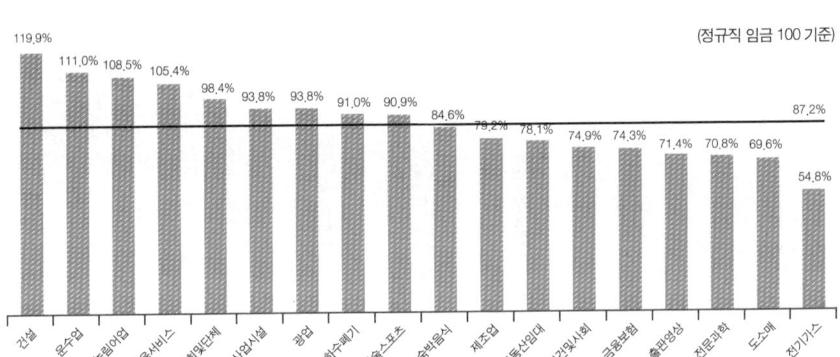

대물림하는 삼각관계

삼각관계는 레벨업을 통해 공간을 넓혔다. 세습으로 시간도 늘린다. 삼각관계 꼭짓점에 금수저가 있고 나머지는 흙수저나 동수저를 가지고 경쟁한다. 수저계급론이 이를 잘 보여준다. 자본주의가 점점 신분세습사회가 되고 있다.

2014년 프랑스학자 토마 피케티는 〈21세기 자본〉이라는 책을 써서 이를 비판했다. 많은 사람들이 읽었고 국제 논쟁을 일으켰다.[57]

19~20세기에 세계 경제가 빠르게 성장했다. 인류 역사 전체를 보면 이렇게 급속한 성장이 드물다. 요즘을 '저성장 시대'라고 하지만 인류 역사를 보면 그렇게 놀랄만한 일이 아니라고 한다.

2017년 8월 31일, 금속노조 경기지부교육에 참가한 한 청년의 표현대로 청년 세대에게 저성장 시대는 "자식들이 부모보다 잘살 수 없는 시대"다.[58] 청년은 나아질 희망을 잃는다. 오히려 부모보다 못사는 절망을 경험한다.

자본주의가 중세나 고대처럼 신분에 따라 운명이 결정된다고 하니까 자본가(사용자)와 자본주의를 신봉하는 사람들이 발칵 뒤집혔다. 토마 피케티 주장을 비판하는 글이 나오고 책이 나왔다.

한국 청년이 말하는 수저계급론과 세계에 파장을 일으킨 토마 피케티 주장은 일맥상통한다.

남쪽 세습은 좋은가

한국 정부와 언론은 북한을 시도 때도 없이 비판한다. 특히 북한 인권을 거론하면서 3대에 걸친 권력세습을 공격한다. 북한의 권력세습을 독재라고 비판하면서 남한 경제권력 세습은 눈감는다. 북한 권력세습이 독재고 현대사회 웃음거리인데 남한 재벌세습은 (경제)권력 독재가 아닌가.

북한을 탈출해서 동아일보 기자가 된 주성하는 "북한은 권력자 혼자 세습, 남한은 100명이 나눠서 세습"한다고 했다. 주성하 기자는 이렇게 말했다.

"남한에 온 탈북민 대부분은 공통적으로 '자유를 찾아왔다'고 합니다. 그런데 저는 탈북자들 중에 정말 자유롭게 사는 사람을 거의 못 봤습니다. 과거 사회주의 노선을 걸을 때 북한에는 분명 이동의 자유가 없었고, 경제활동의 자유도 없었습니다. 그렇지만 오히려 남한보다 자유가 큰 부분도 있습니다. 대표적인 것이 일하는 환경 안에서의 자유예요. 직장생활에 스트레스라는 게 거의 없거든요.

살면서 받는 스트레스 대부분은 사실 주변 관계에서 오는 것이잖아요? 한국은 일터에서 말하고 행동하는 것이 '밥줄'과 직결된다는 위기감이 있어 자유롭지 못하다는 생각이 듭니다. 그런 점에서 직장 내 스트레스로 인한 불만은 한국이 북한보다 열 배 이상 큰 것 같아요. 여기도 천국은 아닌 거죠."[59)]

한국인은 직장에서 오랜 시간을 보낸다. 직장 스트레스가 북한보다 열 배 이상 크다면 남한 시민이 북한 주민보다 행복할 수 없다.

'헬조선'에 애국심을 가질 수 있겠는가. 연애 · 취업 · 결혼을 포기하고 갑질을 견디면서 살아야 하는 '갑질 공화국'은 그냥 금수저 나라다.

연평해전에서 북한과 싸우다 전사한 젊은이를 떠올리라며 영화를 만들고 기념식도 했다. 못살던 1960~70년대에 고생했던 세대의 힘겨운 노력을 담은 영화 〈국제시장〉을 만들어 배포했다.

아무리 그래도 한국은 금수저 나라다. 우리에게 '헬조선'일 뿐이다. 세월호 참사로 학생이 침몰하는 배에서 죽어 갈 때 국가는 구해 주지 않았다. 이 상징적 사건을 통해 국가로부터 버려진 현실을 절감했다. 그들의 나라는 있어도 우리나라는 없었다.

삼각관계 바꾸는 방법

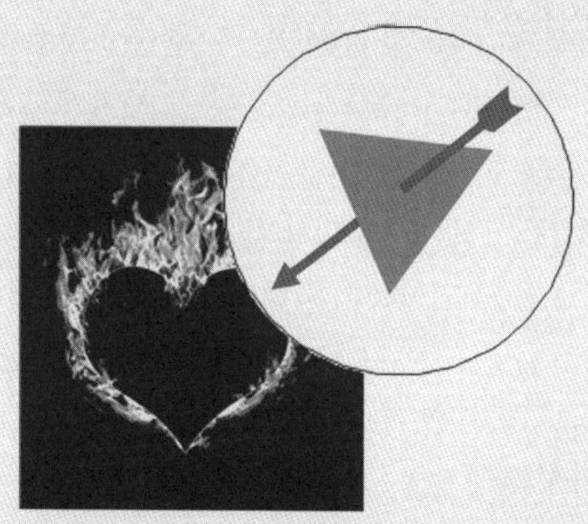

인정투쟁도 레벨업한다

세상이 사용자 뜻대로 흘러가지 않는다. 한국에서는 2000년 이후 비정규직 노동자들이 노조를 만들고 투쟁했다. '얼굴 없는 노동'을 하던 현대자동차 사내하청, 기아자동차 사내하청, 현대모비스 부품사하청, 현대위아 부품사하청 노동자가 노조를 만들고 활동한다. '마음 없는 노동'을 하던 유통판매서비스직의 이마트 · 홈플러스 노동자가 노조를 만들었다. 학교비정규직노동조합도 생겼다. 고객을 만나는 감정노동과 전자제품을 고치는 육체노동을 함께하는 삼성전자서비스, LG와 SK의 기술서비스직도 노조를 만들었다.

2017년 현재 배부른 정규직노조로 비판받아 온 민주노총 조합원의 1/4이 비정규직이다. 이들이 노조를 만들어 요구하고 회사와 싸우는 활동은 감춰진 얼굴과 마음을 드러내는 투쟁이다.

소비자와 사용자 사이 인정투쟁도 계속된다. 착한소비, 녹색소비, 국가를 넘어서는 국제적 차원의 '공정무역'을 비롯한 소비자운동이 계속되고 있다. 노동을 전혀 생각하지 않고 상품만 보고 구입하는 소비를 그만하자고 한다. 아동노동을 착취하거나 저임금 노동과 노동자 인권을 무시하는 기업 제품을 사지 말자고 한다. 숨겨진 노동자 얼굴을 보고 마음을 읽으려는 운동이다. 사용자가 내건 욕망의 집어등에 유혹당하지 않고 제품을 누가 어떻게 어떤 대우를 받으며 만들었는지를 들여다보려는 노력이다.

당신과 나는 사용자를 통해 거래한다. 중간에 끼여 있는 사용자를 빼고 거래를 하려는 운동이 있다. 협동조합운동이다. 1800년대에 먹고살기 힘든 노동자들이 함께 모여 더 싸고 쉽게 물건들을 구입하기 위해 시작한 아주 오래된 운동이다. 한국에 생협(생활협동조합)이 꽤 많이 생겼다. 동네에 생협이 만든 가게를 만날 수 있다. 의료생협에 가입한 시민도 있다. 생산자인 노동자와 소비자인 시민이 함께 돈을 모아 협동조합을 만든다. 일반기업은 투자한 돈에 따라 결정권을 갖는다. 협동조합은 참여한 사람 모두가 1인1표 평등한 권리를 갖는다.[60] 농협을 포함해 정부가 개입해 만들어 이제는 빛바랜 협동조합도 있지만 생협을 '자본주의를 넘어선 대안'으로 생각하고 참여하는 시민이 꽤 있다.

2007년에는 사회적 기업을 육성하기 위한 법이 제정됐다. 사회적 기업은 사용자의 돈벌이보다 일자리 창출, 사회서비스와 공헌에 초점을 맞추자는 취지로 시작했다. 실험적이지만 자산과 생활에 필요한 운송수단 등을 공유하는 '공유경제'도 있다.

첫 번째 방법은 포장

이렇듯 삼각관계를 바꾸려는 노력들이 있다. 첫째로는 기업 이미지 변신이다. 끝없는 이익을 추구하는 자본가 탐욕은 비판받는다. 인간을 돈벌이 도구로 만들어 자기 배만 불린다고 공격을 받는다. 이런 비판과 공격에 가만히 있을 수 없다.

기업이미지 광고를 통해 멋진 이미지를 심어 주려 한다. "나는 너희들의 사랑에 끼어들어서 나쁜 짓을 하지 않고 너희들을 위해 이렇게 좋은 일을 하고 있어. 그러니 우리들의 관계는 내가 있어 더 행복할 수 있어"라고 얘기하는 셈이다.

하지만 기업이 공무원 · 언론 · 법조계 등 각계에 뒷돈을 대다 적발되곤 한다. 불법행위를 저지른 재벌 회장들은 사회공헌기금을 내겠다고 하면서 죄를 감추려 한다. 기업이미지를 나쁘게 하는 사건들을 감추려 '사회공헌활동'을 늘린다.

외국에서는 엄청난 돈을 버는 기업가들이 기부활동을 해서 뉴스가 되곤 한다. 이런 활동이 삼각관계를 바꾸지는 않는다. 삼각관계의 문제를 감추고 좋게 보이려 포장할 뿐이다.

두 번째는 착한기업 만들기

기업 외부에서 시작하는 '착한기업 만들기'가 있다. 기업의 사회적 책임 활동(CSR, Corporate Social Responsibility)을 활성화해야 한다는 목소리가 커진다.

저마다 기업의 사회공헌활동을 평가해 상을 준다. 국제표준화기구(ISO)는 기업 사회적 책임활동을 표준화한 ISO 26000이라는 국제규격을 만들어 기업을 평가한다. 사용자는 자기 회사가 높은 점수를 받으면 적극 홍보해 기업이미지를 높이려 한다.

기업이 사회공헌활동을 얼마나 많이 했는지를 평가하는 방식과 반대로 나쁜 짓을 얼마나 했는지를 평가하는 방식도 있다.

블랙기업(Black Company)이라는 말이 생겼다. 청년들에게 저임금과 장시간 노동을 강요하는 기업에 대한 비판이 확산된 일본에서 나쁜 기업을 비판하는 운동이 일어났다. 저임금 장시간을 강요하는 나쁜 기업을 선정해 발표한다.

한국에도 블랙기업을 선정해 폭로하는 운동이 생겼다. 2014년 청년유니온은 민주노총과 함께 블랙기업 폭로운동을 통해 청년노동자들의 열악한 노동실태와 노동력 착취인 '열정페이'를 사회적으로 알렸다.[61]

기업의 사회적 책임을 평가하고 블랙기업을 비판하는 활동은 기업 밖에서 벌이는 사회운동이다.

기업 안에서 착한기업을 만들려는 운동도 있다. 회사 주식을 가진 사람 모두가 기업경영에 관여하지는 않는다. 단지 주식을 가지고 있을 뿐인 주주가 적지 않다. 주주 모두가 기업 내부자라고 볼 수는 없다. 하지만 소액주주라도 지분을 갖고 있으니 내부자라 할 수 있다. 이런 소액주주가 하는 소액주주운동이 있다.

주식회사 대부분 대주주가 중요한 경영사항을 결정한다. 대주주에 맞서 개미투자자라고 할 수 있는 소액주주가 주주총회에서 발언권을 얻어 저항한다.

세 번째는 소유와 경영 바꾸기

기업 소유자 바꾸기는 여러 가지 방식이 있다. 기업을 국유화하자는 주장은 오래됐다. 사용자가 아닌 노동자가 회사를 경영하는 자주관리도 있다.

국유화나 자주관리는 20세기 사회주의에서 실험했던 방법이다. 사회주의가 망해 주목받지 못하는 방식이다.

2008년 금융위기가 닥치고 금융회사가 망하니까 국가가 공적자금을 투입했다. 국가가 돈을 대서 회사 주인이 됐으니 국유화라고 할 수 있다.

과거 사회주의 국유화와 금융위기 때 국유화는 차이가 있다. 20세기 사회주의 국유화는 자본주의를 무너뜨리려는 국유화였다. 2008년 금융위기 때 국유화는 자본주의를 구하려는 조치였다. 목적이 달랐다. 국가가 국민 세금으로 부도덕한 기업가와 주주들을 살려 냈다는 비판도 있었다. 과정과 결과도 사회주의적 국유화와 다르다.

실패한 주주자본주의

오늘날 대부분 회사는 주식회사다. 회사 운영에 주주들이 영향을 미치고 이익도 주주들이 나눠 가진다. 주주자본주의다.

주주자본주의는 낡았다는 비판을 받는다. 주주자본주의는 하층계급이 지주계급에 복종하는 잘 짜인 봉건사회의 계층구조를 닮았다. 주주가 지주노릇을 한다. 펀드매니저 · 사모펀드 투자자가 토지대리인이다. 토지를 경작해서 지주의 금고를 채워 주던 농노 역할을 노동자가 한다. 자본가는 봉건지주처럼 금고를 채운다. 이것이 주주자본주의 실체다. 봉건사회가 오늘날 기업으로 위장해 되살아난 셈이다.

2007~2008년에 세계적인 금융위기가 닥치면서 주주자본주의에 대한 비판이 늘었다. 주주자본주의 때문에 경제가 폭망한다는 얘기다.

분식회계로 거짓이 들통난 미국 회계법인 엔론, 금융위기를 촉발한 금융사 리먼 브러더스, 미국 멕시코만 원유 유출로 오염을 일으킨 영국석유, 일본 후쿠시마 원전 폭발의 주범 도쿄전력, 영국 런던은행 간 금리를 조작한 바클레이즈 등은 주주이익에 눈먼 기업들이 세계 경제에 충격을 던진 실패 사례다.[62)]

이해관계자가 재벌 몰아낼까

회사가 주주이익에 눈이 멀지 못하게 하는 방법의 하나가 '이해관계자 자본주의'다. 회사를 주주가 주무르지 못하도록 이해관계 당사자들이 함께 경영해야 한다는 주장이다. 회사에서 일하는 노동자, 회사 물건을 사는 고객, 회사가 있는 지역의 시민 등이 함께 경영하는 방법이다.

한국은 주주자본주의보다 특이한 재벌경영이 자리 잡고 있다. 재벌 총수가 수십 개의 기업을 주무른다. 재벌개혁이나 경제민주화를 통해 이해관계자 자본주의로 전환해야 한다는 주장도 있다. 재벌체제를 옹호하는 사람들이 반대한다.[63)]

찬반 논란을 떠나 재벌을 밀어낼 힘이 있어야 가능한 얘기다.

사장직선제는 파격적

주주에게 이익을 배당해 주자. 대신 주주총회에서 사장을 뽑는 방식이 아니라 소유와 경영을 분리해 종업원총회에서 사장을 선출하면 어떨까. 소유권은 주주가 가지고 경영권은 종업원이 가진다.

재벌이나 사장들이 들으면 난리 칠 주장이다. 그러나 대통령부터 지방자치단체장까지 직선제로 뽑는 민주사회다. 왜 회사 사장은 민주적으로 선출하지 않고 대주주가 임명하거나 주주들끼리 선출하는가.[64)]

나와 당신 사이에 끼어든 사람이 우리 사랑을 방해하지 않아야 한다. 당신과 나를 이익도구로 삼는 사용자를 통제하고 당신과 내가 회사를 경영하면 안 될까.

자본가는 소유권에서 경영권이 나오기 때문에 둘을 분리할 수 없다고 본다. 사용자들은 경영권에 도전하는 노동권을 매우 불편해하고 적대한다. 노조를 만들어 인사와 경영에 개입하면 인사경영권은 사용자 권한이라고 반발한다.

종업원이 경영권을 가지는 것은 노동자 힘이 굉장히 크지 않으면 실현 불가능한 일이다. 지금은 재벌의 힘, 돈 많은 사람들의 힘이 너무 크다. 사용자들은 정치권에 로비를 해서 재산권 · 경영권 · 인사권을 지키려 한다. 기업규제 완화를 주장하면서 기업권력을 키운다. 삼각관계를 유지할 뿐만 아니라 삼각관계에서 사용자 권력을 강화하고 있다. 기업의 소유경영자 방식을 바꾸려면 회사 안팎에서 노동시민이 힘을 키워야 한다.

네 번째는 원리가 다른 협동조합

소유경영을 바꾸려고 하면 충돌한다. "회사는 내 거"라는 자본가와 "회사는 소비자 · 직원 · 시민들에 의해 유지되니까 네 것이 아닌 우리 모두의 것"이라는 노동시민이 충돌한다.

충돌을 피하는 방법이 있다. 회사 소유경영권을 바꾸기보다 따로 협동조합을 만든다. 기업은 '1원1표제'가 원리다. 일반기업에서 1조원을 가진 사람은 1조 개의 표를 행사하고 돈 없어 투자 못한 직원은 한 표도 없다. 정치에서는 대통령이든 지방자치단체장이든 모두 평등한 '1인1표제'가 원칙이다. 이처럼 협동조합은 출자한 모두가 참여하는 1인1표제가 원리다.

협동조합이 늘어나고 커지면서 문제가 나타난다. 농협을 보면 노조가 있다. 노사관계가 사라지지 않고 노사갈등이 생겼다. 이와는 다르다고 하는 생활협동조합은 다른 자본주의 기업들과 경쟁을 피할 수 없다. 경쟁하다 보면 이익을 추구하게 된다.

미국산 쇠고기의 광우병 때문에 난리가 났던 2008년 이후 생활협동조합에 대한 시민의 관심이 늘었다. 덩치를 불린 일부 생활협동조합이 이마트·홈플러스와 같은 기존 대형유통업체 관행을 따르려는 모습을 어떻게 봐야 할까? 생활협동조합 성장에 초점을 맞춰 환영하는 게 맞는 걸까?

최근 국내에서도 "지역에서 생산한 먹을거리를 지역에서 소비하자"는 지역 먹을거리(local food)운동이 관심을 받고 있다. 그런데 지역 먹을거리 운동의 가장 약한 고리는 바로 유통이다. 농민들이 땀 흘려 생산한 먹을거리를 지역의 시민에게 어떻게 전하는 것이 효과적일까? 여기서 '규모의 경제'를 거론하며 대형유통업체 활용전략이 나온다.[65]

착한소비·녹색소비 등 소비자운동이나 생협운동이 늘어나고 기업도 가치소비를 활용한 광고와 마케팅을 한다. 하지만 "착한마케팅이 지키는 나쁜 세상"이라는 비판을 받는다. 나쁜 세상을 '착한소비'나 '착한마케팅'으로 포장하고 있다.[66]

다섯 번째는 다르게 살기

자본주의 관계를 벗어나고 싶은 사람이 적지 않다. 도시를 떠나 '다른 곳에서 다르게 살기'와 '도시 안에서 다르게 살기' 방식이 있다.

다른 곳에서 다르게 살기 위해 당신과 나 사이에 끼어들려는 자본가가 없는 장소에 삶의 터전을 만든다. 삼각관계를 만드는 자본가를 피하는 '사랑의 도피'다. 다른 삶을 만들려는 적극적 방식이니 도피라고만 볼 수도 없다.

도시 안에서 대안공동체를 만들려는 운동도 관심을 끈다. 대안화폐를 쓰면서 다른 생활을 만들려는 실험을 한다. 자본주의로 가득한 도시에서 일부 생활요소만 다르게 바꾼다고 달라지겠냐는 평가도 있다. 대안이라고 할 수 있는지 논란이 있지만, 서울을 비롯해 여러 곳의 지방자치단체에서 '마을 만들기' 운동을 하고 있다.

사유와 공유가 부딪친다

더 많이 가지려는 소유욕망과 함께 나누려는 공유노력이 부딪친다. 세계화 시대에 국가권력과 자본은 공유하기 위해 국유화된 부분을 민영화했다.

공공재를 사기업에 주는 민영화는 또 다른 메기를 투입하는 것이다. 청어 수족관에 천적 메기를 투입하듯 사회 전체에 메기를 넣어 시민들의 일상을 불안하게 만든다. 누구에게나 필요한 철도 · 가스 · 전기 등을 민영화하면 값이 올라가기 마련이다. 생활필수재의 값이 오르면 시민은 더 많은 돈을 내야 하고 더 많은 노동에 내몰린다. 생활비가 늘고 삶은 불안하고 일자리 경쟁은 더 심해진다. 땅 · 주택 · 에너지 · 의료 · 교육 등은 개인 소유가 아닌 국유화를 통해 공유해야 할 영역이다.[67]

소유권을 바꾸고 협동조합을 만들고 대안공동체를 만드는 노력은 사용자들이 독점한 소유를 벗어나 공유하기 위한 움직임이다. 공유경제를 위한 시도들이 꾸준히 등장한다. 여전히 글로벌 기업, 재벌기업들이 강하고 사적 소유 중심이지만 공유를 위한 노력들은 계속되고 있다.

내 선택은 무엇인가

삼각관계 탈출을 위한 방법을 얘기했다. 그럼 내가 선택하고 싶거나 혹은 이미 선택하고 있는 방법이 있다면 무엇인가?

"머리 아파, 뭐 그리 복잡하게 생각해. 그냥 살면 되지."

"꿈 깨, 자본주의는 별로 바뀌지 않을 거야. 헛꿈 꾸지 말자고."

"자본주의가 인류가 발명한 최고의 체제야. 대안은 없어."

이렇게 생각한다면 굳이 삼각관계 탈출을 생각할 필요가 없다. 반면 자본주의가 만든 삼각관계에 문제가 있다고 생각한다면, 어떤 선택을 할 것인가.

사용자라면 포장을 선택할 가능성이 높다. 만약 당신이 갈등을 피하는 온건한 스타일이거나 양심적인 기업인이라면 착한기업 만들기를 선택할 가능성이 높다. 온건한 개혁이든 높은 수준의 혁명이든 자본주의를 바꾸려는 사람들은 소유와 경영을 바꾸는 방법을 택하고 논의하고 실천한다. 자본가와 부딪치지 않고 대안을 만들고 싶다면 협동조합 방법을 선호할 것이다. 자본주의적 도시생활에 실망해 다른 삶을 살고 싶은 사람들은 개인 또는 집단으로 대안생활을 찾을 가능성이 높다.

〈삼각관계를 바꾸는 방법〉

<table>
<tr><th>관계축</th><th>내용</th><th>사례</th></tr>
<tr><td rowspan="5">3
유지</td><td>포장</td><td>기업 사회공헌활동</td></tr>
<tr><td rowspan="4">착한기업</td><td>CSR</td></tr>
<tr><td>소액주주운동</td></tr>
<tr><td>블랙기업운동</td></tr>
<tr><td>사회적 기업</td></tr>
<tr><td rowspan="2">3
변형</td><td>소유권 분산</td><td>이해관계자 자본주의</td></tr>
<tr><td>사장직선제</td><td>파격적 제안</td></tr>
<tr><td rowspan="5">1, 2, 다자</td><td>국유화</td><td>20세기 사회주의</td></tr>
<tr><td>사용자 대체</td><td>협동조합</td></tr>
<tr><td>자급자족</td><td>개인, 대안공동체</td></tr>
<tr><td>공유</td><td>다양한 공유형태</td></tr>
<tr><td>복합공존</td><td>위 형태들 공존</td></tr>
</table>

다양성을 상상하자

삼각관계가 싫다고 자본주의 분업을 버리고 쌍방관계였던 물물교환 시대로 돌아갈 수는 없다. 수평적이고 다양한 다각관계로 바꿔야 한다. 다양한 관계가 수평적 조화를 이루며 공존하는 사회를 상상할 수 있다.

검은 머리가 하얀 파뿌리처럼 바뀌는 날까지 오직 두 사람이 사랑하고 부부 인연을 맺다가 생애를 마감하는 일은 점점 더 줄어들고 있다. 1인 가족이 급격히 늘고 있다. 버려지거나 늙어서 홀로 남은 1인 가족도 있다. 결혼을 거부하고 살아가는 비혼 1인 가족도 있다. 동성연애와 동성결혼을 반대하는 목소리가 사라지지 않지만 세계적으로 동성결혼가족이 늘어나고 합법화된다. 다자간 사랑가족(Polyamory), 따로 사는 부부(LAT-Living Apart Together), 아이를 함께 키우되 사랑관계를 맺지 않는 부부 가족 등 다양한 가족형태가 등장했다. 둘이서 사랑하는 쌍방관계는 여러 관계 형태 중 하나일 뿐이다.

현재 2차 관계는 재벌대기업을 중심으로 확장된 다단계 삼각관계가 압도한다. 대기업이나 공기업에 취직하려는 경쟁이 취업시장을 압도한다. 다양한 다각관계를 만드는 데 가장 큰 장애다.

더 나은 정부가 탄생해 너무 큰 기업권력을 통제함으로써 다른 시대를 만들 수도 있다. 2017년 탄핵촛불로 탄생한 정부가 새로운 시대의 출발이 될까.

시민이 확장된 삼각관계의 탈출을 상상할 수 있어야 한다. 재벌공화국이 유일한 길이 아니며 다양한 선택이 가능하다는 상상을 할 수 있어야 한다.

어떤 선택을 하든 강력한 재벌권력, 기업권력을 넘어설 만큼 새로운 관계들을 맺고 확대해 나가야 한다. 시민들이 새로운 관계를 맺고 그 관계들이 깊어갈수록 상상도 확장된다.

근성에 주목하자

다단계가 돼 사회 전반에 확산된 삼각관계가 어떤 결과를 만들었을까. 차별? 맞다. 재벌대기업은 매출액이 늘고 순이익도 늘었지만 하청구조 밑바닥에 있는 중소·영세기업은 매출도 작고 이익도 작다. 고임금에 안정된 일자리를 가진 대기업 정규직과 다단계하청 밑바닥에서 저임금 무권리 불안정 노동을 하는 하청 노동자를 만들었다.

더 주목해야 할 것이 있다. 삼각관계는 사람을 바꾼다. 인간이 가진 성향을 바꾼다. 다단계 삼각관계에서 오랫동안 살다 보니 뿌리박힌 성향을 만들었다. 새로운 근성(根性)이 생겼다.

오랫동안 제조업 재벌대기업 경영자와 관리자, 하청회사 사장과 관리자, 원청 대기업 노동자, 하청 노동자를 만나며 느낀 근성을 종합해서 정리한 적이 있다. 이를 몇 회사 노조간부 교육을 하면서 소개했다.

근성이라는 단어는 '승부근성'과 같이 좋은 뜻으로 쓰이기도 하지만 '노예근성'이나 '거지근성'처럼 나쁜 뜻으로 쓰는 경우가 훨씬 많다. 원청 사용자, 하청 사용자, 원청 노동자, 하청 노동자가 모두 나쁜 근성에 사로잡혀 있다고 볼 수는 없다.

여기서 쓰는 근성은 나쁜 의미다. 원청이든 하청이든 각자 위치에서 열심히 살아간다. 다단계 삼각관계가 만든 나쁜 행동성향을 바꿔야 한다. 일부러 부정적 근성을 부각시켜 정리했다는 점을 밝힌다.

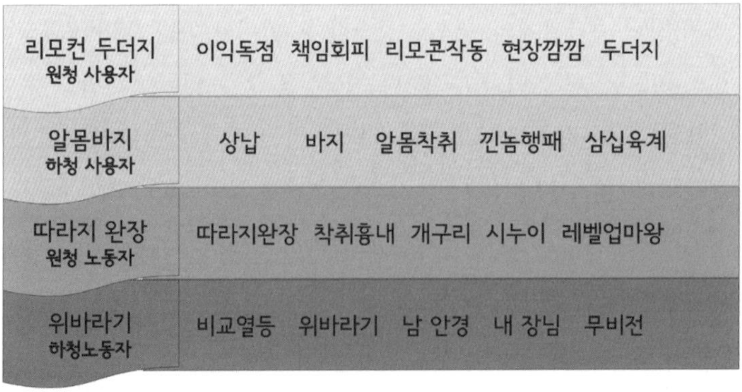

리모컨 두더지 **원청 사용자**	이익독점 책임회피 리모콘작동 현장깜깜 두더지
알몸바지 **하청 사용자**	상납 바지 알몸착취 낀놈행패 삼십육계
따라지 완장 **원청 노동자**	따라지완장 착취흉내 개구리 시누이 레벨업마왕
위바라기 **하청노동자**	비교열등 위바라기 남 안경 내 장님 무비전

원청 사용자는 리모컨 든 두더지

첫째로 원청 대기업 사용자는 이익은 독점하지만 책임은 모두 하청업체에 돌리는 성향을 보인다. 비용을 줄여서 이익을 더 많이 내려고 하청업체에 납품단가를 깎아 버리는 행태는 잘 알려져 있다.

하청업체 직원에게 저임금을 주고 인격을 무시하는 현실을 얘기하면 늘 대기업 사용자는 "우리는 줄 만큼 주는데 협력사가 문제다" "불법이나 인격무시를 하지 말라고 하지만 하청업체가 엉망으로 관리한다"고 책임을 하청업체에 떠넘긴다.

원청 대기업이 위에서 누르기 때문에 위에서 재채기만 해도 밑에서는 독감에 걸린다. 원청 대기업은 위에서 리모컨을 들고 배후조종을 한다.

하청업체 노동현실을 말하면 원청 대기업 사용자와 관리자는 구체적 현실을 모른다. 납품할 제품을 생산하는 현장실태에 깜깜한 문외한이 대부분이다. 직접 책임지고 나서라고 하면 결코 나서려 하지 않는다.

이는 하청업체 노동자가 노조를 만들면 실제 사용자인 원청이 책임을 피하는 모습으로 나타난다. 원청은 사용자임을 드러내지 않으려 두더지처럼 숨으려 한다. 이것이 '원청근성'이다.

하청 사용자는 알몸바지

둘째로 하청업체 사용자는 원청에 제품이나 서비스를 상납한다. 단지 납품만 하지 않고 하청업체 사장 자리를 지키기 위해 술접대나 성접대를 하는 일도 있다.

원청 지시에 충실히 따르는 핫바지 노릇도 기꺼이 한다. 땅 · 건물 · 기계설비 등에 투자도 하지 않으면서 하청업체 노동자 인건비를 따먹는 착취를 알몸 그대로 보여주는 위치에 있다.

원청에서 압박을 받으면 하청업체 노동자에게 더 심하게 화풀이를 한다. 중간에 있으면서 위에서 치이면 밑에 행패를 부린다.

이런 위치에서 이익을 챙기다가 노조가 생기는 등 과거처럼 이익을 얻지 못할 상황이 되면 도망가듯 폐업한다. 심지어 몇 개월 전부터 치밀하게 준비해서 퇴직금을 떼어먹거나 연차수당을 떼어먹는 등 최대한 챙겨서 떠나는 사장이 적지 않다. 이것이 하청업체 사용자의 '바지근성'이다.

원청 노동자는 완장 찬 따라지

셋째로 원청인 대기업 정규직 노동자 중에는 "정승 집 머슴이 정승 행세를 한다"는 옛말처럼 행동하는 사람이 있다. '따라지'는 화투에서 끗발이 낮은 패를 의미한다. 끗발이 낮은 신세를 표현하는 속어가 됐다. 원청 정규직 노동자는 기업규모와 상관없이 종업원이고 노동자다. 그런데 자신이 마치 재벌 사용자라도 되는 것처럼 위세를 부릴 때가 있다. 정승 집 머슴이 정승 행세를 하듯 원청 위세를 등에 업고 권력을 상징하는 완장이라도 찬 것처럼 행동한다.

이익도 독점하고 뇌물도 상납받는 사용자처럼 대기업 취직을 원하는 사람과 결탁해서 입사비리를 저지르기도 한다.

대기업 노동자는 30년 전만 해도 주면 주는 대로 받고 시키면 시키는 대로 일하는 공돌이 공순이였다. 민주노조를 만들어 상당한 권리를 누리게 됐지만 개구리 올챙이 시절을 잊듯 무권리 시절 어려움을 잊는다.

무권리 하청 노동자를 함부로 대한다. 원청 사용자와 하청 노동자 사이에서 미운 짓을 한다.

이런 모습이 레벨업돼 비정규직 정규직화를 반대하는 나쁜 마왕으로 나타나기도 한다. 권리를 함께 누리기보다 자신이 누리는 권리를 특권으로 여기고 비정규직을 차별하는 데 앞장선다.

이것이 원청 노동자에게 스며든 '원청근성'이다.

하청 노동자는 위바라기

넷째로 상당수 하청 노동자는 원청 노동자와 자신을 비교한다. 비교하면 할수록 열등감을 내면에 쌓게 된다.

비교열등감은 위를 향한 계층상승 욕망을 자극한다. 해만 바라보는 해바라기처럼 위만 바라보는 '위바라기'가 된다. 위로 올라가기 위해 원청에 잘 보이거나, 노조가 있으면 소송을 통해 정규직이 되려고 한다. 노조를 만든 자동차완성차 사내하청노조 상당수가 다른 부품사 하청 노동자와 힘을 모으려 생각하지 않고 위만 바라본다. 원청 정규직노조가 이기적 집단이라고 욕먹는 것과 별로 다를 바 없다.

자신의 안경으로 세상을 보지 못하고 원청 노사가 하는 말과 생각을 통해 세상을 본다. 자기 자신이 가진 장점과 힘을 볼 수 없다. 하청 노동자가 뭉쳐서 저항하면 원청은 납품도 받지 못하는 무능한 집단이 된다. 그러나 이런 자기 힘을 믿지 못한다. 나를 보지 못하는 '내 장님'이 된다.

이러니 스스로 권리주인이 돼 관계를 바꿀 비전을 만들지 못한다. 이것이 하청 노동자에게 스며든 '하청근성'이다.

근성을 뽑아야 출구가 열린다

확산된 다단계 삼각관계는 이익 중심 관계이자 돈으로 만든 권력관계다. 다단계 삼각관계를 바꾸기 위해 제도를 설계하고 이를 위한 정책을 만들어야 한다.

그런데 아무리 좋은 정책이 나와도 사람이 바뀌고 관계가 바뀌지 않으면 정책은 모두 말에 불과하다. 원·하청 불공정거래를 바꿔야 한다는 얘기는 학계·정치권·노조에서 20년 넘게 나왔지만 별로 바뀌지 않았다.

정책보다 사람이 바뀌어야 한다. 다단계 삼각관계가 만든 근성을 봐야 한다. 이런 근성을 뿌리부터 뽑아내기 위한 관계를 만들어야 한다. 하청 노동자가 뭉치면 뭉칠수록 원청을 포위해 무력하게 만들 수 있다.

이런 이유로 삼각관계를 벗어나기 위한 다양한 소유방법에 대해서는 꼼꼼하게 따지지 않았다. 이미 나온 정책이고 이미 실천하고 있는 내용이 많다. 국유나 공유를 비롯한 정책은 과거 운동권이 내세우기도 했고 여전히 논쟁 거리다. 그러나 이런 논쟁보다 관계를 바꾸고 근성을 바꾸는 일이 중요하다. 관계가 성장하면 현실이 바뀐다.

대기업 사용자가 이익종자를 스스로 벗어날 리 없다. 중간착취를 하는 하청 사용자도 스스로 이권을 벗어날 리 없다. 대기업 정규직노조는 이기적 집단으로 찍혔다. 조합원이 점점 이익종자가 되고 있다. 대기업 민주노조가 성찰을 통해 권리를 위한 대안노조로 거듭나야 한다. 급격히 늘어난 하청 노동자가 권리주인으로서 새로운 노조, 대안노조를 만들어 나갈 때 길이 열린다. 책 중반부인 5장부터 이를 다룬다.

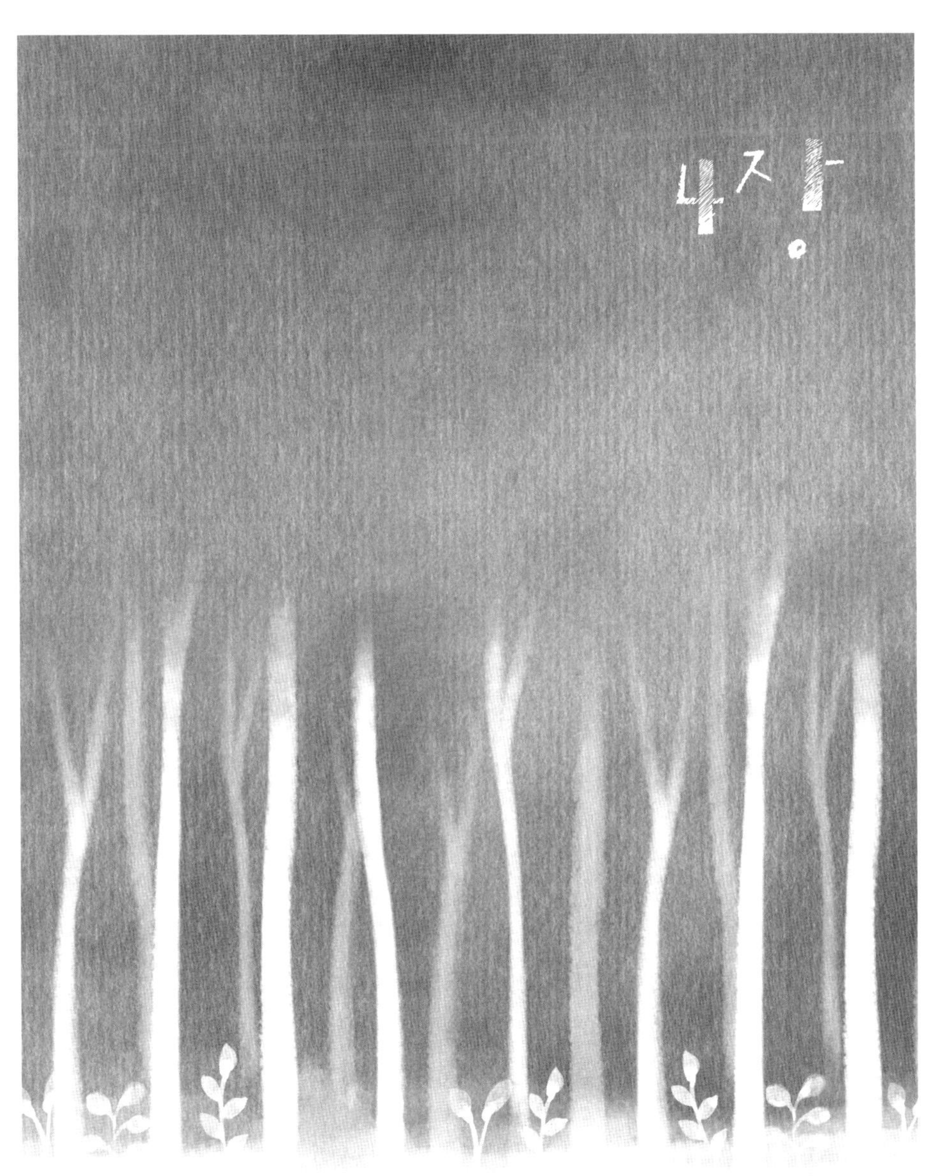

조폭 말고 산타

3차는 스토커

“우쭈쭈!” “안돼!”

“우쭈쭈.” “우르르 까꿍.” “어구, 우리 아기, 그래쪄요?” 아이는 부모나 가족에게 이런 긍정적 신호들을 들으며 자란다. “어구, 우리 아기 배고팠어요?”라는 반응과 함께 젖을 먹고 배가 부르면 포만감으로 잠들거나 방긋거리며 웃는다.

“찌찌.” “때찌.” “안 돼!” 긍정적 반응만 있는 세상이 아니라는 신호도 배운다. 아이는 욕구가 충족되지 않으면 울면서 요구한다. 통제와 저항은 함께 시작한다.

유치원부터 대학에 이르기까지 학생에겐 상과 벌이 있다. 우등생에게는 상을 준다. 성적이 좋으면 좋은 대학에 갈 기회를 준다. 체벌은 학생인권을 침해하는 폭력이라는 인식이 확산돼 줄어들고 있지만 벌칙은 살아있다. 규율을 위반하면 벌점을 준다. 성적이 나쁘면 좋은 대학에 갈 기회는 낮아진다. 20여 년 가까이 이런 학교생활을 한다.

일생 동안 일상 안에 있다

군대 상벌은 훨씬 강하다. 규율을 잘 따르면 포상휴가가 있다. 군 질서를 어기면 얼차려를 주고 중대한 질서위반을 하면 군대감옥인 영창에 가둔다.

취직하면 회사 상벌제도가 있다. 좋은 인사고과를 받으면 승진이나 임금인상을 상으로 받는다. 사규를 어기면 경고 · 감봉 · 정직 · 해고 등 징계를 받는다.

사회를 유지하는 법을 어기면 경찰이 막거나 체포한다. 검찰이 기소 여부를 결정하고 법원이 유죄 여부와 형벌을 확정한다.

학생에게 상을 줄지 벌을 줄지는 선생님이 결정한다. 군대에서 상벌은 더 높은 계급에 있는 상급자가 결정한다. 회사 상벌은 사용자가 준다. 사회 상벌 결정은 국가권력이 한다.

학생 · 군대 · 회사가 상을 줄지 벌을 줄지 판단하거나 실행할 때 국가권력이 직접 등장하지는 않는다. 법과 제도를 통해 영향을 미친다.

상벌을 통해 볼 수 있듯 권력은 우리 인생과 함께 있다.

좁혀서 얘기하자

가부장적 아버지가 중심인 가족이 있다. 반대로 엄마 힘이 강한 가족도 있다. 학교에도 권력이 있고 회사에도 권력이 있다. 친목 모임에도 권력이 있다고 할 수 있다. 권력을 넓은 의미로 본다면 사회관계 전체에 퍼져 있는 힘이다.

3차 관계에서 얘기하는 권력은 정치권력이다. 정치권력의 최고 형태는 국가권력이다. 때로는 군인이 튀어나와 군사독재가 된다. 때로는 행정부가 강력하고, 때로는 국회가 키를 쥐고 휘두른다. 때로는 검찰이 칼을 휘두르지만 국가권력은 입법 · 사법 · 행정 삼권분립을 원칙으로 한다.

어디로 가서 무엇을 먹을 것인지 외식을 결정하는 가족회의, 학교생활 규칙을 결정하는 학급회의, 청소를 어디에 맡길지 결정하는 주민 반상회도 모두 정치다. 넓은 의미에서 정치는 사람들 사이의 이견과 갈등을 조율하는 행위다. 우리 모두 일상에서 정치를 하고 있다.

좁은 의미 정치는 국가권력을 잡고 유지하고 행사하는 활동이다. 이렇게 보면 국가권력 근처에도 가지 않으면서 살아가는 사람은 정치와 멀다. 정치인, 국가권력기관의 고위관료, 언론을 비롯해 권력과 관련한 소수만이 정치를 한다. 이 책에서 말하는 3차 관계는 좁은 의미에서 정치를 둘러싼 관계다.

넌 통치 난 순치

권력자 입장에서 정치는 통치다. 그러나 나에겐 순치(馴致)다. 순치란 야생마를 길들인다는 뜻이다. 야생성을 길들이듯 정치는 나에게 이렇게 다가온다.

권력자는 자신이 지배하는 사회를 유지하는 데 적합하게 인간을 훈육하려 한다. 통치권력은 집단에 필요한 질서의식 · 노동지식 · 생활규범을 배우고 익히도록 요구한다. 권력자가 일방적으로 요구할 때도 있다. 정당한 권력이라면 사회질서와 제도를 필요로 하는 시민에게 동의를 얻는다.

내가 아직 어리면 무엇이 생존에 필요하고 무엇이 사회집단 유지에 옳은 제도인지 모른다. 나는 잘 알지도 느끼지도 못한 채 이미 정치권력을 만나고 있다. 저항을 해도 권력이 약한 나는 사회제도에 따라 훈육된다.

스토커가 따로 없다

켜면 정치고 펼쳐도 정치고 접속해도 정치고 만나도 정치다. 텔레비전을 켜면 뉴스에 가장 먼저 정치가 등장한다. 신문을 펼쳐도 1면에 정치가 등장한다. 온라인 포털사이트에 접속하면 반드시 정치에 관한 뉴스가 있다. 술자리에 빠지지 않는 안주가 정치다. 명절에 모인 가족대화에도 등장한다.

평범한 나는 권력자도 아니고 정치인도 아니다. 내가 국가권력이나 정치를 멀리해도 내 삶에 깊숙이 파고든다. 학생 때는 교육정책과 입시제도로 내게 달려든다. 당장 취업이 절박한데 취업조건이 달라진다. 살 곳이 필요한데 정치권 때문에 집값도 전세도 월세도 오락가락한다.

난 특정한 정당에 가입하지 않았다. 어떤 정치인을 열렬히 지지하는 '빠'도 아니다. 그렇다고 "수꼴"이나 "좌빨"이라는 이유로 특정 정당이나 정치인을 열심히 까대는 '까'도 아니다.

그런데도 정치는 입시 · 노동 · 부동산 등 제도와 정책을 통해 간접적 · 구조적 · 지속적으로 내게 와 있다. 만나기 싫은데 늘 따라다니는 스토커가 따로 없다.

생애 첫 공식정치는 뽑기

주민등록증을 발급받은 후, 나이가 차면 선거 참여기회가 온다. 정치라는 녀석에게 내 의견을 얘기할 첫 기회다.

선거철이 다가오니 언론에 나와 큰소리 뻥뻥 치던 사람이 고개를 숙인다. 내게 표를 달라고 고개 숙인다. 헌법 제1조는 대한민국 모든 권력은 국민인 내게서 나온다고 했다. 나는 유권자(有權者)라는 말 그대로 권력자일까?

선거가 끝나면 그들은 더 이상 고개를 숙이지 않는다. 투표는 내 권한을 당선자에게 위임하는 절차다. 내가 반대했던 사람이 당선돼도 그가 나를 대표해서 정치한다. 선거민주주의는 뽑힌 사람이 유권자 대신 정치하라는 대리정치다. 당선된 그들은 권력자고, 나는 힘 없는 무권자(無權者)가 된다.

또 다른 기회가 온다. 2016년 말부터 2017년 초까지 나는 광장에 촛불을 들고 섰다. 나는 최고 권력자인 대통령을 탄핵시키는 광장민주주의 주인으로 섰다. 4·19혁명, 1980년 광주항쟁, 87년 6월 민주항쟁에 참가했던 시민처럼.

대통령은 탄핵됐다. 시민은 승리했다. 광장정치는 다시 선거로 이어진다. 유권자가 됐다가 무권자가 되는 투표를 또 했다. 우린 일상으로 돌아간다. 시키는 대로 열심히 입시와 취직공부를 하는 학생, 상사 눈치 보며 일하는 찌그러진 직장인으로 다시 돌아온다.

이렇게 나와 다수 시민에게 직접 참여하는 정치는 계기적이고 일시적이다.

선거는 마술

"우리가 99%다." 2011년 9월, 분노한 미국 시민이 외쳤다. 그런데 미국이든 한국이든 정치는 99%가 아닌 소수 몫이다.

스카이대 나온 사람보다 나머지 대학 나온 사람이 훨씬 더 많은데 왜 총선 당선자 결과를 보면 스카이 출신이 이렇게 많은가. 대부분 시민이 노동자이거나 농민인데 왜 법조인 따위 특권층이 싹쓸이하는 걸까. 세상 절반이 여성인데 왜 당선자 중 남자가 압도적인 걸까. 청년을 포함해 40대 이하 시민은 다 어디 가고 대부분 당선자는 50대 이상일까. 서민이 대다수인데 왜 국회나 정부나 지방자치단체는 대기업 사용자나 가진 자를 위한 정책을 많이 펼칠까.[68]

선거는 마술이다. 비둘기를 쥐로 둔갑시키는 마술처럼, 서민은 사라지고 특권층만 남는다. 일반대학 출신은 사라지고 스카이대 출신만 남는다. 여성은 사라지고 남자만 남는다. 청년은 사라지고 50대 이상만 남는다.

선거는 투명한 거울이 아니라 뒤틀린 거울이다. 현실을 비추긴 하되 그대로 비추지 않는다. 선거는 뒤틀리고 왜곡된 결과를 보여준다.[69]

그곳엔 내 자리가 없다

청와대에 내 자리가 없다. 행성고시에 합격해야 하는 고위공무원이 있는 곳엔 내 자리가 없다. 9급 공무원 시험도 고시가 된 마당에 엄두를 낼 수 없다. 국회에도 내 자리가 없다. 시의원이나 구의원이 앉는 지자체 의회에도 내 자리는 없다. 사법고시를 통과해야 하는 사법부 어느 곳에도 내 자리는 없다.

권력을 누리는 자리는 적다. 권력은 모든 사람을 품지 않는다. 소수에게만 열려 있고 다수에게 배타적이다. 고시공부를 해서 그 자리에 가거나 치열한 경선을 통해 당선돼야 한다. 희소성을 가지고 있으니 그만큼 경쟁이 심하다.

혹시 선거민주주의를 극복하기 위해 대안으로 '추첨민주주의'[70]를 한다면 다수 시민이 한 번쯤 그런 자리에 앉을 수도 있겠지만 지금은 아니다.

문제가 있어 생물이다

예로부터 권력을 잡기 위해 부모형제도 죽였던 역사가 있다. 권력투쟁은 살벌하다. 그럼에도 시민 분노와 참여 열망으로 혁명을 거듭하며 민주주의가 발전했다.

'권력 배타성과 시민 참여요구 사이 모순'은 해결되지 않았다. 지지자를 생각하지 않고 자기이익과 정당 안정 및 수익보장을 중시하는 정치인과 정치집단을 '정치계급'이라고 한다. 이들은 "최대 다수의 최소 참여(maximum level of minimal participation)"를 바란다. 최대 다수가 자기들을 지지하고 투표해서 권력을 위임해 줄 것을 바란다. 많은 사람이 투표할수록 자기 권력이 정당성을 갖기 때문이다. 그러나 다수 시민이 권력에 직접 참여하면 싫어한다.[71)]

정치는 시민 이해관계를 조정하지만 늘 충돌한다. 이와 함께 정치계급과 시민 사이 모순이 해결되지 않았다. 따라서 현대사회 민주주의는 항상 위기에 놓여 있다. 정치는 좀처럼 안정되지 않는다. 역동적이다. 정치는 생물이다.

일상에서 재생산

권력이 있는 곳에 내 자리는 없다. 그러나 내가 있는 곳엔 권력이 있다.

가족에도 서열이 있다. 가부장제가 무너지고 있지만 아직 서열이 남아 있다. 성평등 운동에도 남성권력은 여전하다.

시민은 권력에 익숙해야 한다. 위계서열을 배우고 익혀야 한다. 학교에 다니기 시작하면서 배운다. 모든 학생은 친구가 되기 전에 성적에 따라 서열화된다. 같은 반 친구를 넘어 전교 학생은 성적에 따라 위계서열을 결정한다. 평균화를 위해 달리는 듯한 교육은 학교 간 서열을 다시 만들었다. 외고와 특목고가 생긴 지 오래다. 대학은 서울과 지잡대(지방잡대)로 나뉘고 서울에서도 스카이(서울대 · 고려대 · 연세대), 서성한(서강대 · 성균관대 · 한양대), 중경외시(중앙대 · 경희대 · 외대 · 시립대) 따위로 서열화해서 불린다.

남자시민은 군대에 간다. 군대는 가장 분명하게 서열을 훈련하는 곳이다. 계급 서열이 분명하다. 입대를 같은 해에 했어도 입대 월이 다르면 짬밥 순으로 서열을 매긴다.

남성들은 직접 폭력을 구조 폭력과 문화 폭력으로 대체함으로써 자신들의 폭력을 통제하려 한다. 그들은 직접 폭력의 무제한적 자행을 통제하기 위해 스스로를 위계질서에 편입시키고, 상위자로부터 하위자에 대한 직접 폭력과 집단 내부로부터 집단 외부로의 직접 폭력만 가능하도록 제한한다. 그렇게 해서 집단 내 상위자를 보호한다. 군대가 이의 원형(原型)이고, 내부 및 외부 무산계급의 착취는 다른 수단에 의한 전쟁의 연속이다.[72)]

회사에 취직하면 서열이 기다린다. 경영자와 종업원으로 계급을 나눈다. 실적 경쟁과 승진 순서에 따라 상급자와 하급자로 나눈다. 그에 따라 임금도 차등지급한다.

평생을 서열 속에 살다 보니 서열화는 일상이 된다. "나이가 몇이에요?" 처음 만날 때 물어볼 경우가 있다. 아예 자기 소개할 때 나이를 말하기도 한다. 나이를 확인한 뒤 "내가 형이네. 말 놔도 되지?"라고 서열을 결정한다.

2000년 초반부터 중반까지 한국 남자들과 외국을 여러 차례 방문했다. 그때마다 "나이를 묻지 말아 주세요"라고 부탁하곤 했다. 한국 남자 서열본능은 숨길 수 없다. 거의 대부분이 만나는 외국인의 나이를 물었다.

서열을 결정하기 가장 손쉬운 기준 중 하나가 나이다. 좋게 말하면 장유유서(長幼有序), 유교문화 전통이다. 그러나 "야, 나이도 어린 게. 니가 해"라고 하면서 식당에 가서 어린 것에게 심부름을 시킨다. 대화가 불가능한 상태로 치달아 싸우면 "너, 나이가 몇이야" "대가리에 피도 안 마른 것이 어디 함부로 대들어"라는 식으로 내지른다.

권력종자 탄생

제한된 권력을 갖고 싶어하는 사람이 있다. 권력욕망이 크면 '권력형 인간'의 특징을 과도하게 드러내는 '권력종자'가 된다.

권력을 가진 사람 자식은 권력을 물려받고 지키기를 원한다. 달콤한 권력을 놓지 않으려 한다. 사법고시 · 외무고시 · 행정고시 등을 통해 국가기관 고위급을 차지하려는 경쟁은 오래됐다.

2차 관계에서 돈을 모은 자본가도 정치권력을 가지려 욕망을 드러낸다. 유명기업 출신이 정치인으로 변신한다. 교수 · 언론인 · 법조인 등도 자주 정치인으로 변신한다.

시민단체를 발판으로 이름을 알린 사람들도 선거에 출마한다. 대기업 노조나 노조 상급단체에서 위원장을 지낸 사람이나 간부를 지낸 사람도 선거에 출마한다. 노조가 정당을 만들어 정치세력이 되기도 한다. 이것이 민주노총이 추진했던 '노동자 정치세력화'였다. 그 결과 2000년에 민주노동당이 탄생했지만 2011년에 사라졌다. 여러 원인이 있지만 권력욕망에 휩싸인 정파 권력투쟁이 큰 영향을 미쳤다.

권력에는 운명이 있다

화장실 갈 때와 나올 때가 다르다. 권력도 마찬가지다. 억압하는 권력에 맞서 싸우던 개인이나 집단이 권력을 가지면 좋은 정치를 할까. 그렇지 않다. 그들도 역시 다른 권력자들처럼 지배하고 억압한다. 이것이 '권력의 운명'이다.[73)]

"내가 권력을 잡으면 다르다"는 얘기는 거짓말일 가능성이 높다. 권력의 특징이나 권력의 모습이 아니라 권력의 '운명'이라고 얘기하는 이유가 있다. 피할 수 없기 때문이다. 국가권력 · 경제권력 · 이념 · 정체성을 언제나 옳은 것으로 봐선 안 된다.[74]

마르크스는 국가소멸을 주장했다. 레닌은 마르크스를 수정했다. 전위당을 만들어 노동자국가를 세우려 했다. 하지만 스탈린이 보여주듯 또 하나 독재권력이 탄생했다. 국가는 소멸되지 않고 강력한 독재국가만 나타났다. 결국 20세기 사회주의는 실패했다.[75]

오늘날 '조선민주주의인민공화국'은 국가이름 그대로 인민들 나라인가, 소련 일당독재보다 더한 수령 일인독재국가인가. 답은 뻔하다.

권력의 운명은 좌우를 가리지 않는다. 유명한 학자 촘스키는 러시아 혁명을 일으키고 소비에트연방을 지배한 레닌주의자는 좌파였지만 우익 못지않게 정치권력을 탐냈다고 비판했다.[76]

국가는 멍청이

기업권력 시대에 국가는 '제도화된 멍청이'다. 자본이 원하는 대로 봉사하는 국가는 모든 면에서 능력을 잃고 멍청이가 됐다.[77]

전 세계에서 가장 멍청한 국가 모습을 한국에서 봤다. 2014년 세월호 참사가 벌어졌을 때 박근혜 정부는 단 한 명의 학생도 구하지 못했다. 학생들과 시민들은 "이게 국가냐"고 한탄했다.[78] 왜 멍청한가를 알고 보니 기업들과 밀착해 제 잇속을 챙긴 최순실 비선실세에 휘둘리고 있었다. 이 멍청한 국가가 다스린 한국은 결국 '헬조선'으로 불렸다.

분노한 시민이 적폐청산을 외치며 들고일어섰다. 대통령은 탄핵됐다. 새 정부가 탄생했다. 촛불시민의 힘으로 국가권력은 똑똑해질까. 시민은 박근혜 정권이 워낙 엉망이었기에 그보다 잘할 것이라 기대한다.

진보정치는 진보하지 못했다

2016년 민주노총이 중심이 돼 진보대통합정당을 만들자고 했지만 민주노총 대의원대회는 이를 거부했다. 2017년 한국 일부 운동권은 노동자 민중 "직접정치"를 앞세우며 정당을 창당했다.

'민중권력'이나 '노동자권력'을 만들겠다던 20세기 사회주의국가는 실패했다. 역사가 이를 증명했다. 다른 나라 사례만이 아니라 민주노동당 경험도 있다. 권력의 운명에 빠진 운동권 정파가 서로 권력다툼을 하다가 당이 쪼개지고 사라졌다. '민중권력'이나 '노동자국가'를 만들려다 실패로 끝난 역사를 반복할 가능성이 높다.

1987년 민주화 이후 진보세력은 거대 양당이 지배하는 정치를 세 개로 나눠 진보정당이 국회에 진출하는 꿈을 꿨다. 그러나 천하삼분지계는 지난 30년간 성공하지 못했다.

첫째로 한국 사회운동은 지배자와 피지배자, 자본가와 노동자 양자대립을 기본으로 한다. 정당정치에서 만들려는 삼분지계와 일치하지 않는다.

둘째로 삼각구도를 만들려면 강력한 대중기반이 있어야 하지만 노조만 봐도 조직률 10%에 불과하고 이 중에서 진보정당을 지지하는 조합원은 절반을 넘지 않는다.

셋째로 이런 상태에서 보수권력이나 자본에 맞서 갈등이 격해지면 시민은 그들에 맞서 단결하기를 원한다. 단결은 소수자 중심으로 이뤄지기 어렵다. 소수 진보정당보다 힘을 가진 야당이 주도권을 가진다. 선거 때면 사표심리, 야당 비판적 지지론이 나타난다. 선거가 아닌 일상시기 정치에서 소수 진보정당은 이중대론을 벗어나기 어렵다. 소수 진보정당은 독립적으로 법안을 관철시킬 수 없고 원하는 문제를 해결하기 위해 다수당의 협조를 구해야 하기 때문이다.

넷째로 이는 87년 민주화 대투쟁 이후 30년간 진보정당 역사를 통해 확인된 사실이다. 진보정당의 기반이 되는 노조나 사회운동이 튼튼하지 않으면 진보정당은 소수를 넘기 어렵다. 이런 조건에서 천하삼분지계는 어렵다. 다른 정치방안이 필요하다.

정당정치는 본질적으로 대리정치다. 정당이 시민을 대신해 정치를 한다. 민주노동당 경험이 보여준 것처럼 결국 정치는 자기 정파조직원으로 채운 당과 당직자가 한다. 민중은 돈 내고 표를 주고 잠시 시간을 내어 선거운동을 도와줄 수 있다.

정당이 아닌 다른 방식으로 노동자 · 민중 직접정치를 주장한다면 이해할 수 있다. 하지만 대리운전 기사를 운전석에 앉혀 두고 "직접 운전하자"고 말하면 누가 믿을까.

정치냉소는 자연스럽다

일생 동안 일상에 깊이 영향을 미치는데도 정치권력은 나에게서 멀다. 나에게 영향을 미치는 결정을 하지만 내가 참여하지 못한다. 선거를 통해 참여하지만 그건 내 권한을 당선된 사람에게 넘겨주는 일이다. 선출된 정치인이 공약을 지키지 않고 잘못된 결정을 할 때 소외감과 배신감을 느낀다.

한쪽에서는 돈이 있거나 학력이 있거나 조직이 있는 사람이 정치인이 되려고 권력의지를 불태운다. 어떻게든 권력을 향해 오르려 한다. 한쪽에서는 정치를 냉소하지만 다른 쪽에서는 권력욕을 가진 권력종자가 탄생한다.

정치에서 배제된 다수는 어떻게 할까. 어차피 불가능한 꿈이라 생각하고 관심을 끊는다. 그럼에도 계속 내 삶에 영향을 미친다. '쌀쌀한 태도로 비웃는다'는 의미 그대로 '냉소(冷笑)'를 보낼 수밖에 없다. 정치냉소주의는 자연스러운 일이다.

훈계는 지겹다

"닥치고 정치." "닥치고 투표." "정치 냉소주의가 정치를 망친다."

"정치를 외면한 가장 큰 대가는 가장 저질스러운 인간들에게 지배당한다는 것이다."

정치에 관심을 가지고 투표에 참가하라는 이런 종류의 훈계를 많이 들었다. 선관위도 때가 되면 광고를 한다. 각 정당은 저마다 자기편이 되기를 기대하며 시민에게 참여를 독려한다. 자기 정당에 참여하라고 한다.

시민은 필요할 때 열정적으로 투표에 참여한다. 마술 같은 선거 결과에 실망해 다시 냉소와 무관심으로 돌아설 때도 있다.

시민은 정치가 심각하게 퇴행했을 때 대리정치가 아닌 광장에 모여 직접민주주의를 보여줬다. 4 · 19, 5 · 18, 6 · 10, 그리고 2016~2017년 탄핵촛불시위가 이를 증명한다. 시민은 필요할 때 늘 일어섰다.

정치로부터 떨어져 있다가 시민이 주인으로 나서는 봉기만이 아니라 일상에서 지속하는 다른 정치가 필요하다. '닥치고 정치'가 아니라 일상을 살아가는 누구나 할 수 있는 '아무나 정치'가 필요하다.

계속되는 대안정치

"진정한 민주주의는 도망자"라고 한다. 진정한 민주주의는 질서를 유지하려는 제도화된 권력에 머물지 않고 끝없이 그것을 넘어 새롭게 창조하는 도망자다.[79)]

분노를 느낀 시민은 제도정치를 넘어 광장정치에 나서기도 했다. 대리민주주의를 보완할 추첨민주주의를 연구하고 제안하는 사람도 있다. 선거민주주의는 출마할 조건을 가진 소수 후보가 경쟁을 통해 당선되는 소수 특별한 사람을 뽑는 제도다. 추첨민주주의는 누구나 뽑힐 수 있고 이번이 아니면 다음에 누구나 선출되는 '아무나' 할 수 있는 민주주의다.

주민자치예산제에 참여하는 사람도 있다. 아예 자치공동체를 따로 만들어 새로운 정치를 실험하는 사람도 있다. 온라인 커뮤니티를 만들기도 한다. 무한성장을 추구하는 국가 · 산업주의 · 과학기술이 아니라 미래세대와 인간이 아닌 동식물 자연까지 가치와 권리를 인정하는 생태민주주의는 오래전에 등장했다.

소수 정치계급이 독점한 3차 관계의 정치나 광장에서 외치다가 일상에서 찌그러지는 직접적 · 계기적 · 일시적 정치가 아닌 노조처럼 일터에서 결사체를 만들어 권력과 부딪치는 직접적 · 구조적 · 지속적인 정치도 계속되고 있다.

대리정치를 넘어 다양한 대안정치를 만들기 위한 열정은 식지 않는다. 냉소단계를 벗어나고 참여단계를 지나 대안을 만드는 새로운 단계로 나아가려는 모습이다.

조폭이 산타 되는 다섯 가지 방법

두 얼굴의 국가

"국가는 두 얼굴을 가진 야누스다. 인권을 가장 철저하게 파괴할 수 있는 괴수면서, 인권을 가장 확실하게 보장할 수 있는 능력을 가진 주체다."[80)]

20세기에 국가가 학살한 사람이 2억6천200만 명 정도다. 전쟁 중 교전으로 사망한 약 6천500만 명보다 네 배나 많다. 국가는 민간인 학살, 종족 청소, 잘못된 정책으로 인한 기아, 제국주의 지배를 통해 사람을 죽였다. 지구상에서 가장 위험한 것은 국가권력이다.[81)]

국가가 없어도 사람이 죽는다. 카다피가 쫓겨난 리비아는 국가가 무너졌다. 수많은 사람들이 고문과 폭력에 의해 상처 입고 죽었다.[82)]

국가는 보수적인 가정의 '엄격한 아버지' 모습일 때도 있다. 진보적인 가정의 '자상한 부모' 같은 국가도 있다.[83)] 엄격한 아버지보다 혹독한 독재국가가 여전히 있다. 20세기 초반부터 국가를 "국민의 가정(folkhemmet)"[84)]으로 생각한 북유럽은 복지국가 모델을 만들었다.

조폭과 국가는 닮았다

대체로 보수 성향을 가진 사람은 국가를 혼란과 무질서를 바로잡는 구원자로 본다. 반대로 국가를 계급지배를 위한 조직된 폭력기구로 보는 시각도 있다.[85)] 이 말을 줄이면 국가는 조폭이다. 국가는 조직폭력배와 닮았다.

첫째로 폭력이 무기다. 국가권력은 4 · 19 당시 국민에게 총을 쐈고 80년 광주민중항쟁 때에는 공수부대를 투입해 시민을 학살했다. 경찰을 동원해 시위를 강제로 진압하는 일은 숱하게 많다. 조폭깡패 무기도 폭력이다. 조폭은 자기 목적과 이익을 위해 폭력을 사용한다.

둘째로 국가와 조폭 모두 '조직적'으로 폭력을 사용한다. 국가는 강력한 통치질서를 가지고 있다. 군대는 수직적 계급을 통해 상명하복 조직질서를 유지한다. 조폭도 상명하복 조직질서를 가진다.

셋째로 운영자금 조달이 비슷하다. 국가는 국민 생존과 재산을 지켜 주며 세금을 걷는다. 조폭은 시장이나 골목 상인을 보호해 준다는 명분으로 돈을 뜯어낸다. 유흥업소나 불법 도박장을 운영하고 기업화하더라도 정상거래가 아닌 폭력으로 사업을 뺏는다.

넷째로 강자에게 약하고 약자에게 강하다. 국가는 재벌 회장이 범죄를 저지르면 봐주곤 했다. 노동자가 법을 어기면 감당하기 어려운 벌금을 물리거나 감옥에 가둔다. 조폭은 강한 권력자들과 결탁하고 때로는 부자나 권력자의 해결사 노릇을 한다. 힘없는 사람을 위협하고 갈취한다.

다섯째로 통제하지 않으면 혼란을 일으킨다. 이승만 독재, 박정희 독재, 전두환 군사독재정권에서 보듯 통제 없는 권력은 폭력으로 세상을 어지럽혔다. 조폭도 가만두면 세상을 폭력 공포로 몰아넣는다.

차이가 있다

조폭이 사익을 좇는다면 국가는 공익을 추구한다. 조직규모와 범위가 다르다.

국가는 합법적 폭력기구고 깡패조폭은 불법폭력 조직이라는 차이가 있다. 헌법과 법률에 따라 폭력을 사용할 수 있는 유일한 주체는 국가권력이다. 개인이나 사적인 폭력사용은 금지된다. 정당방위를 위해 폭력을 불가피하게 사용하면 정상을 참작하지만 처벌 대상이다.

조폭의 폭력은 불법이다. 국가는 공식적으로 활동하지만 조폭은 비공개 조직으로 활동한다.

가끔 구분이 안 간다

국가가 정당성을 잃으면 조폭과 다를 게 없다. 국가가 개인이나 특정집단을 위해 절차를 어기고 폭력을 휘두르면 그냥 폭력배다.

2009년 쌍용차 공장을 점거한 정리해고자를 진압하기 위해 경찰과 회사가 고용한 용역들이 함께 작전을 폈다. 경찰과 용역은 쉽게 구분되지 않았다. 용역깡패들이 경찰복장을 하고 노동자를 공격한다는 소문이 돌았다. 현장에서 용역깡패와 경찰의 국가폭력을 외견상 구분하기 어려웠다.[86)]

2012년 7월 27일 새벽, 안산의 에스제이엠에 폭력을 휘두르며 등장한 용역업체 직원은 경찰과 모습이 비슷했다. 조합원은 이들을 "용역깡패"라고 불렀다. 일부 조직폭력배 출신이 용역업체에서 활동했다. 이들이 공장에 난입하면서 폭력을 휘둘러 노동자가 피 흘릴 때 경찰은 방치했다.

왼쪽은 에스제이엠에 등장한 용역업체 직원들.
오른쪽은 시위진압 훈련 중인 경찰의 모습.

때로는 도둑보다 못해

정치는 '누구에게 걷어서 누구에게 나눠 줄 것인가를 결정하는 일'이다. 국가 역할이 이것이다.

가난한 사람들을 착취한 부자들의 재산이 늘어나 사회가 양극화됐다. 정치가 잘못한 결과다. 국가가 가난한 사람을 착취하고 수탈하는 데 동조하고 참여한 결과다. 부자와 권력자의 것을 빼앗아 가난한 사람에게 나눠 줬던 홍길동 · 임꺽정 · 로빈 후드보다 국가가 더 형편없다.

국가가 부자들에게서 많이 걷어 골고루 누리게 하면 '복지국가'가 된다. 그러나 "부자증세"를 요구하는 사람들과 "세금폭탄"으로 나라를 망친다며 반대하는 사람 사이에 논쟁이 그치지 않는다.

유괴당한 젖소 꼴

잘 먹여 키운 젖소(Cow)는 일정한 나이가 되면 계속 우유를 만든다. 일정한 투자를 하고 나면 계속 이익을 주는 수지맞은 장사나 사업을 '캐시카우(cash cow)'라고 한다. 우유 대신 현금을 만들어 주는 젖소다.

미국에서는 국가를 '유괴당한 젖소'에 비교한다. 국가는 어려운 기업에 공적자금을 쏟아 붓는다. 부자 세금을 깎아 준다. 국가가 가진 자들의 '캐쉬카우'가 돼 있다. 보통 사람들이 무관심하니까 부자가 젖소를 훔쳐 그들의 이익을 위해 젖을 짜고 있다는 비판이다.[87)]

조폭이 산타 될 수 있을까

부자에게 '유괴당한 젖소'를 어떻게 찾아올까. 찰스 디킨스가 쓴 〈크리스마스이야기〉에서 욕심쟁이 스크루지 영감이 개과천선해 착한 산타처럼 바뀐다. '제도화된 멍청이'가 된 국가가 똑똑하고 능력 있는 홍길동이 될 가능성이 있을까. 조폭과 같은 국가 폭력성을 막고 시민 보디가드, 도우미, 서민을 도와주는 산타클로스가 되게 만들 수 없을까.

국가에 대한 이론은 많다. 최대한 요약해 보면 조폭을 산타로 만드는 방법, 즉 착한 국가를 만드는 다섯 가지 방법이 있다.

첫 번째는 위장

산타복장을 한 강도 MBC NEWS

2009년 12월 22일 오전 10시 미국의 한 은행에 산타클로스 복장을 한 남자가 들어왔다. 고객은 은행이 준비한 크리스마스 '깜짝 이벤트'로 생각하고 함박웃음을 지었다. 그러나 산타가 총을 들이대며 "움직이면 쏘겠다"고 소리를 지르자 은행 안은 공포로 얼어 버렸다. 산타가 아닌 강도였다.

옷만 갈아입고 산타라 우기는 건 사기다. 사기는 쉽게 드러나지 않는다. 산타복장을 한 강도가 들어왔을 때 선물을 기대하고 웃었던 은행 손님처럼 국가에게 당한 경우가 있다.

민주정부에 지지를 보냈다가 정리해고를 당하고 경찰에 짓밟혔다면 이게 바로 산타로 믿었다가 털린 은행 손님과 다르지 않다. 정부가 서민들을 따듯하게 보살펴 주리라 믿었는데 양극화만 심해졌다면 이 또한 비슷한 경우다.

이명박 정권은 7%의 경제성장과 국민소득 4만달러의 세계 7위 경제대국을 만들겠다는 747 공약을 걸었다. 그러나 가계부채와 국가부채만 늘었다. 박근혜 전 대통령은 복지정책을 공약으로 세웠지만 제대로 지키지 않았다.[88] 잘할 줄 알았는데 알고 보니 비선실세 꼭두각시였다.

정치인들은 공약을 쏟아 내면서 좋은 정치를 할 듯 위장하지만 선거가 끝나면 잘 지키지 않는다.

두 번째는 착한 두목 뽑기

조폭 두목을 착한 사람으로 바꾸는 방법이다. 시민 봉기나 쿠데타로 권력자를 바꿀 수 있다. 가장 자연스런 방법은 선거다.

선거는 마술 같다. 착한 두목을 뽑으려 했는데 더 나쁜 두목을 뽑는 결과가 나올 수 있다. 한국은 박근혜 전 대통령을 통해 다시 경험했다.

착한 두목을 당선시켰다고 해도 국가권력이 착하게 바뀐다는 보장이 없다. 국가권력은 엄청난 재정과 수많은 공무원들로 구성된 행정조직 · 경찰 · 군대를 비롯해 법원과 검찰 등 막강한 조직력과 오랜 관행 · 사고방식을 지키는 관료로 구성돼 있기 때문이다.

노무현 전 대통령은 임기 중에 "권력은 시장에 있다"고 했다. 관료들과 자본가에 둘러싸인 대통령은 그들이 통제한다.

노 전 대통령은 퇴임한 후 책에서 고백했다. 정권이 어디로 가려고 해도 시민 생각이 다른 곳에 있으면 갈 수 없다고 했다. 대통령이 바뀌면 세상이 바뀔 것이라는 생각은 틀렸다고 했다.[89)]

기업권력과 관료에 포위된 대통령은 '제도화된 멍청이'를 바꾸지 못했고 '유괴당한 젖소'를 구하지 못했다.

세 번째는 조폭보다 큰 힘 만들기

'기업권력의 시대'다.[90)] 정당과 정치인보다 자본가가 사회에 큰 영향을 미친다. 자본가는 선거에 연연하지 않고 누가 당선되든 정부를 통제하려 한다. 히로세 다카시는 세계를 주무르는 자본가가 '제1 권력'이라고 했다.[91)]

노무현 전 대통령은 깨어 있는 시민들의 힘을 강조했다. 그의 무덤에 "민주주의의 최후의 보루는 깨어 있는 시민의 조직된 힘입니다"고 새겨져 있다. "깨어 있는 시민"을 줄여서 '깨시민'이라고 한다. 노 전 대통령 방식으로 보면 조폭을 통제할 힘은 '깨시민의 조직된 힘'이다.

'깨시민'이 대졸 엘리트 중 대도시 중산층 '노빠'에 불과하다는 비판도 있다. '노빠'가 조직을 갖췄을지 몰라도 노 전 대통령 재임 기간에 '시민의 조직된 힘'은 늘어나지 않았다.[92]

시민의 힘은 건강한 노조, 협동조합, 시민·사회단체, 학생회, 온라인 커뮤니티 등 다양한 시민 조직에서 나온다. 시민에 의한 국가권력 통제는 투표만이 아니라 촛불시위, 노동시민 정치총파업, 집회와 시위로 나타난다. 박근혜 탄핵촛불시민 시위가 대표적인 사례다.

네 번째는 조폭 없애기

조폭을 산타로 바꾸는 것은 불가능한 일이기 때문에 아예 조폭을 없애 버리는 방법이다. 국가를 없애자는 얘기다.

마르크스는 국가권력을 없애자고 했다. "프롤레타리아에게는 조국이 없다"는 좌파 입장에서 본다면, 국가권력은 계급지배의 도구이기 때문에 사라져야 한다. 국가를 당장 '폐지'하자는 주장이 아니다. 지배계급이 있는 한 그들의 지배도구인 국가는 사라질 수 없다. 국가가 사라지려면 먼저 프롤레타리아독재를 통해 지배계급을 해체시켜야 한다. 이 과정을 거쳐 국가가 사멸(死滅)한다. 즉 죽어 없어진다. 국가를 사라지게 한다면서 프롤레타리아독재를 하자니 앞뒤가 맞지 않는 것으로 보인다. 마르크스는 국가사멸을 주장했지만 구체적 방법을 제시하지 못했다.[93]

마르크스 이론을 수정한 레닌이 러시아혁명을 주도했다. 그가 죽고 소비에트연방공화국(소련)은 다른 길로 갔다. 20세기 사회주의국가는 국가소멸과는 반대로 강력한 국가권력을 만들었다가 무너졌다.

'무정부주의'도 있다. 국가 지배를 거부하거나 국가를 폐지해야 한다는 무정부주의는 과격하고 실현 불가능한 주장일까.

2,500년 전 노자와 장자는 무정부주의 사상을 보여줬다. 빛나는 항일독립투쟁을 했던 의열단과 김원봉 선생, 단재 신채호도 무정부주의자로 분류된다. 세계적으로 유명한 학자인 촘스키도 무정부주의자라는 평가를 받는다.[94)]

무정부주의는 권력에 강한 저항감으로 불의와 독재권력에 맞서 싸우는 힘이 됐다. 반대로 극단적 생각으로 폭력과 테러를 저지르기도 했다.

다섯 번째는 조폭 없는 곳에서 살기

조폭을 산타로 만들기 어렵다고 보는 시각이 있다. 차라리 조폭을 피해 살거나 다른 곳에서 조폭 없이 잘살 수 있다는 것을 증명하면 조폭 없는 세상이 올 수도 있다고 생각한다.

소설에 나오는 로빈슨 크루소는 표류하게 돼 어쩔 수 없이 무인도에 산다. 요즘엔 도시에서 살다가 자본주의에 환멸을 느끼고 시골로 떠나는 사람도 있다. 국가나 사회제도를 버리고 새로운 공동체를 만들기도 한다. 국가로부터 완전히 벗어날 수 있을까.

1845년 미국의 헨리 데이비드 소로는 집과 재산과 일 노예로 살아가는 인생을 버리고 월든(Walden)이라는 작은 호숫가에 단돈 28달러로 오두막을 짓고 살았다. 소로는 도망자가 아니다.[95)] 시민에게는 국가에 맞서 저항할 권리가 있다는 '시민불복종운동' 사상 뿌리를 제공했다. 잘못된 국가에 돈을 바치는 세금납부를 거부해 감옥에 갇혔다.

위대한 작가인 톨스토이, 인도 혁명가 마하트마 간디, 흑인 저항운동을 한 마틴 루터 킹 목사 등 수많은 혁명가와 인권운동가가 '시민불복종' 사상의 영향을 받았다고 한다.

누구나 하는 아무나 정치

내 선택은 무엇인가

보수파는 첫 번째 '위장'을 선택하는 경향이 있다. 온건개혁파는 두 번째 '착한 대장 뽑기'를 선호한다. 사회를 바꾸려는 사람이라면 세 번째, 네 번째, 다섯 번째 중 하나를 선택할 가능성이 크다.

한 가지 방식이 아닌 세 번째 방식을 중심에 두고 선거정치에 열심히 참여할 수 있다. 네 번째 '조폭 없애기'를 추구하면서 투표에 열심히 참여할 수도 있다. 다섯 번째 '조폭 없는 곳에서 살기'를 선택해 대안공동체를 만들어 가지만 두 번째 방법인 선거운동에 열심히 참여할 수 있다.

첫 번째 방법은 조폭을 산타로 바꾸는 방법이 아니라 사기다.

사회운동을 하는 사람들 중에는 두 번째 방법으로 정당을 만들고 집권세력이 되려는 사람들 꽤 많다. 이 길을 가려면 끊임없이 권력의지를 불태워야 한다. 권력의지가 너무 과도하면 노조나 시민·사회단체를 권력도구로 보는 '권력종자'를 만든다. 권리를 중심으로 하는 4차 관계를 넓히는 데 걸림돌이 된다.

네 번째 방법은 현실성이 약하다. 여전히 프롤레타리아 독재를 통한 국가사멸을 주장하는 소수 좌파들이 있다. 이미 역사적으로 증명된 낡은 생각이다.

다섯 번째 방법은 조폭을 산타로 바꾸기보다 피하는 방법에 가깝다. 국가권력이 없는 새로운 사회를 만들어 낼 수 있다면 모르겠다. 물론 국가가 이를 허용하지 않는다. 국가에 맞선 적극적인 실천이 필요하다.

나는 '조폭보다 큰 힘 만들기'를 선택했다. 세 번째 방법을 중심에 두고 글을 쓰고 있다.

갈등이 창조한다

배타적 권력과 권리를 확대하려는 시민이 충돌한다. 갈등 속에서 권력이 모습을 바꾼다. 왕과 양반이나 귀족이 통치하던 왕국은 사라졌다. 민주공화국이 탄생하면서 입법 · 사법 · 행정 3권 분립의 새로운 국가 형태를 갖췄다. 민주적 선거를 통해 권력자를 뽑는다. 각종 시험제도를 통해 관료를 선발한다.

갈등 속에 시민은 참여를 확대했다. 시민혁명으로 왕국을 무너뜨렸다. 혁명으로 공화국을 세웠다. 투쟁을 통해 투표권을 확대했다. 일부 남성만 가졌던 선거권을 여성까지 확장했다. 일부에 의한 대리정치를 넘어서기 위해 직접민주주의, 추첨민주주의 · 자치공동체 · 자발적 결사체를 만들어 나간다.

문턱 높은 방

피선거권을 가진 누구나 선거에 출마할 수 있다. 그러나 돈과 조직이 없으면 불가능하다. 선거는 정당과 정파의 정치계급 · 고위관료 · 판검사와 변호사 · 대기업 임원 · 교수 · 언론인에게 열려 있다. 그러나 노동시민에게는 닫혀 있다.

고시에 누구나 응시할 수 있다. 한네 고시공부를 할 수 있는 재정적 뒷받침을 받을 만한 사람, 시험 잘 보는 사람에게만 열려 있다.

그들은 수도 서울 명당인 청와대에서, 제법 웅장하게 들어선 국회에서, 권위가 가득한 법원과 검찰청에서, 철통경비를 세운 군대에서, 경찰청에서 정치를 한다.

부자들이 '구별 짓기'를 하듯 정치계급도 '구별 짓기'를 한다. 권력자는 권력을 드러내고 권위를 높이기 위해 시민과 차별화된 그들만의 방에서 특권을 즐긴다.

우리 마당은 따로 있다

우리 마당이 있다. 매일 출근하는 일터가 우리의 마당이다. 가족과 친구들과 만나고 살아 내는 삶터가 마당이다. 때로는 연인 손을 잡고, 때로는 가족 손을 잡고, 때로는 촛불을 들고, 때로는 머리띠를 매고 모이는 광장이 우리 마당이다.

돈 없어도 올 수 있다. 빽 없어도 올 수 있다. 시험 못 봐도 언제든 올 수 있다. 우리 마당으로 오는 문턱은 낮고 문은 쉽게 열린다.

우리 마당을 새롭게 발견하는 것은 냉소단계를 넘고 단순한 참여단계를 지나 독립된 다른 정치로 나아가는 시작이다.

두 정치

그들 방에서 '특권정치'가 벌어진다. 우리 마당에는 누구나 할 수 있는 '일반정치'가 있다.[96)]

첫째, 권력자 방은 배타적이지만 마당은 개방적이다. 그들 방에서 제한된 권력을 차지하기 위한 권력투쟁이 벌어진다. 권력의지가 강하고 권력투쟁을 할 자원을 가지고 있어야 밀려나지 않는다. 마당정치는 넓은 공감을 얻어 단결하고 모여야 한다.

둘째, 특권정치는 소수가 하고 일반정치는 다수가 한다. 국회에서 법을 만들고, 청와대와 관청에서 집행하고, 법원과 검찰과 경찰에서 판결 · 기소 · 수사한다. 많은 사람이 필요 없거나 혹은 부담스럽기에 참가를 제한한다. 우리는 일터에서 노조를 하고, 광장과 거리에서 시위를 하고, 온라인에서 주장한다. 쪽수가 많아야 힘을 발휘한다.

셋째, 그들은 수직적이지만 우리는 수평적이다. 그들은 군대 상명하복 질서처럼 입법 · 사법 · 행정기관들의 수직 질서를 좋아한다. 우리는 각각 개인이 권리 주인으로서 최대한 수평적으로 참가하기를 바란다.

넷째, 방은 안정적이지만 마당은 역동적이다. 그들은 세금으로 예산을 쓰고 빵빵한 건물에서 신분을 보장받으며 정치를 한다. 우리는 집회를 하지만 간헐적이다. 일터에서 노조활동은 공격받아 위축되기도 하고 활력을 갖기도 한다. 시민단체는 자발적인 회원모금에 의존하기에 역동적이다.

다섯째, 특권정치는 관심을 받고 마당정치는 외면당한다. 그들의 정치는 매일 빠짐없이 뉴스에 나온다. 노조나 시민단체 활동, 집회와 시위는 특별한 경우를 제외하면 외면당하는 경향이 있다.

여섯째, 특권정치와 일반정치는 연결되고 충돌한다. 그들이 방 안에서 결정한 정책이 우리 삶을 파고든다. 우리 또한 노조와 시민 · 사회단체를 통해 그들에게 압력을 가한다. 선거를 통해 그들 방과 우리 마당이 연결되는 공간이 가끔 열린다. 4 · 19 혁명, 5 · 18 민중항쟁, 6월 민주항쟁, 탄핵촛불에서 보듯 분노가 쌓인 우리의 마당정치가 그들 방을 쓸어버릴 때가 있다.

찌그러진 일상에 주인은 없다

2016년 말 적폐를 청산하자며 시민이 일어섰다. 높은 자리를 차지한 비선실세가 대통령을 조종하며 나라를 어지럽힌 '국정농단'을 없애자고 했다. 하루에 100만 명이 넘기도 했고 연인원 1천700만 명에 가까운 시민이 참가한 촛불시위는 대통령을 끌어내렸다.

대통령 탄핵과 함께 광장정치는 제도정치로 수렴됐다. 광장에서 하나였던 시민은 선거에서 서로 다른 후보를 지지하는 유권자가 됐다. 새 대통령을 뽑았고 새 정부가 탄생했다. 적폐청산 과제는 청와대 · 검찰 · 법원 · 국회의 몫이 됐다. 광장정치는 잠잠해지고 그들의 방정치가 다시 힘을 갖게 됐다.

광장정치는 제도정치로 끝나야만 할까. 광장정치가 일상정치로 옮겨 갈 수 없는가. 권력 적폐청산을 넘어 일상 적폐는 누가 어디서 바꿔 갈까. 입시경쟁에 시달리고 취업경쟁에 시달리고 차별 아래 팍팍하게 살아가는 '삶의 농단'을 어떻게 바꿔 나갈 것인가.

광장에서 "우리가 주인"이라고 외치지만 일상에서 찌그러진 시민이 주인이라 할 수 있을까. 광장에서 최고 권력자인 대통령을 끌어내리지만 회사에 가면 사용자 눈치를 보면서 살아가는 시민이 과연 주인인가. 광장에 모여 기세 좋게 구호를 외치지만 학교로 돌아가면 입시와 취업을 위해 꼼짝없이 성적경쟁을 해야 하는 학생이 주인이라 할 수 있을까.

그들 정치가 아닌 우리 정치가 약하면 시민은 주인이 될 수 없다. 학교 · 일터 · 삶터에서 자주적인 학생조직, 당당한 노조, 튼튼한 시민자치조직을 꾸리지 않으면 결국 저들의 정치가 우리 일상을 지배한다.

민주노조 헛물켰다

아무리 마셔도 갈증이 사라지지 않는 물을 헛물이라고 한다. 한국 민주노조는 '노동자 정치세력화'를 위해 애썼다. 1990년대 말부터 정치세력화에 뛰어들어 민주노동당을 만들었다. 한때는 국회의원 10명을 당선시켰다. 그러나 분열해 사라졌다. 제도권 정치에 들어가려 무던 애를 썼지만 실패했다. 헛물만 마신 꼴이다.

'권력의 운명'은 민주노동당을 비껴가지 않았다. 노동자 정치세력화를 통해 만들었다던 민주노동당은 일부 정파가 장악한 정당이 됐다. 다수파에 대해 '패권주의'라는 비판이 일어났다. 다수파가 가진 친북노선 비판은 '종북논쟁'으로 번졌다. 정파 '패권주의'는 '권력 배타성'이라는 본질이 드러난 모습이다. 대충 반성한다고 사라질 문제가 아니다.

노조가 정치세력화에 몰입하는 시기에 고립됐다. 10년 넘게 정치세력화를 위해 선거운동에 뛰어들고, 민주노동당에 정치자금을 내고, 때로는 정파들이 개입한 정치논쟁에 휘말렸다. 이 시간 동안 노조 조직률은 10% 수준을 벗어나지 못했다. 비정규직이 늘어났다. 그들 방에 들어가려 애를 쓸 때 노동시민은 분할됐다.

마당에서 단결해야 그들 방을 넘볼 수 있다. 그러나 그들 방에 들어가려 애쓰다가 노조만 약해졌다. 노동자 정치세력화는 운동권과 일부 노조간부를 정치계급으로 만들었을지언정 노동시민 권리를 촉진하지는 못했다.

위험한 정파노조

노조는 일터와 광장에서 마당정치를 한다. 노조와 정치 관계에 대해 크게 두 가지 생각이 있다. 노조를 정파나 정당정치도구로 보는 생각과 노조는 정당과 독립성을 지켜야 한다는 생각이다.

노조를 정치도구로 보는 시각에 두 가지 길이 있다. 첫째로 민주노총 같은 노조 상급단체가 정파나 정당 하나를 지속적·공식적·배타적으로 지지해야 한다는 생각이다. 1노총 1정당 관계다. 둘째로 각 노조가 다양한 정파나 정당 중에 하나를 공식 지지하는 길이다. 다양한 노조가 다양한 정당을 지지하고 돈독한 관계를 맺는 방식이다.

노조 독립성을 지켜야 한다는 생각에도 두 가지 길이 있다. 첫째로 노동시민 권리를 확대하는 데 중심을 두고 정치에 대해서는 독립적이되 개방하는 길이다. 특정 정당을 지속적·배타적·공식적으로 지지하지 않는다. 특정 정당을 일시적이고 공식적으로 지시하는 특수한 경우가 있을 수 있다. 중요한 노동 문제가 핵심 이슈로 등장해 정치적 필요성이 급박하거나 노동자를 위한 정당이 오직 하나인 경우다. 평상시에 노조는 노동자를 위한 이슈를 만들고 이를 실현하기 위해 정당과 정부를 압박하고 우호적 정당과 협력한다. 노조와 정당 관계는 독립적이고 개방적이며 수평적이다. 노동자와 노조에 반하지 않는 조합원 정치활동을 자유롭게 보장한다.

둘째로 노조 독립성을 지나치게 강조해서 정치활동을 아예 하지 말아야 한다는 입장이다.

두 가지 시각	네 가지 태도
정치 도구화	① 1노총 1정당 배타적·지속적·공식적 지지
	② 각 노조별 각 정당 공식 지지활동
독립적 노조	③ 자주적·개방적·수평적 정치활동
	④ 정치활동 반대

한국에서 이승만 정권은 자주적인 노조를 파괴하고 권력에 충성하는 노동조직을 만들었다. 박정희 군사독재는 사용자 지시를 따르는 어용노조만 허용했다. ①번에 해당하는 사례다. 중국에서는 노동조합이라고 할 수 있는 '공회'가 공산당 하부기관이다. 간부는 공무원이다. 20세기 사회주의국가에서 대부분 노조를 당 하부기관으로 여겼다. 이런 사례에서 좌우를 막론하고 권력은 노조를 통치수단으로 만든다. 노조는 독립성을 잃었다.

②번의 경우 프랑스나 이탈리아의 정파별 노조 사례다. 마찬가지로 노조는 독립성을 잃는다. 한국에서도 정파조직원이 장악한 노조는 정파노조가 돼 특정 정파와 정당에 종속된다. 다른 노조나 정파정당에 배타적 모습을 보인다.

③번 사례는 독일 금속노조를 비롯해 세계에 여러 사례가 있다. 노조는 특정 정당을 공식 지지하지 않는다. 독립성을 지키되 조합원은 정치소신에 따라 지지활동을 할 수 있다.

④번은 경제적 이익만 밝히는 실리적 노조 다수가 보여준다.

민주주의가 민주주의 망친다

정치계급은 민주주의를 악용한다. 지지자가 아니라 자신과 자기 정당 이익이 먼저다. 선거는 권력을 정당화하는 수단이다. 자신과 자기 정당에 유리한 선거제도를 만든다. 자신과 자기 정당에 유리한 논쟁을 의도적으로 만들어 여론을 왜곡한다.

시민단체와 노조에 정치계급이 손을 뻗는다. 조직력과 영향력을 가지고 있는 집단의 지지가 선거나 통치에 도움이 되기 때문이다. 시민단체와 노조에 정치계급이 생긴다. 정당과 정파에 줄을 댄 사람들이다. 이들은 조합원 권리를 위해 노력하지만 노조를 정치도구로 이용하는 데 더 큰 목적이 있다.

특히 자발적으로 정치계급을 닮아 가는 사람들이 있다. 노조간부가 돼 자기 이익을 챙기는 '이익종자'가 있다. 노조 집행부를 권력으로 보면서 한자리 차지하려는 '권력종자'가 있다. 이쯤 되면 노선이나 사상은 뒷전이고 단지 이익과 권력을 좇는 패거리에 불과하다.

패거리가 설치면 조합원 참가율이 떨어진다. 조합원은 편 갈라 싸우는 노조 간부가 되기를 꺼린다. 노조에서 나타나는 '간부 기피현상'이다.

한쪽에 간부 기피현상이 있고 다른 쪽에 정파 권력욕이 엇갈린다. 노조 선거에 정파 소속 후보가 주로 출마하면 선거는 패거리 잔치가 된다. 조합원은 주인공 아닌 표 찍는 소극적 구경꾼이 된다. 노조 민주주의는 몇몇 정파가 간부를 독점하는 '과두제'로 변한다.

선거제도는 경쟁을 부추긴다. 경쟁하는 후보가 표를 덜 받아야 내가 당선된다. 한정된 표를 경쟁자가 많이 받으면 내가 적게 받아 떨어지는 소위 '제로섬 게임'이다. 경쟁상대가 적게 표를 받고 내가 더 많이 표를 받기 위한 경쟁에서 상대방 비방은 나오기 마련이다. 조합원들은 서로 다른 후보를 지지하고 상대편을 공격하면서 관계가 꼬이고 뒤틀려 분열한다. 조합원이 스스로 참여하고 일상의 문제를 해결하는 주인으로 나서는 자력화(自力化), 추첨민주주의 같은 새로운 제도로 극복해야 한다.[97)]

우리 방식이 소중하다

'20세기 최고 명장'으로 알려진 베트남의 보응우옌잡(Vo Nguyen Giap · 武元甲)은 프랑스 · 미국 · 중국과 싸워 승리했다. 그가 말한 승리 비결은 '적이 원하는 시간에 싸우지 않고, 적이 좋아하는 장소에서 싸우지 않고, 적이 생각하는 방법으로 싸우지 않는다'는 3불 전략이다.

그들 정치는 그들이 정하는 선거 시기에, 그들이 원하는 후보토론과 언론보도와 투표장에서, 그들이 원하는 입후보자 선출 · 선거구제 · 투표방식으로 이뤄진다.[98)]

우리 정치는 우리가 필요로 하는 시기에, 우리가 일하는 노동현장과 살아가는 지역과 삶의 현장에서, 우리 방식인 온 · 오프라인 캠페인, 술자리 얘기와 격식을 갖춘 토론회, 중요한 주제를 토론해 결정하는 직접민주주의, 파업 · 집회 · 시위다.

다수 시민은 선거 때가 오더라도 출마할 엄두를 못 낸다. 청와대와 고위 공무원 자리, 국회 등 그들의 정치 방에 들어가기 어렵다. 그들이 원하는 시기 · 장소 · 방법에 갇히면 성공할 수 없다.

세력화보다 자력화

노동시민에게 필요한 정치는 일상에서 할 수 있는 노조활동과 시민 · 사회운동이다. 노동자가 정당을 통해 정치세력화하는 방식은 성공하지 못했다. 정치냉소주의를 넘어 정치세력화하려는 노력은 정치참여 단계에서 보여주는 적극적 모습이다. 기존 정치를 본떠 정당을 만들려는 방식이다.

이젠 기성정치를 닮은 흉내 정치가 아닌 전혀 다른 독립 정치로 나가야 한다. 스스로 권리를 요구하고 실천하는 권리주체가 되는 길은 일상에서 노조를 만들어 노동권을 누리는 데 있다. 노동자가 무시당하지 않는 사회세력으로 거듭나야 한다.

첫째로 노동자 자력화(自力化)에서 시작한다. 노동시민이 노동권을 누리는 권리주체가 돼야 한다.

둘째로 자력화는 노조확대로 나타난다. 노동시민이 노동권을 누리면 누릴수록 조합원이 양적으로 늘어난다. 전체 노동자 중 노조에 가입한 노동자는 10% 수준이다. 조사 결과에 따르면 시민들의 노조 필요성 공감은 85% 수준이다.[99] 2017년 현재 민주노총 조합원의 1/4이 비정규직이다. 하지만 전체 노동자 노조 가입은 10%수준에 묶여 있다. 최소한 두 배 이상으로 늘려야 한다. 조직된 시민이 적으니 자본과 국가권력을 통제할 수 없다. 시민 힘이 커져야 다양한 대안사회를 꿈꿀 수 있다. 자주 거론하는 복지국가도 증세에 저항하는 부자와 정치계급의 방해를 넘어설 만큼 시민 힘이 튼튼해야 가능하다. 진보정당 국회의원 한 사람 늘리기보다 노조 가입률 1% 늘리기가 세상을 더 낫게 만든다.

셋째로 노조가 전체 노동자와 다양한 시민권리를 위해 활동함으로써 공감과 지지를 얻어 가는 모습이 사회세력화다. 노조는 이미 사회세력이다. 하지만 노동시민은 기업규모 · 고용형태에 따라 분할돼 있다. 노조는 일부 노동자만 누리는 권리에 머물러 있다. 소수 조합원만이 아닌 전체 노동시민을 위한 노조가 돼야 한다. 과거 모습을 버리고 21세기 상황에 맞는 대안노조 모습으로 질적 발전을 이뤄야 한다. 이를 7~8장에서 다룬다.

노조 특권화는 실패를 의미한다. 소수 특권정치를 닮으면 실패한다. 누구나 참가할 수 있고 공감하는, 일터와 삶터에서 아무나 할 수 있는 우리 정치를 발전시키자.

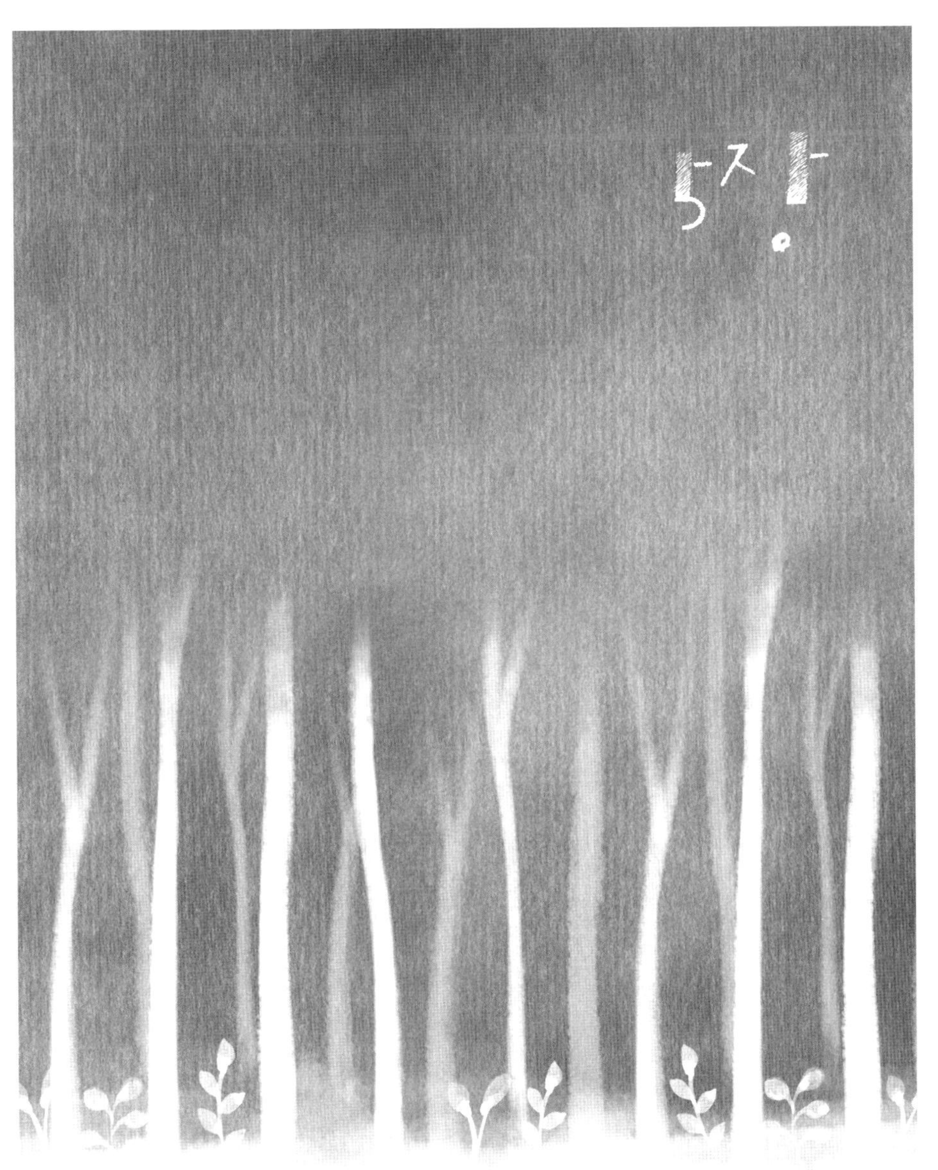

나는 권리종자

관계혁명

혁명 속 인권 탄생

노예는 인간이 아니었다. 주인이 사고파는 물건이었다. 주인이 시키는 대로 일하는 가축이나 다름없었다. 왕과 귀족이 땅을 가지고 권력을 휘두를 때, 농민은 그들 땅에서 열심히 농사지어서 뺏기고 때로는 쫓겨났다.

"왜 왕과 귀족들만 가지냐" 또는 "나도 사람이다"라고 외치며 혁명을 일으켰다. 모든 자연물은 노동을 통해 소유할 수 있기 때문에 왕과 귀족이 아니라 노동한 사람이 가질 권리가 있다면서 재산소유권을 만들었다. 왕과 귀족 권력을 제한하고 시민 자유권 · 선거권을 쟁취했다.

18세기 말 미국 · 프랑스 시민혁명과 함께 인간으로서 누려야 할 권리인 '인권'이 태어났다. 1차 인권혁명이다.[100)]

거대한 이념적 기획

혁명은 끝나지 않았다. 왕국을 무너뜨리고 공화국을 세웠지만 새로운 갈등이 일어났다. 소유권을 둘러싸고 투쟁이 번졌다.

"왜 노동은 노동자들이 하는데 너희 부르주아들(자본가)들이 다 가져가지? 노동이 만물을 창조한다. 노동 결과는 우리 것이다. 왜 너희가 시키는 대로 일해야 하는 거야? 나도 인격이 있다"며 노동자가 자본가에 맞서 계급투쟁을 벌였다. 자본가 재산소유권과 노동자 노동권이 부딪쳤다.

자본가는 더 많은 재산을 갖기 위해 식민지를 넓히려 다른 국가들과 전쟁을 일으켰다. 안에서 계급투쟁이 벌어지는데 밖으로 전쟁을 일으켜 내부 반란을 억압했다. "전쟁을 내전으로"라고 외치며 노동자계급이 혁명을 일으킨다. 러시아혁명과 함께 사회주의 국가가 탄생했다.

자본주의는 휘청거렸다. 계급투쟁과 함께 두 차례 세계대전이 벌어졌다. 전 세계에서 수천만 명이 죽었다.

두 차례 세계대전을 겪고 난 1948년 12월 10일 유엔 총회에서 세계인권선언을 채택했다. 세계인권선언은 수많은 논의 끝에 만든 절충적인 문서가 아니라 좌우를 넘어선 인류의 거대한 이념적 기획이었다.[101]

냉전과 종말

인류의 거대한 이념적 기획에도 현실은 달랐다. 세계는 자본주의 진영과 사회주의 진영으로 갈라졌다. 자본가 소유권을 우선으로 하는 국가권력은 자본주의 진영이 됐다. 노동자 민중을 앞세운 국가권력은 사회주의 진영이 됐다.

두 차례 세계대전을 치른 후 핵폭탄까지 등장한 상황에서 3차 세계대전은 인류에게 더 큰 재앙을 가져올 것이 빤했다. 무기를 동원해 서로를 공격하는 '뜨거운 전쟁'은 피했다. 대신 '차가운 전쟁'인 '냉전(冷戰)'이 왔다.

냉전시대 두 체제는 경쟁했다. 두 진영은 인권을 전혀 다르게 봤다. 자본주의 진영은 사회주의 진영에 정치적 자유가 없음을 공격했다. 사회주의 진영은 자본가의 착취와 수탈로 인한 사회경제적 권리가 없다고 자본주의를 공격했다.[102]

자본 소유권과 노동 소유권(노동권)을 둘러싼 계급투쟁을 아주 단순하게 말하면 '사회적 재산싸움'이다. 자본가들은 "내 돈을 투자했으니 내 거다"라고 주장했다. 노동자들은 "노동 없이 생산 없다. 노동이 만든 생산물들은 내 거다"라고 반박하며 싸웠다. 이때 등장한 사회주의 국가권력은 "자본가도 노동자도 아닌 국가의 것"이라면서 대부분의 재산을 국유화했다. 노동자국가, 노동자 민중의 나라를 만들겠다던 사회주의는 결국 권력엘리트의 나라였다.

20세기 말 승부가 갈렸다. 사회주의는 망했다. 더 이상 사회주의는 살아날 수 없고 자본주의가 영원히 승리한 '역사의 종말'이 왔다고 했다.

세계화된 거짓

"노동해방" "노동자국가"라는 20세기 사회주의는 거짓으로 드러났다. 세계는 진실의 시대를 맞았을까.

자본주의는 승리를 선언했다. 무엇보다도 사회주의 '국가'보다 자본주의 '시장'이 승리했다며 시장경쟁을 앞세운 자본가가 세계를 휩쓸었다. 금융세계화나 신자유주의 등 다양한 이름을 가진 자본주의가 세계를 물들였다. 자본권력은 날로 커지는 듯 보였다.

냉전 후 20년이 지나기 전에 자본주의가 휘청거렸다. 2007~2008년 금융위기로 자본주의는 완전한 체제가 아님을 드러냈다. 빈부격차로 1%의 부자에 맞선 99%의 시위가 일어났다.

세계는 저성장 시대를 맞았다. 국가권력도 자본권력도 희망찬 미래를 보여줄 수 없는 시대가 왔다. 부와 권력을 세습하던 신분사회를 닮아 가는 세습자본주의가 됐다는 비판이 튀어나왔다.

혁명은 진행 중

새로운 인권이 등장했다. 노동자 노동권만이 아니라 여성권을 위한 운동은 오래됐고 시대에 따라 내용을 발전시켜 왔다. 흑인인권운동이 지속되고 있다. 인구이동이 빈번해 지면서 이주민 인권운동도 계속된다. 경제성장론과 다를 바 없다는 비판 속에 인권을 중시한 사회경제 발전을 위한 발전권이 새롭게 등장했다. 전쟁에 반대하고 폭력에 맞선 평화권을 위한 노력도 계속된다. 전 지구적 환경권을 위한 노력은 국경을 넘어 진행 중이다.

인권을 색깔로 구분하기도 한다. 제1차 인권혁명을 주도한 자본가들이 주장한 인권은 청색인권이다. 노동자 · 농민 · 무산자계급이 주도한 경제 · 사회적 권리는 적색인권이다. 여성 · 아동 · 소수자 · 이주자 · 원주민 등이 요구한 권리와 발전

권·환경권·평화권은 녹색인권이다. 제3세계에서 내세운 자기결정권과 문화상대주의는 갈색인권이다.[103)]

냉전 후 자본권력이 제1 권력으로 확고한 위치를 굳혔다. 자본의 소유권이 전 세계적으로 힘을 가진 시대가 왔다. 세계 대부분 국가에서 시민 권리 패키지가 공격받게 됐다.[104)]

노동권이 전 세계적으로 약화하면서 불안정 노동이 확산했다. 금융위기를 거쳤지만 자본권력은 여전히 강하다. 불안한 삶속에서 노동권이 다시 문제가 되고 여성권·환경권·평화권 등 권리를 지키고 넓히려는 노력이 계속되고 있다.[105)]

지금 여기 절실하다

19세기 말 신분제도에 따른 불평등에 맞서 "사람이 곧 하늘"이라고 했던 동학혁명은 넓게 보면 인권혁명이다. 1987년 군사독재에 맞서 "인간답게 살고 싶다"고 싸웠던 한국노동자 투쟁도 인권운동이다.

21세기 차별들이 삶을 짓누르고 있다. 비정규직이라는 이름의 차별, 삭제당한 존재로 살아가는 청년들이 말하는 '인정' 요구, 늘어나는 이주노동자의 권리, 갑질공화국에서 위협당하는 인간 존엄, 여성혐오에 맞선 페미니즘, 세월호 참사에서 보듯 박탈당한 안전, 북한 핵실험과 한반도 전쟁위기에 맞선 평화권, 원자력발전 확산에 맞선 탈핵 등 '헬조선'으로 전락한 한국 사람들에게 절절한 요구다.

관계를 바꾸자

1차 관계 중심에 있는 가족이 변했다. 대가족에서 핵가족으로, 핵가족에서 1인 가족, 동성결혼, 다문화 가족 등 과거에 상상할 수 없었던 가족형태가 생겨났다.

2차 관계인 노동분업은 산업혁명을 거치면서 지속적으로 변했다. 기업형태·노동형태를 넘어 소유방식을 둘러싼 변화에 이르기까지 쉼 없는 변화들이 있었다. 정보통신 사회를 넘어 '4차 산업혁명'까지 튀어나오고 있다.

국가권력을 둘러싼 3차 관계의 경우 오래전 왕권국가에서 민주주의공화국이 탄생했고 사회주의 국가가 등장했다. 대한민국에서는 4 · 19 혁명, 군사독재를 무너뜨린 6월 항쟁, 대통령 탄핵에 이른 촛불시민혁명 등이 이어졌다.

문제는 4차 관계다. 인간의 권리가 무시된 4차 산업혁명은 위험하다. 인간관계가 기울어진 상황에서 인공지능의 등장은 더 많은 사람들을 더 나쁜 삶으로 몰아낸다. 대통령을 교체한 촛불시민혁명이 일어났지만 우리의 일상 · 일터 · 삶터의 변화 속도는 느리다. 제도화된 구조를 거치면 일상에서 변화를 느낄 수 없는 경우가 너무 많다.

세 가지 변화

4차 관계혁명은 세 가지 변화를 의미한다. 첫째는 권리관계가 대폭 늘어나는 변화다. 지금까지 사회는 2차 자본주의 직업관계가 핵심을 차지하고 이 사회체제를 유지하는 3차 국가권력 중심 사회였다. 모든 시민은 혈연관계를 맺고 있다. 대부분 시민은 생활에 필요한 직업관계를 맺는다. 모든 시민은 국가 통치를 받는다. 그러나 자기 권리를 지키기 위한 노조, 여성단체, 자치 학생회, 시민 · 사회운동 단체에 가입한 시민은 매우 적다. 다수 시민이 자기 권리를 지키는 관계를 맺으면 권리 중심 사회가 온다.

둘째는 4차 관계가 다른 관계를 바꾼다. 여성운동은 남성 중심 가부장 관계를 바꿔 왔다. 성소수자 운동은 동성애를 죄악시하는 가족관계를 변화시킨다. 권리를 위한 새 노조가 자본이 독점한 이익 중심 삼각관계를 바꿀 수 있다. 깨어 있는 튼튼한 시민관계가 국가권력을 민주화했다.

셋째는 권리 중심 관계가 국경을 넘어 대안세계를 향해 간다. 이주민 권리를 위한 운동은 국경을 넘어 오직 국가권력이 부여하고 제한하는 시민권을 촉진한다.

환경권은 단지 한 국가 안에서 실현할 수 없는 글로벌 연대를 요구한다. 평화권은 시민 관계가 국가권력에 의해 단절된 국경을 넘어설 때 비로소 실현된다. 국경을 넘어선 다른 나라 시민과 친밀한 관계는 서로를 전쟁 상대가 아니라 평화를 공유해야 할 지구공동체 주체로 만든다.

4차는 다르다

억압하는 곳곳에서 태어난다

1차 관계에서 생긴 가부장 가족문화를 비롯한 성차별에 맞서 여성운동이 탄생한다.

동성애를 금지하는 가족제도에 맞서 성소수자 권리를 위한 운동이 발생한다. 아동학대에 맞선 권리운동, 청소년인권을 위한 운동이 생겨났다. 인종차별에 맞선 인권운동이 일어났다.

2차 관계를 지배하는 시장경제 문제에 맞서 경제정의를 위한 시민사회운동, 노동권을 위한 노조와 노동자단체운동, 협동조합운동이 탄생했다.

3차 관계가 가진 '권력의 배타성'과 '시민 참여요구' 갈등 속에 대리민주주의를 넘어 참여민주주의 · 숙의민주주의 · 추첨민주주의 · 직접민주주의 등 다양한 대안정치운동이 일어났다. 국가를 넘어 개발권, 문화상대주의 등 새로운 권리운동이 발생한다. 국가 사이 전쟁을 반대하는 평화권과 평화운동이 벌어졌다.

가장 기초에 놓인 인간과 자연 사이에 환경권과 환경운동이 일어났다.

이렇게 4차 관계는 1 · 2 · 3차 관계와 인간과 자연 관계 등 억압이 있는 곳에서 탄생한다. 4차 관계는 다양한 갈등과 억압 속에 태어난다.

권리가 중심이다

1차 관계는 부모를 매개로 한 혈연 중심이다. 2차 관계는 자본을 매개로 한 이익 중심이다. 3차 관계는 국가를 매개로 한 권력 중심이다. 4차 관계는 자치조직을 매개로 한 권리 중심이다.

학생 권리를 위한 관계는 자치적인 다양한 학생조직과 학생회를 통해 맺는다. 여성권을 위한 관계는 급진 페미니즘과 온건한 여성운동에 이르는 여성단체를 통해 맺는다. 장애인을 위한 관계들, 성소수자 권리를 위한 관계들, 이주민 권리를 위한 관계들도 마찬가지다.

환경권 · 경제정의를 비롯한 시민권리를 위해 시민 · 사회운동단체에서 관계를 맺는다. 이 모든 4차 관계에 그에 해당하는 권리가 중심에 있다.

대안관계

가부장 가족제도가 여성 권리를 인정하지 않기 때문에 대안을 찾아 여성권을 위한 단체를 만들고 관계를 맺는다. 낡은 문화와 제도가 성소수자 권리를 부정하기 때문에 대안을 찾아 성소수자 권리를 위한 관계를 맺는다.

청소년 인권이 보장되지 않는 가족 · 학교 · 기업 · 제도를 바꾸는 대안을 위해 청소년 노동인권 단체를 만들고 관계를 맺는다.

헌법과 법률이 어떠하든 노동자는 기업이 권리를 보장하지 않기 때문에 대안을 찾아 노조를 만든다. 이윤을 추구하는 기업이 소비자와 노동자 권리를 보장하지 않기에 협동조합을 비롯한 대안을 만든다.

4차 관계는 대안을 찾아 만든 관계들이다. 가부장 가족관계에서 억압당하는 여성이 권리를 주장할 수 있을 때 비로소 대안을 만드는 주체가 된다. 제대로 임금을 받지 못하고 인격적 대우를 받지 못하는 직장에 다니면 노예에 가까운 종업원이다. 권리를 주장할 수 있을 때 종업원을 벗어나 주인이 된다. 권력에 복종하는 인간은 주인이 아니다. 권리를 깨닫고 주장할 수 있을 때 주인이 된다.[106]

공감으로 성장한다

경쟁은 우월감과 열등감을 만든다. 경쟁교육은 열등생과 우등생을 만든다. 열등한 사람과 우등한 사람으로 구별하고 차별을 당연하게 여기도록 만든다. 군대는 상위 계급과 하위 계급을 만든다. 기업은 상급자와 하급자를 만든다. 이런 사회관계는 평생에 걸쳐 열등과 우등을 가르는 기준을 받아들이게 한다.

자본주의에서 시장경쟁에서 승리할 때 더 많은 이익을 얻는다. 경쟁에서 승리한 거대 자본은 막강한 재력을 쌓고 국경을 넘어 천문학적 이익을 독점한다. 경쟁에서 밀린 사람들은 궁핍하게 살아간다.

고대에 신화로 포장한 국가권력이 태어났다. 종교시대에 왕권은 신이 줬기에 백성은 복종해야 한다는 '왕권신수설(王權神授說)' 따위로 포장했다. 신분세습사회에서 권력은 혈연을 따라 이어졌다. 민주공화제가 되자 권력은 시민 동의를 받게 됐다. 동의절차는 선거제도로 발전했다. 권력은 선거경쟁에서 탄생한다. 힘 있는 계급이 권력을 갖기에 "권력은 총구에서 나온다"며 힘과 힘이 충돌하는 혁명을 거쳤다. 권력은 총구를 들이댄 권력투쟁을 통해서든 평화적 선거를 통해서든 경쟁을 하면서 태어나고 자란다.

권리는 공감을 먹고 자란다. 권리는 경쟁보다 협력과 친하다. 공감은 타인의 고통과 기쁨을 함께 느끼는 반응이다.[107] 타인 고통을 자기 고통으로 느낄 줄 아는 공감(empathy)에서 서로 권리를 인정하고 발전시킨다. 사람은 역지사지 감각 덕분에 인권을 지지한다.[108]

자기결정과 자기통치

내가 태어날 부모를 선택할 수 없다. 일찍 독립회사를 만든 사람이 아닌 대부분의 시민은 생계를 위해 취업을 한다. 거의 필수적이다. 취직할 회사를 선택할 수 있지만 직업선택의 자유가 충분하게 보장되지 않는 편이다. 내가 태어날 국가는 처음부터 내가 결정할 수 없다. 국가와 사회제도들은 내가 결정하기 전에 이미 결정된 것들이다. 1 · 2 · 3차 관계들의 시작은 수동적이다.

4차 관계는 선택적이다. 스스로 권리를 위해 학생조직 · 노조 · 시민사회단체를 만들거나 가입한다. 출발부터 자기 스스로 결정하고 선택한다.

가부장적 가족제도에서 여성권을 찾으려 가부장질서에서 독립한다. 청소년인권을 찾으려면 학교 통제를 벗어나려면 스스로 결정하고 스스로 통치해야 한다.

회사가 보장하지 않는 노동자 권리를 찾으려고 만든 노조는 사용자에게서 독립해 스스로 결정하고 스스로 통치한다. 정치권력이 보장하지 않는 권리를 찾으려는 시민 · 사회운동 단체도 기업과 권력에서 독립해야 한다. 재정과 조직운영에서 독립해 자기결정을 하고 자치를 한다.

자력화

자본주의 2차 관계는 모든 인간과 사물을 상품으로 만들어 이익을 얻는다. 이익관계는 타인을 착취하고 수탈하기 위해 인간을 '상품화'한다.

3차 관계인 현대 민주주의는 다수가 권력을 소수에게 위임하는 방식으로 권력 배타성을 드러낸다. 대리민주주의는 시민 스스로 주체가 되기보다 타인에게 힘을 준다. 권력을 위임함으로써 권력을 가진 남의 힘에 지배받으며 타인이 결정한 법 · 제도와 정책에 따라 살게 된다. 권력관계는 소수지배를 위해 인간을 '타력화(他力化)'한다.

인권은 사거나 팔 수 없다. 타인에게 넘겨줄 수 없다. 스스로 권리 주인이 되는 '자력화(自力化)'가 중요하다. 4장 마지막에 간략히 썼고 관계력을 다루는 대목에서 다시 얘기하겠지만 자력화는 혼자 떨어져서 이룰 수 없다. 권리를 위한 관계를 맺어 세력화해야 자력화를 실현할 수 있다.

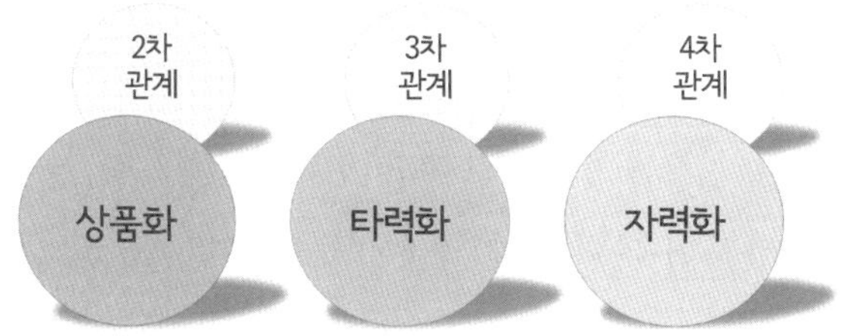

새 인간형을 만든다

2차 관계는 생존을 위한 노동 분업에서 시작했다. 기업이 단지 이윤만 추구하는 탐욕집단은 아니다. 부를 생산하는 역할을 하지만 최고 목표는 이윤추구다. 자본주의에서 기업을 중심으로 하는 2차 관계는 이익형 인간을 만든다. 더 많은 부를 차지하려는 탐욕적 인간을 만들고, 체계화된 인사 · 노무관리를 통해 더 많은 연봉을 위해 경쟁하는 인간을 만든다. 기업문화는 사회문화로 확장돼 "부자 되세요"와 같이 이익욕망을 자극하는 일상문화로 퍼졌다. 10억원을 벌 수 있다면 감옥에 갈 수 있다는 고등학생들이 56%에 이른다는 조사 결과는 이익형 인간을 양산하는 현실을 보여준다.

정치권력을 가지려는 3차 관계는 권력형 인간을 만든다. 국가권력은 경쟁교육으로 서열에 따라 차별하는 인간을 육성한다. 서울이 지배하는 제국주의를 닮은 사회에서 스카이대만이 아니라 제국의 수도에 들어가는 "인(in)서울" 대학교와 대비해 식민지 지방대학을 "지잡대"로 부르며 차별하는 현상이 나타났다. 고시공부를 통해 판검사가 되려는 경쟁, 의사처럼 '사'자를 달려는 경쟁은 권력을 위한 경쟁이다. 민주적 선거제도는 경쟁을 통해 국회의원, 지방자치단체장 등 권력을 차지하기 위한 권력형 인간을 만든다. 일상에서 "억울하면 출세하라"며 권력형 인간이 되라고 자극한다. '입신양명(立身揚名)'이라는 가르침은 "출세해서 세상에 이름을 알린다"는 일상 얘기가 돼 권력욕을 부추긴다.

4차 관계가 지향해야 할 인간형은 '권리형 인간'이다. 타인의 기쁨과 고통을 공감함으로써 각자를 존엄하게 여기고 서로 권리를 키우는 사람이 권리형 인간이다.

이중 유혹에 빠지면 타락한다

각 차 관계가 서로 간섭하는 현상을 1장에서 얘기했다. 시민 · 사회운동단체가 사용자에게 의존하거나 기업 돈을 받아 기업 편에 서면 타락한다. 4차 관계가 아닌 2차 관계로 변한다. 시민 · 사회단체가 권력에 의존하면 어용단체, 흔히 말하는 '관변단체'가 된다.

4차 관계인 노조가 사용자에 의존하면 이익집단이 된다. 기업에 갇힌 노조는 실리주의에 빠질 가능성이 높다. 이기적 집단으로 욕먹는다. 노조가 권력에 의존하면 말 그대로 '어용'이 된다. 노동시민 권리를 위한 조직이 아니라 권력도구나 정치도구로 변질한다.

4차 관계는 '이중 유혹'에 시달린다. 한편에서 2차 이익관계가 유혹하고 다른 한편에서 3차 권력관계가 유혹한다.

가끔 억압에 맞서기 위해 탄생한 인권단체가 인권을 탄압하는 사건이 발생한다. 착취에 맞서 탄생한 노조가 다른 노동자들을 억압하는 모습을 보이기도 한다. 한국 시민단체 상당수가 권력에 이용당하는 '관변단체'가 된다. 2016년 적폐청산과 함께 드러나기 시작한 사실이 있다. 문화체육관광부가 관리하는 2천 개 넘는 시민단체가 독립 시민단체 역할보다 권력 하부기관 역할을 벗어나지 못하고 있다는 비판을 받았다.[109)]

관변단체가 한편에 있다면 운동권단체가 그 반대편에 있다. 상당수 시민단체는 운동권 정파가 만들었다. 정파가 만들었지만 다른 이름으로 위장하거나 특정 정파에 따라 움직이는 위성단체가 꽤 있다. 사회운동단체는 스스로 각자 영역에서 추구하는 권리와 목표를 중심으로 정파로부터 독립성을 가져야 한다.

시민 · 사회단체와 노동조합이 이익 유혹에 빠지면 자기 이익만 챙기는 이익단체로 전락한다. 공감을 먹고 자라는 4차 관계가 비난받는 관계로 타락한다.

4차 관계는 권리를 함께 누리기 위한 공유지(共有地)다. 권력과 특정 정파가 가진 사적 권력욕에 물들면 사유지(私有地)가 된다. 노조가 조합원에 의해 배타적 이익욕망에 물들면 사유지가 된다. 이중 유혹을 이겨 내지 못하면 권리를 함께 누려야 할 노조가 '공유지의 비극'에 빠진다. 대안을 위해 맺은 관계가 타락하면 더 이상 대안이 아니다.

헬민 말고 짱민 되자

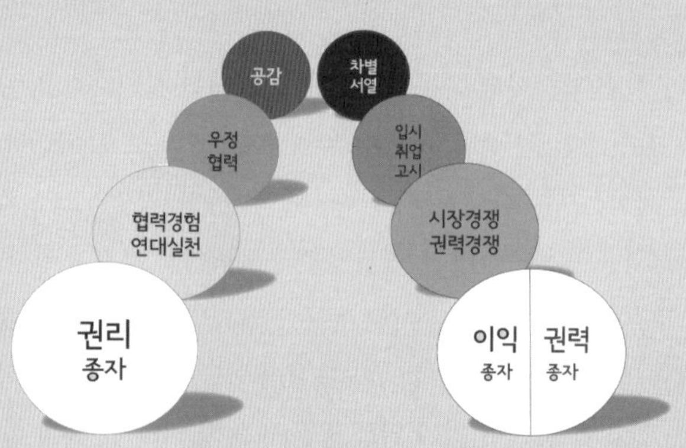

강남 언쟁

5년 전쯤이다. 그때는 최저임금위원회 사무실이 강남에 있었다. 노동조합은 최저임금위 전원회의가 열리는 5~6월이 되면 그곳에 몰려가 시위를 하곤 했다. 심의가 막바지에 이르면 밤새워 회의를 했다. 나도 최저임금위원회 사무실 앞 도로에서 밤을 새웠다.

시위장소 맞은편에 아파트가 있었다. 아파트 주민이라는 한 남성이 우리에게 고함을 질렀다. 첫마디부터 험했다.

"당신들 최저임금 오르든 말든 난 자야겠어! 우리에게도 조용히 잠잘 수면권, 행복추구권이 있다고! 그러니 조용히 해!"

우리는 주민을 생각해서 큰소리를 내지 않으려 조심했다. 그러나 그 주민 목소리에서 다분히 악의적인 감정을 느꼈다. 설명을 하고 양해를 구했지만 막무가내였다.

"당신들 사정이 어쨌든, 나는 시끄럽다고, 그러니 꺼지라고!"

오는 말이 곱지 않으니 가는 말이 고울 리 없다. 곰곰이 생각하려 노력했지만 격앙된 분위기였다. 나는 그에게 이렇게 내뱉고 말았다.

"우리가 어쨌든 당신도 상관없잖아. 그러니 당신이 잠을 자든 못 자든 나도 상관없다고! 나는 최저임금 올리라고 계속 떠들겠어!"

이날 기억이 또렷하다. 우리는 서로 이익과 권리를 혼동하면서 권리라고 주장하면서 충돌한다.

권리를 앞세워 충돌한다

장애인을 위한 특수학교를 지으려는데 주민이 반대한다는 뉴스를 접했다. 주민은 집값 떨어진다든지 지역이미지가 나빠진다는 이유를 든다. 장애인 아이 부모가 무릎을 꿇고 울면서 주민에게 허락을 요청했다. 장애인이 복지를 누릴 권리와 주민 이익이 충돌한다.

시민 알 권리와 연예인 사생활 보호 권리가 부딪치기도 한다. 노동시민 노동권과 사용자 경영권 충돌은 잦다. 자본가 소유권과 노동권 갈등은 오래된 역사를 가지고 있다. 자본주의 사회는 이익에 속하는 소유권을 법률로 보호한다.[110]

헌법과 법률이 보장한 파업권을 생각해 보자. 의사가 파업을 할 때도 있다. 병원을 가진 의사 파업권은 법률상 권리가 아니다. 자기 병원을 일시 영업정지하는 행위다.

고임금 대기업 노동자도 파업을 한다. 그들의 파업권 자체를 부정하면 안 된다. 헌법과 법률이 보장한 권리다. 그러나 사회 공감은 떨어진다. 저임금 장시간 불안정 노동에 시달리는 노동자도 파업을 한다. 헌법과 법률이 보장하는 권리다. 시민 공감도 높다. 같은 파업이라고 해도 누가 왜 하는가에 따라 다르다.

이권과 권리는 달라

이익 또는 이권과 권리는 자주 뒤섞여 혼란스럽다. 개인 이익을 추구하면서도 정당한 권리처럼 주장하는 경우가 있다. 권리와 이익, 인권과 이권을 구분해야 한다.

"정당한 자격화 주장과 이기심에 근거한 사익추구를 섬세하게 구분해야 한다."[111] "사회공동체를 배려하지 않는 권리주장은 인권이 아니다. 그것은 분열적 · 이기적 · 단자적 사익추구일 뿐이다."[112]

현대의 인권이론들에는 인권과 이권을 구분하는 연구 결과가 있다. 두 가지를 구분하는 이론을 알아도 모든 것이 분명하지는 않다. 권리가 충돌하는 사례가 생길 때 함께 생각하면서 구체적으로 판단해야 한다.

사회 평균 수준 노동시간, 평균 수준의 노동강도로 일한다고 가정할 때 사회 평균소득보다 적은 임금을 받는 노동자가 임금인상을 요구하면 정당한 권리라고 할 수 있다. 그러나 그 이상으로 벌고 있는 노동자가 임금인상을 요구하면 정당한 권리라고 보기 어렵다. 권리가 아니라 이권이라 할 수 있다.

권리가 충돌할 때 이권과 정당한 권리를 구분할 줄 아는 시민이 많지 않으면 이기심에 근거한 사익이 승리한다. 이권과 권리 구분이 성숙하지 않으면 권력을 가진 자가 정당한 권리를 압도한다.

생각이 다르다

이익형 인간은 "돈이 권리와 권력을 만든다"고 생각한다. 18~19세기 자본가 · 철학자 · 법학자들의 생각을 단순하게 요약하면 그렇다. 재산권에서 권리와 자유가 나온다고 생각했기에 재산을 가진 남자만 투표권을 가졌다. 자본가는 국가에 재산을 보호하는 역할을 하라고 했다. 오늘날에도 기업은 노동자나 소비자를 배제하고 돈을 투자한 자본가만이 경영자 선출투표권과 경영참가권을 갖는다. 민주주의는 회사 문 앞에서 사라진다. 이들은 기업규제를 철폐해 자본가에게 무한자유를 보장하는 '비즈니스 프렌들리'를 국가 역할로 요구했다. 이명박 정권은 충실하게 이를 선언하고 실행했다. 이익형 인간의 생각을 요약하면 이렇다. "돈이면 다 돼!"

권력형 인간은 "권력이 이익과 권리를 만든다"고 생각한다. 국가가 있어야 재산권을 보호받고 재산을 늘리고 경제성장을 보장한다. 법에 나온 권리를 국가권력이 보장한다고 본다. 그들은 "권력은 세상에서 가장 중요하고 정치(권력)가 우선한다"고 말한다. "억울하면 출세해서 권력을 가져라."

권리형 인간은 "모두에게서 이익과 권력이 나온다"고 주장한다. 이익종자가 탐하는 재산은 시민이 노동할 결과다. 이걸 자본가가 착취하고 수탈해 재산으로 축적했다. 사회 재산은 노동자만이 아니라 소비자를 비롯해 재산을 늘릴 모든 조건을 제공한 사회가 만들었다.

모든 사회구성원이 공유할 권리가 있다. 권력이 있어 권리가 보장되는 것이 아니라 거꾸로 "모든 권력은 국민으로부터 나온다"고 주장한다. 국가가 있어 시민이 있는 것이 아니라 시민이 있어 국가가 있기에 신국(神國)도 왕국(王國)도 아닌 민국(民國)이라고 생각한다.

내 안에 모든 유형 있다

이익형 인간과 권력형 인간은 악마고 권리형 인간은 천사일까? 이익형 인간은 더 효율적이고 더 많은 재화를 생산하는 데 기여한 측면이 있다. 권력형 인간은 국가권력을 통해 사회를 유지하고 발전시키는 데 기여한 측면이 있다.

인간은 한 측면만 가지고 있지 않다. 이익을 최우선에 둔다고 하더라도 가족을 포함한 타인과 공감하는 속성을 함께 가진다. 권력을 가지면 이익이 따라온다. 권력을 탐하는 사람도 타인의 권리를 어느 정도 보장하지 않으면 권력을 유지할 수 없다. 권력을 가지려면 지지자에게 권리를 보장해 줘야 한다. 때문에 권리를 생각한다.[113)]

이익과 권력은 섞인다. 이익을 챙겨 부자가 된 사람은 돈의 힘으로 권력을 가지고 권력을 가진 사람은 권력으로 이익을 챙긴다. 박근혜 정권이 탄핵된 이유인 국정농단 사건에서도 재벌과 청와대 사이에 거래가 있었다. 이런 정경유착만이 아니라 일상에서도 이익과 권력을 구분하기 어려운 이권형 인간을 볼 수 있다.

권리는 권력을 제한하고 나눈다. 권리를 가지면 이익이 따라온다. 권리형 인간도 이익을 취하고 권력을 가지려는 속성을 품고 있다. 권리를 위한 노조와 시민·사회단체 활동가도 이익과 권력을 추구하는 속성이 있다. 이익과 권력 유혹에 빠질 가능성을 안고 있다.

어떤 속성이 강하게 나타나는가에 따라 인간 유형이 달라진다. 어떤 관계를 맺는가에 따라 속성이 달라진다. 어떤 종자가 큰 영향을 미치는가에 따라 사회가 달라진다.

유형별 종자

'이익형 인간' 중 이익추구 속성이 뚜렷하게 나타나는 사람을 '이익종자'라고 부르겠다. 이익종자는 배타적 이익추구를 넘어 타인 이익을 노골적으로 배제하고 착취·수탈하면서 이익을 독점한다. 중소기업이 개발한 기술을 대기업이 가로채고, 재벌이 골목상권까지 파고들고, 원청회사가 납품단가를 일방적으로 인하한다. 극단적으로는 사기를 쳐서 타인 재산을 갈취하거나 재산을 차지하려고 부모 형제까지 죽인다.

'권력형 인간' 중 권력욕망을 뚜렷하게 드러내는 사람을 '권력종자'라고 부르겠다. 권력종자 정치는 경쟁을 통한 권력투쟁을 넘어선다. 경쟁하는 상대를 절멸시키려 한다. 정적을 숙청하는 사례와 권력을 위해 부모 형제까지 죽이는 역사도 있다. 킬링필드나 종족말살은 권력종자가 보여주는 행태다. 정치 경쟁자를 '종북좌빨'로 몰아붙이고 '좌익의 목을 베어 매달자'는 뜻을 가진 '좌익효수'라는 이름으로 활동한 국가정보원 직원도 이런 사례에 속한다.

이와 달리 권리에 가치를 부여하는 '권리형 인간'은 '권리종자'라고 부르겠다. 모든 인간은 이익을 추구하고 권력을 추구하지만 이익과 권력을 경계하면서 권리를 위해 활동하는 사람들이 있다. 임금이 적고 특별한 권력이 없지만 열심히 활동하는 노동운동, 시민·사회운동 활동가가 대표적이다.

눈이 다르다

'이익종자' 눈에는 모든 것이 상품이다. 최종 목표는 더 많은 이익을 남기는 데 있다. 땅도 건물도 인간도 자연도 모두 이익을 위해 사고파는 상품이다. 인간을 이익도구로 여긴다. 인간관계도 이익이 되면 맺고 이익이 없으면 끊는다.

'권력종자'에게 모든 것은 권력을 위한 도구다. 권력을 원하는 사람에게 민주적 선거는 권력에 접근하는 수단이다. 높은 자리에 오르고자 하는 사람에게 고시는 다른 사람 차별을 정당화하고 특권을 가지는 수단이다. 권력을 탐하는 사람에게 시민단체 · 노동조합은 권력에 오르기 위해 이용하는 수단이다.

'권리종자'에게 모든 존재는 귀중하다. 타인의 고통과 기쁨을 공감하며 존중한다. 그들 권리가 존중받을 때 내 권리도 존중받을 수 있다. 인간을 이익이나 권력을 위한 수단으로 보지 않는다. 인간을 목적으로 여긴다. 인간을 이익이나 권력을 위한 수단으로 보면 인간관계도 이익이나 권력을 얻기 위한 수단이 된다. 권리종자는 인간과 인간관계를 수단이 아닌 목적으로 여긴다. 인간은 관계에서 즐거움을 찾으며 인간관계에서 의미와 행복을 느낀다. 인간만이 아니라 동물 · 식물 · 무생물을 비롯한 자연도 소중하게 생각한다.

평가 기준도 다르다

이익종자에게는 양(量)이 중요하다. 적정한 생활을 보장받을 수 있는 재산은 탐욕을 채우지 못한다. 더 많은 이익과 더 많은 부를 얻으려 한다. 매년 세계 부자 순위와 한국 부자 순위가 발표된다. 이익형 인간을 추구하는 사회에서 시민들은 쉼없이 재산을 비교하고 경쟁한다.

권력종자에게는 지위가 중요하다. 높은 자리를 차지할수록 권력은 늘어난다. 권력종자는 더 높은 위치로 오르려고 경쟁을 한다.

권리종자는 관계에서 즐거움을 찾는다. 깊은 관계에서 기쁨을 얻고 다양한 관계 속에서 즐거움을 얻는다. 관계 속에서 의미와 행복을 찾는다.

이익종자와 권력종자에게는 우월감과 열등감이 중요하다. 이익과 권력은 경쟁을 요구하고 경쟁에서 이기면 우월감을 얻는다. 경쟁에서 뒤처지는 열등감이 두렵다. 우월감과 열등감은 동전 양면처럼 작용한다.

권리종자에게는 공감과 자존감이 중요하다. 기쁨과 고통을 함께 공감하는 관계에서 살아있음을 느낀다. 협력하고 존중받는 관계에서 자신을 소중하게 여기는 자존감을 얻는다.

종자싸움은 계속된다

권리종자와 이익종자는 충돌한다. 장애인 권리를 위해 특수학교를 만들려고 하는데 "집값 떨어진다"며 반대하는 사례에서 알 수 있다. 환경권을 위해 핵발전소 건설에 반대하는 사람과 보상을 받으려 찬성하는 사람이 충돌한다. 4대강 개발로 이익을 얻는 토건업자와 환경보존을 외치는 환경단체가 맞부딪친다.

권리종자와 권력종자는 충돌한다. 사회질서를 어지럽힌다면서 시위를 난동으로 규정하는 사람과 권리를 위해 집회에 모인 시민이 충돌한다. 생존권을 외치는 노동자와 경찰력이 충돌한다.

이익종자와 권력종자도 충돌한다. 이익을 앞세운 기업권력과 권력을 앞세운 정치권력은 결탁하곤 하지만 싸우기도 한다. 권력에 줄을 댄 기업가는 정권이 바뀌면 보복을 당한다. 기업이익을 제한하고 규제를 강화하는 권력에 맞선 기업은 다양한 로비를 하고 언론을 동원해 정치권력을 공격한다.

뿌리 깊은 권리종자

이익종자를 만드는 2차 관계는 인간 본능에서 시작한다. 인간은 생존을 위해 먹고 입고 자야 한다. 생필품을 얻기 위해 노동한다. 인간 본능을 사회가 경쟁을 통해 극대화한다. 자본주의 초기에 '피의 입법'이 보여주듯 노동하지 않으면 죄인으로 처벌하고 사형까지 했다. 제도를 통해 노동하지 않으면 생계를 위험하게 만든다. 경쟁을 자연스럽게 받아들이도록 "인간은 이기적 동물"이라는 이데올로기를 만들었다. 학교부터 직장까지 경쟁을 제도화한다. 먹고살기 위해 경쟁하도록 강제한다. 더 많은 재산을 가질수록 더 많은 자유를 누린다. 생존을 위한 경쟁과 더 많은 이익을 가지려는 유혹이 이익종자의 뿌리다.

3차 관계에서 탄생한 권력종자는 정의보다 질서를 먼저 생각한다. 동물은 싸워서 서열을 결정한다. 이들은 인간끼리 서열경쟁도 본능처럼 여긴다. 서열을 질서로 본다. 위계서열이 확실해야 안정이 온다고 생각한다. 질서가 곧 정의라고 여긴다. 강한 놈이 권력을 쥔다. 권력자는 약자를 억압하고 처벌하면서 질서를 강요한다. 유혹이 함께한다. 더 높은 지위에 오를수록 더 지배한다. 억압받는 고통과 지배하려는 욕망이 권력종자를 키운다.

권리종자는 양심과 도덕을 넘어선 뿌리가 있다. 동물이 다른 동물의 행동을 거울처럼 반영하는 '거울신경세포'가 발견된 것이다. 타인의 고통과 기쁨을 함께 느끼는 공감은 단지 심리현상이 아니다. 과학으로 증명되고 있다. 거울신경세포와 공감을 과도하게 연결시킨다는 지적도 있다. 그럼에도 생물학 심리학 등 다양한 과학에서 "공감은 인간이 가진 본질적 능력"이라는 사실을 확인했다.

우리가 흔히 생각하는 '정글의 법칙'은 바뀌어야 한다. 숲은 야만스런 경쟁보다 협력하고 공생한다는 사실을 여러 연구에서 확인했다. 동물행동학자 유재천은 생물이 협력하고 공생한다는 사실을 강조한다. 그는 이를 근거로 인간을 '호모심비우스(Homo symbious, 공생하는 인간)'라고 부른다.

2차 관계에서 자본가가 노동자에게 생존경쟁을 강제해 이익욕망을 극대화한다. 3차 관계에서는 권력자가 통치대상을 억압하고 처벌함으로써 권력욕망을 극대화한다.

권리요구는 다르다. 4차 관계에서는 아무도 강요하지 않는다. 노동착취 · 이주민 착취 · 아동착취 · 여성착취를 하는, 4차 관계 밖에 있는 2차 관계가 권리를 요구하도록 자극한다. 억압하는 권력에 맞서 4차 관계 밖에 있는 3차 관계가 권리를 요구하도록 자극한다. 2차 관계가 착취하고 3차 관계가 억압할수록 권리를 위한 4

차 관계는 절실하고 소중해진다. 권리를 가질수록 더 많은 자유를 얻을 수 있다는 희망이 권리종자를 성장시키는 힘이다.

권리종자는 착취와 억압이라는 토양 위에서 자유라는 햇빛을 받으며 자란다. 이익종자와 권력종자가 유혹하고 강압을 해도 인권을 위해 노력하는 인간은 사라지지 않는다.

현대 신화와 영웅

신화가 지배하던 옛날, 전설을 가진 영웅이 세상을 지배했다. 신앙 시대에 신으로부터 계시와 은총을 받았거나 하늘의 자식(天子)이라고 주장한 왕이 지배했다. 신분세습사회에서 귀한 핏줄을 타고났다며 귀족(양반)들이 재산을 가졌고 왕과 함께 세상을 지배했다.

산업이 발전하면서 부자가 세상을 지배하더니 똑똑한 철학자가 세계를 다스려야 한다던 2,300년 전 플라톤 주장이 되살아나기도 했다. 산업혁명과 과학기술이 발전하면서 이성(理性)에 대한 믿음이 솟아나던 때 목적의식성을 가진 전위가 세상을 다스려야 한다며 '전위정당'이 등장했다.

말 그대로 자본주의(資本主義)는 자본이 주인인 세상이다. 돈 많은 사람이 최고인 사회다. 잔혹한 착취와 탐욕스런 자본가 모습은 감춰진다. 정보통신사회에서 멋진 아이디어로 첨단기술을 이끌고 세련된 매너로 대중 앞에 선 스티브 잡스 같은 이미지를 가진 자본가가 등장했다. 그들의 추악한 면모를 드러내는 비판적 작품도 있지만 드라마와 영화에는 재벌 2세나 3세가 주인공으로 자주 등장한다. 이들이 성공신화로 추앙받는 현대 영웅이다.

시민은 평범한 영웅

피지배계급 저항의 역사도 만만치 않다. 스파르타쿠스 같은 노예 반란이 있었다. 한반도에 천민 반란, 동학혁명 등 농민 저항이 있었다. 영국 · 미국 · 프랑스는 시민혁명으로 새로운 사회를 만들었다. 모든 권력은 국민에게 있다는 주권재민(主權在民) 원칙을 가진 민주공화국을 탄생시켰다. 노동자계급 투쟁은 20세기 사회주의 국가 건설의 원동력이 됐다. 복지국가를 등장시킨 기반이었다.

한국에서도 4 · 19, 5 · 18, 6 · 10 등 시민저항과 혁명이 계속됐다. 노동자 · 농민을 비롯한 민중운동이 이어졌다. 정보통신사회가 되자 온라인 시민 네티즌(Netizen)이 등장했다. 더 이상 신화 속 영웅, 신의 계시를 받은 왕, 이성적인 전위, 돈 많은 부자가 아니라 다중이 세상을 움직일 것이라는 주장이 등장했다.

역사에서 드러난 저항과 혁명은 인간이 가진 권리종자 모습을 보여주는 증거다. 시민은 평범한 일상을 살아가지만 부당한 권력에는 맞선다. 대중봉기를 통해 세상을 바꾼다. 사회를 떠받치는 평범한 일상을 살아가는 시민이 사회를 바꾸고 발전시킨다. 시민은 '평범한 영웅'이다.[114)]

스페셜보다 노멀

널리 떠도는 얘기가 있다. 인류학자가 아프리카에서 아이들을 모아 제안했다. 저 멀리 나무에 싱싱한 과일 바구니를 걸어 놓고 가장 먼저 달려가 도착하는 사람에게 주겠다고 했다. 아이들은 손을 잡고 함께 가서 과일을 함께 먹었다. 먼저 가면 다 차지할 수 있는데 왜 그렇게 했냐는 질문에 아이들이 "우분투(Ubuntu)"라고 답했다. 우분투는 "우리가 있기에 내가 있다"는 의미다. 아프리카에 전해지는 훌륭한 정신이다.

이익종자는 남보다 많은 이익을 얻어 부자가 되기를 꿈꾼다. 이익경쟁을 통해 다른 사람의 노동이 만든 결과를 착취할 수밖에 없다. 특별한 혜택인 '특혜'를 추구한다. 자본주의는 삼각관계를 만들고 이익형 인간을 키우며 모든 사람을 부자 되기로 이끈다.

권력종자는 남보다 높은 지위를 차지하려 한다. 권력경쟁을 통해 타인보다 많은 지배력을 가지려 한다. 특별한 권한인 '특권'을 추구한다. 특권을 가진 그들은 "민중은 개돼지"로 여기며 군림하려 한다. 현대 민주주의는 선거를 통한 권력경쟁을 부추겨 권력형 인간을 끊임없이 생산한다.

권리종자는 모두가 권리를 누리기를 원한다. 권리주인이 되기를 바란다. 경쟁을 통한 특권적 지위나 특혜를 바라지 않는다. 오히려 특권과 특혜를 없애고 권력과 이익을 모두가 누리도록 일반화하려 한다.

'우분투'가 바로 권리종자가 추구하는 정신이다. 우리가 있기에 내가 있다. 네가 있기에 내가 있다. 너도 소중하고 나도 소중하기에 우리 모두가 소중하다. 모두가 권리를 누리며 존중받아야 한다.

특권을 누리는 네가 있으면 권리를 억압당하는 내가 있다. 특혜를 누리는 네가 있으면 착취당하는 네가 있다. 권리를 누리는 내가 있으면 특권을 누리는 네가 있을 수 없다. 내가 착취당하지 않으면 착취하는 네가 있을 수 없다.

이익종자는 경쟁을 통해 특혜를 추구하고 권력종자는 경쟁을 통해 특권을 추구하지만 권리종자는 협력을 통해 모두가 평범한 보통시민을 추구한다.

종자는 촛불을 삼키는가

촛불시위는 꺼졌다가 다시 타오르곤 했다. "대한민국은 민주공화국이다. 대한민국의 모든 권력은 국민으로부터 나온다"는 헌법 제1조가 노래가 됐다. 광장에서 주인이라고 외쳤던 촛불시민들은 광장에서만 주인일까.

광장의 촛불이 꺼지면 시민은 일상으로 돌아온다. 한편에서는 정규직이니 비정규직이니 하는 엇갈린 이름으로 직장에 출근한다. 대부분의 직장은 사용자와 종업원이 수직관계다. 광장에서 대통령과 권력을 비판하지만 회사에서 사용자와 관리자에게 고개 숙인다. 삼성재벌그룹에서 제왕 위치에 있는 재벌가를 비판하지 못한다. 다시 '이익종자'가 지배하는 일상을 만난다.

적폐청산과 대통령 탄핵을 주장하던 촛불이 꺼지고 대통령선거가 다가오자 특정후보를 지지하는 '빠'와 경쟁하는 후보를 비난하고 혐오하며 까대는 '까'로 나뉘었다. '권력종자'가 지배하는 정치세계로 빠지는 모습이다.

한순간 타올랐던 광장 촛불은 대통령을 바꿨다. 바뀐 정부가 일으킬 변화를 통해 촛불의 영향은 이어진다.

시민들이 일상에서 주인이 되지 못한다면 사회는 별로 바뀌지 않는다. 정규직과 비정규직으로 갈려 2차 관계가 만드는 이익형 인간으로 돌아간다면, '빠'와 '까'로 갈려 권력형 인간으로 돌아간다면, 이익종자와 권력종자들이 지배하는 '헬조선'을 벗어나기 힘들다.

헬민 말고 짱민 되자

시민이 동경하는 인간 유형이 있다. 돈이 많거나 권력을 가진 사람이다. 드라마 · 영화 · 온라인 매체를 통해 선망하는 인간 유형이 등장한다. 인기를 얻은 아이돌이 대중 영웅으로 떠오른다.

시민이 부자를 선망할수록 사회에 '이익종자'가 늘어난다. 시민이 특정 정치인에게 과도한 지지를 보내면 '권력종자'가 늘어난다. "깨어 있는 시민"[115] 을 말한 노무현 전 대통령을 추모하는 '깨시민'이 정치에 영향을 미치는 집단으로 등장하기도 했다. '깨시민' '노빠' '박사모' 등 특정 정치인 지지모임은 벽이 있어 넓게 공감하기 어렵다.

'이익종자'와 '권력종자'가 많은 사회는 '주권재민'이 실현되는 민주주의 사회가 될 수 없다. 시민이 스스로 바뀌지 않으면 더 나은 세상은 오지 않는다.

'헬조선'에서 이익경쟁에 밀려나 착취당하는 시민, 서열경쟁에 밀려 지배당하는 국민, 물려받은 재산도 권력도 없는 흙수저가 있다. 많은 시민이 삭제당한 존재가 되고 잉여인간이 된다. '헬조선 백성', 줄여서 '헬민'이다.

시민이 이익과 권력에 휘둘리지 않고 당당하게 권리를 주장하고 누려야 한다. 삭제된 존재가 아니라 어떤 일을 하고 어떤 위치에 있든 존중받는 시민이 될 때, 여기 이곳에 함께해 좋다는 공동체 감각을 높일 수 있다. 특권이나 특혜를 바라지 않고 누리지도 않는 평범한 시민이지만 누구나 누려야 할 권리를 가진 멋진 시민이 되자. 흔히 쓰는 "짱" 멋있는 시민, 즉 '짱민'이 다른 세상을 만든다.[116)]

헬조선을 벗어나 더 나은 세상을 원한다면 시민이 바뀌어야 한다. 이익종자와 권력종자보다 권리형 인간이 늘어나야 한다. 시민이 달라지면 다른 세상이 온다.

관계력을 키우자

공감의 시대인가

많은 사람이 공감이라는 단어를 쓴다. 심지어 한국 정부가 발행하는 홍보책자 이름도 '공감'이다. 하지만 누가 쓰는가에 따라서 의미가 다르다.[117)]

제러미 리프킨에 따르면 전설 속 영웅이 지배하는 '신화시대'가 있었다. '신앙시대'에는 신의 계시와 은총이 중심이었다. 과학과 산업이 발전하면서 인간 이성을 믿은 '이성시대'에 저마다 주장하는 이데올로기가 부딪쳤다. 현재는 심리학이 점점 발전하면서 공감이 중요해졌다. 이른바 '공감의 시대'다.

과학이 발전하면서 다른 사람의 감정을 느끼고 행동을 따라할 수 있게 만드는 '거울신경세포'를 발견했다. 공감은 동물이 지닌 거울신경세포에서 나오는 뿌리 깊은 감정이다. 생물학만이 아니라 심리학 실험 같은 연구 결과로 확인된 사실이다.

뿌리 깊은 공감은 넓은 가지를 뻗는다. 차별받는 여성이 느끼는 고통에 공감하고 이해하면서 여성권이 확장됐다. 노예였던 흑인과 결혼하는 것은 범죄였지만 이젠 다른 인종끼리의 결혼이 자연스런 일이 됐다. 이단으로 금기되고 때로는 극한 폭력으로 짓밟혔던 동성애자 고통에 공감하고 이해하면서 동성결혼이 늘었다. 동물은 물론 식물과 교감하면서 동물권·환경권에 대한 관심이 늘고 있다.

권력에 당한 고통과 횡포에 맞선 분노를 공감하는 사람이 권리를 외친다. 불이익을 당한 사람, 권력에 억압당하는 사람에 공감하면서 권리주장이 시작된다.

공감을 억압하는 공포

일상 권력관계를 보여주는 위계서열은 공감을 막는다. 변하고 있다지만 계급서열이 분명한 군대에서 하급자는 폭력과 멸시를 견뎌야 한다. 상급자는 하급자 생활을 했던 경험이 있음에도 하급자를 괴롭힌다.

가족관계가 변하고는 있지만 모진 시집생활을 했던 시어머니가 며느리 고통에 공감하기보다 가혹한 시집생활을 시키는 관습이 오랫동안 이어졌다.

시험성적으로 만든 학교의 위계서열이 사회로 이어진다. 고시에 합격하고 판검사가 되거나 고위관료가 된 사람은 높은 자리를 차지하고 하급자 위에 군림한다. 기업에서도 마찬가지다.

나이를 따지는 한국 문화는 나이서열을 만든다. 한 살이라도 많으면 군림하려고 한다. "꼰대"라고 비판하며 서열에 저항하는 문화가 확산하고 있지만 나이에 따른 서열은 아직도 남아 있다. 권력서열은 인간관계를 수직으로 나눠 공감을 차단한다.

"해고되는 것 아냐?" "회사 망하면 어떻게 해." "찍히면 다른 곳에 취직도 못하는 것 아니냐." "노조하면 손해배상 당하는 것 아냐?"

저임금 · 장시간 · 고강도 · 불안정 노동을 하는 노동현장 시민은 부당한 대우를 받는 동료와 공감한다. 그러나 사용자에게 권리를 요구하기 두렵다. 무노조 회사에 다니는 노동자를 만난 모든 사례에서 이런 두려움을 확인한다.

함께 분노하고 함께 고치고 싶지만 회사로부터 손해배상 소송을 당하거나 임금과 승진 등에서 불이익을 당할 것을 우려한다. 찍혀서 해고당하고 다른 회사에도 취직 못하게 될 것 같은 공포가 있다. 불이익 공포는 공감을 억압한다.

권리를 삼키는 공포

"제일 힘든 것은 인간에 대한 믿음이 사라진 거죠. 사람관계가 제일 힘들어요. 같은 조합원이었고 동료였던 사람들이 정리해고 압박을 받자 회사에 붙었어요. 사측하고 한편이 돼서 우리를 공격합니다. 사람에 대한 믿음이 깨졌어요. 생계도 어렵지만 이게 젤 힘듭니다."

2010년 정리해고를 당한 경기도 포레시아지회 사무장 구선희가 했던 얘기다. 무엇이 힘든가를 물으니 생계 등 여러 가지 어려움이 있지만 인간관계가 뒤틀려 사람을 믿지 못하게 된 게 가장 큰 고통이라고 했다. 이들은 남은 동료를 믿고 끈끈한 관계를 이어갔다. 5년 싸움 끝에 정리해고가 무효라는 대법원 판결을 받고 복직했다.

구조조정을 했던 회사에서 나타나는 문제다. 외환위기와 함께 실업 공포는 대기업까지 휩쓸었다. 실업 공포에 빠진 노동자는 노조가 있으면 사용자에 맞서 싸운다. 사용자만이 아니라 정권까지 나서 경찰력을 투입하면 결국 해고당한다.

공포에 휩싸여 동료를 외면하고 자기 살 길을 찾는 사람이 생긴다. 내 생존과 고용을 위해 비정규직 사용에 동의한다. 공포가 휩쓸면 "나만 살자" "나 살고 너 죽자"는 행동이 나타난다.

실업 공포와 불이익 공포는 해고당하는 동료에 대한 공감, 비정규직의 불안 · 고통에 대한 공감을 차단하고 함께 지켜 온 권리를 삼켜 버린다.

관계를 뒤튼다

공포는 강력한 감정 중 하나다. 공포에 휩싸이면 다른 욕구와 감정이 억압되고 공포를 피하거나 빠져나오는 데 집중한다.

민주화 이전에 국가권력 공포가 사회를 지배했다. 권력에 "불순분자" "좌익용공"으로 찍히면 인생을 망친다는 공포가 있었다. 시민은 억압 · 탄압 · 고문 · 학살 등에 분노를 공감하지만 국가폭력이 두려워 자유롭게 외치지 못했다. 민주화운동이 지속되자 비로소 국가폭력 공포를 넘어 1987년 6월 항쟁으로 타올랐다.

"실업에 대한 공포는 노동의 목에 들이댄 칼과 같다. 실업은 파업을 벌이는 노동조합의 힘을 침식할 뿐만 아니라 경영자들이 피고용인들에게 협력을 강요한다. 악랄한 파업 파괴자들을 고용해 임금과 노동조건을 저하시킬 수 있도록 만들어 준다. 노동자들이 고용되려고 경쟁할 때, 자본은 그들을 다양한 계층으로 뒤바꿔 버린다. 상층 노동자들은 이전보다 더 힘들고 빠르게 일해야 하며, 비참한 하층으로 떨어지지 않기 위해서라도 더 고분고분해진다. 하층 노동자들은 초과 착취되는 것을 대가로 해서만 생존을 구매할 수 있다. 이들은 임금이 너무 싸기 때문에 기계로 대체할 가치도 없는 일자리에서 일할 수 있을 뿐이다."[118]

실업 공포가 휩쓴 외환위기 이후 공감은 억압되고 권리는 삭제됐다. 권리공감에 근거한 관계들은 깨지고 생존경쟁과 일자리 경쟁에 빠진 이익형 인간이 남았다. 사회는 이익종자로 채워진다.

외환위기의 실업 공포가 휩쓸고 간 한국 사회에서 노동자는 정규직과 비정규직으로 갈리고 연대는 약화됐다. 시민은 서로를 공감하기보다 경쟁을 내면화하며 갑질사회를 향해 나아갔다.[119)]

공감이 억압되고 권리가 삭제되면 뒤틀린 관계만 남는다. 정규직 노동자가 비정규직 노동자를 천대하고 억압하는 모습도 나타났다. 약한 사람이 더 약한 사람에게 갑질하는 '을의 갑질'로 확장됐다. 나아가 약자에 대한 '혐오문화'로 진화했다.

공감은 관계 따라 흐른다

불만을 표현하거나 잘못된 일을 폭로할 경우 주동자나 내부고발자는 고통을 당하기 일쑤다. 공감을 얻을 확신이 있어도 문제를 드러내고 권리를 주장할 수 없다. 타인의 고통에 공감해도 불이익이나 권력 억압이 있으면 침묵한다. 잠재된 분노나 불만으로 멈춘다.[120)]

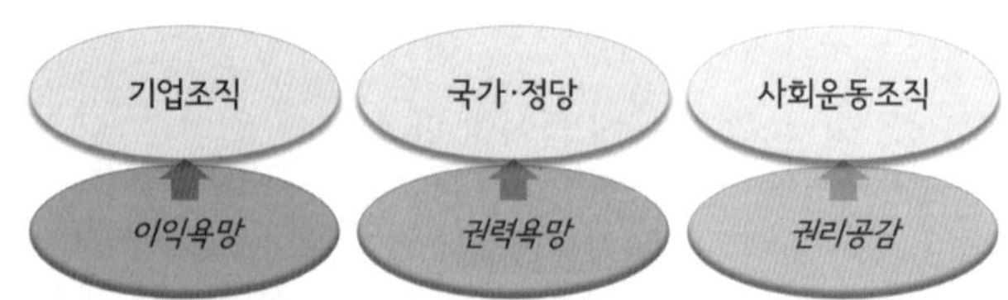

자각과 공감이 문제를 드러내고 바꾸는 필요조건이다. 충분한 조건은 아니다. 공감을 얻고 권리를 주장하려면 불이익과 억압을 차단하고 극복할 수 있는 튼튼한 관계가 필요하다.

이익욕망은 감정으로 남지 않고 시장과 기업조직 등 2차 관계로 이어진다. 권력욕망은 감정에 머물지 않고 정치와 국가권력 조직체계인 3차 관계로 나타난다.

권리공감은 타인과 함께 권리를 실현하려는 관계로 드러나야 한다. 이것이 4차 관계다. 단지 사람이 서로 고통과 기쁨을 공감하는 데 그치면 현실은 달라지지 않는다. 공감이 인간관계를 맺고 조직된 힘으로 뭉칠 때 공포를 극복하고 현실을 바꿀 수 있다.

관계는 공포를 넘어

권력자를 두려워할수록 대중 저항은 폭력적이다. 대중 공감이 넓고 깊을 때, 대중 서로 관계가 넓고 깊을 때, 대중이 가진 두려움은 줄어든다. 자신감이 충만한 대중은 갈등을 평화적 방식으로 드러낼 여유를 갖는다.

소수만이 남아 고립감을 느끼는 노동자나 노조는 주장을 알리기 위해 고공농성·단식농성·점거농성 등 과격한 방식을 선택한다. 넓은 공감 속에 연인원 1,700만 시민이 참여한 탄핵촛불집회는 평화시위를 보여줬다.

살인범죄를 저지른 남자에 비해 여성이 더 잔혹한 방식을 쓴다. 여성범죄가 더 잔혹한 이유는 오래전에 밝혀졌다. 약자인 여성이 남자를 철저하게 죽이지 않으면 보복당할 두려움이 있기 때문이다.

대중 반란이 과격한 이유는 보복이 두려운 탓이다. 지배자를 완전히 제거하거나 치명타를 주지 못하면 권력자에게 보복당한다.

관계와 폭력은 반비례한다. 대중 공감이 넓고 대중 관계가 탄탄하면 권력의 공격은 약하다. 공감이 넓을 때 관계도 넓다. 공감과 관계는 비례한다. 관계와 평화는 비례한다. 공감이 넓고 서로 관계가 튼튼할 때 대중봉기는 자신감에 넘치고 평화적이다.

지배자는 대중이 무섭다

대중에 대한 이중 공포가 있다. 지배자가 가진 대중에 대한 공포와 대중이 대중에게 가지는 공포다.[121)]

대중이 통제를 넘어서면 지배자는 더 이상 통치할 수 없다. 이 공포로 인해 지배자는 늘 강하고 안정된 통치방법으로 대중을 관리하려 한다. 고위관료가 말한 "민중은 개돼지"라는 생각에 대중에 대한 공포가 스며 있다. 민중을 최대한 깎아 내리고 멸시함으로써 자신의 우월감과 지배 정당성을 확인한다.

통제를 벗어난 대중의 저항이 있을 때 지배자의 대중공포는 확실히 드러난다. 지배자는 대중공포가 클수록 폭력으로 대응한다. 대중봉기를 막지 못하면 그것은 곧 지배자에게 죽음이다. 따라서 수단과 방법을 가리지 않고 진압한다. 부정선거로 정당성이 약한 권력이 시민을 향해 총을 쏜 4 · 19, 시민지지가 약한 군사정권이 공수부대를 투입해 시민을 학살한 5 · 18에서 확인했다.

한 자동차부품사에 노조가 생겼다. 회장은 해방 후 이북에서 남으로 넘어온 지주 자식이었다. 노조설립을 주도한 간부들은 계급투쟁 이데올로기를 배웠다. 자본가를 향한 적개심 가득 찬 조합원은 회장 허수아비를 만들어 죽창으로 찌르고 목을 매달았다. 이 상황을 본 회장은 해방 후 부모가 죽창으로 찔려 죽은 모습을 떠올렸다. 회사가 망하더라도 노조를 깨야 한다고 생각했다. 노사 대립은 극에 달했다. 조합원이 분신자살을 했다. 죽음이 이어졌다.

무노조 방침을 가진 삼성그룹에 민주노조가 생기면 그룹 전체의 힘을 동원해 노조를 탄압한다. 노조 경험이 없는 사용자는 노조 공포가 크다. 사용자는 "노조가 생기면 회사 망한다" "민주노총은 폭력집단이다"는 반노조 교육을 통해 노조공포증을 키운다.

대중봉기가 격렬할수록 지배자의 대중공포는 커진다. 극단적 수단으로 저항을 분쇄하려고 한다. 이럴 경우 저항과 봉기는 극한 폭력으로 상처를 입고 실패할 수 있다.[122)] 대중봉기는 지배자의 대중공포증마저 넘어설 수 있는 공감과 정당성을 갖춰야 한다.[123)]

시민이 권리를 넓힐 수 있는 관계를 얼마나 튼튼하게 맺는가에 열쇠가 있다. 4차 관계가 열쇠다.

대중공포를 넘어야

인류는 파시즘 · 문화대혁명 등을 통해 대중이 가진 대중공포를 확인했다. 히틀러 독재권력에 빠진 대중은 유태인 학살에 동의하고 수천만 목숨을 앗아 간 전쟁에 참여했다. 대중이 대중의 적이 됐다. 중국 문화대혁명 과정에서도 대중에 의한 대중 공격과 살인이 나타났다.

대중 저항이 이익과 결합하면 약탈적 폭동이 된다. 도시 상점을 파괴하고 물건을 훔쳐 가는 약탈은 대중봉기와 이익이 결합된 대표 사례다. 정리해고를 하는 회사에서 노동자들은 해고대상과 고용을 보장받은 노동자로 갈린다. 어제는 함께 일했던 동료였다. "해고는 살인이다"면서 저항하는 사람과 "다 살려다 다 죽는다"면서 밀어내는 '산 자'와 '죽은 자'의 싸움이 벌어지곤 한다. 노동자는 서로에게 공포를 느낀다.

대중봉기가 권력과 결탁하면 권력 배타성이 대중에게 파고든다. 대중봉기는 폭력적 권력투쟁으로 변한다. 파시즘 · 킬링필드 · 문화대혁명에서 드러났다. 2016~2017년 대통령 탄핵을 둘러싸고 권력자와 연결된 '박사모'는 일명 '태극기 집회'를 열었다. 탄핵촛불집회에 참석한 시민에게 과격한 발언과 공격성을 드러냈다. 일상에서 대중끼리 공포는 '을의 갑질' '강자와 동일시' '왕따문화'로 나타난다.

권력과 결탁한 대중은 공격적이다. 이익과 결탁한 대중은 배타적 이익을 위해 타인을 약탈한다. 공감을 기반으로 인권과 권리를 존중하는 4차 관계가 튼튼하면 대중의 대중에 대한 공포를 넘어설 수 있다.

문제는 관계절벽

심리학자 매슬로는 생리적 욕구 · 안전 욕구 · 애정과 소속욕구 · 자기존중 욕구 · 자아실현 욕구 등 욕구 5단계를 주장했다. 집단에 소속돼 사랑받고 존중받으며 자기 생각이 실현되는 기쁨이 중요함을 보여준다.

심리학자 아들러는 '공동체 감각'을 얘기했다. 지금 여기에 있어 좋다고 느끼는 '공동체 감각'은 좋은 인간관계에서 나온다.

국가 · 사회집단 · 가족에게서 존중받지 못하고 고립되면 관계절벽에 선다. 고독은 관계 절벽이다. 자폐 · 소시오패스 · 사이코패스는 공감능력이 낮거나 거의 없다. 이와 달리 고독은 공감하며 존중받고 싶지만 차단된 상태를 말한다. 관계를 잃고 단절되면 고독사와 자살이 늘어난다.

관계가 약하면 결국 모든 관계의 출발인 가족에 기댈 수밖에 없다. 그러나 가족관계는 가부장적 권력관계, 재산을 둘러싼 이해관계가 작용한다. 오늘날 가족은 핵가족을 넘어 1인 가족 등으로 해체되고 있다. 노조 · 협동조합 · 시민사회단체를 통해 존중하고 존중받는 권리관계를 맺을 수 있다. 4차 관계가 깊고 넓은 사회는 권리가 충만한 사회다. 권리관계가 국경을 넘어 전 지구적으로, 인간을 넘어 동식물 · 자연까지 확장돼야 한다.

관계력을 키우자

4차 관계를 강화하고 넓히는 관계력은 다섯 가지로 요약할 수 있다.

첫째로 공감을 기초로 한다. 공감이 깊고 넓을수록 우호적이며 상호 권리를 존중하는 관계를 맺는 기반이 된다.

둘째로 공포를 넘는 방법이다. 공포는 공감을 차단한다. 공포는 이미 맺은 관계를 뒤틀어 단절시킨다. 불이익 공포와 권력 공포가 어떻게 작용하는지, 어떻게 극복할지 알아야 한다.

셋째로 권리 중심 관계를 맺고 유지하고 넓히는 능력이다. 불이익과 권력 공포를 넘어 권리를 매개로 한 관계를 맺음으로써 4차 관계가 시작된다.

넷째로 사회관계를 바꾸는 힘이다. 권리를 제약하는 사회관계를 바꾸지 않으면 개인이나 소집단 권리는 제한된다. 개인들의 관계는 물론 직장을 비롯한 집단과 사회 전체 관계를 바꾸는 '관계혁명'을 지향해야 한다.

다섯째로 공동체 감각을 키우는 능력이다. 관계를 통해 개인 · 집단 · 사회 행복과 즐거움을 느끼고 자존감을 높인다. 내가 있는 공동체가 고통스런 '헬조선'이 아니라 여기 있음이 즐거운 '공동체 감각'을 높인다.

관계는 예술

예술은 조각에 필요한 돌이나 금속 · 그림을 그리는 데 필요한 물감과 종이, 영화에 필요한 시나리오 · 배우와 영상장치, 건축에 필요한 각종 재료를 이용해 아름다움을 만든다.

인간관계에 작용하는 모든 요소를 이용해 관계의 아름다움과 즐거움을 만들어 내는 활동이 '관계 예술'이다.

모든 사람들은 '관계 예술'을 한다. 가족 · 친구 · 연인 · 직장동료 또는 사회단체에서 인간관계를 맺는다. 인간관계를 통해 함께 일하고, 함께 놀고, 함께 얘기하며 즐거움을 얻는다. 관계 예술은 누구나 하고 있고 할 수 있어 보편적이다.

인간관계는 종합적이다. 인간관계에 혈연 · 학교 · 지역 · 직장 · 사회제도 등 수많은 요소가 개입한다. 자연환경과 천연자원, 먹고 입고 자는 데 필요한 모든 것, 철학 · 과학 · 경제학 · 정치학 · 사회학 같은 정신 요소도 필요하다.

관계는 지속되고 확장된다. 평생 동안 인간은 관계를 맺고 산다. 인류가 사라지지 않는 한 관계는 지속된다. 1차에서 4차까지 인간관계를 넘어 자연과 인간, 동식물과 인간, 인공지능 로봇과 인간, 외계인과 인간의 관계까지 확장될 수 있다.

관계는 보편 · 종합 · 지속 · 확장 예술이다. 관계 예술이 창조하는 아름다움은 무엇일까? 개인에게는 삶의 재미와 의미다. 이를 위해 더 나은 사회공동체를 창조한다.

이익을 주된 목적으로 하는 2차 관계, 권력을 주된 목적으로 하는 3차 관계와 비교할 때 권리를 넓혀 더 나은 사회를 만드는 사회운동이야말로 '관계 예술'이다.

노동 벽 뚫자

벽에 갇힌 노동권

자본이 연 소유세계

왕과 귀족(양반)이 땅과 모든 것을 소유하던 시대에 맞서 시민혁명이 일어났다. 자본가는 시민혁명에 적극 참가했다.

자본가가 보기엔 소유가 권리고 자유다. 재산이 없으면 권리도 자유도 없다. 상업과 제조업으로 재산을 모은 자본가는 왕과 귀족에게 재산권을 요구했다. 재산 소유권이 권리고 자유라고 생각한 그들은 재산을 소유한 남성에게만 투표권을 주는 제도를 만들었다.

자본가는 더 많은 소유를 위해 모든 것을 상품으로 만들었다. 모든 것을 소유할 수 있고 계약을 맺어 사고팔 수 있어야 했다. 모든 것을 그들이 소유할 수 있는 '소유세계'가 열렸다.

"속세의 모든 현실은 '내 것과 네 것'이라는 간단한 공식으로 재편됐다. 이 공식에 따라 유럽 사람들은 시간과 공간을 식민지화하기 시작했다. 태어나는 새로운 미래에, 모든 사람들은 자신만의 사적인 신이 될 것이고, 그 신의 신성은 재산을 모으고 자신의 존재를 확대하고 존재와 시간에 대해 커다란 그림자를 드리우는 행위로 확보됐다. 내 것이 많을수록 네 것은 적어졌다. 재능과 권모술수를 동원해 재산을 많이 확보하면 그것을 자본으로 삼아 자연뿐 아니라 다른 사람의 삶까지도 지배할 수 있었다. 그들은 '자본가'라고 불렀다."[124]

노동자가 세운 붉은 권리

"소유란 개인이 지배하는 영역의 확장이며, 소유자가 그 영역을 독점한다. 18세기 영국의 법학자 윌리엄 블랙스톤은 자신이 쓴 〈영국법 주해〉에서 '재산은 세상의 외부적 물질에 대해 개인이 주장하고 행사하는 지배권이며, 거기서는 다른 사람의 권리가 완전히 배제된다'고 말했다."[125]

소유 세상과 함께 소유권 논란이 불거졌다. 죽어라 일해도 가난한 노동자는 땅 · 공장 · 기계 · 생산물 · 이익을 다 가져가는 자본가에 분노했다. 돈이 돈을 낳을 순 없다. 인간 노동만이 재화를 생산한다. 자연물은 인간 노동이 더해질 때 재산으로 소유할 수 있다. 그런데 왜 노동하는 노동자의 몫을 자본가가 다 가지냐며 계급투쟁이 벌어졌다.

자본가가 만든 소유 세상에서 노동권이 등장했다. 만물은 노동이 창조한다. 노동이 세상을 창조한다. 노동자가 역사의 주인이다. 노동자계급은 비참한 떨거지가 아니라 위대하다. 노동자계급(프롤레타리아) 혁명으로 세상을 바꾸자며 계급투쟁이 번졌다.

인권을 색깔로 표현한 요한 갈퉁은 무산자계급 권리를 적색인권이라고 했다. 붉은 권리, 즉 노동권이 역사에 등장했다.

국가는 붉은 권리를 이용했다

단순하게 말하면 18세기 이후 계급투쟁은 사회적 부가 누구 것인가를 둘러싼 거대한 재산싸움이었다.

노동자와 자본가가 소유를 둘러싸고 싸울 때 새로운 소유자가 나타났다. 바로 국가권력이다. 프롤레타리아 혁명이론을 러시아 방식으로 수정한 레닌이 주도한 러시아혁명이 일어났다. 혁명은 동유럽과 중국까지 확산됐다. 혁명으로 탄생한 국가는 '노동자국가'나 노동자 · 농민을 비롯한 '인민국가'임을 자처했다. 세계는 사회주의 국가와 자본주의 국가로 갈렸다.

20세기 사회주의는 자본가가 착취하고 수탈해 사적으로 소유한 재산을 국가가 가져야 한다며 국유화했다. 자본가가 주도했던 자본주의 삼각관계는 국가권력이 주도하는 사회주의로 바뀌었다.

20세기 사회주의 국가는 노동자 · 농민 국가임을 강조했고 부를 늘리기 위해 노동을 찬양했다. 노동영웅을 만들어 훈장을 주고 노동력을 동원했다.

'붉은 권리'인 노동권은 왜곡됐다. 20세기 사회주의에서 노동찬양은 국가권력

지배를 위한 이념(이데올로기)이 됐다. '붉은 권리'는 20세기 사회주의 국가의 '붉은 깃발'로 바뀌었다.[126]

사적 소유가 유일 강자

사회주의 혁명과 함께 자본주의도 변했다. 노동자 분노와 저항을 어느 정도 품어 안은 수정 자본주의가 탄생했다. 비교적 노조가 강하고 시민 권리와 참여가 활발했으며 좌파정당 역할이 큰 북유럽에서 사회민주주의와 복지국가가 발전했다.

20세기 말 동유럽 사회주의가 망하고 자본주의는 체제경쟁에서 승리한 듯 보였다. 자본주의 진영은 패망한 사회주의를 보면서 "국가는 실패했고 시장이 이겼다"고 강조했다.

무너진 사회주의 국가는 자본주의 시장으로 편입됐다. 사회주의가 무너지면서 30억 명의 소비자 · 생산자 · 저축자가 새롭게 세계자본주의 체제에 합류했다. 자본주의 세계경제는 잠재 규모가 두 배로 커졌다. 자본주의는 세계화됐다.[127]

각 나라는 공공 분야를 민영화하고 시장에 힘을 실었다. 민영화는 국가나 공공기업을 개인 재산으로 나눠 주는 일이다. 사적 소유는 더욱 힘을 얻었다.

자유주의는 사적 재산권을 지지하고 보이지 않는 손에 의해 움직이는 자본주의에 힘을 싣는 주장이었다. 세월이 지나 다시 역사에 등장한 자유주의는 '신자유주의'라는 새로운 이름으로 불렸다.

세계는 시장과 국가를 왕복한다

2008년 세계 금융위기로 자본주의가 위기에 처했다. 국가가 공적자금을 퍼부어 금융회사를 살렸다. 그해 8월 영국 파이낸셜 타임지는 이런 현실을 '국가의 귀환'이라고 표현했다. 한국 언론은 "시장 실패 설거지, 국가가 다시 온다"[128]거나 "기로

에 선 신자유주의, 국가의 귀환"이라고 했다.[129)]

반발이 만만치 않았다. 금융회사를 국유화하자 보수 시장주의자들이 난리를 떨었다. 미 공화당 짐 버닝 상원의원은 "나는 어제 조간신문을 들고서, 내가 프랑스에서 깨어난 줄 알았다"며 소란을 떨었고 미국 정부를 "아마추어 사회주의"라고 비난했다.

한국도 그랬다. 자본주의가 위기에 빠진 이유는 '시장의 실패'가 아니라고 주장했다. 시장을 뒷받침해야 하는 국가가 책임을 다하지 못했기 때문이라고 했다.[130)] 보수언론과 학자는 세상을 국가에 맡기면 포퓰리즘에 빠져 복지폭탄을 던질 거고 국가 곳간이 텅 비게 될 뿐이라고 경고했다.[131)] 권력은 시장에 있어야 하고 국가는 그것을 뒷받침하는 일이나 하면서 물러나 있으라는 얘기다.

2014년 세월호 참사를 계기로 "이게 국가냐" 하는 분노가 일어났다. 복지국가에 대한 바람과 함께 세상을 구원해야 할 국가가 역할을 하지 못한 것이다. 국가를 똑바로 세우려는 흐름이 강해졌다.

세계 흐름을 보면 국가와 시장 사이를 왕복하는 것처럼 보인다.

삼면초가에 처한 노동

국가와 시장 사이를 왕복하는 주인공은 국가권력과 탐욕적 이익을 차지한 자본이다. 노동시민은 무대에서 밀려나 있다. 노동권은 삼면에서 어려움에 빠진다.

첫째로 노동권이 소유권에 짓눌려 있다. 시장경쟁에서 유리한 사람은 자본가다. 신자유주의 시대에 자본권력이 강화되고 노동자 권리가 약화됐다. 외환위기 이후 정도는 다를 수 있지만 한국 정부는 여야를 가리지 않고 신자유주의 정책을 선택했다. '기업하기 좋은 나라'는 곧 "권력이 시장으로 넘어갔다"는 대통령 발언으로 확인됐다. '기업권력의 시대'다.

둘째로 노동은 불안정상태에 빠지고 잉여인간이 늘었다. 실업이 늘고 불안정고용이 늘어나는 현상은 전 세계가 비슷하다. 한국은 외환위기와 함께 고용빙하기가 왔다. 소위 노동자에게 세 가지 재앙, 즉 삼재(三災)로 불리는 정리해고제 · 파견근로제 · 탄력근로제를 도입하며 노동은 더욱 불안정한 상태로 빠졌다. 노동시장 유연화라는 이름을 붙여 노동을 불안하게 만들었다. 셋째로 노동 안에 새로운 벽이 생겼다. 노동자계급은 기업규모와 고용형태에 따라 엇갈리고 나뉘었다.

공포는 강하다

"공포는 탐욕보다 강한 감정이다." "공포와 탐욕은 오래된 결의보다 강하다."

강력한 공포감정을 경제투자분석에 활용한다. 공포와 탐욕지수를 개발해 주식시장 상태를 분석한 뒤 주식을 살지 팔지를 결정한다. 시장이 공포에 빠져 주식을 팔 때 거꾸로 탐욕적으로 사고, 시장이 탐욕에 빠질 때 반대로 두려워하면서 팔라는 워런 버핏 얘기는 유명하다.

"해고는 살인이다"는 해고 공포를 압축해 드러낸다. 해고는 관계 단절, 자존감 상실 등 여러 문제를 낳는다. 생존 벼랑에 서는 해고 공포에 휩싸이면 스스로 존엄을 지키고 유지하려는 생각이 약해진다. 공포 감정이 너무나 강하기 때문에 해고 공포에 싸인 노동자는 생존본능 외에 다른 것을 생각하기 힘들다.[132]

인간을 분열시키는 공포

실업 공포에 빠진 노동자는 영혼이라도 팔아서 취직하고 싶다.[133] 취업경쟁은 물론이고 입사비리도 서슴지 않고 저지른다.

정리해고로 격한 갈등을 겪은 회사는 실업 공포가 미치는 영향을 잘 보여준다. 사례를 종합하면 노동자 입장은 네 가지로 갈린다.

첫째는 "너 죽고 나 살자"다. 사용자는 희생자를 찾는다. 노동자는 대부분 "함께 살자"는 생각을 한다. 그러나 자신이 해고대상에서 빠지면 "떠날 사람은 떠나야 한다"는 입장으로 바뀌기도 한다. 앞세우는 논리는 '공리주의'다. "최대 다수의 최대 행복"이라고 알려진 공리주의는 "다수를 위해 소수를 희생시켜야 한다"는 주장을 정당화한다.

둘째로는 "너 살고 나 죽자"다. 98년 현대차, 2001년 대우차, 2009년 쌍용차 정리해고 때 "나는 이 회사에서 벌어먹을 만큼 벌어먹었다. 내가 희망퇴직을 할 테니 남은 니들이라도 무사하게 잘 다녔으면 좋겠다"며 스스로 회사를 떠나는 사람이 있었다.

셋째로는 "같이 죽자"다. 정리해고를 당해 회사에 배신감을 느끼는 노동자가 갖는 태도다. 실제 목표가 모두 죽는 데 있지 않다. '벼랑 끝 전술'이다. 하지만 사용자가 정리해고를 철회하지 않거나 다른 합의를 만들지 못하면 극한투쟁 끝에 회사가 망하거나 혹은 "죽자"고 달려든 노동자에게 엄청난 후유증을 남긴다.

넷째로는 "함께 살자"다.[134] 회사가 정말로 어려움에 처해 있다면 노동시간을 단축하고 임금을 깎을 수 있다. 특정 소수를 희생시키지 않고 함께 어려움을 극복하려는 방법이다. 회사 경영위기를 조합원, 직원 전체, 시민사회 동의를 얻어 이겨내는 데 목표가 있다.

〈구조조정 시 노동자들의 네 가지 태도〉

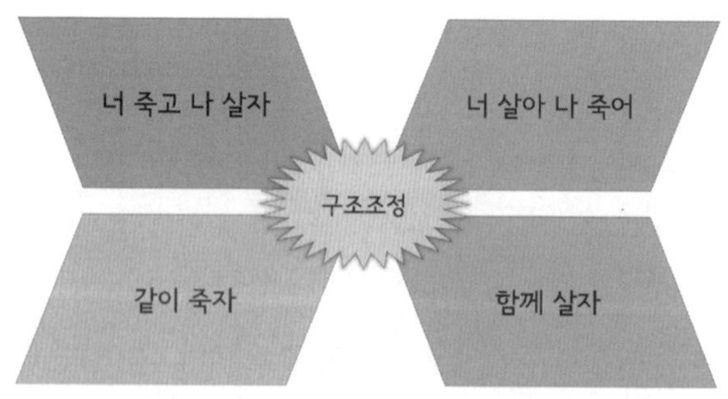

사용자와 정부 관계자는 이런 방식을 싫어한다. 해고 공포를 통해 비용을 줄이고 노동자 규율을 잡을 수 있는데 이를 물거품으로 만든다고 생각하기 때문이다.

일부 노조 간부와 운동권 정파도 반대한다. 그들은 정리해고투쟁을 계급투쟁 사례로 만들고 싶어 한다. '함께 살자'는 대응 방식을 풍선에 바람을 빼듯 치열한 계급투쟁을 막는 것으로 생각한다.[135)]

개급(犬級) 투쟁만 남아

2009년 쌍용자동차 77일 공장점거투쟁은 이런 상황을 적나라하게 드러냈다. 노조 일부 간부와 운동권 정파조직원 상당수가 쌍용차 투쟁을 계급투쟁 사례로 만들려고 했다. 결과는 정반대였다.[136)]

2009년 쌍용차노조는 "정리해고를 철회하지 않으면 같이 죽을 수밖에 없다"며 77일간 공장을 점거했다. "같이 죽자"는 태도는 "함께 살자"는 태도에 비해 많은 조합원을 통합시키기 어렵다. 사회적 동의를 이끌어 내기 힘들다.

쌍용차 사용자와 진압 경찰은 이 약점을 파고들었다. "노조가 공장을 점거하고 있으면 회사가 망해서 남은 사람들까지 다 죽는다"는 생각을 퍼뜨렸다. 직원을 모아 구사대(救社隊)를 만들었다. 일부 직원은 용역깡패로 불리는 경비업체와 경찰과 함께 농성하는 동료를 공격했다.

동료는 적이 됐다. 노조 편 가족과 사용자 편 가족으로 갈라졌다. 사용자 편 아빠를 둔 아이가 노조 편 아빠를 둔 아이에게 "너희 아빠는 빨갱이"라고 해서 싸운 일도 있었다. 나는 사용자 편 가족과 노조 편 가족이 싸우는 모습을 목격했다.

쌍용차 상황은 계급투쟁이 아니라 노동자끼리 분열하고 갈등하고 대립하면서 "밥그릇 싸움"으로 변질했다. 국가권력과 사용자 의도에 따라 '계급투쟁'이 아닌 '개급(犬級)' 투쟁으로 변했다.

2009년 6월 26일 쌍용차에서 왼쪽은 '정상조업'이라는 파란 머리띠를 두른 회사 측이 동원한 직원들, 오른쪽은 정리해고에 반대하며 '함께 살자'고 외치는 노동자들의 최초의 물리적 충돌(노컷뉴스).

야생사회

쌍용차는 노동자가 갈라져 일부만 남고 다수 조합원은 민주노총을 탈퇴해 새 노조를 만들었다.

'정리해고를 밀어붙이는 국가권력과 사용자-저항하는 노동자-냉담한 시민' 삼각관계와 '사용자-사용자 편 조합원-공장점거 조합원' 삼각관계가 겹쳤다. 경찰 헬기로 뿌려 대던 최루탄, 서로를 향해 새총으로 발사한 쇳덩이 · 화염병 · 쇠파이프가 동원된 물리적 폭력이 겹친 쌍용차 노동자는 전쟁 같은 상황을 겪었다.

2009년 쌍용차는 '계급투쟁 현장'이 아닌 '야생사회'였다. 이 현장에서 "민중은 개돼지"가 되고 만다. 인간으로서 존엄은 사라지고 존재 이유를 상실한다. 투쟁이 끝났지만 점거농성에 참여한 상당수 조합원이 외상 후 스트레스 증후군에 시달렸다. 투쟁이 끝난 뒤 여러 사람이 자살했다.

외상 후 스트레스 증후군을 치유하기 위해 노력하던 정혜신 박사는 당시 조합원이 받은 충격의 정도를 "정신적 피폭상태"라고 설명했다. 원자폭탄으로 방사능에 노출된 인간 유전자가 뒤틀려 병이 생기듯 혹독한 구조조정 과정은 노동자 정신을 뒤틀리고 무력하게 만들었다.

일상이 된 비상

쌍용자동차 정리해고는 특수한 사례일까. 구조조정을 실행한 수많은 회사는 일부 사례일까.

2014년 3월 27일 대법원은 경기도 화성 자동차 부품업체 포레시아 정리해고를 무효로 판결했다. 4년10개월 싸움 끝에 부당하게 해고당한 노동자가 복직했다.

이처럼 정리해고 무효 판결이 나오는 사례가 있다. 사용자는 긴박한 경영상 이유가 없어도 구조조정과 정리해고를 한다. '긴박한 경영상 이유'를 회계조작으로 만들어 낸다.

구조조정은 노동자를 분열시켜 회사에 충성하게 만드는 KO 펀치다. 경영상 위기나 경제위기가 있을 때만 사용할 이유가 없다. 사용자는 언제든 KO 펀치를 날리고 싶다. 비상시기만이 아니라 일상시기에도 사용하고 싶다. 그래서 비상(非常)이 일상(日常)이 된다.[137)]

제너럴 일렉트릭스(GE)는 직원들의 성과를 측정해 하위 10%를 자르는 소위 '10%룰'을 가지고 있었다. 상위 20%를 두뇌집단, 70%를 중간집단, 10%를 꼬리집단으로 나눠 꼬리집단을 해고했다. 1980년대부터 30년간 시행했다가 문제가 있어 폐지했다.

마이크로소프트(MS)는 '스택랭킹(stack ranking)'이라는 제도를 뒀다. 직원을 1~5등급으로 분류해 최하 등급을 해고했다. 다른 회사와의 경쟁보다는 내부경쟁이 격화하고 인간관계가 나빠지는 문제가 있어 2013년에 폐지했다.

2015년부터 박근혜 정권은 '저성과자 해고제'를 도입하기 위해 법을 바꾸려 했다. 이를 '노동개혁'으로 포장했다. 긴박한 경영상 이유가 없어도 직원을 평가해 나쁜 성적을 받으면 언제든 해고하려고 했다. 실업 공포를 일상화하려는 시도다.

실업이 아무 때나 효과를 발휘하지는 않는다. 과도한 실업률은 경제성장을 어렵게 하고 불만과 저항을 폭발시킬 가능성이 있다.[138)]

그래서 실업을 늘리는 새 방식을 쓴다. 고용 유연화를 통해 비정규직, 알바노동자 등 공식통계에 잡히지 않는 다양한 방식을 쓴다. 직접계약직과 간접계약직이 다르고 장기계약직과 단기계약직이 다르다. 알바로 일하면 실업자가 아니기 때문에 실업통계에 잡히지 않는다. 실업 공포가 일상화한 것이다. 불안정노동을 늘리는 정책을 '노동시장 유연성'이 아닌 '스마트워킹'으로 이름을 바꿔 추진하기도 했다.[139]

일상이 불안해지면 비상(非常)이 된다. 삶은 평소처럼 반복되지 않는다. 노동시민은 '예외상태'로 바뀐 만성불안 속에 권리나 자격 없이 버려진 존재가 되곤 한다.[140]

배부른 노예

정리해고로 인한 '야생사회' 경험은 길고 넓은 상처를 남긴다. 실업 공포를 겪은 노동자는 회사가 어려워질 때를 대비해 비정규직을 쓰는 방안에 찬성한다. 어려운 때가 오면 비정규직을 자른다.

결코 좋은 선택이 아니다. 비판받을 일이다. 그러나 대기업 정규직노조에게 책임을 돌리고 비판하는 사람들에게 자기 성찰이 없다. 현대차 · 대우차 · 쌍용차 조합원 등을 '야생사회'에 몰아넣고 방치했던 우리 모두의 책임을 생각하지 않는다.[141]

후유증은 거대한 사회 프레임으로 확산됐다. 대기업 정규직노조 조합원들은 "있을 때 벌자"며 장시간 노동과 임금인상에 목매는 실리주의에 빠진다. 언론재벌과 국가권력은 이런 노동자와 노조를 "배부른 귀족노조"라고 비판했다.

이런 현상은 단지 한국에 그치지 않는다. 미국 노동부 장관을 했던 로버트 라이시는 더 많은 돈을 벌기 위해 더 많이 일하며 노동에서 벗어나지 못하는 현대인들을 "부유한 노예"라고 불렀다.[142]

정리해고를 경험한 노동자는 사용자와 같은 모습을 보여준다. 더 많은 돈, 더 많은 일감, 더 많은 성장을 원한다. 자본가가 떠들던 '성장론'에 빠진다.[143]

잉여인간

"IMF 체제 이후 평일은 말할 것도 없고 토요일에도 밤늦게까지 일하지 않으면 안 되고, 심지어 일요일에도 출근하지 않으면 안 되는 직장인들이 많이 늘어나고 있는 현상이 과도 노동의 예를 잘 보여주고 있다. 게다가 상대적 과잉 인구가 대량으로 존재하고 있는 상황에서는 이들의 존재가 취업자들에게 압박요인으로 작용해 취업자로 하여금 과도한 노동을 하지 않을 수 없게 한다. 결국 노동자들에게는 과도한 노동이 강요되고 실업자들에게는 과도한 '나태'가 강요되는 사회, 바로 이러한 사회가 우리가 살고 있는 사회의 적나라한 모습이다."[144]

과도 노동과 함께 과도한 나태를 강요받는 잉여인간도 등장했다. 한국은 실업사회를 거치며 전혀 다른 모습으로 변했다. 2011년 7월 6일 미국 뉴욕타임즈는 "한국은 국가적으로 신경쇠약에 걸리기 직전인 듯하다"고 했다.[145]

한국인은 과도한 노동, 스트레스, 상시적인 걱정을 안고 산다. 이혼율은 치솟고, 학생은 학업에 짓눌린다. 심지어 자살공화국이 됐다. 잉여인간으로 버려진 삶은 "죽음에 이르러서야 중단되는" "죽음을 향한 경쟁의 사슬이 지배하는 사회"가 됐다.[146]

자본주의가 잘나가던 '낙관의 시대'가 있었다. 지금은 '불안의 시대'다. 미국에서 나온 얘기지만 한국 상황 같다.[147]

이익종자는 나누지 않는다

소유의 세계에서 내 것과 네 것이 중요하다. 더 많은 소유를 향한 욕망이 지배한다. 더 많이 소유하고 싶은데 다른 사람에게 나눠 주면 내 것이 줄어든다. 이익종자가 된 사람에게 나눔은 내 소유물을 빼앗기는 일이다.

2000년대 들어 민주노조에 심심찮게 논란이 일었다. 대기업 고임금 노동자들의 임금인상을 자제하고 저임금 노동자 임금을 올리는 '연대임금' 정책이 필요하다는 목소리가 나왔다.

이때마다 강경파들이 반대했다. 그들은 대기업 노동자 임금인상 자제는 '양보교섭'이라고 비판했다. 자본가에게 수탈당한 임금을 더 쟁취해야 하는데 양보는 반계급적 행위라고 했다. 때로는 대기업 정규직노조가 더 많이 임금을 올려야 저임금 노동자 임금도 올라간다는 주장을 했다. 마치 부자가 돈을 많이 벌면 가난한 사람에게 효과가 돌아간다는 '낙수효과'를 닮은 얘기가 계급투쟁을 주장하는 사람의 입에서 나오곤 했다.

이런 주장은 계급투쟁을 촉진하지도, 계급연대를 강화하지도 못했다. 다만 대기업 노동자의 소유 욕망, 실리주의를 키우는 데 기여했을 뿐이다.[148]

새벽 대신 벽만 남아

1980년대 노동자 시인 박노해는 '노동의 새벽'을 말했다. 그로부터 20여년이 지나자 '노동의 새벽' 대신 '노동 벽'이 쌓였다. 노동권 주인은 안팎으로 갈라졌다.

영국 BBC는 사람들을 일곱 개의 계급으로 나눠 7계급론을 주장했다. 그림을 덧붙여서 중앙일보가 소개한 적이 있다.[149]

자본주의 시민은 자본가와 노동자 계급으로 나뉘었지만, 오래전부터 '중산층'을 끼워 3계급으로 분류했다. 계급투쟁을 누그러뜨리기 위해 중산층을 키워야 한다는 주장이 꽤 있었다. 이제 7계급론까지 나왔다. 이렇게 보면 기준을 어떻게 만드는가에 따라 70계급, 700계급도 만들 수 있다.

노동자계급이 사라졌는데 '계급투쟁'을 말하면 정신 나간 소리다. 노동자계급은 사라지고 호모사케르 · 프레카리아트 · 프리터 · 사이버타리아트 · 네티즌 · 코그니타리아트 · 다중 등 복잡한 이름이 등장했다.

이진경은 프롤레타리아를 '비계급'이라고 했다. '비계급'은 누구를 말하는 걸까. 그는 '무아의 철학'을 주장했다.[150] 복잡한 그의 주장을 단순하게 줄이면 "나는 없다"는 얘기다. 계급은 없다고 한다.

"노동자 모이자"고 하면 우르르 모여야 하는데 도대체 누가 노동자인지 모른다. 과연 계급은 소멸했는가. 노동자계급은 더 이상 없는가. 더 이상 노동자는 없기에 노동자 조직인 노조는 사라질까.

인간은 다차원 관계에 영향을 받기 때문에 다양한 성향을 갖는다. 다차원 관계가 미치는 영향을 못 보면 단순하고 낡은 계급론에 빠진다. 이를 너무 과도하게 보면 사회는 집단으로 묶을 수 없는 무수한 개인에 불과하게 된다. 다양한 개인으로 분열해 있기에 어떤 집단적 실천도 불가능한 일이 된다. 분산된 개인이 특정한 이슈에 동의하면 일시적이고 집단적 실천이 가능할 수 있다. 하지만 일상적이고 지속적인 실천은 어려운 일이 된다.

우리는 이미 알고 있다. 수저계급론 · 부동산계급론 · 아파트계급론 등을 통해늘 확인한다. 노동자계급도 노조도 사라지지 않았다. 단지 약간 다른 모습으로 다른 형태로 남아 있다.

가장 많은 시민이 노동력을 판매하며 살아가는 노동자다. 노동시민에게 필요한 노동권은 약해질 수 있지만 사라지지는 않는다. 사라지면 안 된다. 시대에 맞게 다른 모습으로 발전해야 한다.

내 몸은 내 거 맞나

장 레옹 제롬의 로마의 노예매매 ↑
찰리 채플린의 모던타임즈 ↗
현대의 일 중독(인터넷) →

노동권 세 측면

노동권은 세 가지 측면이 있다. 첫째는 '노동할 권리'다. 노동을 하고 싶지만 잉여인간 취급을 받으면 생계가 불안하고 사회에 참여해 자기실현을 할 수 없다. 헌법과 법률은 국가가 국민의 노동할 권리, 취업을 보장하도록 명시하고 있다.

둘째로 자기결정권이다. 사용자가 시키면 시키는 대로 일한다면 노예와 다를 바 없다. 노동시간 · 노동강도 · 생산량을 노동시민이 참여해 결정할 수 있어야 한다.

셋째로 노동 결과에 대한 권리다. 내 몸을 사용해 만든 노동결과물을 다른 사람이 가져가면 내 노동은 의미를 잃는다. 노동 결과를 누가 가져야 하는지 소유권 문제가 발생한다. 세 가지 측면을 차례로 살펴보자.

상황 따라 노동 의미 바뀐다

시대에 따라 노동은 신성시되거나 혹은 비천하게 취급된다. 성경 창세기에 따르면 죄를 범한 인간에게 하느님이 준 벌이 노동이다. 노예사회에서 노동은 노예가 했다. 노동은 비천한 노예들의 천한 활동이었다.

시간이 흘러 노동을 신의 은총이자 구원으로 보고 "일하지 않는 자 먹지도 말라"는 얘기가 등장한다. "노동을 통해 재산을 만들고 자유를 얻는다"며 노동을 찬양한다.

"노동이 너희를 자유케 하리라"는 아우슈비츠 수용소 정문에 걸린 문구는 강제노동을 정당화하는 권력을 보여준다. 노동찬양은 20세기 사회주의 국가에 넘쳤다. 국가 이데올로기가 돼 강제노동을 시켰다. 인간 교화 수단이었다.

대한민국 헌법 32조1항은 근로를 권리로 표현한다. 이어 2항은 의무라고 말한다. 노동이 권리이기 때문에 국가는 고용증진 의무가 있다. 인간은 노동을 통해 사회관계를 맺고 자아를 실현한다. 국민은 국가에 일할 권리를 요구할 수 있다.[151]

헌법이 노동을 의무라고 하든 말든 시민들은 노동하지 않으면 먹고살 수 없다. 생존을 하려면 노동을 해야 한다.

생존 목구멍 권리 삼켜

자본주의에서 실업은 노동자 통제 수단으로 사용돼 왔다.

첫째로 실업공포는 공감을 차단한다. 정리해고가 단행된 직장은 물론이고 사회 전체에서 일자리 경쟁이 벌어진다. 내 일자리, 내 생존을 위해 타인 생존과 권리를 내팽개친다.

둘째로 일자리는 이데올로기다. 외환위기를 겪은 후 20년이 돼 가지만 아직도 "일자리 창출"이 중요한 이슈다. 금융위기를 거치고 저성장시대를 맞아 이런 사고방식이 계속될 가능성이 있다.

셋째로 노동할 권리는 조건부 권리다. 경영위기가 오면 정리해고를 한다. 실업은 당연한 일처럼 여긴다. "곳간에서 인심 난다"는 속담은 "곳간이 비면 야박하게 굴어도 된다"는 생각을 당연하게 만든다. 일자리 나누기, 노동시간 단축이 아니라 사람을 잘라 버린다.

넷째로 야생사회가 된다. 일자리 싸움은 "함께 살자"는 프레임을 버리고 "너 죽고 나 살자"는 프레임을 사회 구성원에게 내면화시킨다. 그 결과가 헬조선이다.

다섯째로 노동할 권리가 노동권을 죽인다. "영혼을 팔아서라도 취직하고 싶다"는 사람에게 노동은 욕망이다. 영혼을 팔아 버릴 정도인데 권리는 언제든 버릴 수 있다. 정리해고 현장에서 노조를 탈퇴하고 사용자 편이 되는 노동자, 잘리지 않으려고 회사에 잘 보이려는 시민은 노동권을 포기한다. 노동할 권리가 노동권을 죽인다.

이 시대에 노동할 권리는 노동권의 늪이다. 일자리와 고용안정에 초점을 맞추면 노동자들이 자리다툼에 빠질 가능성이 높다. 생존과 고용을 중심에 둔 노동운동은 죽음을 향해 달리게 된다.

착취 못 당한 고통이 있다

"노동은 자유의 원천이며, 소유권의 뿌리이며, 인간성의 본질에 속하는 활동이다."[152)]

노동을 존중하는 좌파 주장이 아니다. 보수파로 알려진 인물이 쓴 글에 나오는 내용이다. 시민혁명을 일으킬 때 자본가에게 영향을 미친 오래된 사고방식이다.

노동이 자유의 원천이고 소유권의 뿌리라면 노동하지 못하는 사람은 어떻게 될까. 자유도 없고 소유할 권리도 없어야 한다. 아주 오래된 "일하지 않는 자 먹지도 말라"는 주장이 지금도 사라지지 않는다.

파시스트들이 유태인 학살을 위해 만든 강제수용소에 "노동이 너희를 자유케 하리라"를 붙이고, 노동찬양을 국가 이데올로기로 삼았던 20세기 사회주의가 강제노동을 시킬 때에도 이런 생각을 근거로 삼았다.

지금도 한국 노조는 불로소득자, 즉 일하지 않으면서 노동사 몫을 빼앗아 가는 자본가계급을 비판하기 위해 "일하지 않는 자 먹지도 말라"고 노래 부른다.

단순하게 보면 일할 수 없는 장애인 · 병자 · 고령자 · 유아 · 미취업 청소년 · 실업자 등은 어떻게 먹고살아야 할까. 일하지 않으니 굶어 죽든 비참한 인생을 살든 상관없게 된다. 노동력을 팔아 먹고살아야 하지만 취직을 하지 못한 사람은 "착취당하지 못하는 고통"이 있다. 이들에게 "일하지 않는 자 먹지도 말라"는 얘기는 범죄다.

내 몸은 내 것인가

두 번째 측면을 보자. 당신 몸이 당신 소유물로 인정받은 역사는 길지 않다. 노예는 시장에서 사고파는 물건이었다. 노예 몸은 주인 소유였다. 신분사회에서 노비 몸은 양반 소유물이었다. 봉건사회에서 영주에 묶인 농노는 허락 없이 다른 곳으로 옮겨갈 자유가 없었다.

신체 자유를 비롯한 인간 권리가 법과 제도로 확립된 역사는 전체 인류사 중에서 매우 짧다. 그렇다면 지금은 내 몸이 내 것이라고 할 수 있을까?

걸음마를 뗀 순간부터 우리는 부모 권유와 강제에 의해 놀이방이나 유치원에 다닌다. 국가 제도에 의해 의무교육을 받아야 한다. 학교가 아닌 다른 곳에서 배우고 즐기기는 어렵다. 내 몸에 대한 내 자유는 완전하게 보장되지 않는다.

취직하면 내 몸은 내 것이 아니다. 사용자와 근로계약을 맺는 순간 임금을 대가로 받고 노동력을 팔기로 약속한다. 노동력은 몸과 분리되지 않는다. 내 몸은 회사로 출근해 사용자들의 통제에 따라 일한다. 자본주의적 2차 관계를 맺으면 내 몸을 사용자가 통제한다.

몸에 대한 자기결정권

'민족자결권'이 있다. 제국주의에 의해 점령당한 식민지 국가들이 민족해방을 위해 독립투쟁을 했던 시기에 식민지독립을 지지하는 원칙으로 민족자결권이 등장했다. 어떤 민족이든 운명을 스스로 결정할 권리가 있다.

'성적(性的) 자기결정권'이 있다. 힘을 가진 남성이 여성에게 섹스를 강요하면 성폭력이다. 여성의 의사를 무시하고 성적 농담을 하거나 만지는 행위는 모두 성폭력이다. 여성은 성에 대해 스스로 결정할 권리가 있다.

노동시민에게도 '몸에 대한 자기결정권'이 필요하다. 내 몸을 사용자에게 맡기지 않고 내가 스스로 통제할 수 있어야 한다. 내가 참여해 얼마나 생산하고 어떤 노동강도로 일하며 언제까지 일할 지를 함께 결정할 수 있어야 한다. '몸에 대한 자기결정권'은 노동과정에 참여할 권리이자 자기 통제다.[153)]

반쪽권리

노동권 없는 시대에 노동자는 노예였다. 영국에서 노동자가 노동을 견디지 못해 도망가다 잡히면 매를 맞았다. 두 번째 도망가다 잡히면 귀를 잘렸다. 세 번째로 잡히면 사형에 처해졌다. '피의 입법'이라 불린 이런 법을 헨리7세 때 만들었다.

처참한 노예노동에 맞서 계급투쟁이 벌어졌다. 노동자가 장기간 열악한 노동을 하다 죽으면 노동력이 사라진다. 자본가에게도 문제다. 노동자가 쉬어야 회사에 나와 일을 할 수 있다.

그래서 탄생한 방법이 "노동자의 노동능력(노동력)과 그의 인격을 구분하는 것"이다. 노동력은 회사에 팔았지만 노동자 인격을 판 것이 아니다. 인격은 존중하겠다며 노동을 보호하는 법이 나왔다. 10시간 노동제나 8시간 노동제 같은 노동시간에 관한 법이 생겼다. 세계에 노동권이 확산되고 법・제도로 만들어졌다.[154)]

노동 3권은 조건부 권리

노동 3권은 헌법에 명시돼 있다. 노동자 개인은 약하다. 혼자 사용자와 싸우면 잘리거나 징계받는다. 떼로 뭉쳐서 노조를 만들어 사용자에게 덤비라는 자주적 단결권이 있다. 뭉쳤는데도 사용자가 무시하면 헛방이다. 노조가 교섭을 요구하면 사용자는 응해야 한다. 단체교섭권이다. 말로 해도 들어주지 않으면 행동으로 해야 한다. 법은 사용자에게 생산 손실과 재산상 손실을 가져오는 파업으로 압력을 가하라고 한다. 단체행동권이다.

그런데 노동 3권은 반쪽짜리다. 노동력과 인격이 분리되지 않는다. 내 몸과 노동력은 분리할 수 없다. 사용자에게 노동권을 팔면 내 몸도 사용자 통제 아래 들어간다. 법이 보장한 노동 3권은 몸을 판 노동자가 분리할 수 없는 인격과 노동력을 분리해 인격만 보호하겠다는 어설프기 짝이 없는 반쪽권리다.

노동 3권은 취직해 있어야 주장할 수 있다는 결정적 한계가 있다. 취직해 있어도 노조활동을 했다가 일자리를 잃을 우려가 있으면 노조활동을 못한다. 노동 3권은 보편 권리가 아니라 해고위험이 없는 안전한 취업상태에서 누릴 수 있는 조건부 권리가 돼 버렸다.

한국 사용자는 노동자를 법률상 개인사업자인 특수고용 노동자로 만드는 편법을 써서 230만 명이 노동 3권을 누릴 수 없게 했다. 복수노조 창구단일화 제도를 비롯해 노동 3권을 누릴 수 없게 만드는 편법이 늘어났다. 조건부 권리인 노동 3권은 노동자 일부만 누릴 수 있는 제한된 권리다.

인류의 꿈은 "놀자"

"편하게 좀 쉬고 싶다." "회사 안 가고 쉬어도 누가 돈 좀 안 주나?" "즐겁게 세계여행 다니며 즐기고 싶어." "가만히 있어도 꼬박꼬박 임대료 받으며 사는 게 인생 목표야." "놀면서 돈 버는 방법 어디 없을까?" "로또 당첨됐으면 좋겠다." "시골에 집 짓고 조용히 살고 싶어."

살면서 주변에서 듣는 얘기들이다. 공통점은 노동으로부터 해방되고 싶은 욕망이다. 노동해방은 노동운동을 하는 특별한 사람들이 생각하는 목표가 아니다. 다양한 시민과 평범한 일상에서 발견하는 희망이다.

노동해방을 외친 마르크스 사위인 폴 라파르그(1842~1911)는 이미 100여 년 전에 '일할 권리'가 아니라 '게으를 권리'를 얘기했다.[155] 영국 철학자이자 수학자이며 사회평론가로 유명한 버트런드 러셀(1872~1970)은 1930년대에 '게으름에 대한 찬양'을 했다.[156] 1929년 세계공황을 벗어날 정책을 제시한 경제학자 케인스는 앞으로 100년 후 영국은 경제적으로 여덟 배는 잘살게 될 것이며, 원하는 사람은 1주일에 15시간 정도만 일하면 될 것이라고 예측했다.[157] 찰리 채플린은 기계 리듬에 맞춰 기계처럼 일하는 인간의 모습을 영화로 고발했다.

기계가 도입되면 노동을 기계가 대신할 것이며 기술발전이 노동으로부터의 해방을 가져올 것이라는 주장도 있었다. 인공지능 로봇이 등장하면 정말로 노동해방이 될까?

현실은 반대다. 기술이 발전했지만 나쁜 일자리가 늘어나 21세기에 19세기 같은 노동이 늘어났다. 정보통신사회에서 노동시민은 정보통신기계에 묶여 일한다. 온라인 접속 상태를 유지하면서 집 · 거리 · 회사에서도 접속한 사이버공간에 묶인다. 어디에서나(유비쿼터스, Ubiquitous) 접속해 쉬지 않고 일하는 '24시간 사회'를 산다.[158)]

좌파든 우파든 하루 종일 노동에 시달리며 죽을 때까지 일에 얽매이고 싶은 사람은 없다. '기술발전 속도'와 '노동시간 단축 속도' 중 무엇이 더 중요할까. 핵심 기술을 소수가 담당하고 일자리를 로봇이 채울수록 좋은 일자리는 소수에게 돌아가고 다수에게는 나쁜 일자리만 주어진다. 노동시간 단축으로 좋은 일자리를 나누지 않으면 다수는 고통스런 노동을 해야만 한다.

몸 찾기는 계속된다

몸을 지배당하면 모든 것을 지배당한다. 몸 주인이 세상 주인이다. 몸에 대한 자기결정권은 두 측면에서 확장돼야 한다. 첫째로는 노동과정에 대한 결정권이다. 노동과정에 영향을 미치는 모든 것에 노동자가 참여하고 결정할 수 있는 권리다.

생산량은 사용자가 일방적으로 결정한다. 생산량에 따른 노동강도까지 사용자가 결정한다. 생산에 필요한 인원도 노동을 하는 방식도 사용자가 결정한다. 모든 민주주의는 직장의 문 앞에서 사라진다.

노조를 만들어 노동과정에 개입하면 사용자는 인사경영권을 앞세워 반대한다. 경영권이란 법적으로 명확하지 않은 권리다. 자본가가 소유권을 확대 해석해 인사경영권을 주장할 뿐이다.

둘째로는 노동시간 단축이다. 노동력을 상품으로 팔아 몸이 통째로 사용자 통제에 빨려 들어가는 노동속박을 피하려면 노동시간을 줄여야 한다.

세계 노동운동사는 노동시간 단축 역사다. 그러나 인류는 하루 8시간 노동에서 크게 전진하지 못하고 있다. 주 35시간제를 도입했다가 철회한 나라도 있다. 노동시간 단축이 노동으로부터의 해방이나 여가의 확장이 아니라 변형근로를 통한 불안정노동으로 왜곡되기도 한다.

노동과 소유의 행복한 이별

해방을 추월한 속박

1980년대에 노동운동이 활발해지면서 노동자들은 "노동해방"을 외쳤다. 30여 년이 지난 오늘날에는 이런 표현을 자주 쓰지 않는다. 앞에서 살펴본 대로 '노동해방'이 아니라 '일자리'를 원하면서 '노동속박'을 바란다.

21세기에 맞게 노동권이 새롭게 부활하지 않는다면 노동해방을 꿈꾸기 전에 '일자리'에 목맨 사람의 '노동에 속박되기를 바라는 욕망' '영혼을 팔아서라도 취직하고 싶은 욕망'은 사라지지 않는다.

반전을 꿈꾸는 열망도 피어난다. 이솝우화에서 개미들이 열심히 일할 때 놀던 베짱이는 겨울에 거지신세가 되고 만다. 그러나 반전동화에서 베짱이는 개미가 땀 흘릴 때 노래로 즐거움을 더해 주고 겨울에도 개미와 함께 행복하게 산다.

반전속담도 있다. 고생 끝에 즐거움이 온다는 '고진감래(苦盡甘來)'는 고생 끝에 병이 온다는 '고진병래(苦盡病來)'로 바뀐다. "일찍 일어나는 새가 벌레를 먼저 잡는다"는 속담은 "일찍 일어나는 벌레가 먼저 잡아 먹힌다"로 바뀐다.

"아프니까 청춘이다" 따위의 충고에 "아프리카 청춘이다"며 청년 반발이 일어난다. '노동사회'를 넘어 '여가사회' '문화사회'로 나아가자는 주장이 줄기차게 나온다. 여가와 문화도 자본 이익을 위한 상품이라며 문화사회를 비판하는 목소리도 만만치 않다.

해방은 말장난으로 실현할 수 없다. 노동권에 대한 과거 사고방식을 뒤집어야 해방을 실현할 수 있다. 노동권 세 번째 측면, 노동과 소유의 문제를 들여다보자.

노동 없는 소유를 꿈꾼다

자본은 노동과 소유를 분리시켰다. 자본가는 스스로 노동하지 않는다. 자본가는 자기 노동력을 상품으로 팔지 않는다. 그들은 노동으로부터 분리 독립했다. 회사를 경영하고 관리하더라도 자신이 일한 결과보다 더 많은 부를 가져간다.

노동 없는 소유, 즉 불로소득(不勞所得)은 계속 확대됐다. 재산을 물려받아 부자가 되는 상속은 '노동 없는 소유'다. 금융투자자는 노동하지 않고 금융이자나 투자수익을 가진다. 오늘날 주식투자를 비롯한 금융투자를 하는 자본가는 직접 노동하지 않는다. 주식시장 분석 등 금융거래에 신경을 쓰지만 그 이상 이익을 챙긴다. 부동산 투자를 하는 재산가는 부동산 매매차익이나 임대료를 받아 부를 쌓는다.

노동 없는 소유, 노동으로부터의 독립은 단지 자본가에 멈추지 않는다. 주식투자와 부동산 투자가 확산됐다. 재테크는 노동하지 않고 돈 버는 기술이다.

재테크에 뛰어든 사람들에게 한편으로 보면 노동으로부터 벗어나 소유하고 싶은 바람이 들어 있다. 노동으로부터 해방 욕망이 들어 있다. 하지만 재테크는 자기 노동 없이 타인 노동을 착취하는 기술이다. 재테크에는 노동해방 욕망과 노동착취가 뒤섞여 있다.

로또 당첨을 꿈꾸는 복권도 노동 없는 소득이다. 노동 없는 소득의 극단적인 모습은 사기나 도박으로 나타난다.

사회복지는 노동 없는 소유의 또 다른 형태다. 노동을 하지만 임금이 너무 낮아 복지혜택으로 생활비를 지원받는 노동자가 있다. 노동할 수 없거나 노동하지 않는 사람이 받는 사회복지가 있다.

부자의 노동 없는 소유와 시민에게 확산된 재테크는 남 노동 결과를 빼앗는 사적 소유다. 사회복지는 사회가 생산한 결과를 공유한다는 점에서 다르다.

소유 없는 노동

정반대 현상이 눈에 띈다. 노동한 결과 얻는 이익이 없거나 이익이 있어도 소유하지 못하는 '소유 없는 노동'이 있다.

노예는 노동을 하지만 대가를 받지 못한다. 노예 몸은 노예 것이 아니고 주인 것이다. 노예 몸에서 나온 노동 결과도 노예 것이 아니다. 소유 없는 노동이다.

가사노동은 임금이 없다. 가사를 돌보는 주부에게 임금을 주지 않는다. 가사노동 임금지급 문제가 가끔 논란이 된다. 가사노동은 노동력을 자본가에게 팔고 임금을 받는 노동이 아니다. 이 같은 '그림자노동'은 임금을 받지 못하기에 '소유 없는 노동'이다.

사회봉사활동은 노동력을 팔아 임금을 받는 노동이 아니다. 노동이 아닌 '활동'이다. 사회단체나 노조가 채용한 활동가는 근로계약을 맺고 임금을 받는다.

분리 속에 폭탄 있다

노동과 소유 분리로 자본가는 노동 없이 더 많이 가질 수 있고 일하지 않고 탐욕을 채울 수 있다. 그러나 노동과 소유 분리에 폭탄이 숨어 있다.

남의 노동을 쥐어짜는 것을 '착취'라고 한다. 타인이 가진 것을 우월한 지위나 잔꾀를 부려 탈탈 털어 가는 것을 '수탈'이라고 한다. 착취와 수탈은 남의 것을 강제적으로 빼앗는 '약탈'과 무슨 차이가 있을까. 어차피 노동과 소유가 무관하다면 더 많은 소유를 위해 노동하지 않고 착취하는 것이나 수탈하는 것이나 약탈하는 것이 뭐 그리 다르단 말인가.

유럽에서는 한때 노동거부운동이 은행이나 상점을 약탈하는 운동으로 나타났다. 남미에서는 토지점거운동이 일어났다.

노동이 소유권의 근거일 때 땀 흘려 일하고 그 대가를 가지는 '노동규율'을 세울 수 있다. 노동과 소유가 분리되면 이런 도덕이 사라진다.

노동자는 분리 금지

모든 사람이 '노동 없는 소유'를 꿈꾸면 위험하다. 부자는 노동을 착취해 재산을 늘린다. 노동하는 사람이 줄면 불가능하다. 부자가 위험에 처할 가능성이 높아진다.

가진 자는 '노동 없는 소유'를 자신에게만 허용한다. 노동자들에게 분리 독립을 금지한다. "내가 하면 로맨스고 남이 하면 불륜"이라는 전형적인 '내로남불'이다.

복지논쟁을 보자. 진보좌파는 보편 복지를 주장한다. 노동을 하든 연령이 어떠하든 조건 없이 복지를 제공하자고 한다. 보수기득권층은 생산적 복지를 주장한다. 복지를 제공하는 대가로 일을 하도록 만들자고 한다. 공공근로 등 일을 하면 복지를 지급하는 방식으로 노동과 복지를 연결시킨다. 생산적 복지는 선별적 복지나 맞춤형 복지와 같은 다양한 이름으로 변형된다.

부자에게 복지는 자기 몫을 빼앗아 가는 도둑이다. 부자증세에 경멸 · 조롱 · 반감을 드러낸다. 일하지 않는 사람에게 복지 혜택을 주면 '복지병'을 만든다며 난리친다. "일하지 않는 자 먹지도 말라"는 논리를 다시 들이댄다.

이렇게 주장할수록 부자들의 행태는 설명이 안된다. 노동이 자유의 원천이고 소유권 뿌리라면, 왜 회사는 1노동 1표가 아닌가. 1인 1표의 민주주의 사회에서 왜 굳이 기업에서만 1인 다수표제인가.

자본가와 부자 편에 선 언론은 대기업 정규직이 일한 것보다 많이 가져간다고 비난한다. 그러나 누구나 부자가 되고 싶어 한다. 누구나 일을 덜하고 더 많은 재산을 가지고 싶다. 대기업 노동자 탐욕을 비난하지만 자기 탐욕을 어떻게 변명할 것인가.

1원 1표를 사수하라

노동이 자유의 원천이라면 자본가를 포함해 누구든 일하지 않는 자는 자유를 누리면 안 된다. 노동이 소유권의 뿌리라면 일하지 않고 더 많이 가져가는 자본가 재산은 몰수해야 마땅하다. 노동이 인간의 본질이라면 노동하지 않는 그가 자본가든 뭐든 인간이 아니어야 한다.

노동이 자유의 원천이고 생산의 뿌리라고 한다면 정치만이 아니라 기업에서도 노동자든 사용자든 모두 동등하게 한 표를 행사해야 한다. 사장을 뽑을 때도 모든 직원과 관리자가 1인 1표를 행사하는 것이 마땅하다. 자본가에게 끔찍한 일이다.

1원 1표제, 즉 한 푼도 투자하지 않은 노동자에게는 한 표도 주지 않고 1조원의 주식을 가진 자에게는 1조개의 표를 주는 체제를 사수하기 위한 결론은 단순하다.

"돈 놓고 돈 먹기다."

노동이 만물을 창조한다고 믿어선 안 된다. 돈이 돈을 낳는다고 믿어야 한다. 돈이 세상 만물을 창조한다고 믿어야만 한다. 세상은 완전히 뒤집혀 있다. 노동 대신에 돈이 만물을 창조한다. 하느님 대신에 '돈' 신을 섬기는 세상이 됐다.

돈에 역사가 어딨어

자본주의는 자본이 원천이고 뿌리인 자본주의(資本主義)는 말 그대로 자본이 주인인 세상이다. 자본이 없으면 주인이 될 수 없다.

"당신이 투자한 돈은 어디서 났는데? 상속받았다고? 그건 당신 노동의 결과가 아니다. 당신이 상속받은 재산은 타인 노동의 결과다. 투자금을 은행에서 빌렸다고? 그거 전부 노동자들이 노동한 결과고 또 우리가 노동해서 만든 이윤으로 갚을 거잖아."

나는 사용자들을 만나 이런 논쟁 많이 했다. 돈에는 역사가 없다. 숫자만 있을 뿐이다. 돈의 역사는 묻지도 따지지도 말아야 한다. 과거는 묻지 말고 지금 가진 돈이 얼마고 얼마를 투자했는가만 중요하다.

이렇게 기업은 자본주의 원리에 충실하게 1원 1표제를 유지한다. 초등학교 반장선거는 1인 1표제다. 동네 이장선거도 1인 1표제다. 면장도 지방의원도 도지사도 국회의원도 대통령도 1인 1표제인데 기업만 자본주의에 충실한 1원 1표제를 사수한다. 1노동 1표제는 협동조합과 같은 별종의 단체에서만 적용될 뿐이다. 대부분의 기업들과 이런 기업이 다수인 자본주의는 노동과 소유를 분리한다.[159)]

노동과 소유 결합은 진보적일까

자본가는 노동과 소유 분리원칙을 자신에게만 적용한다. 노동자들에게 노동과 소유 결합을 지키라고 한다. 앞뒤가 틀린 주장을 재산권을 보장하는 법으로 정당화하고 국가권력을 통해 유지한다.

자본가나 보수기득권층만 이렇게 주장할까. 아니다. 진보좌파도 만물을 창조하는 노동을 존중하라며 '노동존중사회'를 만들자고 한다. 노동에게 더 많이 소유할 수 있도록 분배하라고 한다. 자본의 '이윤주도 성장'이 아니라 노동의 '소득주도 성장'으로 바꾸자고 한다.

진보세력에게 노동운동은 가장 큰 규모를 가진 지지세력이다. 노조는 자신이 가진 '노동의 힘'을 최대한 강조해야 한다. 노동이 만물을 창조하며 노동이 소유의 근거라고 여긴다.[160)]

과연 노동과 소유를 결합시키는 생각은 진보적일까. 오래전에 분리되기 시작했는데 거꾸로 되돌리려는 퇴행일까.

이별하면 자유다

20세기 국가사회주의는 노동과 소유 분리 사례로 볼 수 있다. 시민은 노동하고 국가는 노동 결과물을 분배한다. 시민은 주인이 아니다. 노동하는 시민 몸에 대한 통제권은 국가가 가진다. 노동과정만이 아니라 노동을 벗어나 거주이전 자유까지 국가가 통제한다.

국가사회주의는 노동을 지배이념으로 삼는다. 그럼에도 노동권 주인인 노동자는 지배당했다. 노동자·민중 국가임을 자처했지만 실상은 그렇지 않았다. 주체 없는 주체의 나라였다.

자본가에게 소유와 노동은 분리돼 있다. 자본가는 노동으로부터 독립해 자기 노력보다 훨씬 많이 가져간다. 노동과 소유 분리를 통해 자유를 얻은 자는 오직 자본가다.

이별 못한 자는 고통스럽다

노동으로부터 독립하지 못한 노동자는 노동에 얽매인다. 마치 폭력을 일삼는 남편과 이혼할 수 없는 매 맞는 아내 같다. 먹고살기 위해 필사적으로 노동을 붙잡고 살아야 한다.

노동시민에게 노동은 생존이다. 실업은 생존 박탈이다. 해고는 관계 단절이고 고립이다. 회사가 어렵거나 경제가 어려워지면 해고된다. 구조조정을 하는 때에는 일자리를 둘러싼 개 밥그릇 싸움이 일어난다. 외환위기 이후 계속된 현실이다.

저성장 시대에는 만성 실업난에 시달린다. 노동시민은 일자리 경쟁에 몰입한다. 학생 때부터 은퇴할 때까지 일자리 싸움, 밥그릇 싸움을 그칠 수 없다.

일자리 싸움에서 밀려나 잉여인간이 된 사람은 착취당하지 못하기에 소득도 없다. 불안정한 알바노동을 하면서 낮은 소득으로 살아야 하는 고통을 벗어나기 힘들다.

헌법과 법률에서 노동 3권 따위를 아무리 보장해도, 노동하지 않으면 생계절벽에 떠밀리는 공포가 사라지지 않는 한 생존과 고용을 위해 노동 3권을 팽개친다. 사용자는 노조 없이 따지지 않고 고분고분하게 일할 사람을 원한다. 노동소득만으로 사는 시민은 일자리 경쟁을 위해 권리를 포기한다. 노동소득이 없는 순간에도 생존의 벼랑에 서지 않을 무언가가 필요하다.

대기업노조는 이중 성공모델

대기업 정규직노조가 있는 회사에 "영혼을 팔아서라도 취직하고" 싶은 사람이 많다. 대기업 입사경쟁률이 엄청나다. 돈을 주고 들어가려다 취업비리가 생긴다.

현대차·기아차 사내하청 노동자는 정규직이 되기 위해 투쟁하고 소송한다. 그냥 잠깐이 아니라 10년이 넘게 정규직을 꿈꾸며 법정에서 소송하고 거리에서 싸운다. 한 대기업 사무관리직은 조합원이 되고 싶다며 현장 생산직으로 보내 달라고 집단행동을 했다. 사람들은 이처럼 '정규직 대공장노조 조합원'을 부러워하고 되고 싶어 한다.

반면에 언론은 대기업 정규직노조를 "귀족노조"라고 비판한다. 관리자처럼 군림하며 비정규직노조를 외면하고 억압하는 정규직에 대해 "정규직 개새끼"라고 욕하는 비정규직을 적지 않게 만났다. 학력 낮은 대기업 정규직 조합원 연봉이 자기보다 높다며 한탄하는 나름 좋은 대학 나온 사람도 봤다. "나보다 못 배운 놈들이 어느새 우리보다 더 편하게 산다"는 심정을 드러낸다.

지방에서 일하는 500명 이하 정규직 조합원 연봉도 노동자 평균보다 높다.

대기업 정규직노조 조합원은 한편으로 부러운 성공모델이고 다른 한편으로 욕먹는 모델이다.

성공모델 자격 있다

중견기업에서 대기업에 이르는 민주노조 조합원들은 노동과 소유를 적절하게 결합하고 분리한다. 상대적으로 하는 일이 쉽다. 노조가 현장을 통제하기 때문에 나름 게으름을 피울 수도 있다. 노동과정에 자기결정권을 어느 정도 가지고 있다.

중견기업과 대기업 민주노조 조합원은 상대적 고임금을 받는다. 일부 조합원은 여유자금을 가지고 재테크를 한다. 식당이나 술집 같은 부업을 하기도 한다.

중견기업과 대기업 민주노조 조합원은 취업해서 노동하지만 고임금과 재테크 등으로 어느 정도 소유한다. 노동과 소유를 결합하지만 동시에 분리한다.

지불능력이 큰 대기업에 다니기에 가능한 일이지만 지불능력이 있는 대기업 노동자 중에 눈치 보면서 시키는 대로 일해야 하는 경우가 적지 않다. 민주노조가 있으면 고임금을 받으며 나름 권리를 누릴 수 있다. 노동조합을 통해 만들어 낸 성과다. 권리를 지키는 노동 3권을 통해 만든 성과다. 노동조합을 성공모델로 삼는 이유다.

욕먹는 이유

현대자동차노조는 1998년 정리해고 당시 식당 여성조합원 277명의 정리해고를 인정했다. 대신 나머지 정리해고 조합원을 무급휴직으로 다시 일하게 했다. 약자를 희생시킨 합의다.

적지 않은 노조가 힘든 일자리는 비정규직으로 채우도록 회사와 합의하고 있다. 정규직은 상대적으로 편한 일자리를 차지한다.

정리해고 투쟁이 격렬했던 곳에서 일부 동료를 해고하는 대신 자기 일자리를 지킨 노동자가 있다. 폭력으로 동료를 쫓아낼 때 방조하거나 외려 적극적인 역할을 한 사람도 있다.

이렇게 비정규직이나 동료를 배제하는 과정을 통해 편한 일자리를 만들고 고용을 지킨 부끄러운 역사가 있다. 욕먹을 만하다.

고용싸움을 노동자가 만들지는 않았다. 다만 그것을 이겨 내지 못하고 순응한 과거는 성찰해야 한다.

이별 못한 자영업자

1인 자영업자는 자신이 사장이고 종업원이다. 자기 자본을 가지고 차린 가게에서 자신이 노동한다. 소유와 노동이 결합해 있다.

2017년 경제협력개발기구(OECD) 보고서에 따르면 한국의 1인 자영업자는 398만2천명이다. 통계에 나온 국가 중 4위다. 전체 600만 자영업자의 3분의 2나 된다. 새로 문을 연 자영업 열 곳 가운데 일곱 곳은 3년 안에 문을 닫는다.

2007년 금융감독원과 통계청에 따르면 자영업자 5명 중 1명은 연간 소득이 1천만 원이 안된다. 소득이 가장 낮은 하위 20%(1분위)의 소득은 890만원이다. 2분위의 평균 소득은 2천409만원, 3분위는 3천989만원이다. 전체 자영업자 60%의 연평균 소득이 4천만 원이 안된다.

노동과 소유가 결합한 가장 나쁜 형태가 자영업자다. 실업·퇴직으로 취업 일자리에서 밀려난 자영업은 현대 프롤레타리아다.

소유와 노동 둘 다 버린 삶

소유와 노동 모두와 분리된 삶이 있다. 누구에게도 노동력을 팔지 않으며 재산 욕심 없이 살아가는 '무소유의 삶'이다.

무소유는 법정 스님처럼 득도한 경지에 이른 사람이 사는 특수한 삶이다. 소유하지 않고 극도로 검소한 생활을 하는 종교인도 있다. 이들은 먹고사는 데 필요한 최소 노동으로 삶을 유지한다.

이 정도는 아니지만 사회운동을 하는 활동가 상당수가 노동력을 사용자에게 팔지 않고 활동한다. 임금이 아니라 활동비를 받는다. 각자의 가치와 지향에 따라 활동한다. 하지만 활동가도 인간이다. 먹고살아야 하고 아이도 키워야 한다. 소득과 소유가 필요하다. 너무 적은 활동비를 받는 시민단체 활동가들이 노조를 만들기도 한다.

25년 전에 개봉한 SF영화 〈데몰리션 맨〉에 첨단기술로 살아가는 지상 인간들과 쥐고기 햄버거를 먹으며 살아가는 지하 인간세계가 나온다. 2013년에 개봉한 SF 영화 〈엘리시움〉에는 지상에 버려진 인간이 살고 어떤 병이든 치료받는 엘리시움에서 살아가는 사람이 나온다. 지상에서 버려진 지하인간, 하늘에서 버려진 지상 잉여인간은 기계보다 못한 처지에 있다. 첨단기술이 가져올 어두운 측면이다.

잉여인간은 영화 속 가상현실이 아니다. 무소유 삶이나 활동가, 사회운동가가 자발적 선택을 했다면 소유와 노동 모두로부터 강제로 분리된 사람도 있다. 바로 실업자다. 취직해 있어도 투명인간이나 잉여인간 취급을 당하는 경우가 있지만 실업자는 소유도 노동도 할 수 없는 잉여인간 자체다.

스스로든 강제든 직업을 구할 생각이 없는 사람이 증가하거나 혹은 직장을 잃은 무업자(無業者)가 늘어나는 '무업사회'에 대한 우려가 제기된 배경이다.[161)]

도약하는 노동권

종자마다 소유방법 다르다

권력종자는 권력이 소유를 결정한다고 믿는다. 신화가 지배하는 시대에 권력자는 전설로 자기 권력을 정당화하고 땅과 음식과 사람을 소유했다. 종교시대에 계시와 은총을 받은 종교집단이나 왕이 재산을 소유했다. 자본주의에 맞서 혁명을 일으킨 20세기 국가사회주의는 국유화를 통한 국가 소유를 기본으로 삼았다. 지금도 권력자는 권력을 이용해 재산을 모은다. 부정부패다.

이익종자에게는 돈이 깡패다. 돈 놓고 돈 먹기를 한다. 가진 자가 투자하고, 투자한 자가 소유한다. 단지 상속받은 재산으로 소유가 결정되면 신분세습사회가 되니까 다른 장치를 통해 소유를 정당화한다. 바로 시장이다. 시장경쟁에서 이긴 자는 더 많이 소유하고, 지면 빈털터리가 된다. 많이 갖고 싶으면 시장경쟁에서 이기라고 한다.

권리종자는 다르다. 사회 합의로 소유 여부를 결정하기를 바란다. 노동이 만물을 만드는 원천이라는 점을 인정한다. 그러나 노동하는 자만이 소유하면 노동할 수 없는 자에게 권리가 없다. 돈 가진 자만이 투자하고 이윤을 가지면 돈 없는 사람은 영원히 소유할 수 없다. 모든 부는 노동하는 사람과 소비하는 사람이 함께 만든다. 모든 부는 투자자만이 아닌 생산자와 소비자를 포함한 사회가 만든다. 권력과 이익은 배타적이지만 권리는 상호 공감을 바탕으로 한 포용과 개방을 생명으로 한다. 권리종자는 배타적 사적소유가 아니라 개방적인 공유를 넓히기를 원한다.

사회임금은 벽 넘는 방법

임금노동에 의존하는 노동자는 노동으로부터 분리 독립이 불가능하다. 개별임금, 기업별 임금을 넘어선 사회임금이 필요하다.

실업자와 퇴직자를 위한 사회보장제도는 개별임금에 의존하지 않고 생활을 유지할 수 있도록 하는 사회임금이다. 최저임금은 법적으로 모든 노동자에게 적용

된다. 지불능력이 큰 회사에서 임금을 올리는 문제보다 최저임금을 올리는 것에 대한 관심이 높아졌다. 노조들도 적극 나서고 있다. 개별임금이나 기업별 임금을 넘어 사회임금을 올리기 위한 노력이다. 노동을 하지 못하거나 저임금으로 사는 사람에게 적용하는 각종 복지는 사회임금이다.

첫째로 사회임금은 공포를 완화하고 노동권을 지키는 조건이 된다. 노조 있는 회사에서 해고 공포 때문에 노조를 버리지 않으려면 해고를 못하게 막아야 한다. 설사 실업자가 돼도 고용보험으로 일정 기간 생계를 유지할 수 있어야 한다. 고용보험은 더 확대해야 한다. “해고는 살인”이 아니라 “해고는 잠시 불편” 정도로 여길 수 있어야 실업 공포와 일자리 다툼을 넘어설 수 있다.

둘째로 사회임금은 기업규모 · 고용형태 · 취업유무를 넘어 노동시민을 단결시키는 방법이다. 기업별 임금만 올리다 보니 노조가 있고 지불능력이 있는 대기업을 중심으로 임금이 올라갔다. 노동자 임금격차가 더 커졌다. 이를 상쇄할 수 있는 방법이 최저임금 · 고용안전망 · 사회복지다.

노조 자율기금

민주노총 금속노조는 노조활동을 하다 해고당할 경우 임금을 보전하는 신분보장기금이 있다. 노사갈등이 장기화하면 생계를 보완하는 투쟁기금을 모은다. 이런 기금을 1년에 10억 원 이상 쓴다.

금속노조 중앙 기금으로 부족하기 때문에 각 지부별로 별도 기금을 걷는다. 노조활동으로 인해 해고될 때 생계를 보조한다. 2012년 금속노조 경기지부는 노사가 충돌해 직장폐쇄를 했던 에스제이엠 조합원이 임금을 받지 못하자 다른 사업장 조합원들이 한 달에 2만 원씩 기금을 걷어 지원하기로 결정했다. 생계불안을 줄이려는 조치다.

이런 기금이 노조활동으로 인한 징계 · 해고 위험에 처한 노동자에게 도움을 준다. 노조할 권리를 돈 때문에 포기하지 않도록 보완하는 상호부조다. 노동 3권을 지키려면 기업에 얽매인 임금 이외의 기금이 필요하다.

노조의 자율적 연대기금만이 아니라 휴직이나 실업을 당하면 받는 고용보험과 각종 사회복지도 사회기금이다. 튼튼한 사회복지는 실업 공포를 줄인다. 노동 3권을 포기하지 않도록 지탱하는 안전망이다.

사회복지는 왜 멀까

기업별 임금 · 복지는 회사 지불능력과 노조활동에 영향을 받으며 해당 기업에 다니는 사람만 적용받는다. 사회임금은 전체 노동시민을 위한 기금이다.

민주노조가 노조를 지키기 위한 투쟁은 열심히 하지만 노동권을 지킬 수 있는 고용안전망 · 사회복지를 강화하는 데 적극적이지 않은 이유는 무엇일까.

사적 소유를 넘지 못한 의식의 한계가 있다. 내 임금을 민감하게 여기지만 사회임금을 중요하게 생각하지 않는 편이다. 노조가 기업 틀에 갇혀 있는 구조도 문제다. 민주노조운동에 영향을 미치는 계급혁명론도 영향을 미친다. 자본주의를 뒤엎어야 하는데 사회복지를 늘리면 프롤레타리아 저항이 약화한다고 생각한다. 복지가 자본주의를 유지하려는 반동적 조치라고 생각하는 활동가가 아직 있다.

훨씬 중요한 원인이 있다. 기업별 임금 · 복지는 노조가 직접 개입한다. 노동조건 개선과 임금인상이 어려운 기업이 아니라면 노조가 임금과 복지기금을 얼마로 할지 영향력을 행사한다. 반면 사회임금 · 사회복지는 몇 개 노조가 개입해 바꿀 수 없다.

노조에게 기업별 임금 · 복지는 눈앞에 잡히는 현실이고 사회임금 · 사회복지는 멀리 있는 비현실이 된다. 기업별 임금 · 복지는 자율적 권리로 생각하고 사회임금 · 사회복지는 국가가 주도하는 타율적 복지로 생각한다.

사회기금 주인 되자

노동자에게 비현실로 보이는 사회임금과 사회복지를 현실적 문제로 바꾸는 길이 있다.

첫째는 노조가 사회기금에 적극 개입해 노동자에게 실제 유용하게 쓰는 사례를 만들어야 한다. 가령 취업을 알선하고 고용을 높이기 위해 설치한 전국 고용센터는 고용보험기금을 쓴다. 노사가 낸 돈을 쓰는 고용센터를 정부가 운영한다. 기금을 낸 노동자는 배제되고 엉뚱하게 정부가 통제한다. 이런 영역에 노조가 참여해 통제권을 발휘할 필요가 있다.[162)]

둘째는 기업을 넘어 연대하고 기업을 넘어서는 조직구조를 갖춰야 한다. 한국 노조운동은 이를 위해 기업별 노조에서 산업별 노조로 바꾸려 애써 왔다. 지역별 · 세대별 노조도 생겼다.

기업별 복지 · 임금에 의존할수록 민주노조는 임금차별 · 고용차별 · 격차사회를 만드는 주범이 된다. 기업임금을 올릴수록 임금격차가 늘어나기 때문이다.

민주노총을 비롯해 한국 노동조합은 최저임금문제에 관심을 보이며 최저임금 인상캠페인을 하고 있다. 이를 확장해 사회임금 · 사회복지를 늘려야 한다.

복지논쟁 틀렸다

이익종자에게 복지는 강탈이다. 내 재산을 세금으로 빼앗아 가는 도둑처럼 생각한다. 재산을 보호해야 할 국가가 사유재산을 빼앗아 다른 사람에게 나눠 주려 한다고 반발한다. 부자양반을 털어 가난한 백성에게 나눠 준 홍길동과 귀족을 털어 가난한 사람에게 나눠 준 로빈 후드는 양반이나 귀족에게 도적으로 보인다. 이를 흉내 내는 국가도 도둑처럼 여긴다.

권력종자에게 복지는 시혜다. 권력을 잡기 위해 복지혜택을 공약으로 내세운다. 권력 정당성을 얻기 위해 복지를 활용한다. 박탈감을 느낀 약자들의 저항을 누그러뜨리고 표를 얻기 위한 수단으로 사용한다. 박근혜 정부는 복지공약을 내걸고 당선된 후 지키지 않아 비판을 받았다.

권리종자에게 복지는 권리다. 사회공동체 구성원 생존권과 행복할 권리를 위해 복지가 필요하다고 생각한다. 복지는 돈을 나눠 주는 분배 문제 이전에 시민을 권리주체로 인정하고 주인이 되도록 촉진하는 문제다.

복지국가 모델로 자주 얘기하는 북유럽은 계급투쟁 타협의 산물로서 복지국가가 등장했다.[163] 한국 사회는 노동자를 비롯한 시민 권리가 취약하고 2차 관계나 3차 관계에 비해 4차 관계가 약한 '기울어진 운동장'이다. 기울어진 운동장을 바꾸지 않고 복지국가를 완성하려는 시도는 개꿈이다.

균형이 필요하다

노동자는 노동에 묶여 있다. 부자는 노동으로부터 분리됐다. 한쪽은 노동에 속박되고 다른 한쪽은 남의 노동을 착취하는 '노동과 소유 분리'는 답이 아니다.

무소유 · 잉여인간 · 무업사회 같은 노동과 소유 모두로부터 분리된 사람이 늘어나도 바람직하지 않다.

노동과 소유는 적절하게 결합돼야 한다. 일할 능력을 가진 사람은 노동하되 노동시간을 줄여 일자리를 나눠야 한다. 불로소득을 줄이고 타인 노동을 착취해서 쌓은 재산을 복지를 통해 나눠야 한다.

노동과 소유 균형에 길이 있다. 불균형은 장벽이다. 소유권이 강하고 노동권이 약한 사회, 사적 소유는 강하고 공유는 약한 사회에 조화는 없다.

두 편향 넘자

'공유하지 않는 자기결정권'을 누리는 사회가 자본주의다. 재산을 가진 자본가는 노동으로부터 자유를 누리고 사유재산에서 나오는 힘으로 권세를 누린다.

재산을 공유하지 못한 노동자는 일에 집착한다. 일자리를 중심에 둔 사회는 편향에 빠진다. 노동이 욕망이 되면 일자리를 늘리기 위해 경제성장을 추구한다. 성장은 필요하지만 성장이 목적이 될 때 탐욕을 낳는다.

'일자리 이데올로기'에 빠진 노동시민은 "회사가 살아야 노동자가 산다"는 생각에 갇힌다. 성장이 없으면 누군가를 잘라 일자리에서 배제하는 일자리 다툼을 당연하게 만든다. 생존 목구멍이 노동권까지 삼킨다. 전체 노동시민 권리는 약화된다. 사적 소유 욕망, 일자리 싸움, 성장론이 결합돼 내면화된다. 한국 노동운동 역사에서 확인한 사실이다.

반대로 '자기결정권 없는 공유'는 국가권력이 세상을 좌우하는 전체주의로 흐른다. 20세기 국가사회주의는 재산을 국가가 소유했다. 개인에게 자기결정권이 없는 권력사회는 망했다.

'공유 없는 자기결정'은 자본주의 특징이고 '자기결정 없는 국유'는 20세기 실패한 국가사회주의 특징이다. 두 편향을 넘는 대안사회를 생각하자.

권리는 공감과 함께 자라나 시민을 자력화한다. 노동권은 공유와 함께 자라나 노동시민이 자결권을 갖게 한다. 시민권으로서 노동권이 실현되는 대안사회를 생각하자.

공유와 자결

노동권에는 세 가지 수준이 있다. 첫째로 생존을 위해 일할 권리가 가장 낮은 수준이다. 둘째로 조건적이고 제한적인 반쪽 권리 노동 3권이 있다. 셋째로 노동과정에서 자기 몸에 대한 결정권과 사회적 부를 나눌 권리인 공유권이다.

한국 사회 90%에 이르는 노동시민은 취업하지 못한 실업상태에서 취업을 했지만 불안정노동과 저임금에 시달리며 생존권이 수준 이하에 머물러 있다.

노조에 가입한 10% 미만 노동자는 노동 3권을 누리며 임금교섭이나 근로조건

교섭을 통해 회사에서 어느 정도 권리를 누린다. 노조에 가입한 10% 중에서도 파업을 해 보지 않는 경우가 절반을 넘는다. 실제로는 노동 3권이 아닌 노동 2권 정도를 누리고 있다.

더 높은 수준에 이른 노동자는 생산현장에서 생산량이나 업무량에 대해 어느 정도 재량권을 가진다. 사용자가 일방적으로 결정하지 못한다. 상대적으로 높은 임금을 받으며 복지혜택을 꽤 높은 수준에서 누린다. 중견기업이나 대기업노조 조합원이 이에 해당한다.

아무리 큰 대기업노조라고 해도 경영에 참가해 중요한 결정을 함께하는 수준은 아니다. 비교적 높은 기업복지 혜택은 대기업 노동자에게 국한돼 있다.

상황에 따라 각 기업 노동권 수준은 변한다. 대기업 정규직이라고 하더라도 구조조정이 몰아치면 노동권은 생존권 수준으로 하락한다. 한국 사회 전체를 보면 노동권 수준이 매우 낮다.

21세기에 노동권은 생존권과 노동 3권을 넘어야 한다. 몸에 대한 자기결정권과 공유권이라는 공동체 시민으로서 누려야 할 두 가지 사회권이자 시민권으로 도약해야 한다.

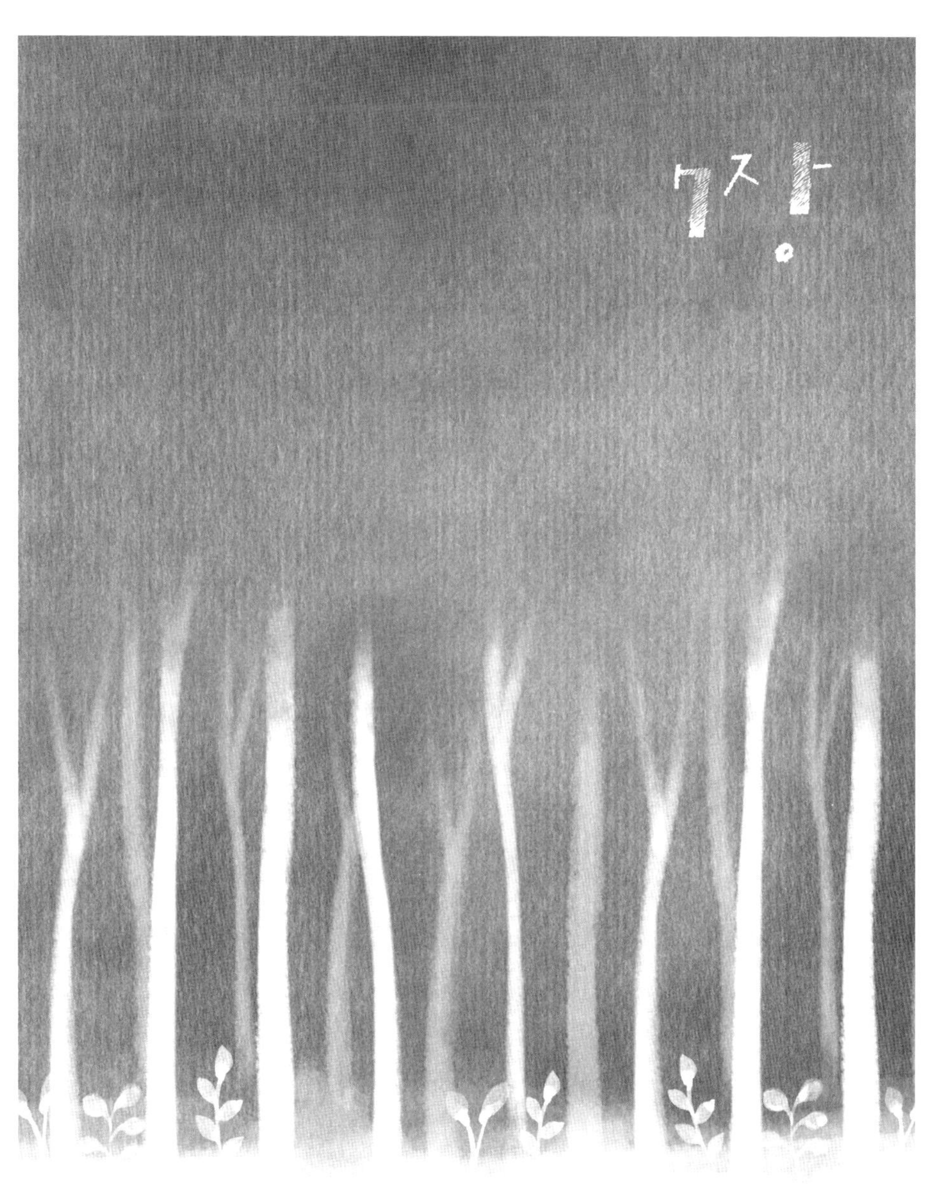

발명하지 말고 발견하자

공감사회를 원한다

사회에 색깔이 있다

평화학자 요한 갈퉁은 인권을 색으로 구분했다. 그의 저서 〈평화적 수단에 의한 평화〉에서는 경제학파를 '청색학파' '적색학파' 등 색깔로 구분한다. 이 분류방식을 '사회체제'에 적용할 수 있다.

'청색사회'는 시장과 자본이 지배하는 사회다. 미국이 대표 사례다. '적색사회'는 국가권력이 지배하는 사회다. 구소련이 대표 사례다. '녹색사회'는 시민사회가 중심인 사회다. 아직 개발이 덜 되고 자연환경이 비교적 덜 훼손된 제3세계가 대표적이다. '분홍사회'는 '청색+적색+녹색'이 결합된 사회다. 북유럽 사민주의가 여기에 속한다. '황색사회'는 청색과 적색이 결합된 사회다. 시장과 국가, 자본과 국가 결합이 중심인 사회다. 일본 · 한국 · 대만 · 싱가포르 · 중국을 비롯한 동아시아를 사례로 든다. 요한 갈퉁은 '녹색+분홍+황색'이 결합된 것을 '절충' 혹은 '무지개색'으로 표현하지만 복합적이기에 현실 사례가 없다.

갈퉁은 "유일신(시장이든지 계획이든지)을 믿는 청색 및 적색체제들은 단독으로는 너무 취약하다"고 했다.[164] 미국은 시장과 자본을 유일신으로 하는 사회를 세계에 전파했다. 그러다가 금융위기처럼 반복적 위기에 빠지곤 한다. 국가 중심인 소련은 망했다.

흑색사회

한국 사회는 '재벌공화국' '삼성공화국' '기업하기 좋은 나라'로 불린다. 경제발전을 위해 기업에 최대한 자유를 줬다. 자본권력이 강한 '기업권력의 시대'를 거쳐 왔다. 청색사회 측면이다.

산업화 시대는 '개발독재국가'였다. '군사독재'는 국가권력 중심 사회다. 한참 지나 서열화된 권력이 일상에 퍼져 '갑질공화국'으로 나타났다. '혐오사회'는 약자에 대한 공격이 일상이 된 뒤틀린 관계를 방증한다. 권력이 지배하는 적색사회이자 정글 같은 '야생사회' 모습이다.

청색과 적색이 섞인 외환위기 이후 '실업사회' '무업사회' 등은 노동권이 약화되고 기업권력이 강화된 모습을 표현한다. '불안사회'는 불안정 노동 확산과 삶 전체가 불안한 현실을 드러낸다. '자살공화국'은 죽어야 고통이 끝나는 현실을 보여주는 표현이다. 한국은 갈퉁이 말한 '황색사회'를 넘어 죽음을 상징하는 '흑색사회'가 됐다.

'한강의 기적'을 되새기며 강조하고 싶은 사람이 적지 않지만 고도성장 신화는 흘러간 추억이다. 세계화된 '한류'를 강조하면서 애써 희망을 불어넣으려는 노력도 있었다. 아직 세계적으로 정확한 개념으로 인정받지 못한 '4차 산업혁명'을 요란하게 떠들면서 다시 성장을 갈망하기도 한다. 그러나 한국 사회 현실을 가장 통렬하게 비판하면서 다른 이름을 압도했던 명칭은 '헬조선'이다.

공감사회

가족주의 · 혈연주의 · 민족주의 등은 혈연을 매개로 한 1차 관계 중심 사회를 만든다. 부족사회나 씨족사회는 국가가 발전하기 이전 사회다. 현대에도 가부장적 권위주의 사회가 있다. 다른 인종이나 민족을 배제하는 사회도 있지만 세계화에 따른 이주민이 증가하고 있다.

2차 관계가 중심인 사회는 이익 중심, 시장과 경쟁, 자본권력 중심 사회다. 이미 우리는 이런 사회에서 살고 있다. 청색사회다.

3차 관계 중심 사회는 국가권력이 중심인 사회다. 갈등은 국가권력이 중심인 소련을 사례로 들었다. 한국에서는 군사독재로 나타났다. 3차 관계가 중심인 적색사회 모습이다.

4차 관계가 중심인 사회는 시민 힘이 강하고 권리를 중요하게 여기는 사회다. 권리는 배제가 아니라 타인의 고통과 기쁨을 함께 느끼는 공감에 기초한다. 튼튼한 4차 관계로 저마다 권리가 실현되는 '공감사회'로 나아가자.

'헬조선'이라는 이름이 널리 퍼진 이유는 경쟁·갑질·혐오·자살 등 고통에 대한 공감이다. 사회의 비판과 성찰을 불러온다. 이런 공감이 바탕이 돼 적폐청산을 원하는 거대한 탄핵촛불운동으로 이어졌다. '공감사회'로 나아갈 수 있는 역량을 보여준다.

4차와 노동

지금은 이익 중심인 자본, 권력 중심인 국가가 너무 강하다. 적색 노동권과 녹색 환경권을 비롯한 권리 중심 시민관계가 강해져야 한다. 자본권력·국가권력에 눌리지 않고 다양한 색깔의 권리가 조화를 이루는 '균형사회'가 바람직하다.[165] 시장과 국가에 비해 약한 권리주체인 시민관계가 훨씬 강해져야 한다. 권리 중심 4차 관계를 강화하고 넓혀야 '대안사회'를 실현할 수 있다.

일생에서 가장 오랫동안 하는 것은 무엇일까? 2016년 OECD 통계에 따르면 한국인 하루 평균 수면시간은 7시간41분으로 조사 대상국 평균보다 40분 정도 짧다. 대신 2016년 한국인의 1인당 연평균 노동시간은 2,069시간으로 멕시코 다음으로 길다. 한국인에게 노동은 큰 비중을 차지한다. 노동이 바뀌지 않으면 삶이 바뀌지 않는다.

인생에서 가장 오래 머무는 곳은 집이다. 직장도 인생에서 오래 머무는 곳이다. 직장이 바뀌지 않으면 세상이 바뀌지 않는다.

사회구성원 중 다수는 노동하는 시민이다. 사회가 바뀌려면 시민이 바뀌어야 한다. 시민 가운데 다수를 차지하는 노동시민이 바뀌지 않으면 사회는 근본적으로 달라지지 않는다.

과거 계급혁명을 위해 노동계급의 우월성을 주장한 이론들은 빛을 잃었다. 이제 노동자는 별 의미 없는 존재일까.

아니다. 오히려 21세기 현실에서 새롭게 발견돼야 할 주체다. 인간의 가장 많은 활동인 노동, 많이 머무는 공간 중 하나인 직장, 사회구성원의 다수를 차지하는 노동시민이 바뀌지 않으면 삶도 사회도 바뀌지 않는다.

직장은 아직 독재 영토

직장은 생계유지를 위한 터전이자 각자 노동을 통해 자기실현과 사회에 기여하는 마당이다. 그러나 "모든 민주주의는 직장 문 앞에서 멈춘다"는 말이 있다. 회사 인간관계는 민주적이라고 할 수 없다.

자본가는 재산 소유권을 가지고 노동으로부터 분리됐지만 노동자는 유일한 재산인 노동력을 팔아 노동에 속박된다. 불평등한 시작 때문에 근로계약은 불평등한 계약이다. 삼각관계 주도권을 쥔 사용자에 휘둘린다.

기업은 위계적 권력서열과 엄격한 명령체계를 가지고 있다. 대규모 기업은 군대를 닮아 있다. 군대를 배워 회사 조직에 적용했다.

"생각하고 결정하는 일은 최고위층에서 이뤄졌으며 이는 다시 명령의 사슬을 통해 위에서 아래로 전달되었다."

"대규모 조직의 유일한 모델은 군대였다. 최초로 현대적 철강 공장을 설립한 앤드루 카네기는 최측근을 파견해 프로이센 군대의 조직구조와 의사소통 체계를 연구하게 한 다음, 많은 원칙을 자신의 회사에 적용했다."[166]

기업이 수평 조직원리를 도입한다고 하지만 아직도 중심원리는 수평이 아니다. 연구직 · 사무직 · 생산직을 포함해 '회장-사장-임원-부장-차장-과장-대리-사원'으로 이어진 위계질서를 가진다. 대부분 회사가 위계질서에 따라 임금을 차별한다.

다단계 삼각관계를 다루면서 이미 확인했듯 산업은 수직 위계질서를 그대로 드러낸다. 재벌대기업 원청사가 피라미드 꼭대기에 있고 1차, 2차, 3차로 이어지는 수직 하청계열 구조다. 정치는 1인 1표라는 민주적 형식을 띠고 있지만 경제는 1원 1표의 경제원리를 유지하고 있다. 이런 원리에 둘러싸인 직장에서 사용자가 시공간을 통제한다. 직원은 노동과정에 대한 결정권이 약하다. 분배 참여도 제한돼 있다.

노조는 관계를 바꾼다

"오늘날 (미국에서) 노동조합은 누구나 아는 것처럼 세력이 기울어 가고 있다. 1950년대에 민간기업 노조조직률이 최고 38%까지 올랐지만 지금은 9%로 떨어졌다."

"노조가 쇠퇴했다는 소식은 노조파괴 전문가와 월스트리트의 금융중개인, 중소업체 경영자들의 환호성을 자아낸다. 서로 죽기를 각오하고 싸우는 전쟁에서 얻은 기념비적 승리였다."[167)]

한국에는 노동자 권리를 위한 노동상담소 · 노무법인, 노동문제를 다루는 로펌 등이 있지만 노동자가 참여하기 어려운 데다, 전문가 중심이다.

노동연구단체 · 노동자단체 · 노동자 정치조직 등 다양한 관계가 있지만 노동조합만큼 다수 노동자가 직접 참여하기 어렵다.

20세기 초반 계급혁명 이론에 따라 노조가 아닌 노동자대표자회의(노동자소비에트) 같은 노동자조직이 등장하기도 했다. 한국 노동운동에도 유사한 발상으로 현장활동가대표자회의나 노동운동 정파조직을 만들었다. 대부분 힘을 잃거나 노조에 부분적 영향만 미치고 있다.

노동조합은 일과 직장에서 관계를 바꿀 수 있는 사회집단이다. 불평등 수직관계에 있던 노동자가 노조를 만드는 순간 노사관계는 대등한 수평관계를 향해 간다.

노조는 시민단체와 다른 특징을 가지고 있다. 첫째로 노조는 직접적이다. 권리를 요구하는 대상에 직접 영향을 미친다. 노조는 사용자와 같은 회사에서 일하며 부딪친다. 요구를 처리하는 과정과 결과를 확인하기 쉽다. 시민단체는 요구 상대와 같은 공간에 있지 않다. 노동단체도 노조만큼 영향을 미치지 못한다.

둘째로 노조는 친화적이다. 노조는 일터인 직장을 기반으로 활동한다. 대부분 노조사무실이 일터에 있다. 시민단체는 일터와 분리돼 있다. 노조는 가장 많은 시민이 거리감 없이 가입할 수 있는 자치조직이다.

셋째로 노조는 참여적이다. 노조 파업은 남이 대신할 수 없다. 조합원이 해야 한다. 시민단체 회원은 직장에 묶여 있는 탓에 노동시간 이외 시간에 활동한다. 반면 노조는 일터에서 일하는 시간에 활동할 수 있다. 조합원 교육은 근무시간에 직장에서 한다. 노동강도 · 노동시간 · 산업재해를 비롯한 노동건강은 노동과정의 문제다. 조사 · 의견수렴 · 교섭 · 현장투쟁 · 파업은 노동시간에 노동현장에서 벌이는 활동이다.

넷째로 노조는 제도적이다. 전 세계 노동자 투쟁 과정에서 탄생한 노동법과 제도가 있다. 때론 노동법이 개악되기도 하지만 단결권, 교섭권, 행동권은 헌법과 법률이 보호한다.

다섯째로 노조는 권리학교다. 노조는 가장 많은 시민이 가장 지속적이고 대규모로 권리 주인으로 성장할 수 있는 학습장이다. 노조는 공감능력을 키우고 권리를 위한 4차 관계를 맺는 가장 넓은 토양이다. 이런 측면을 보여주는 주장 하나를 보자.

"그들이 노조원이면 그들의 정치성향은 좌파에 가깝다. 이것은 해당 노조원들이 노조 지도자들과 거의 접촉이 없는 경우에도 마찬가지다. 단순히 노조원이라는 사실 하나만으로도 그들이 정치를 바라보는 방식에 변화를 주며 보수 반동세력의 교란에도 흔들리지 않게 한다. 여기서 그들이 어떤 가치관을 가졌느냐 하는 것은 그다지 중요하지 않다."[168)]

제대로 활동하는 노조라면 이 말이 맞다. 이런 조건을 갖춘 노조는 직장에서 인간관계를 바꾸는 관계혁명을 일으킨다.

모든 국가 모든 노조 조합원이 이럴 순 없다. 모든 노조가 관계혁명 주체로 발전하지 못한다. 걸림돌이기 때문이다.

갈등하며 유혹받는다

조합원은 일터에서 사용자와 함께 일한다. 관리자와 노동자가 일하는 공간이 같다. 공간은 같지만 사용자 이익과 노동자 권리는 충돌한다.

갈등하는 상대와 떨어져 있으면 긴장은 낮다. 갈등하는 상대와 한집에서 살면 긴장이 높다. 노사는 한 배에 타고 있지만 갈등하는 오월동주(吳越同舟) 처지다. 노조는 권리를 요구하는 상대와 떨어져 있는 시민단체와 달리 직접적 · 일상적 · 지속적 압력을 받는다.

노조는 1장에서 말한 '간섭효과'와 5장에서 지적한 이익과 권력의 '이중유혹'을 받는다. 노조는 정파나 정당이 지지기반으로 삼으려는 권력으로부터 유혹을 받는다. 유혹에 넘어가면 정파노조나 정치노조가 된다. 더 강하고 질긴 유혹은 2차 관계에서 오는 이익유혹이다.

첫째로 회사는 이윤을 중심에 둔 관계다. 사용자는 직원이 이익에 충실한 인간이 되기를 원한다. 회사가 더 많은 이윤을 남기도록 헌신하는 종업원을 원한다. 더 적은 비용으로 더 많은 재화와 서비스를 생산하는 직원을 원한다. 이런 직원에게 상을 주고 뒤처진 직원에게 불이익을 준다. 조합원은 이런 회사관계에 둘러싸여 있기에 이익종자가 되라는 유혹을 받는다.

둘째로 성 밖에 있는 적보다 성 안에서 일어난 반란이 훨씬 위협적이다. 같은 공간에 있는 노동자들의 반란은 사용자에게 위협적이다. 사용자에게 외부 시민단체 압력보다 노동자 압력이 직접적이고 치명적이다.

자본가는 내부 반란을 차단하는 데 힘을 기울인다. 노조를 만들지 못하도록 차단한다. 무노조 방침을 가진 삼성그룹이 대표 사례다. 노조를 만들려는 움직임에 즉각 대응하는 그룹 차원의 비상대응체계를 갖고 있다. 2012년 폭로된 'S그룹 노사

전략' 문건은 이를 잘 보여준다.

노조가 있는 회사는 노무관리부서를 강화한다. 사용자는 일부 노조간부를 매수하기도 하고 조합원이 외부연대보다 자기 몫만 챙기는 온건실리주의로 가도록 유인한다.

이런 직접적 · 일상적 · 지속적 유혹을 넘어서지 못하면 노조는 권리를 위한 관계가 아닌 자기이익을 챙기는 이권조직으로 변한다.

이미지 공격 넘자

한국 시민 다수가 노조 필요성을 인정한다. 2017년 노사관계 의식조사 결과에 따르면 85.5%의 국민이 노조 필요성에 공감했다. 반면 고용안정이나 비정규직 보호 등에서 별 역할을 못한다고 느낀다. 노조 영향력이 커질 것이라는 데 26.3%만 동의했다.[169)]

노조는 일상적 · 지속적인 노사갈등 때문에 '투쟁'을 피할 수 없다. 이런 이유로 과격한 이미지를 만들 가능성을 안고 있다. 이익을 얻으려는 유혹이 있기에 '이기적 집단'이 될 가능성도 있다.

권력종자 · 이익종자는 노조를 싫어한다. 권력종자에게 비판적인 노조가 성장할수록 지배할 수 있는 시민과 지배로 누릴 수 있는 권력이 줄어든다. 이익종자인 사용자가 배타적으로 소유할 양이 줄어든다. 권력종자와 이익종자들은 노조를 향해 '과격집단' '이기적 집단'이라는 이미지를 덮어씌운다.

시민은 빈부격차 해소, 비정규직 문제 해결, 고용안정을 위해 노조가 필요하다고 생각한다. 그러나 과격하다거나 이기적이라는 나쁜 이미지도 동시에 가진다. 시민이 가진 이중감정이다.

이중감정은 상황에 따라 격렬한 모습으로 드러난다. 노조가 있는 대기업에 들어가려는 사람이 돈을 써서 입사비리를 저지르고, 일부 조합원은 이권을 챙기려 노조집행부 장악 경쟁을 벌인다.

반대로 노조의 나쁜 이미지를 부각하는 "빨갱이" "폭력집단" "부패집단" "회사를 망하게 하는 집단" 등으로 공격하는 모습도 격화된 이중감정을 보여준다. 일터와 사회관계를 바꾸는 노조로 발전하려면 이런 이미지를 넘어서야 한다.

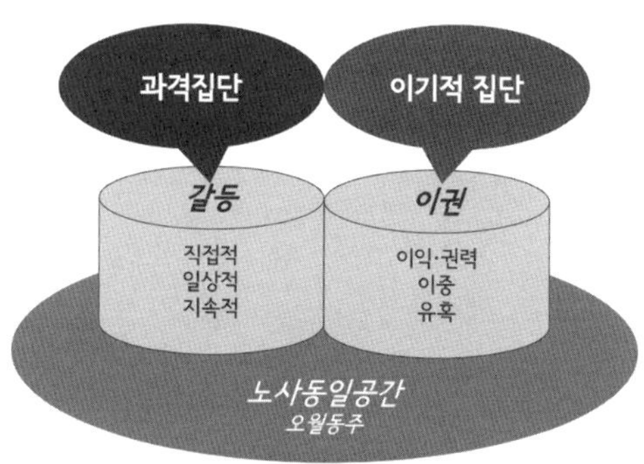

민주노조 시대는 지났다

시대가 바뀌었다

한국 사회는 역동적이다. 60~70년대의 '산업화 시대'에 "잘살아 보자"는 마음으로 고도성장을 이뤘다. '한강의 기적'이라는 신화를 낳았다.

80년대에 경제성장을 바탕으로 군사독재에 맞서 민주화를 요구하는 '민주화 시대'를 맞았다. 재벌은 성장했으나 군사독재는 무너졌고 민주주의가 확산했다.

97년 외환위기와 함께 새 시대가 왔다. '실업의 공포'가 사회를 휩쓸었다. 기업과 권력은 경제위기 탈출을 위해 '기업하기 좋은 나라'를 외쳤다. 노동시장 유연화와 함께 불안정노동을 확산시켰다. 21세기 초 '양극화 시대'가 됐다.

2008년 금융위기를 겪고 2010년대를 지나고 있지만 상황은 크게 바뀌지 않았다. 오히려 '헬조선'이라고 느낄 정도로 악화했다. 세계 경제와 한국 경제는 '저성장 시대'를 벗어나지 못하고 있다. 지금은 민주노조가 탄생한 민주화 시대가 아니다.

기업조직 변했다

또 하나의 미국 상징인 맥도날드는 표준화된 맛을 만들기 위해 합리화를 앞세워 관리하고 통제하면서 세계 각지로 뻗어 나갔다. 종업원은 말단에서 기계처럼 일하다 그만둔다. 저임금 · 저기술 · 중노동 · 장래 없는 노동을 '맥도날드에서 하는 일(Job)'이라는 의미로 '맥잡(McJob)'이라 부른다. 먹은 쓰레기를 직접 치워야 하기에 '고객이 일하러 가는 식당'으로 불린다.[170)]

우리가 자주 가는 패스트푸드업체인 버거킹 · 피자헛 · KFC · 던킨도너츠는 물론이고 가구판매업체인 이케아도 맥도날드 방식으로 운영한다. 롯데리아를 비롯한 한국 기업은 맥도날드를 벤치마킹 한다.

고도성장 시대에나 있던 대규모 공업단지는 좀처럼 생기지 않는다. 기업은 거대 공장을 짓기보다 외주공장에서 부품을 공급받는다. 외주공장은 대규모 공장에서 탄생한 대기업노조를 피해 노동자를 작은 단위로 분리 통제하는 유력한 방법이다. 대기업노조는 조합원 힘으로 회사를 압박하고 생산라인 일부만 정지시켜도 전체 생산에 영향을 줄 수 있다. 중소규모 공장들로 쪼개 놓으면 한 곳에서 파업을 하더라도 다른 공장에서 생산하면 큰 영향이 없다. 중소·영세기업 노조 힘은 약하다.

기업은 글로벌 네트워크를 갖췄다. 국내물량 이동을 넘어 국경을 넘나들며 생산물량을 옮긴다. 저항하는 노동자가 있으면 다른 나라에서 대체생산을 한다.

기업은 플랫폼과 글로벌 네트워크로 변하고 있다. 제조업체는 연구개발·디자인·판매 등 소프트파워를 집중시키고 국내외 외주공장 네트워크를 통해 생산한다.

밀집되고 집중된 대공장이나 공단을 중심으로 노조를 만들어 강력한 협상력을 발휘하는 노조는 몇몇 대기업에 불과하다. 네트워크화된 하청노동자는 분할된 기업조직을 넘어서는 노동권 플랫폼과 노조 지원 네트워크가 없으면 노조를 만들기도, 유지하기도 어렵다.

노동은 변한다

기업 안에 있는 정규직의 1차 노동시장과 사내하청과 외주하청 등 2차 노동시장이 확산하면서 노동은 바뀌었다.

이미 "기계가 프롤레타리아"라는 말이 나올 정도로 노동은 변했다. 개념에 논란이 있지만 '4차 산업혁명' 얘기가 확산하고 있다. 미래에는 어떤 직업이 사라지고 어떤 직업이 새로 생길 것인지 다양한 예측이 쏟아진다. 미래학자 앨빈 토플러는 앞으로 현재 직업의 65%가 사라지는데 한국 학생들은 하루 15시간 이상 쓸모없는 공부를 하고 있다고 지적했다. 오래 전부터 한국 학생은 인생에 별로 도움이 안 되는 미적분학이나 고차방정식 따위를 배웠다. 성적으로 경쟁하고 구분 짓고 차별하기 위해서다.

가뜩이나 불안한 노동을 하고 있는 판에 4차 산업혁명으로 사라질 일자리가 몇 %, 몇십 만개니 하는 얘기까지 나온다. 돈을 벌 수 있는 사람에게 4차 산업혁명은 기회지만 대부분 노동시민에게는 걱정이다.

유명한 투자가 조지 소로스는 '재귀성 이론'을 말했다. 재귀성 이론에 깔린 원리를 단순화시키면 "경제는 심리"다. 투자심리에 따라 주식값이 치솟는다. 경제악화 심리가 퍼지면 투자를 꺼려 시장이 공포에 빠진다.

다수가 4차 산업혁명으로 일자리가 바뀌고 줄어들 것으로 생각한다면 실제로 그렇게 된다. 반면 4차 산업혁명보다 4차 관계혁명이 확산되면 좋은 일자리를 나누는 미래를 만들 수 있다.

제도가 다르다

노동을 둘러싼 제도가 바뀌었다. 한국 노동자는 정리해고제를 막으려 1996~1997년에 총파업을 했다. 그러나 외환위기 직후 정리해고제가 도입됐다. 노동계가 '삼재(三災 : 세 가지 재앙)'로 불렀던 정리해고제 · 탄력적 근로시간제 · 근로자 파견제가 도입됐다. 불안정노동이 확산하고 양극화가 계속됐다.

한국 정부는 2010년 7월부터 근로시간면제(타임오프) 제도를 도입했다. 타임오프제는 회사 업무를 하지 않고 노조 전임활동을 하는 간부를 줄여 노조활동을 위축시켰다.

2011년 7월부터 사업장에 복수노조를 허용하는 대신 교섭창구 단일화를 거치게 만들었다. 이전에 노조를 만들면 과반수가 되지 않아도 사용자와 교섭하고 파업을 할 수 있었다. 이제는 노조가 결성될 조짐을 보이면 사용자가 친회사 노조를 만든다. 그들보다 많은 조합원을 가입시키지 못하면 교섭권도 파업권도 없다. 노동3권을 누리기 어렵다.

다단계 하청노동자가 다수 노조를 만들어도 결정권이 없는 하청사장과의 교섭에서 얻을 게 없다. 결정권을 가진 원청 사용자에게 교섭하자고 해도 법적 사용자가 아니라며 책임을 피한다.

최근 민주노조는 "노조할 권리"를 위해 노력하고 있다. 노동자가 노조를 만드는 데 넘어야 할 제도 장벽이 높게 쌓여 있다. 그럼에도 신생노조가 꾸준히 탄생한다. 민주노조를 만들고 지키던 과거 방식을 가지고 노조를 확 늘릴 수는 없다. 노동도 노동자도 노조활동을 가로막는 제도도 바뀌었기 때문이다. 바뀐 노동자와 호흡하면서 제도 장벽을 돌파할 새로운 방법과 전망을 세워야 한다.

귀신이네 귀신이야

강력한 기억으로 남아 있기에 자주 인용하는 일화가 있다. 2009년 쌍용차에서 정리해고에 반대하는 노조가 한편이 되고 경찰과 사용자가 한편이 돼 치열한 전투를 벌일 때였다. 평택 한 식당에서 등에 "해고는 살인이다" 문구를 붙인 쌍용차 조합원과 얘기를 나눴다. 바로 옆의 테이블에 앉은 사람이 조합원 등벽보 문구를 보고 한마디 했다.

"해고가 살인이면 우리는 죽어도 몇 번은 죽었겠네."

"그럼 우리는 몇 번씩이나 죽은 귀신이네 귀신이야."

대기업 일자리에서 밀려나지 않으려고 싸우는 쌍용차노조 투쟁이 많은 공감을 얻기 힘듦을 직감했다. 해고와 취업을 반복하는 비정규직 노동자는 쌍용차노조 투쟁을 '배부른 놈들 자리싸움' '밥그릇 싸움'으로 봤다.

일자리에서 밀려나지 않으려 전쟁도 마다하지 않는 민주노조 조합원과 매번 잘렸다가 다시 취직하는 불안정 노동자의 차이는 생각보다 컸다.

노동자도 바뀌었다

농사를 짓다가 도시로 이주해 "잘살아 보세"라는 열망으로 노동을 했던 60~70년대 노동자가 있었다. 학력은 높은 편이 아니었다. 가난을 이겨 내기 위해 고향을 떠나 공돌이 공순이가 돼 열심히 일했다. 섬유산업을 위시한 경공업이 주요 일자리였다. 가난 탈출이 최대 목표이기에 권리를 따지면서 노조를 만들 엄두를 내지 못했다. 박정희 군사독재정권에서 자칫하면 빨갱이로 몰려 인생을 망칠 수 있기에 민주노조설립은 더더욱 어려웠다. 당시 한국노총은 '어용노조'였다.

80년대는 경제성장으로 대공업이 발전했다. 노동자 학력수준도 높아졌다. 산업화 정책에 따라 공고나 상고를 졸업하고 취직했다. 군사독재에 맞선 민주화운동이 활발하게 일어났다. 노동자는 '주면 주는 대로 시키면 시키는 대로' 일하는 노예 같은 노동에서 해방될 꿈을 꾸기 시작했다. 민주화운동과 함께 노동운동과 혁명이론이 퍼졌다. 야학과 비밀 학습모임이 생겼다. 1987년 6월 항쟁으로 군사독재가 무너지기 시작했다. 노동자는 "인간답게 살고 싶다" "노동해방"을 외치며 민주노조를 만들었다.

97년 외환위기와 함께 다른 세대 노동자가 등장했다. 정규직은 정리해고제 도입과 함께 만성적 해고 공포를 달고 살게 됐다. 정규직 취업문턱을 넘지 못한 불안정 노동자는 떠돌이가 됐다. 노동자 절반은 비정규직이 됐다.

민주노조를 만들고 지켜 온 노동자와 현재 노동자는 세대가 다르다. 6 · 25 전쟁 이후 60~70년대 노동자를 1세대 노동자, 80년대 이후 노동자를 2세대 노동자, 외환위기 이후 노동자를 3세대 노동자로 분류할 수 있다.

성향이 변했다

취업에서 정년퇴직까지 직장과 인생이 일치하는 2세대 노동자에게 해고는 살인이다. 직장과 인생은 물론 직장과 직업이 일치하지 않는 3세대 노동자에게 해고는 일상이다.

2세대 노동자는 80년대 민주화 투쟁과 87년 노동자 대투쟁, 96~97년 노동자 총파업 등 집단적 힘으로 세상을 바꾸는 경험을 했다. 3세대 노동자는 좁은 취업문을 통과하기 위해 치열한 경쟁을 했다. 경쟁에서 밀려나 비정규직으로, 다단계 하청회사에 취직해 삭제된 존재로 노동한다. 다행히 2017년에 이르러 탄핵촛불을 통한 거대한 변화를 일으킨 집단체험을 시작했다.

2세대 노동자는 경제성장을 지켜봤다. 경제성장과 함께 민주노조운동이 겹치면서 임금인상과 생활향상을 경험했다. 언제 취직하고 언제 결혼하고 언제 아이를 낳고 언제 집을 살 것인지 일생을 설계할 수 있었다. 이런 노동자는 목적을 지향하는 사고방식에 익숙하다. 미래 목표를 결정하고 열심히 뛰면 달성할 수 있다는 희망을 품는다.

3세대 노동자는 경제위기를 경험했다. 저성장기를 살고 있다. 임금은 과거 노동자가 경험한 만큼 꾸준히 상승하지 않는다. 취업한 회사가 바뀌면 임금도 달라진다. 인생을 안정적으로 설계하기 어렵다. 취직 · 연애 · 결혼 · 출산 · 내 집 마련을 포기했다. 3포 세대, 5포 세대, 7포 세대로 점점 포기하는 것이 늘더니 이제는 'N포 세대'로 불린다. 일반화된 3세대 노동자의 특징이다.

2세대 노동자와 3세대 노동자의 생각이 같을 수 없다. 살아온 환경이나 교육에 따라 습관처럼 굳어진 세대별 성향이 다르다. 이론가들이 말하는 구조화된 개인 성향체계(아비투스, Habitus)가 같을 수 없다.

오늘만 산다

경제성장기를 겪은 민주노조 조합원은 '목적론' 성향이 강하다. 경제위기 · 저성장기를 사는 노동자는 '현재실현'을 중요하게 생각한다.[171)]

2017년 대한민국 트렌드 등 다양한 조사 결과로 확인된 사실이다. 경쟁에 시달리지만 성공을 경험하기 힘든 노동자들은 미래 목적보다 현재 소비, 즐거움을 찾는다. 청년은 "아프니까 청춘이다"는 얘기에 "아프리카 청춘"이라고 비꼰다. "고생 끝에 즐거움이 온다"는 속담을 "고생 끝에 병이 온다"며 뒤집는다. 성장기를 살아온 세대가 "노력하면 된다"고 충고하면 "노오오오력"이라는 표현으로 비아냥거린다.

민주노조운동은 탄생부터 혁명이론에 영향을 받았다. 지금은 고통스런 노동에 시달리지만 혁명을 통해 '노동해방' 그날이 오리라는 신념을 가졌다.

노동조합 집회에 이런 사고방식을 보여주는 노래가 등장한다. 〈가자! 노동해방〉이라는 노래는 "아흔아홉 번 패배할지라도 단 한 번 승리 단 한 번 승리"를 외친다. 단 한 번 승리로 가기 위해 필요한 엄청난 정신력을 강조한다. 미래에 올 단 한 번 승리를 위해 아흔아홉 번 패배를 그냥 참으며 인내하자는 말로도 들린다.

〈단결투쟁가〉에 "너희는 조금씩 갉아먹지만 우리는 한꺼번에 되찾으리라"는 가사가 나온다. 언젠가 혁명을 통해 한꺼번에 되찾을 날이 올 테니 조금씩 갉아먹히는 지금은 중요하지 않다.

2010년 관객 600만 명을 넘었던 영화 〈아저씨〉에 "너희들은 내일만 보고 살지, 난 오늘만 산다. 내일만 사는 놈은 오늘만 사는 놈한테 죽는다"는 대사가 등장한다. "오늘만 산다"는 대사가 널리 퍼졌다. 혁명의 그날을 위한 운동과 "오늘만 산다"는 생각을 대비할 수 있다.

이런 대비는 왜곡을 낳을 수 있다. 정도는 다르지만 누구나 미래를 생각하고 나름대로 목표를 가지려 한다. 미래 목표를 가진 사람도 미래를 위해 현재 행복을 완전히 무시하지 않는다. 목표를 세워 봤자 실현될 가능성이 없고 당장 먹고살기 힘들면 현재에 집착할 수밖에 없다.

모든 세대가 바뀐다

'욜로족'이 등장했다. "YOLO"는 당신의 하나뿐인 인생(You Only Live Once)이라는 영문 머리글자를 딴 단어다. 하나뿐인 인생이기 때문에 현재를 즐기며 사는 신세대를 가리킨다. 금속노조 조합원 중에 전세나 월세를 살지만 외제차를 타고 전 세금을 빼서 해외여행을 떠나는 젊은 노동자들이 있다. 그나마 노조가 있는 중견 기업에 다니고 노동자 평균임금보다 많은 임금을 받는 처지라서 가능한 일일까? 아니다. 욜로족은 임금을 얼마나 받는가와 상관없이 내 집 마련이나 미래 인생을 위한 저축보다 현재를 즐기려는 모습을 보인다.

"요즘 젊은이들은~" 이렇게 시작하는 신세대 평가를 자주 듣는다. 일터에서도 이런 말을 듣는다. 노조 조합원에게 가끔 듣는 말이다. "우리는 쇠파이프 들고 구사대와 싸웠어"라는 식으로 노조를 만들고 지키기 위해 치열하게 싸웠던 무용담을 후배 조합원에게 늘어놓곤 한다. 노조 상급단체 고참 간부를 만나 "요즘 젊은 친구들은 인내심이 없어. 길어도 2년을 참지 못하고 떠나는 애들이 많아"라는 하소연을 들었다.

젊은 세대만 아니라 민주노조 고참 조합원 성향도 오래전에 바뀌었다. 자동차 산업 연구 결과에 자주 등장하듯 외환위기와 구조조정을 거친 노동자는 "있을 때 벌자"는 경향을 보인다. 언제 잘릴지 모르니 일할 수 있을 때 잔업특근을 하면서 더 많은 실리를 챙기려 한다. 미래보다 현재를 중요하게 여기는 사례다.

임대료를 받고 사는 부동산 주인이 되기를 바라는 청년세대가 많다는 조사 결과를 자주 볼 수 있다. 10억 원을 벌 수 있다면 감옥에 가겠다는 청소년 설문조사 결과도 있다.

2016년 노동시장연구모임에서 청년유니온 김민수 위원장의 발표가 참가자들의 관심을 끌었다. 일반 연구 결과를 보면 노동자가 직장을 선택할 때 '임금→고용형태→근로시간→조직문화(직장 내 인권)' 순으로 생각한다. 청년들은 반대로 '조직문화(직장 내 인권)→근로시간→고용형태→임금' 순으로 판단한다. 물론 과학적 조사를 통한 것은 아니며 청년유니온이 확인한 경향이라는 전제를 붙였다. 이는 일과 삶의 균형(워크 앤드 라이프 밸런스)을 추구하는 '워라밸 세대'로 이어진다.

욜로족과 함께 젊은 사람이 추구하는 트렌드로 소소하지만 확실한 행복을 찾는 '소확행' 또는 '노멀크러시'가 꼽힌다. 출세보다 평범한 삶을 원하는 젊은이도 있다. 성공담보다 경험담에서 행복을 찾는다. 경쟁에 시달리며 출세하기보다는 '아무나'가 되는 인생 목표에 공감하고 위안받는다.[172]

운동을 멈추면 꼰대

목표를 향해 나아가는 목적지향성은 중요하다. 그러나 숭고한 미래 목적을 위해 비장하고 무겁게 현재를 보내야 한다면 매력이 없다.

다양하고 즐거운 퍼포먼스로 이뤄진 촛불집회는 노조 집회와 대비된다. 노조 집회에는 조합원들이 같은 조끼를 입고 열을 지어 모인다. 군가풍의 투쟁가요를 부른다. 노조 대표자가 연단에 올라 훈시하는 군대 상급자처럼 연설을 한다.

촛불시위 때 깃발 내리라는 시민과 깃발 든 노조·사회단체 사이에 '깃발논쟁'이 있었다. 2016~2017년 탄핵촛불시위는 달랐다. 깃발을 내리라는 주장 대신 '민주묘총' '혼자 온 사람들'처럼 재치 있는 이름을 쓴 깃발이 등장했다. 촛불시위를 뒷받침한 '박근혜 퇴진행동' 상황실장 박진은 2017년 8월 31일 금속노조 경기지부 교육위원 강의에서 "깃발을 둘러싼 광장 논쟁이 화해하는 순간"이라고 평가했다.

새 깃발이 과거 운동을 주도한 노조와 단체 깃발을 넘어섰다. 촛불집회에서는 시민들이 주인이었다.

획일화는 바람직하지 않다. 노동자 특성을 반영한 운동과 그에 적합한 문화가 필요하다. 때로는 규율 잡힌 전투도 필요하다. 그렇다고 이런 점이 낡은 문화에 대한 반성과 개선을 게을리하는 변명이 될 순 없다. 변하는 현실과 호흡하며 운동하기보다 관성에 갇혀 과거 무용담을 늘어놓으면 '꼰대'가 될 뿐이다.

지킬과 하이드

2017년 9월 12일 저녁 7~10시, 서울지하철노조는 "청년조합원과 함께하는 열린 토론회"를 열었다. 토론회는 서울시 무기계약직 제로화 방침에 따른 정규직화 이슈에 대한 논란을 공론의 장에서 토론하고 상호 이해와 공감의 폭을 넓히는 계기를 마련하자는 취지로 열렸다. 토론에서 정규직 청년은 공채시험을 봐서 정규직이 됐는데 시험 없이 무기계약 노동자를 정규직으로 채용하는 데 반대했다.

학교 비정규직 강사를 정규직으로 채용하는 과정에서도 비슷한 문제가 드러났다. 미래에 교사가 될 학생까지 이를 반대하며 집회를 열었다. 전국교직원노조가 비정규직을 정규직으로 채용하는 데 반대하는 입장을 내면서 언론과 노동계에서도 뜨거운 이슈가 됐다.

2017년 11월 23일 오후 인천공항공사에서 비정규직 정규직 전환방안 공청회가 열렸다. 정규직은 이 자리에 참석해 "힘든 취준생 시절을 거쳐 수백 대 일의 경쟁률을 뚫고 이 자리에 서 있다. 근데 왜 이런 과정을 거치지 않은 비정규직들이 너무 쉽게 정규직이 되려고 하느냐"며 "결과의 평등 NO!" "기회의 평등 YES!"를 외쳤다. 이들은 비정규직 정규직 전환방안 발표자에게 야유를 보냈다.[173)]

2017년 11월 23일 열린 인천국제공항공사 비정규직 정규직 전환방안 공청회에 참석한 비정규직 모습(왼쪽)과 정규직화를 반대하며 정규직이 공청회 장소 주변에 게시한 문구(오른쪽).

이런 사례를 통해 지킬과 하이드로 분열한 노동자를 발견한다. 시대를 관통하는 강력한 힘이 작용한다. 일자리 경쟁이 노동자를 분할했다. 안정된 일자리에 취업한 노동자와 불안정 노동자가 분열하고 갈등한다.

경쟁을 내면화한 젊은 정규직 노동자도 시험을 통과한 자신과 시험없이 정규직이 되려는 비정규직을 차별하기를 원한다. 경쟁을 통한 배타적 이익추구와 협력을 통한 권리공유가 충돌한다. 상대적으로 안정된 일자리를 잡은 정규직 조합원과 불안정 노동시장으로 밀려난 노동자가 분열하고 갈등한다. 세대를 넘어 분열하고 갈등하게 만드는 뒤틀린 힘이 작동하고 있다.

이익종자 키운 두 사건

노동조합을 둘러싼 이중유혹은 진화한다. 1987년 노동자 대투쟁이 폭발하면서 들어선 민주노조는 강력한 유혹에 부딪쳤다.

민주노조가 노동자와 시민권리보다 이익욕망에 사로잡힌 두 가지 역사를 경험한다.

먼저 노동해방을 외치던 노동운동이 이념을 상실했다. 1990년대 초 모델로 삼았던 사회주의가 망했다. 위장취업으로 현장에 들어가 노동자와 함께하거나 노동자 조직을 만들어 학습하고 실천하던 상당수 지식인이 노동운동을 떠났다. 노동자는 1990년대에도 치열하게 싸우며 노조를 지켰지만 노동해방을 향한 이념보다 실리로 기울 가능성이 높아졌다.

이어 외환위기가 닥쳤다. 실업공포와 일자리 경쟁으로 내 자리 지키기에 몰입한다. "영혼을 팔아서라도 취직하고 싶다"며 비리를 감수하고서라도 취업하려고 한다. 대기업노조 조합원은 "있을 때 벌자"며 잔업특근을 해서 임금을 더 받으려 했다. 외환위기 이후 실리를 향한 흐름이 강해졌다.

권력종자 늘린 두 원인

민주노조를 권력욕망으로 유혹하는 두 가지 큰 작용이 있었다.

첫째는 계급혁명이론이다. 1980년대 노동운동 주류는 자본주의를 뒤엎는 계급혁명을 목표로 삼았다. 러시아혁명론은 노동운동에 뛰어든 지식인과 노동자에게 큰 영향을 미쳤다. 이들은 '마르크스-레닌주의'를 학습하고 실천하려 했다. 레닌은 '자생성과 목적의식성'을 대비한다. 이에 따르면 자생적 대중은 혁명계급이 될 수 없다. 목적의식성을 가진 전위가 혁명을 지도해야 한다. 노조는 자생적 대중조직이다. 혁명주의가 아닌 경제주의에 빠진다. 전위의 지도를 받아야 대중이 목적의식성을 가질 수 있다. 이런 생각으로 운동권은 교육과 선전을 통해 '의식화'하려고 노력했다. 주체사상을 따르는 사람은 자주성 · 창조성 · 의식성을 강조하며 대중의식화에 노력했다. 운동권은 노조와 노동자가 경제주의를 벗어나 권력의지를 가지도록 가르치려 했다.

둘째는 노동자 정치세력화다. 80년대 노동운동 이론은 사회주의 몰락과 함께 권위를 잃었다. 민주화에 따라 선거제도가 확산됐다. 선거를 통해 권력을 잡아 사회를 바꾸려 노력한다. 민주노조는 한쪽에서 산업별 노조를 만들고 다른 한쪽에서 노동자 정치세력화를 위해 정당을 만드는 길로 나간다. 소위 '양날개론'이다.

정치세력화를 위해 민주노총이 주도해 민주노동당을 창당했다. 국회의원 10명을 당선시킨 민주노동당은 수많은 노조간부에게 출세할 기회로 보였다. 나름 조직기반과 명성을 가진 노동자는 민주노동당에 들어갔다. 국회의원을 꿈꿨다. 민주노동당에서 권력경쟁이 격해지기 시작했다. 정파 간 권력투쟁으로 결국 분열했다.

채우지 못한 권력욕망은 2010년 이후 통합진보정당, 새로운 노동자 중심 진보정당, 진보정당 대통합, 민중당으로 이어진다. 노조를 지지기반으로 삼으려는 정당과 정파가 지금도 노조를 유혹한다. 각종 노조 선거에 정파가 개입해 갈등과 경쟁이 격해지곤 한다.

민주노조는 분열증을 앓는다

인간은 다양한 속성을 품고 있다. 집단도 다양한 속성을 안고 있다. 다양한 속성이 조화를 이루면 역동성을 발휘한다. 다른 속성이 대립하고 갈등하면 병이 된다.

민주노조는 분열증을 안고 있다. 실리주의와 정치주의가 겹친다. "조합원은 실리를 챙기고 간부는 권력을 챙긴다"는 비판은 오래됐다. 조합원은 '이익종자'를 닮아 가고 간부는 '권력종자'를 닮아 간다.

최악은 이익과 권력이 결합한 모습이다. 민주노조 간부가 직책을 권력으로 생각하고 간부권력을 이용해 이익을 얻는다. 노조간부가 돈 받고 취업을 시키는 입사비리가 생긴다. 간혹 회사에 협조한 간부가 작은 사업체를 보상으로 받기도 한다.

대기업노조 조합원이 힘든 일을 하청노동자에게 시키고 마치 상급관리자처럼 하청노동자 위에 군림하는 사례를 자주 접했다. 하청노동자가 노조를 만들기 위해 정규직노조에 미리 협조를 부탁했더니 회사에 정보를 흘려 주는 경우도 봤다. 민주노조 간판을 걸고 어용노조 행동을 한다. 지킬과 하이드처럼 양면성을 가진 노동자 분열을 민주노조가 그대로 보여준다.

노조가 없거나 있어도 어용노조만 있었던 산업화 시대, 민주노조가 탄생한 민주화 시대, 불안정노동 확산과 사회 양극화를 불러온 신자유주의 시대를 거쳤다. 민주노조 시대는 오래전에 지났다.

패거리 민주주의

어떤 집단이 배타적 이익욕망에 사로잡혀 있다면 이 집단 내부 민주주의는 어떤 모습을 보일까? 토론을 통해 의견을 모으고, 민주선거를 통해 대표를 뽑는다고 해도 결국 배타적 이익을 추구하는 모습을 강하게 드러낸다.

성장지상주의, 개발주의에 빠진 시민은 선거를 하면 더 많은 성장을 공약하고 더 많은 개발을 공약하는 정치인을 선출한다. 이명박 대통령과 박근혜 대통령이 그렇게 뽑혔다.

이것은 단지 한국정치가 보여준 문제가 아니다. 소위 '민주노조'라고 하는 노조에서도 반복되는 문제다. 대기업노조 조합원이 실리주의에 갇혀 있다면 아무리 민주주의를 잘해도 결국 실리를 추구하는 의사결정을 한다. 선거로 실리를 추구하는 지도자를 뽑게 된다. 이런 민주주의는 그들만의 민주주의에 불과하다.

이권에 갇힌 조합원이 만드는 민주주의는 노조를 이권집단으로 몰락하게 만든다. '비정규직 정규직화'를 반대하는 정규직노조가 조직 내 민주주의를 잘할수록 정규직화 반대 의견이 강해진다. 차별을 정당화하게 된다. 노동자계급 분열이 심해진다.

민주노총의 노조 민주주의를 보면 정파민주주의 혹은 패거리 민주주의로 후퇴하는 모습까지 나타난다. 2017년 민주노총 지도부 선거에서 확인할 수 있다. 민주노조 안에서도 "묻지 마 투표"라는 평가가 나올 지경이었다.

민주노총 임원선거 1차 투표율은 투표일을 연장한 끝에 50%를 겨우 넘겨 선거 무산위기를 간신히 모면했다.[174] 결선투표에는 79만2천889명 중 32만8천630명이 참가해 투표율이 41.4%에 그쳤다.

민주노총 조합원은 민주노총 위원장으로 출마한 사람이 누군지 잘 모른다. 각 후보 공약이나 주장을 접할 기회가 별로 없다. 조합원은 판단근거를 가지기 어렵다. 조합원은 기호 순대로 편하게 앞 번호를 찍는다. 기호 1번을 뽑은 후보가 당선 확률이 높다.

금속노조 부위원장 선거에서는 8명이 출마한 일반명부 부위원장 후보 중 1번에서 5번까지 당선했다.

특별한 판단기준이 없는 상황에서 기호 순번과 함께 자기 회사 출신에 표를 주는 성향도 나타났다. 여기에 노조 안에 있는 정파가 영향을 미친다. 출마한 후보가 누구인지 모르는 조합원이 투표 직전 사업장 간부에게 "누구 찍어야 해"라고 묻는 경우가 다반사다. 특정 정파에 속한 간부가 몇 번 후보를 찍으라고 하면 그에 따라 투표하는 경우가 속출했다.

전국 규모 민주노총과 산별노조 선거에는 대부분 특정 정파에 속한 후보가 출마한다. 특정 정파소속이 아닌 경우 출마도 어렵고 당선은 더더욱 어렵다. 노조 민주주의는 '묻지마 투표'에 덧붙여진 '정파민주주의'가 된다.

민주노총 지역조직 선거나 사업장 단위 선거도 다르지 않다. 민주노총 지역본부 선거에서 특정 정파 출신이 다수를 이룬다. 큰 사업장 노조 선거에도 특정 정파 출신이 출마하고 당선된다. 중견사업장은 특별한 노선이나 정책이 없는 현장조직에서 대부분 후보가 출마한다. 특별한 노선이나 정책이 없는 현장조직이 선거를 위해 이합집산하기에 '패거리'로 불린다. '패거리 민주주의'다.

현대 민주주의가 가진 문제가 노조민주주의에 그대로 나타난다. 민주노조에 등장한 위험한 민주주의가 노조를 위기에 빠뜨린다. 숙의민주주의, 추첨민주주의, 생태민주주의 등 새로운 민주주의가 필요하다.

끓는점

물이 끓는점에 이르면 액체 상태 물과 기체 상태 수증기가 공존한다. 한국 노조운동이 끓는점에 이른 것일까?

정규직노조라는 비판을 자주 듣는 민주노총 조합원 중 1/4이 비정규직이다. 민주노총은 여전히 건재하고 박근혜 정권과 맞서 싸우며 탄핵촛불과정에서 상당한 역할을 했다.

그럼에도 퇴행하는 민주노조를 본다. 비정규직 교사를 정규직으로 채용하는 데 반대하는 교사를 만나고 하청노동자와 하나의 노조로 통합했다가 몰아내는 정규직 노조를 본다.

한편에서는 새롭게 실천하는 노조가 있다. 지역생활문화연대를 지속하는 희망연대노조, 불안정노동을 하는 청년이 뭉친 청년유니온, 작은 제조업체 노동자가 모인 지역노조를 만났다. 육체노동과 감정노동을 동시에 하면서 힘겹지만 권리를 찾아 애쓰는 기술서비스직 노조와 함께했다.

금속노조 경기지부에서 비정규직을 꾸준히 정규직으로 전환시킨 노조도 있다. 비정규직이 된 젊은 노동자가 노조간부를 맡아 D노조는 젊어졌다. 비정규직이 W노조를 만들자 다른 회사 정규직이 함께 파업하고 응원해 노조를 지켜 냈다. 직장폐쇄로 생계가 어려운 I노조를 지키기 위해 아낌없이 돈을 모아 지원하는 노동자를 봤다. 노조를 만들어 권리를 찾으려는 신생노조 C에 예산을 지원하고 몰려가 시간과 몸과 정성을 쏟아 '몰빵'하는 노동자가 자랑스럽다.

한국 노조운동에 물과 수증기처럼 퇴행과 발전이 섞여 있다. 다시 차갑게 식어 어는점(빙점, 氷點)으로 곤두박질 칠 수도 있다. 꿈틀대는 새 가능성이 보이지만 아직 민주노조를 넘어 질적으로 다른 노조 시대를 열지 못하고 있다. 민주노조 시대를 넘어서는 21세기 대안노조가 필요하다.

발견하자

1980년대
혁명적
노동운동
1990년대
민주노조
운동
2000년대
산별·정당
양날개
2010년대 후반
노조할 권리
대안노조

날개보다 몸통

새는 두 날개로 난다. "사회는 진보와 보수의 양 날개로 난다"는 얘기도 있다. 새의 날개는 몸통에 붙어 있다. 몸통이 자라지 못하면 날개도 자라지 못한다. 몸통이 약하면 날개도 약하다. 날 수 없다.

세상에 흐름이 있다. 흐르는 맥락을 제대로 짚어야 한다. 노조도 시대에 따른 흐름이 있다.

1980년대 노동운동은 계급혁명이론에 근거한 혁명운동 시대였다. 1990년대는 사회주의 몰락과 혁명이론 퇴조에도 막 탄생하고 성장하기 시작한 민주노조를 지키고 성장시키려는 민주노조 시대였다. 2000년대는 외환위기와 함께 닥친 구조조정에 맞서 민주노조를 발전시키기 위해 산별노조 건설과 정치세력화를 추진한 양 날개 시대였다.

2010년 중반 이후 꺾인 두 날개보다 하나의 몸통 '노조할 권리'가 중심으로 떠오르고 있다. 민주노조운동 핵심 목표와 방향이 바뀌고 있다.

차별을 차별한다

노동문제를 말하는 전문가나 언론은 차별부터 말하고 차별을 가장 중요한 문제로 얘기한다. 맞다. 차별은 문제다.

그러나 첫째로 차별을 문제 삼는 지금까지 대부분 주장에 '삼각관계술'이 깔려 있다. 정규직과 비정규직 차별을 가장 많이 얘기한다. 노동자가 아닌 자본가가 차별을 만들었다. 그럼에도 둘을 비교한 다음에 "정규직이 많이 가졌으니 비정규직에게 나누라"는 결론이 따라온다. 대기업노조는 문제를 만든 책임자가 아니다. 해결을 원하는 절박한 당사자도 아니다. "국가가 해결하라"고 말할 수 있다. 틀리지 않다. 국가에게 책임이 있다. 그러나 '사용자-정규직-비정규직' 삼각관계 핵심에는 사용자가 있다.

둘째로 문제 해결 주체를 타자로 만든다. 정규직 임금과 비정규직 임금을 대비하는 언론보도나 연구결과를 자주 접할 수 있다. 임금격차를 줄이기 위해 정규직이 양보해야 하는지는 옳고 그름을 떠나 정규직이 주체다. 세금을 거둬 저소득층에게 돌아가도록 재분배도 필요하다. 그러나 이 방식은 국가권력을 문제 해결 주체로 한다. 이 모든 방법에서 비정규직은 문제 해결 주체가 아니다.

셋째로 시혜주의를 낳는다. 복지든 최저임금이든 모든 정책 당사자가 주인이 아니다. 최저임금을 받는 노동자와 복지혜택을 받는 시민은 불쌍한 사람이 된다. 복지나 최저임금이 '시혜'가 된다. 시혜는 공동체를 함께 살아가는 사람이 누릴 당연한 권리가 아니다. 시혜를 받는 불쌍한 사람일 뿐 함께 사는 동등한 시민으로 여기지 않는다. 결국 차별 문제를 얘기하면서 또 다른 차별을 만든다.

문제는 권리격차

다단계 삼각관계로 얼굴과 마음이 삭제된 채 노동하는 사람이 많다. 많은 노동시민이 무권리 상태로 산다. 얼굴과 마음을 찾아야 한다. 삭제된 인간이나 잉여인간이 아닌 사회구성원으로 인정받고 '이곳에 있어서 좋다'는 공동체 감각을 찾아야 한다.

첫째로 삭제된 노동은 차별 문제가 아니다. 공동체 시민으로 권리를 가지는 문제다. 무권리가 문제다. 차별보다 무권리가 문제이기 때문에 노조운동이 말하는 '노조할 권리'가 중요하다. 노동권을 갖고 있지 못한 노동자가 권리를 가진 주체가 돼야 한다.

둘째로 차별이 문제라해도 임금격차는 핵심이 아니다. 차별을 돈으로 수량화해 비교하면 격차를 정확히 보여주는 것처럼 보인다. 하지만 이런 비교는 돈이라는 기준으로 서열을 결정해 누가 돈을 더 받는가를 둘러싼 이익경쟁을 부추기는 자본주의 시장경쟁을 닮아 있다. 누가 더 많이 소유하는가를 둘러싼 자본가가 만든 소유세계에 멈출 뿐이다.

셋째로 차별이 문제라면 핵심은 권리격차다. 굳이 대기업 정규직 노동자와 중소・영세기업 비정규직을 비교한다면 권리에 큰 차이가 있다. 대기업 정규직노조 조합원은 노동 3권을 누린다. 대기업 사용자는 노동자 통제를 위해 고임금과 더 나은 처우로 대기업 정규직을 무노조 상태로 묶어 둔다. 노조 없는 대기업 노동자는 노조가 없어도 간접적 권리효과를 누린다.

반면 비정규직은 노동 3권을 누리지 못하는 편이다. 만약 비정규직이 노조를 만들고 교섭하고 파업도 할 수 있다면 지금같이 저임금과 고강도 노동을 할 이유가 없다.

단지 노조 조직률이 낮아서 조합원 쪽수를 늘리기 위해 '노조할 권리'를 외친다면 이는 노조세력 확장을 위한 주장이다. 삭제된 노동과 잉여인간으로 취급당하는 노동시민이 많은 현실에서 권리는 절실한 문제다. '노조할 권리'는 무권리와 권리격차를 해결하는 열쇠이기에 중요하다.

계몽과 시혜를 넘어

1980년대 계급혁명이론을 학습했던 대학생 지식인은 혁명을 이끄는 '전위'에 매료됐다. 먼저 깨닫고 목적의식성을 가진 지식인이나 전위가 대중을 가르쳐 깨우치려는 '계몽주의'가 깔려 있었다.

1990년대 사회주의가 망하자 계급혁명에 회의를 느낀 인텔리가 노동운동을 떠났지만 노동자는 민주노조를 지키고 발전시켰다. 1995년 민주노총을 설립했다.

외환위기를 겪은 민주노조운동은 2000년대 이후 양 날개를 펼치기 위해 민주노총 소속 노조가 기업별 노조에서 산별노조로 전환하고 민주노동당 창당에 적극 나섰다. 반면 비정규직이 늘었다. 조직노동자는 고립을 벗어나지 못했다.

이 과정에서 '연대임금전략'이 나왔다. 날로 격차가 심해지는 고임금 노동자와 저임금 노동자 임금격차를 줄이자는 것이다. 하지만 제대로 실천하지 못했다.

민주노총 금속노조(당시 금속연맹)는 자동차 완성 4사 노조를 중심으로 노사가 함께 조성하는 산업차원의 '사회공헌기금'을 제안했다.[175] 보건의료노조는 '노동연대기금', 화학섬유연맹 소속 LG정유노조는 '지역사회발전기금'을 추진했다.[176]

자동차 완성차 사회공헌기금은 안팎의 논란 속에 산업 차원에서 만드는 기금이 아니라 각 완성차 노사가 합의하는 수준으로 떨어졌다.[177] 완성차 노사는 일정 금액을 사회기금으로 만들어 지역사회 어려운 처지에 있는 사람을 지원하고 있다. 나중에 금속노조 각 지역지부로 이어졌다. 시혜적 · 온정적 보여주기 사회공헌기금을 넘지 못했다.

2010년대에 이르러 사회복지가 이슈로 떠올랐다. 앞에서 지적한 대로 복지를 권리가 아닌 불쌍한 사람 도와주는 일로 생각하는 한 '시혜'를 벗어나기 어렵다. 특히 복지를 실행하는 주체가 무권리 시민이 아닌 국가나 돈 많은 부자나 정규직 노동자가 되면 '시혜'를 벗어나기 더욱 어렵다.

노동자를 혁명을 위해 가르칠 대상으로 보는 사고는 낡았다. 국가권력이나 재벌 · 대기업 노동자같이 가진 자가 베풀고 나누는 방법은 시혜나 온정주의를 벗어나기 힘들다. 의식화를 통한 계몽이나 복지를 나누고 베푸는 시혜 모두 무권리 노동시민을 권리주인으로 생각하지 않는다는 점에서 같다. 계몽은 정신적 시혜고 나눔과 복지는 물질적 시혜다.

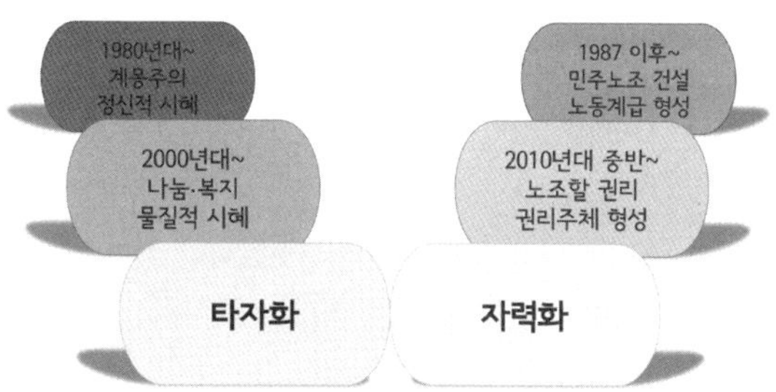

2010년대 들어 강조하기 시작한 '노조할 권리'는 더 많은 노동자가 노동조합을 만들고 가입해 권리 주인이 되는 길이다. 삭제당한 노동권 사각지대 노동자가 스스로 힘을 가지는 '자력화'를 위한 길이다. '노조할 권리'가 중요한 이유는 정신적 시혜인 계몽주의와 물질적 시혜인 복지를 넘어서기 때문이다.

구린 노조 매력 없다

"조금씩 인식이 바뀌고 있기는 하지만 그래도 일반적으로 떠오르는 노조는 광장에서 엄청 크게 음악 틀어 놓고 농성하는 게 일차 이미지이긴 하고 그게 좋은 느낌으로 안 와 닿아요. ㅋㅋ"

" ㅋㅋㅋ 노동조합이 농성할 때는 꼭 결연한 음악이 깔리면서 투쟁과 승리를 외치는 게 떠올라서 노동조합에 가입하면 전장에 나가는 투사가 돼야 할 것 같은 기분이에요. ㅋㅋㅋ 누군가의 목이라도 베어야 할 것 같아요 ㅋㅋㅋㅋ

언론에서 무리한 요구를 하는 이익집단으로만 비춰지는 것도 안 좋은 이미지에 한몫하는 것 같아요~ㅋㅋㅋ"

2017년 8월 청년유니온 사무처장이 금속노조 경기지부 교육위원 수련회에서 발표했다. 주변 청년에게 물어본 민주노조 이미지다.

'강성' '귀족' '밥그릇' 등은 노조를 보는 나쁜 이미지를 담은 표현이다.

민주노조가 "노조할 권리"를 열심히 외치고 노력해서 민주노총 조합원이 늘어나고 비정규직 조합원이 1/4을 차지하고 있다. 그런데 노조가입이 눈에 띄게 증가하지 않고 있다. 노조하기 어렵게 만든 법·제도나 정치사회 환경 등 여러 이유가 있다.

금속노조 경기지부는 매년 조합원 설문조사를 한다. 2016년 2월 집계한 설문조사 결과를 보면 조합원 대다수는 노조가 지지받는 사회집단으로 발전하기를 바랐다.

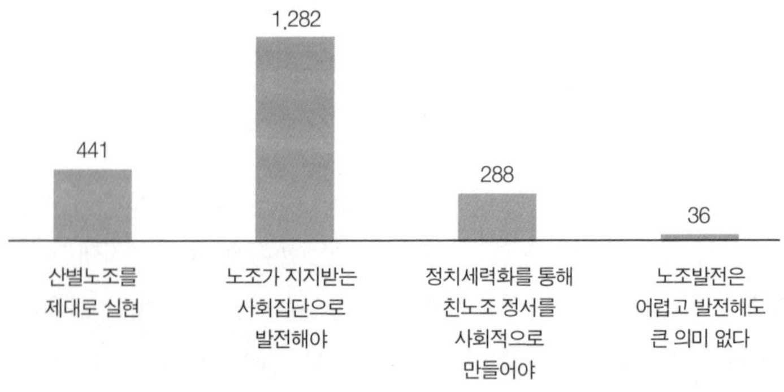

노조가 사회 지지를 받으려면 어떻게 해야 하는지에 대한 질문에 조합원 55%는 "노조를 바라보는 사회인식을 바꾸는 혁신적 실천"을 원했다.

노조가 구리고 매력이 없다면 노조하고 싶은 사람이 늘지 않는다. 노조를 하고 싶다고 해도 민주노총에 가입하지 않을 가능성이 높다. 민주노조 시대가 지나갔는데 구린 민주노조가 "오라"고 한다고 매력을 느끼겠는가.

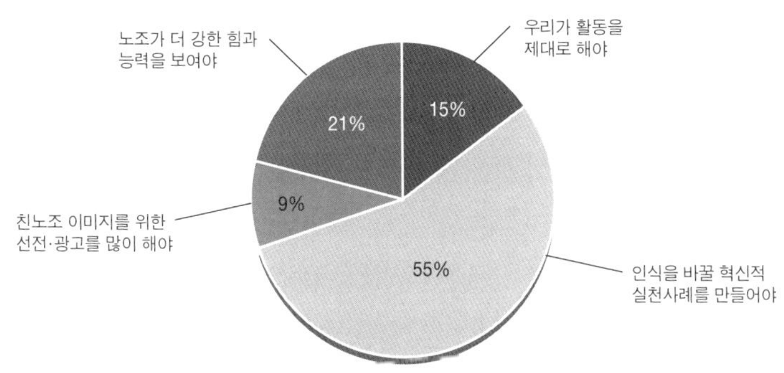

논의와 다른 현실

2000년 민주노총은 '노동운동발전전략위원회'를 구성해 연구와 토론을 진행했다. 전략위원회 결과는 논란이 있어 민주노총이 공식 채택하지 않고 보고하는 것으로 정리됐다. 전략위원회는 산별노조 건설과 정치세력화를 제시했다.

2000년 이후 현재까지 민주노조운동은 양날개론을 실천하려 애썼다. 민주노총은 금속노조 · 공공운수노조 · 보건의료노조 등 산별노조가 다수다. 한국노총에도 산별노조가 가입해 있다. 조직형식은 산별이지만 임금이나 고용 등에서 산별노조 내용을 갖추지 못한 상태다. 민주노총은 정치세력화를 추진해 민주노동당을 창당했지만 분열 끝에 사라져 버렸다.

1980년대에서 90년대 초반까지 사회주의 혁명모델이 민주노조운동에 영향을 끼쳤다. 90년대를 거치면서 유럽 노동운동이 영향을 미쳤다. 민주노조는 유럽 산별노조를 모델로 삼고 공부했고 이를 적용하려 했다.

민주노조가 실리적 경향으로 후퇴하는 사례와 고립이 심해지는 상황에서 노조를 발전시키려는 다양한 논의가 일어났다. 사회운동노조를 둘러싼 논의가 사례 중 하나다.

사회운동노조는 한때 80년대 말 시작한 한국 민주노조운동을 포함해 브라질 · 남아프리카공화국의 노조운동을 가리키는 용어였다.[178] 그러나 2000년대 들어 한국 민주노조운동은 실리주의가 강해지면서 비정규직 등 불안정노동을 포괄하지 못하는 한계를 보이기 시작했다.[179]

민주와 어용

2014년 11월 현대자동차 · 기아자동차 등 대기업을 포괄하는 상급단체인 민주노총 금속노조 사무처 간부수련회에서 '사회운동노조'를 주제로 한 교육이 있었다.

자기 이익만 챙기되 조합원이 참여하지 않고 상층관료가 회사와 교섭하는 노조는 '실리조합주의'로 비판한다. 사회 문제에 나서되 상층관료가 사용자단체나 정부와 타협하는 노조는 '사회적 합의주의'로 비판한다. 조합원이 참여해서 투쟁하지만 자기 이익을 목적으로 하는 노조는 '전투적 경제조합주의'로 비판한다.

〈노조유형 분류〉

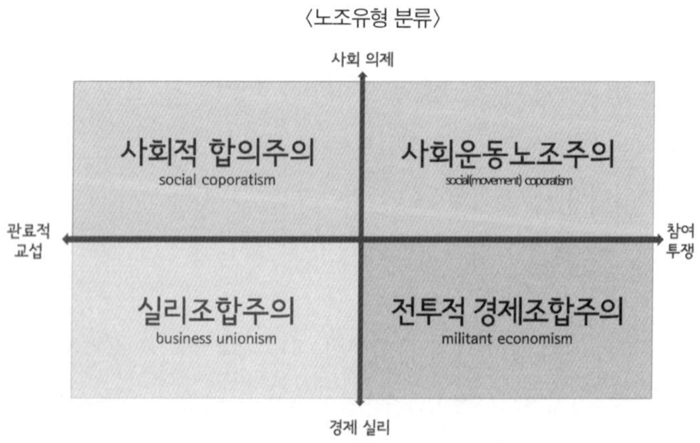

전체 노동자 실리와 더불어 사회 문제 해결에 나서되 조합원 참여를 통해 풀어가는 '사회운동노조'를 바람직한 노조로 제시했다. 이를 아래 그림으로 표시할 수 있다.

이런 구분방식에 따르면 노동조합을 민주와 어용으로 구분하는 시대는 지났다.

민주노조운동은 산별노조 완성을 위해 조직개편을 둘러싼 끊임없는 논란을 반복했다. 현대차 · 기아차 등 기업지부를 나눠 지역별 조직으로 바꾸려 했지만 실패했다. 민주노동당이 사라지기 전부터 시작해 현재까지 정치세력화를 둘러싼 정치방침은 주요 논쟁거리였다.

사회운동노조나 대안노조를 둘러싼 논의는 있었지만 현실은 달라지지 않았다.

발명하지 말고 발견하자

모방은 창조의 어머니라고 한다. 다른 나라 노조를 따라 하다 보면 한국에 적합한 노동조합을 만들 수 있다.

산업별 노조는 유럽에서 수입한 모델이다. 해방 전후 한국에 산업별 노조가 있었지만 곧바로 해체돼 버렸다. 2000년대 민주노조가 산업별 노조로 전환하려 할 때 한국 민주노조 간부들이 유럽 산별노조를 배우기 위해 현지를 자주 방문했다. 필자 또한 유럽노조를 배우기 위해 처음으로 해외여행을 했고 호주를 비롯한 여러 나라 노조를 배우고 만났다.

그러나 '수입 산별노조'는 한국 현실에서 다르게 나타나고 있다. 기업을 넘어 산업 차원으로 뭉치려 했지만 아직도 기업 담벼락을 넘어서지 못하고 있다.

발견과 발명은 다르다. 발견은 이미 있는 어떤 현상이나 사물을 새로 찾아내는 행위다. 발명은 없는 현상이나 사물을 만드는 행위다.

한국 현실에 맞는 노동조합을 발명하고자 노력할 수 있다. 킴 무디나 워터만 같은 다른 나라 사람의 주장을 빌려와 사회운동노조를 논의하기도 했다. 그러나 사회운동노조는 이런 논쟁을 통해 탄생하지 않는다.

민주노조가 퇴행하는 모습을 보인다. 그럼에도 한국 노동자는 다양한 실천으로 대안노조가 갖춰야 할 요소를 하나씩 발견하고 있다. 21세기에 필요한 대안노조는 실천을 통해 발견할 수 있다. 없는 것을 만들기보다 현실에 있는 새로운 요소를 발견하고 확장하는 과정에서 대안노조 시대가 열린다.

새판이 온다

노동권 주인이 바뀐다

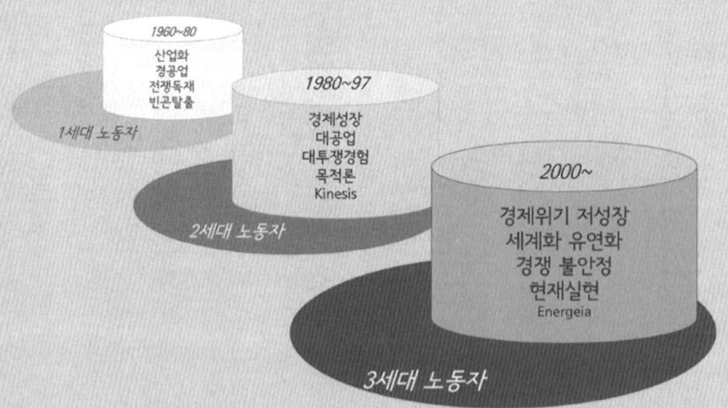
1960~80
산업화
경공업
전쟁독재
빈곤탈출
1세대 노동자
1980~97
경제성장
대공업
대투쟁경험
목적론
Kinesis
2세대 노동자
2000~
경제위기 저성장
세계화 유연화
경쟁 불안정
현재실현
Energeia
3세대 노동자

노조를 결정하는 종자

어떤 회사에 노조가 생겼다. 최저임금 이하로 받던 급여가 거의 두 배에 가까울 정도로 올랐다. 조합원은 노조를 임금 올리는 수단 정도로 여겼다. 사용자는 이를 역으로 이용했다. 노조를 탈퇴하면 임금을 올려 주고 조합원 임금은 올려 주지 않았다. 조합원은 이익을 따라 노조를 탈퇴하기 시작했다. 소수노조가 됐다. 임금은 더 이상 원하는 만큼 오르지 않았다.

이익종자는 자기 실리를 챙기기 위해 노조를 활용한다. 이익종자는 이권노조를 만든다. 이기적 집단으로 비판받는 대부분 노조가 이런 유형에 속한다.

어떤 기업에 노조가 생겼다. 특정 정파 조직원이 중심이었다. 회사는 이를 역으로 이용했다. "재들은 노조를 이용해 정치를 하려고 한다. 노조에 가입하면 ○○세력에 이용당한다"는 소문을 퍼뜨렸다. 가입을 망설이거나 탈퇴하는 사람이 생겼고 소수노조가 됐다. 이 노조를 지원하러 나서면 "죽 쒀서 개 준다"며 다른 노조 간부가 말리기도 했다. 그 노조를 지원해 봤자 "결국 그 정파 지지기반을 늘려 주는 꼴"이라고 했다.

권력종자는 정치권력을 잡기위해 노조를 정치도구로 만든다. 노조는 특정 정파에 따라 움직이는 정파노조가 된다. 다른 노조와 벽이 쌓인다. 연대가 약하거나 단절된다.

노동자 권리를 소중하게 여기는 사람은 다른 시민권도 소중하게 여긴다. 2017년 경기지역에 만들어진 한 노조에 장애인 조합원이 있었다. 노조는 장애인의 소통을 위해 조합원 교육이나 회의시간에 수화통역사를 모셔 왔다. 장애인 권리를 위해 별도로 인권부를 만들었다. 단체협약을 맺는 과정에서 사용자에게 성소수자 권리를 보장하는 조항을 넣도록 요구했다. 금속노조 경기지부 조합원들은 세월호 참사로 가족을 잃은 유가족과 함께 연대하고 지원하는 일에 앞장섰다.

타인 고통에 공감하는 사람은 인권을 소중히 여기고 지원하는 공감노조를 만든다. '불의는 참지만 작은 불이익을 참지 못하는' 노조가 아니라 '작은 이익에 집착하지 않고 불의에 맞서 싸우는' 권리노조를 만든다. 다른 시민 인권을 위해 함께하는 연대노조를 만든다. 노동권뿐만이 아니라 여성권 · 성소수자 인권 · 환경권 등 다른 인권을 지키고 넓히는 사회운동노조를 만들 가능성이 높다.

새 주체 등장

오래된 민주노조 중에서도 비정규직과 연대하고 새로운 활동을 개척하는 노조가 있다. 이들도 새로운 가능성을 보여주지만 불안정노동을 하면서 이전 세대와 다른 성향을 가진 노동자가 늘었다.

삼성전자서비스 노동자는 고장난 전자제품을 수리하는 육체노동을 한다. 동시에 고객집을 방문하거나 수리센타를 방문한 고객을 상대하기 때문에 감정노동도 한다. 외근 기사는 직접 운전을 해서 고객을 방문하는 운전노동을 하고 휴대전화를 통해 일을 받고 또 수리 결과를 통보한다. 이런 노동자는 전통 제조업과 서비스직을 관통하는 노조활동이 필요하다.

공공부문에서 학교 비정규직, 교육공무직 노조가 탄생했다. 민간서비스부문에서는 이마트 · 홈플러스 · 파리바게뜨 등 다양한 영역에서 노조가 탄생하고 있다.

세대별 노조도 생겼다. 청년유니온은 다양한 직장을 가진 조합원이 모여 있다. 청년노동자가 겪는 문제를 사회이슈로 만들어 사회적 압력을 통해 문제를 해결하는 방식을 쓴다. 최저임금보다 낮은 저임금으로 열정을 착취하는 '열정페이'를 이슈화했던 사례가 있다. 앞서 말한 청년유니온 위원장 발표처럼 임금보다 '인권을 존중하는 조직문화'를 생각하는 노동자는 권리를 앞에 두는 대안노조 시대를 앞당기는 주체가 될 수 있다.

중소 · 영세 사업장에 적은 수의 조합원들이 다른 회사 조합원과 힘을 모아 사용자를 압박해 노동조건을 바꿔 나가는 지역일반노조도 있다. 각 지역에 있는 조합원 · 지역민 · 지역 시민단체와 함께 생활문화연대활동을 꾸준히 하는 희망연대노조는 새로운 실험을 이어 가고 있다.

비교적 단순한 노사관계를 가진 정규직노조와 달리 다단계 노사관계로 다양한 교섭방식을 경험하는 비정규직노조가 늘어나고 있다.

온라인이 노조를 만드는 강력한 수단으로 등장했다. 삼성전자서비스지회는 처음 노조를 만들 때 전국에 흩어진 동료를 온라인밴드를 통해 만나고 소식을 전했다. 스스로 "밴드노조"라고 불렀다. 요즘에는 온라인 노조가입서를 만들어 휴대전화로 가입하면 바로 가입조합원 통계를 낼 수 있다. 노조는 과거에 종이소식지에 의존했지만 요즘 노조는 부서별 · 공장별로 카톡방을 만들어 소통한다.

각 지역별로 청소년 노동인권 교육을 한다. 학교 다니면서 노동권이나 노조에 대해 단 한 번도 배우지 못했던 이전 세대와 달리 노동권을 한 번쯤 듣게 되는 학생이 점점 늘고 있다.

민주화 시대에 거대한 집회와 투쟁으로 세상을 바꾸고 직장을 바꾼 노동자와 달리 집단운동 경험이 적었던 노동자가 새로운 경험을 하기 시작했다. 세월호 참사로 깊은 실의를 느꼈고 사회 비판을 '헬조선'이라는 표현에 담아냈다. 탄핵촛불운동으로 힘을 모아 대통령을 바꿨다.

공유기금이 자란다

임금은 세 가지 차원으로 나눌 수 있다. 개인과 기업조건에 따라 다른 개별임금이 있다. 임금은 노동력을 판매하고 받는 돈이기 때문에 개별임금만 임금으로 볼 수 있다. 국가가 시민에게 지급하는 각종 기금은 노동력을 팔고 받는 임금이 아니다. 그러나 먹고 자고 입고 건강을 돌보는 등 노동력 재생산에 기여한다. 사회복지나 고용보험 등을 사회임금으로 부르기로 한다. 기본소득[180] 이나 청년수당도 사회임금에 속한다.

개인과 국가 차원에서 지급하는 임금과 복지 중간쯤에 노조가 만든 자율적 연대기금이 있다. 노조활동을 하다가 해고당하면 지급하는 신분보장기금, 노사갈등이 오래돼 임금을 받지 못하거나 활동기금이 필요한 조합원에게 지급하는 장기투쟁기금, 신생노조를 만드는 데 필요한 기금 등이 있다.

나아가 노조가 사용자에게 요구해 임금의 일부를 기금으로 만들어 다른 노동자에게 쓰는 연대임금이 있다. 노사정이 합의하거나 혹은 특정 산업 노사가 합의하기도 한다. 2017년 12월 민주노총 공공운수노조와 보건의료노조, 한국노총 공공부문 노조와 금융노조 등이 참여해 공공상생연대기금을 출범시켰다.

금속노조에서 만든 각종 기금만 해도 연 지출이 10억 원 내외다. 각 지역지부는 신생노조를 만들면 대기업 정규직 조합원과 지역지부 조합원이 낸 조합비 일부를 기금으로 모아 지원한다. 민주노총 각 산업별 노조나 산업별 연맹은 별도로 무권리 노동자 노조설립을 위한 기금을 모은다. 이 기금을 노조활동으로 해고당한 조합원을 돕는 데 쓴다. 신생노조도 지원한다. '시혜'가 아닌 권리주체로 함께하는 길이다.

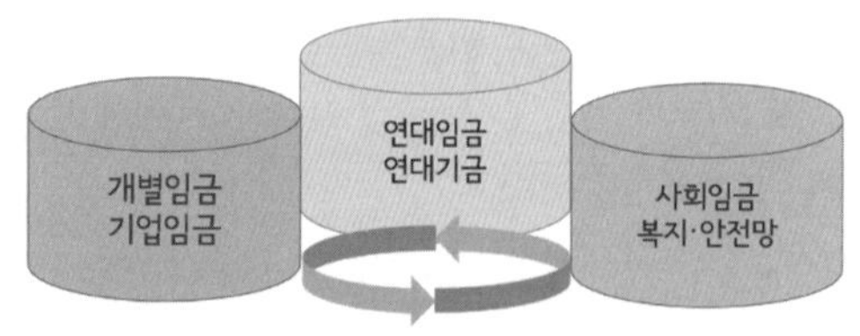

법정 최저임금은 개별임금이다. 그러나 최저 한도를 국가 차원에서 규정한다는 점에서 개별임금과 사회임금 성격이 함께 있다. 최저임금 노동자에게는 법정 최저임금이 곧 개별임금이다.

한국 사회는 복지에 관심이 늘었다. 각 노조는 자율기금이나 노사가 합의한 연대기금을 만들고 있다. 최저임금 캠페인에 노조도 참여한다. 민주노총은 최저임금 1만원 운동을 펼쳤다.

2017년 문재인 정부가 들어서면서 최저임금이 대폭 올랐다.

기업 또는 개인 조건에 따라 지급하는 개별임금을 넘어 연대기금이나 연대임금 · 사회복지가 늘어나면 '사적소유'를 넘어 '공유'가 늘어난다.

낡은 생활 깨려면 역동성 있어야

각국 노동시간 비교통계를 통해 한국이 장시간 노동을 한다는 사실이 잘 알려져 있다.[181] 한쪽에서 일자리 경쟁을 하고 다른 한쪽에서 장시간 노동을 한다.

노동시간 단축은 중요한 노동권이다. '몸에 대한 자기결정권'을 노동과정과 여가시간으로 나누어 볼 수 있다. 노동과정에서 사용자만이 아니라 노동자도 어떻게 얼마나 일할지 결정할 권리가 있다. 아무리 노동과정을 결정할 권리를 가지더라도 노동에 묶여 있으면 자유를 누릴 수 없다. 쉬고 즐기는 여가가 늘어야 한다.

정치 슬로건으로 '저녁이 있는 삶'이 등장했다. 열심히 일하는 개미와 놀다가 겨울에 구걸하는 베짱이를 뒤집어 놓는 반전동화가 등장하는 등 노동에 대한 생각이 바뀐다. 장시간 노동을 거부하고 임금이 적어도 여유를 중요하게 생각하는 청년세대가 나타난다.

스웨덴에서 주 30시간제를 실험하거나 1일 6시간 노동을 하는 기업 소식이 들린다. 독일과 프랑스가 주 35시간 노동 사이를 오간다. 세계 최대 온라인 상거래 업체인 아마존은 일부 사원에게 주 30시간 노동 실험을 한다. 구글은 주 4일제를 비롯한 집약근무제 실험을 하고 있다.

욜로족과 함께 시간복지를 추구하는 일과 삶의 균형을 추구하는 '워라밸(워크 앤드 라이프 밸런스의 줄임말) 세대'가 등장한다. 일에 잡아먹히는 타임푸어가 아니라 장시간 노동을 탈출하는 새로운 삶을 추구하는 흐름이 나타난다.[182] 이런 경향이 낡은 기준(올드노멀)을 벗어난 새로운 생활기준(뉴노멀)을 만드는 노멀 레볼루션을 위한 힘이다.

한국에서는 장시간 노동 해법을 놓고 논쟁이 이어진다. 노동시간을 줄인 기업 사례가 언론에 소개된다. 정치권에서는 연간 1,800시간으로 노동시간을 줄이겠다는 공약을 발표했다. 임금은 줄어도 일자리를 늘리는 '광주형 일자리'가 등장해 실효성 논란에 휩싸이기도 했다. 대기업에서 주 35시간제 실시를 발표하자 엇갈린 반응이 나타났다.[183] 촛불시민에 힘입어 탄생한 문재인 정부는 주당 최고 노동시간을 52시간으로 제한하겠다고 약속했다.

국회는 2018년 2월 28일 주 52시간 노동을 단계적으로 시행하고 중복할증을 폐지하는 내용의 근로기준법 개정안을 통과시켰다. 특례업종은 기존 26개에서 5개로 줄였다.

판이 부딪친다

노동시간은 오래된 노동과 자본의 쟁점이었다. 노동운동 역사는 노동시간 단축의 역사라고 한다. 오늘날 세계 노동절인 5월 1일 메이데이는 주 8시간 노동을 요구한 미국 노동자 투쟁에서 유래했다.

그런데 노동시간 단축은 다른 문제와 얽혀 있다. 임금이 높으면 노동시간을 줄일 가능성이 크지만 임금이 낮으면 장시간 노동으로 낮은 임금을 보충하려는 경향이 있다. 노동강도가 높으면 장시간 노동이 어렵다. 노동자가 노동시간 단축과 함께 설비투자와 추가 채용을 요구하면 사용자는 노동강도를 높이고 생산성을 올려서 투자비용과 인건비를 줄이려 한다. 노동시간은 임금 · 노동강도 · 설비투자 · 인력채용 · 생산성과 얽힌다.

노사관계만이 아니라 경제조건도 영향을 미친다. 외환위기와 함께 고용빙하기가 다가오자 일자리 경쟁이 격해졌다. 직장인은 물론 어린 학생까지 서열경쟁에 휩싸였다. 경쟁 탈락자는 삭제되고 잉여인간이 된다. 승자는 독식하며 갑질을 한다. 야생사회가 됐다. 세계경제는 저성장기에 놓여 있다. 저성장과 4차 산업혁명이 만나면 제2의 고용빙하기가 올 수도 있다. 반대로 기술보다 관계를 우선하는 관계혁명이 온다면 다른 노동체제를 만날 수 있다.

정치도 영향을 미친다. 외환위기 때 야당이 정권을 잡았지만 정리해고제 · 파견근로제·변형근로제를 도입했다. 노동시간을 단축하면 사용자는 변형근로와 파견근로를 통해 불안정 노동자를 늘려서 비용을 줄였다. 이명박 정권은 노골적으로 "비즈니스 프렌들리"를 내세워 친기업 정책을 펼쳤다. 노동은 불안해지고 경쟁은 격해져 '야생사회'가 됐다. 박근혜 정부는 국정농단까지 일삼았고 사회는 '헬조선'으로 불렸다. 저성장과 경쟁이 만나 제2의 야생사회가 될 수도 있다. 탄핵촛불 시민이 상황을 바꿨다.

낙관과 비관은 함께한다. 공공부문부터 비정규직을 정규직으로 바꾸려는 새 정부 정책은 정규직과 비정규직 노노갈등에 휩싸이기도 한다. 낡은 경쟁시스템에 익숙한 노동자는 배타적 신분유지를 위해 비정규직의 정규직 전환을 반대한다. 배제된 비정규직은 계층상승 욕망을 강하게 드러낸다.

판이 충돌하고 있다. 과거 노동체제와 새로운 노동체제, 구세대 노동자와 새로운 세대 노동자가 충돌한다. 낡은 틀로 전환기를 맞으면 퇴행할 것이고 새로운 돌파구를 찾는다면 성숙한 미래가 올 것이다.

비정규직을 다르게 생각하자

한국 민주노조운동에서 '비정규직 철폐' 주장과 '비정규직 차별철폐' 주장이 엇갈려 왔다. 한쪽에서는 비정규직 없는 세상을 주장하고 다른 한쪽에서는 비정규직 없는 세상은 헛된 꿈이라고 한다.

미래 노동시장은 어떻게 변할까? 자본주의가 비정규직을 늘리는 방식을 늘 좋아한 것은 아니다. 산업이 발전하지 않았을 때 회사 통제를 받지 않고 일했던 숙련공(장인)이 있었다. 산업이 발전하면서 공장 안 생산라인에서 일하는 노동자를 필요로 했다. 공장 통제 안에 들어온 노동자가 필요했다. 내부노동시장을 늘리고자 했다. 이때 사용자는 외부 하청 노동자를 쓰면 '중간착취'라고 비난했다. 산업이 발전하고 거대 공장 안에 다수 노동자가 생길수록 관리비용이 늘어난다. 이젠 관리비용을 줄이기 위해서라도 외주화 유연화가 필요했다. 내부노동시장을 줄이고 아웃소싱을 통해 외부노동시장, 즉 하청노동자를 늘리기 시작했다.[184] 노동시장에 사회 전체 노사관계, 국가정책, 직업에 따른 기술적 속성 등 다양한 요소가 영향을 미친다. 현재 비정규직은 일부 특수한 노동이 아니라 다수 보편적 노동이 됐다. 미래 노동시장은 외부노동시장(하청노동)을 늘리는 방향으로 나아갈 것인가? 아니면 다시 내부노동시장(정규직)을 늘리는 방향으로 전환될 것인가? 아니면 다양한 노동형태가 공존하게 될까?

노동자를 정규직과 비정규직으로 나누는 생각이 맞을까. 중소 · 영세기업 정규직과 대기업 사내하청 노동자를 비교하면 어떨까? 현대 · 기아차 사내하청 노동자 임금과 경기지역 중소 · 영세사업장 정규직 임금을 비교하면 현대 · 기아차 사내하청 노동자 임금이 높은 편에 속한다. 노동조건 또한 현대 · 기아차 사내하청 노동자 노동시간과 노동강도가 경기지역 중소 · 영세사업장 정규직 노동자보다 더 짧고 더 낮다. 비정규직으로 불리는 노동자보다 정규직 노동자가 열악한 조건에 있는 경우가 있다.

비정규직 정규직화를 위한 투쟁은 계급투쟁일까? 계층상승투쟁일까? 현대자동차를 비롯한 자동차산업 하청노동자들은 불법파견 소송을 2000년대 초반부터 10년이 넘게 진행했다. 비정규직을 정규직으로 전환시킨 성과를 낳기도 했다. 그러나 "개구리 올챙이 적 생각 못한다"는 속담처럼 정규직이 되면 비정규직 아픔을 잊어버린다. 다른 비정규직과 함께하는 연대를 소홀히 하고 계층상승에 집착하는 모습을 보인다. 노동권을 지키고 넓히는 활동이 아니라 '내가 정규직이 되려는 개인적 욕망'에 머문다.

정규직화를 위한 투쟁은 계급을 단결시킬까, 분열시킬까? 서울지하철 · 전교조 · 인천공항공사 사례를 보면 계급 내부갈등이 선명하게 드러난다.

도덕성보다 역동성

2017년 4월 28일 민주노총 금속노조 기아자동차지부는 비정규직과 하나의 조직으로 통합해 있었는데 분리하는 총회를 했다. 언론에서는 비정규직을 쫓아낸 정규직노조를 비판했다. 노동계 안에서 우려와 비판이 쏟아졌다. 10년 전인 2007년, 기아차 정규직과 사내하청 노동자는 1사1조직으로 통합했다. 그 전에는 정규직과 비정규직 갈등이 계속되다 물리적으로 충돌하는 사건도 있었다.

이런 사건을 보도하는 언론을 보면 정규직과 비정규직으로 다른 노동시장을 만든 기아차 사용자는 보이지 않는다. 삼각관계 중심에 있는 사용자는 드러나지 않고 노노갈등만 두드러진다.

기아자동차 정규직과 비정규직은 '갈등→물리적 충돌→조직통합→조직분리'로 이어지는 우여곡절을 거쳤다. 한때는 적이 돼 싸웠지만 한집 살림을 차렸고 다시 갈등이 불거지면서 이별했다.

물리학에서 정지한 물체를 둘러싼 힘 관계를 '정역학(靜力學)'이라고 한다. 움직이는 물체를 둘러싼 힘 관계는 '동역학(動力學)'이다. 인간관계도 움직인다. 개인만이 아니라 집단 사이 관계도 움직인다. 관계에 작용하는 힘이 움직임을 만든다. 이에 따라 갈등이 생기고, 커지고, 사라지기도 한다.

노조 없는 비정규직은 자기 목소리를 내지 못한다. 비정규직이 노조를 만들면 정규직-비정규직 관계가 시작된다. 비정규직 노동자와 정규직 노동자가 어떤 생각을 가지는가에 따라 관계는 바뀐다. 서로 뭉쳐야 할 노동자로 생각하면 연대하고 조직을 하나로 통합하기도 한다. 회사가 좋은 실적을 남기고 고용도 늘어나는 상황에서는 갈등이 덜하다. 경영실적이 나쁘고 고용불안이 심하면 갈등도 격해질 수 있다. 국가경제도 마찬가지 영향을 미친다. 사용자가 노무관리전략으로 정규직과 비정규직 갈등을 이용하려 할수록 갈등을 키운다. 정치도 영향을 미친다. 정부가 비정규직을 늘리고 보호하지 않을 때와 차별을 줄이고 통합하려 노력할 때가 다르다.

마오쩌둥(毛澤東)은 중국혁명 과정에서 모순론을 말했다. 사물이나 사회는 모순을 가지고 있다. 주요 모순과 부차적 모순이 있다. 중국 노동자·농민과 지주·자본가가 대립했지만 일본이 중국을 침략하면서 민족대결이 주요 모순이 된다. 상황에 따라 주요 모순과 부차적 모순이 달라진다. 이를 인간관계나 사회집단 관계에서 발생하는 갈등에 적용할 수 있다.

때로는 정규직과 비정규직이 뭉쳐서 사용자에게 요구한다. 주요 모순이 노동과 자본이다. 때로는 정규직과 비정규직 갈등이 크게 나타난다. 주요 모순이 노동자 내부갈등으로 바뀐다.

정규직 노동자가 비정규직을 외면하고 차별하는 사건이 발생하면 흔히 언론은 정규직 노동자 도덕성을 공격 한다.

갈등 없는 관계는 없다. 갈등을 해결하려면 도덕성이 아니라 관계가 가진 역동성을 봐야 한다. 관계에서도 동역학이 작용한다. 갈등하는 사람과 집단의 행동에 영향을 미치는 요소를 파악하고 무엇을 어떻게 바꿀 것인지를 생각해야 한다.

이것이 '관계의 예술'이다. 사회운동이나 노동운동이 관계의 예술인 이유다.

다르게 실천하는 노동자

완성차 사내하청 노동자는 상대적으로 정규직과 같은 공간에서 오랫동안 일하는 편이다. 정년까지 그곳에서 일하기를 원한다. 정규직이 되려는 요구도 높다. 조선산업 하청노동자는 돌관팀처럼 약간 독립성을 가지고 전국을 이동하며 일한다. 정규직이 되기를 바라는 마음이 없지 않지만 정규직화를 요구하며 소송에 참여하는 비율이 상대적으로 낮다.[185)]

상시 · 지속업무를 하는 비정규직부터 정규직으로 전환하려는 노력이 계속되고 있다. 제조업 사내하청이 하는 상시 · 지속업무에는 인력파견업체 파견근로자를 사용하면 안 된다. 불법이기 때문이다. 완성차 사내하청은 사내하도급을 사용해 왔다. 완성차 사내하청노조는 이를 문제 삼아 원청에게 직접 고용하라며 소송을 10년 이상 진행했다. 불법파견 문제를 사회이슈로 만들고 개선했다.

다른 몇 가지 측면을 고려해야 한다. 첫째로 정규직화 요구는 노동자를 계층상승 욕구에 머물게 하는 측면이 있다. 둘째로 노동시민 전체 권리와 역량을 키우는 결과가 아닌 노동시민 내부갈등으로 왜곡되기도 한다. 셋째로 원청이 정규직으로 고용하라며 소송을 걸면 노동자 자력화보다 법원 판결에 매달리는 사법화로 번질 위험이 있다. 넷째로 정규직 오르기에 집착하면 다른 비정규직과 권리를 함께 누리기 위한 연대에 소홀해진다.

2015년 광주, 2017년 화성 · 아산 · 안산에 생긴 자동차부품사 하청업체 노조는 정규직화 소송을 하지 않았다. 다른 하청노동자가 노조 이름에 넣는 '비정규직'이라는 표현을 쓰지 않는다.

하청노동자 노조를 튼튼히 하고 비슷한 처지에 있는 하청노동자와 연대를 넓히는 길로 나아가려 한다. 정규직화를 위해 법원 판결에 얽매이지 않고 자력으로 권리를 높여 차별을 넘어서는 길을 열어 갈 가능성이 있다. 계층상승을 위한 이익욕망이 아니라 권리를 키워 나가는 새 길을 개척하려 한다. 이런 새로운 노력을 발견하고 지원하고 응원하자.

일자리 이데올로기 탄생

2000년대 이후 일자리는 사상 · 이념, 즉 이데올로기가 됐다. 고용빙하기에 실업 공포에 사로잡힌 사람은 일자리를 향한 욕망을 가지게 됐다. 모든 노동자가 일자리를 위한 경쟁에 뛰어들었고 특히 '좋은 일자리'를 향한 경쟁이 뜨겁게 달아올랐다. 다단계 하청으로 나쁜 일자리를 만든 기업도 일자리 창출을 위해 규제를 없애야 한다며 일자리를 앞세운다. 정부도 노조도 '좋은 일자리'를 외친다. 그야말로 일자리는 사회구성원 모두가 열렬하게 환호하는 구호처럼 펴졌다.

불행하게도 '좋은 일자리'는 경쟁을 부추기는 독약이다. 좋은 일자리에 있는 노동자는 자리를 지키기 위해 모든 힘을 쏟는다. 회사에 충성하는 방식으로 지키거나, 노조를 통해 지키거나, 혹은 노조를 버리는 대가로 자리를 지킨다. 심지어 자기 자리를 특권으로 여기고 비정규직의 정규화를 반대하기도 한다.

하청노동자에게도 '좋은 일자리'는 경쟁을 부추기는 독약이다. 정규직 일자리로 올라가기 위해 '위바라기'가 된다. 함께 뭉치고 연대하기보다 원청이 선별해 정규직으로 채용하면 동료를 버리고 계층상승을 선택한다. 정규직으로 계층상승을 이루면 아직 비정규직인 옛 동료를 위해 연대하기는커녕 노동조합 활동조차 외면하는 사례가 부지기수다.

일자리 이데올로기는 '일자리 창출' 또는 '좋은 일자리 창출'이라는 정부 국정목표로 나타난다. 이러한 '자리 이데올로기'는 일자리 창출을 위한 '기업하기 좋은 나라'로 나타난다. 자리 이데올로기는 노동자까지 기업성장론과 경제성장론에 빠지도록 만든다.

자리 이데올로기는 틀렸다

'일자리 창출'이나 '좋은 일자리 창출' 정책은 틀렸다. 세계가 저성장기에 빠진 상황에서 성장을 통한 일자리는 망상이 될 가능성이 높다. 4차 산업혁명이라는 구호를 끌어오지만 첨단산업이 일자리를 창출하기보다 오히려 고용불안을 낳을 것이라는 우려가 만만치 않다. 성장을 주도했던 자본가들의 능력은 한계에 부딪친 지 오래다. 성장을 할 수 있는가와 무관하게 좋은 일자리를 둘러싼 경쟁이 가져온 사회적 폐해가 너무 크다.

노동계가 주장한 고용정책도 틀렸다. 민주노조는 오랫동안 좋은 일자리 유지에 집중했다. 2009년 쌍용차에서 상징적으로 보여준 정리해고에 맞선 투쟁에서 고용과 생존을 지키기 위한 노력은 모두 실패했다. 쌍용차도 결국 자리싸움 · 계급분열을 벗어나지 못했다. 좋은 일자리만 지키려 노력하다 보니 불안정노동 확대를 막지 못했다. 차별 확대를 막아 내지 못했다.

민주노조는 자리를 지키려는 노동자를 위한 노조가 될 수밖에 없었다. 자리를 지키는 데 온 힘을 쏟는 노동자는 대기업 정규직을 비롯한 전체 노동자 중 일부에 그친다. 일자리 지키기가 아닌 일자리 이동에 대해서는 별 대책이 없었다. 실업급여 인상과 4대 보험 적용 확대, 기업복지를 넘어선 산업과 사회복지 문제는 신경 쓰지 않는다. 그나마 최저임금 인상에 관심을 뒀다. 노동자와 회사가 낸 기금으로 국가(노동부)가 운영하는 고용센터는 노동계 관심 밖에 있다. 일자리 지키기 몰빵에서 벗어나 일자리 이동까지 포괄하는 균형을 찾아야 할 때다.[186)]

자리보다 권리

정부는 '좋은 일자리 창출'을 위해 적극 노력한다. 정부가 직접 개입할 수 있는 공공부문부터 비정규직 정규직화를 추진한다. 하지만 공공부문에서도 편법이 나타난다. 정규직 고용이 아닌 자회사를 통해 고용하는 방식이다. 민간부문에 대한 정부 개입은 어렵다. 반발이 더 크다. 정권을 향해 자본가와 보수세력이 반격을 조직한다. 정부는 타깃이 된다.

일자리 정책보다 나쁜 일자리에 있는 노동자가 권리 주인이 되는 방법이 효과적이다. 정부가 고기를 낚아 주려 하지 말고 고기를 낚을 주인공을 지원하는 방식이다. 불안정 노동자가 스스로 권리를 가지는 자력화를 통해 사용자에게 맞서고 산업을 바꾸는 아래로부터의 변화가 필요하다. 권력을 통한 개혁보다 불안정노동을 하는 '아무나'가 일으키는 노멀 레볼루션이 절실하다.

불안정 노동자는 원청 정규직 일자리로 오르기 위한 '위바라기' 욕망에 사로잡히는 '하청 근성'을 넘어서야 한다. 현재 일자리를 바꾸는 권리 주인이 되려는 노력을 기울이고 이를 통해 나쁜 일자리를 바꾸는 길을 가야 한다.

변화 가능성은 꿈틀 대고 있다. 지금까지는 더 많이 받기 위해 경쟁했다. 오래 노동하는 자리를 차지하려고 싸웠다. 그러나 적게 받고 마음 편하게 더 짧게 일하는 일자리를 추구하는 새로운 라이프스타일(생활규범)을 지향하는 '아무나'가 되려는 '노멀크러시' 현상이 등장하고 있다. 많은 연봉을 위해 장시간 고강도 노동을 하는 일자리를 버리고 다른 곳으로 떠나는 소극적인 대응이다. 적극적인 대응은 나쁜 일자리를 바꾸려는 노력이다.

싹트는 다른 문화

어설픈 흉내

영등포의 한 화상치료 전문병원 앞 집회에 참석했다. 몸에 스스로 불을 붙인 분이 입원해 있었다. 분신(焚身) 자결을 시도한 노동자였다. 그 병원에 화상 입은 다른 환자가 있었다. 그런데 우리는 촛불을 들고 집회를 했다. 불 때문에 상처를 입은 환자가 가득한 병원 앞에서 불을 들고 집회를 했으니 어울리지 않았다. 욕을 먹었다.

2008년 촛불시위 이후 우스꽝스런 집회를 자주 목격했다. 자발적으로 참가한 시민, 각자의 다양한 문화를 드러내는 퍼포먼스가 가득한 집회에서 촛불은 모두를 모으는 상징이다.

촛불시위문화는 노조에 영향을 줬다. 노조 지침에 따라 참가한 조합원, 문화는 없고 관성적인 연설·노래·춤으로 이뤄진 프로그램으로 촛불집회를 한다. 다른 것은 하나도 변하지 않았는데 촛불 하나만 더 들고 집회이름을 'ㅇㅇ을 위한 촛불 문화제'라고 이름 붙인다. 내용은 간데없고 형식만 빌려오니까 우스꽝스럽다.

경기지부 조합원들은 설문조사와 '노조의 향기' 순회잡담에서 등벽보 글씨체, 집회 후 쓰레기 등 아주 세밀한 것까지 바꾸자고 했다. 왜 그랬을까.

집회는 단순한 행사가 아니다. 집회는 단지 요구를 관철시키기 위한 수단이 아니다. 집회는 철학이다. 근본 성찰을 통해 생각을 바꾸지 않으면 문화를 바꿀 수 없다. 집회는 노동시민이 권리 주인으로 자신을 세상에 드러내는 중요한 문화다.

다시 만난 세계

2016년 7월 30일 점거농성을 하던 이화여대 학생들이 경찰에 둘러싸였다. 이때 농성학생은 '소녀시대'의 '다시 만난 세계'를 불렀다. 이 시위영상은 급속도로 퍼졌고 공감을 일으켰다. 이화여대 사건은 적폐청산을 위한 탄핵촛불로 이어졌다.[187]

상당수 언론은 학생이 투쟁가요를 버렸다며 학생과 운동권을 분리하려 애썼다.

운동권 일부는 총학생회를 거부하고 연대를 거부한 이화여대생을 비판했다.

80년 광주시민은 애국가와 예비군가를 부르며 계엄군에 맞섰다. 애국가도 투쟁가였고 예비군가도 투쟁가였다. 87년 6월 군사정권에 맞서던 시위 한복판에서 국가권력의 상징인 태극기를 든 사람들이 있었다. 이를 본 운동권은 과학적 이념으로 무장한 전위인 우리가 무지한 대중의 사상적 취약함을 '지도'해야 한다고 생각했다. 돌이켜 보니 운동권 가요만이 투쟁가고 붉은 깃발만이 투쟁 깃발이라는 생각은 어리석었다. 태극기도 투쟁 깃발이 될 수 있음을 몰랐던 우리가 시민보다 무지했다.

2001년 단일 규모 최대의 정리해였던 부평 대우자동차 정리해고 명단이 발표되던 날, 해고자들이 현장에 모여들기 시작했다. 실망한 조합원들은 어깨를 축 늘어뜨리고 고개를 숙이고 있었다. 당혹스러웠다. 그때 노래를 부르기 위해 현장에 온 가수 박준은 "걱정 마라"며 무대에 올라 노래를 시작했다.

나그네 설움

오래된 대중가요 '나그네 설움'이었다. 해고노동자 하나둘씩 고개를 들고 함께 집중하기 시작했다. 정처를 잃어버린 나그네 발길은 그 순간 해고노동자 마음과 똑같았다. 지금도 그해, 그곳, 그 순간에 박준이 부른 '나그네 설움'을 위대한 투쟁가로 기억한다.

외부연대를 꺼렸던 사례는 적지 않다. 80년 광주시민은 군사정권이 퍼뜨린 "간첩들이 침투해 선동하고 있다"는 소문 때문에 수상한 사람을 경계하고 신고했다. 세월호 유가족은 처음에 정치에 이용될 것을 우려해 외부 도움을 경계했다.

농성하던 이화여대생에게 "왜 외부와 연대를 거부했냐"거나 "왜 투쟁가요를 버렸냐"는 태도로 접근하면 발전할 수 없다.[188)]

쌍용차와 에스제이엠은 달랐다

98년 만도기계, 2001년 대우차, 2009년 쌍용차 공장점거 등 수차례 공권력 투입을 경험했다. 필자는 조합원과 함께 경찰력에 대비해 '대항폭력'을 조직했다. 조합비와 외부지원금 상당액을 화염병을 비롯한 무기를 만드는 데 썼다. 최대한 조합원을 전투적인 군사조직원으로 만들려고 했다.

이런 '대항폭력'이 성공한 경우는 드물다. 전국 대중봉기가 있지 않는 상황에서 일개 노조가 경찰력에 맞서 이길 가능성은 거의 없다.

구조조정 때 나타나는 네 가지 반응에 따라 노조 두생은 다르다. "같이 죽자"고 생각하면 누가 벼랑 끝까지 버틸 수 있는지 싸우는 전투력을 중심에 둔다. "함께 살자"를 중심에 두면 시민 지지와 조합원 단결을 만들기 위해 노력한다. '죽자'고 덤빌 때는 전투무기를 만들어 노조를 군사조직처럼 운영하자는 '대항폭력' 발상이 나온다. "함께 살자"고 생각하면 안팎의 지지를 모아내 폭력에 반대하는 방향으로 나아간다.

2012년 경기 안산 에스제이엠에서 직장폐쇄와 용역깡패 폭력에 맞선 투쟁을 할 때 우리는 최대한 '반폭력'으로 대응했다. 폭력을 앞세워 쳐들어오는 용역깡패에 맞서 쇠파이프나 화염병으로 무장하지 않았다. 거꾸로 저들이 폭력을 휘두르는 장면을 사진과 동영상으로 촬영했다. 최소한 수준에서 방어하며 저들 폭력을 생생히 담아내면서 공장에서 물러났다. 우리는 노사 간 쌍방폭력 시비에 휩싸이지 않았다. 저들의 일방 폭력 증거만 넘쳐났다. 우리는 명백한 정당성을 쥐었다.

공장을 뺏기자 대응폭력을 주장하는 사람들이 생겨났다. 그들은 용역깡패가 점거한 공장을 노조가 무력으로 탈환하자고 했다.

에스제이엠지회와 경기지부는 이런 주장에 끝까지 흔들리지 않았다. 해고 공포를 넘어 함께 즐기자고 했다. 조합원은 정당성과 자부심을 가지고 흔들리지 않고 싸웠다. 금속노조 경기지부 조합원과 지역 노동시민이 함께 공장을 에워싸고 밤을 새웠다.

저들은 무력으로 공장을 장악했지만 우리는 여론에서 압도적 지지를 받았다. 정당성으로 그들을 포위하고 고립시켰다. 결국 국회에서 '폭력청문회'까지 열렸다. 폭력을 방치한 안산 단원경찰서장은 징계를 받았다. 폭력을 사주한 사용자와 용역업체 관계자는 구속돼 처벌을 받았다.

쌍용차 투쟁과 에스제이엠 투쟁은 시기가 다르고 규모가 다르다. 단순비교가 적절하지 않을 수 있다. 하지만 노조가 대응한 방식은 확실히 달랐다. 조직적이고 계획적으로 무기를 만들고 무장했던 2009년 쌍용차 사례는 '함께 죽자'는 벼랑 끝 전술에서 나온 '대항폭력' 사례다.[189] 용역깡패가 폭력을 휘둘렀지만 비무장으로 저항하면서 용역깡패 폭력 현장을 영상으로 찍고 이를 폭로하면서 여론 지지와 명분을 잡아 승리한 2012년 에스제이엠 투쟁은 반폭력으로 대응한 중요한 사례다.[190]

꿈틀대는 새 문화

2013년 금속노조 경기지부는 집회문화를 바꾸기 위해 처음부터 '파업집회'가 아니라 '파업축제'라고 이름을 바꿔 준비했다. 각 회사 조합원이 연극 · 노래 · 춤 같은 퍼포먼스를 준비했다. 쉽지 않았다. 조합원들이 "굳이 왜 내가 이런 것을 해야 하냐"며 부정적 태도를 보였다.

같은 해 7월 10일 경기지부 전체가 파업을 하고 모였다. 각 사업장 조합원은 나름 준비한 퍼포먼스를 펼쳐 보였다. 어설펐지만 재밌었다. 같은 조합원인 너와 내가 준비했기 때문에 어설퍼도 재밌고 집중도 잘한다. 두원정공 조합원은 노래와 함께 연기를 선보였다. 칭찬이 쏟아졌다. 정성을 느꼈다. 단 한 명의 '민중가수'나 '전문 율동패'가 등장하지 않은 그야말로 조합원이 주인공이 돼 만든 집회였다.

2013년 말 삼성전자서비스지회 성남센터 조합원들이 단합대회에 참석했다. 신생노조 조합원이었기에 노조행사에서 부르는 '투쟁가'를 하나도 몰랐다. 취기가 오르니 유병철 조합원이 밖에 나가 노래하자고 제안했다. 가사도 멜로디도 모르는 노래를 어설프게 함께 부르는데 한 조합원이 춤을 췄다. 깜짝 놀랐다. 프로급 춤 실력이었다. 알고 보니 어느 기획사 연습생 출신 조합원이었다.

2013년 12월과 다음 해까지 이어진 삼성전자서비스지회 집회에 그가 등장했다. 당시 인기를 끌던 가수의 노래를 틀어 놓고 춤을 췄다. 반응이 폭발했다. 수원역 앞에서 그가 춤을 추자 평소에 관심을 주지 않던 시민이 모여들었다. 지나가던 여고생까지 달려와 사진을 찍었다. 뭐하는 사람들이냐며 묻는 시민에게 우리가 누구이며 무엇을 요구하는지 말했다.

조합원 중에는 노래를 잘하는 사람이 생각보다 많다. 춤을 잘 추고 악기를 잘 다루는 조합원도 적지 않다. 목소리 높여 연설하는 높은 노조간부가 아니라 이 조합원들이 진짜 주인공이다.

노숙과 삼바는 달랐다

76년 만에 삼성그룹에 민주노조 깃발을 세운 삼성전자서비스지회는 2013년부터 2014년까지 삼성에 맞서 싸웠다.

민주노조가 가진 전통 투쟁방식과 새롭게 시도했던 투쟁방식을 비교해 보자. 이런 평가와 논의는 거의 없었다.[191] 어떤 방식이 옳고 그른가를 구분하려는 의도가 아니다. 노조 활동문화 개선을 위한 새로운 요소를 발견하기 위해서다.

삼성전자서비스지회는 두 사람을 잃었다. 최종범과 염호석이다. 두 사람은 삼성에 맞서 싸우는 과정에서 스스로 목숨을 끊었다. 노조는 두 사람을 "열사"라 부른다. 이 투쟁 과정에서 두 가지 다른 경향을 발견했다.

첫째로 스스로를 비참하게 여기고 분노로 싸우려는 생각과 스스로를 자랑스럽게 여기고 자부심으로 싸우려는 생각이 엇갈린다.

삼성전자서비스지회 노동자는 무노조 삼성에서 삼성전자 제품을 수리했다. 낮은 임금에 비정규직에 방문수리가 끝나면 고객으로부터 서비스 평가를 받는 '해피콜'에 따라 매일 욕먹으며 살았다. 노조를 만들었는데 삼성그룹 높은 벽에 막히자 스스로 목숨을 끊는 열사까지 나타났다. 때문에 얼마나 비참하게 살았는지 박탈감과 비참함을 강조한다. 열사까지 희생된 상황에서 분노가 솟아난다. 당연하다.

다른 가능성을 발견하고자 했다. 삼성전자서비스 수리기사는 비참한 존재가 아니다. 삼성전자에서 만든 모든 제품을 고치는 기술자다. 수리기사가 없으면 삼성전자의 고장 난 제품을 고칠 사람이 없다. 우리는 자랑스런 존재다. "어떻게 불리고 싶냐"고 조합원에게 물었다. 다수가 "기술자로 불리고 기술자에 맞게 대우받고 싶다"고 했다. '삼성기술자(SamSung Engineer)'라는 영어 약자를 따서 '쎈(SSEN)'이라는 별명을 붙였다. 우리는 지질한 존재, 비참한 존재, 불쌍한 존재가 아닌 자랑스런 존재임을 부각시키는 노력이었다. 노조 소식지 이름도 '쎈'이었다.

결핍으로 시작하는 싸움이 아니라 자부심으로 싸워야 한다고 생각했다. 모든 삼성제품을 고치는데 "우리 삶도 고치자"고 외쳤다. 삼성노동인권지킴이는 "삼바삶바"라는 표현을 만들었다. "삼성도 바꾸고 우리 삶도 바꾸자"는 뜻이다. 그래서 우리는 삼성에 맞서는 싸움을 "삼바운동"이라고 이름 지었다.

박탈감 · 비참함 · 분노에 의지하는 싸움은 상대가 강하면 절망과 체념에 빠지거나 혹은 과격함으로 나타날 가능성이 크다.[192] 권리 주인으로서 당당함, 자부심, 동료사랑으로 뭉친 투쟁은 다른 느낌을 준다.

엇갈린 집중과 분산

둘째로 중앙집중 상경노숙과 넓게 펼치려는 삼바운동이 엇갈렸다. 민주노조가 싸우는 전통방식은 열사가 나오면 이를 부각시킨다. 극한 상황이 벌어졌기 때문에 모든 힘을 집중시킨다. 지방에 있는 조합원을 서울 강남 삼성 본사에 집결시킨다. 분향소를 차리고 삼성 본관에 진입하기 위해 몸싸움을 마다하지 않는다. 열사정신 계승이라는 목표와 당위 · 분노, 그리고 죽은 동료에 대한 미안함으로 버틴다.

파업 상경투쟁이 오래가면 임금을 받지 못해 생계가 쪼들린다. 삼성그룹 대응은 간단하다. 모든 조합원이 강남에 모여 있기 때문에 그들이 삼성 본관에 쳐들어오지 않도록 막는다. 경찰이 함께한다. 물론 불편하다. 깨끗하게 관리해야 할 본관이 시위로 시끄럽고 출입도 불편하다. 그러나 반복될수록 익숙하다. 조합원이 삼성 본관에 모여 있지만 비조합원과 제휴인력을 투입해 고장 난 삼성전자 제품을 수리하기에 이윤에 아무런 타격을 주지 않는다. 그냥 참으며 버틴다.

다른 가능성을 발견하고 싶었다. 삼성전자 제품을 수리하는 기사는 일이 많을 때 일시 투입하는 제휴인력을 합쳐 전국에 어림잡아 1만 명 가까이 된다. 하지만 파업에 참여하는 조합원은 대략 1천 명을 밑도는 수준이었다. 노조가 가진 최고 협상력은 파업이다. 파업을 하면 회사가 큰 타격을 입어야 한다. 1만 명 중 1천 명 파업으로 원하는 타격을 줄 수 없다. 부족한 힘을 어떻게 보완할까.

파업하지 않는 서비스센터에 영향을 미치는 방법이 뭘까. 파업 조합원이 그곳에 가는 방법이 있다. 조합원이 없는 서비스센터에 가면 회사가 막는다. 힘으로 밀고 들어가면 불법행위다. 아이디어를 짜냈다. 우리 조합원도 고객이다. 파업을 해서 내가 있는 서비스센터에 타격을 주고 다른 센터에 고객 자격으로 가자고 했다.

경기남부 지역 조합원과 실행에 옮겼다. 경기지역 몇 센터에 염호석 열사 장례를 치르지 못한 상태에서 상복차림을 했다. 피켓을 들고 등에 벽보도 붙였다. 다른 센터에 들어가자 바로 관리자가 막았고 경찰이 출동했다.

"왜 막냐?"

"이건 시위고 영업방해 집회다."

"우리는 고객이다."

"뭘 고치러 왔냐?"

"휴대전화 점검을 받으러 왔다."

뽑아 둔 고객 대기표를 보여줬다.

"고객이 상복차림에 등벽보를 하고 옵니까?"

"고객이 반바지를 입든 상복을 입든 그걸 막을 수 없다. 다른 사람들 봐라. 고객이 입은 옷에 한글과 영어로 여러 가지 문구가 새겨 있는데 우리 옷에 무엇을 새기든 무슨 문제냐."

우리 주장은 틀림이 없었고 행동은 정당했다. 회사는 막을 수 없었다. 경찰은 할 말이 없어 그냥 돌아갔다. 함께한 조합원은 즐거워했다. 효과도 있었다. 회사는 이런 활동을 막지 못하고 지켜볼 수밖에 없었다.

강한 힘과 부드러운 힘

셋째로 하드파워(Hard power)와 소프트파워(Soft power)가 엇갈렸다. 하드파워는 군사력이나 경제력 같은 물리적 강제를 말한다. 소프트파워는 자유와 권리 등 가치와 자발적 동의를 이끌어 내는 힘이다. 하드파워는 강제로 움직이는 '물리력'이다. 소프트파워는 공감으로 움직이게 하는 '매력'이다.

삼성 본관에 모여 노숙농성을 하고 삼성 본관 진입을 위해 몸싸움을 벌이는 방식은 하드파워다. 고객으로서 다른 서비스센터에 회사와 경찰 방해를 정당한 근거로 뚫어 낸 방식은 소프트파워다. 온라인을 통해 삼성전자서비스지회를 지지하는 손피켓을 들고 인증샷을 찍어 주변에 알리고 언론에 기고하는 방식도 소프트파워다.

넷째로 '금속(노조)스런 방식'과 '쎈 방식'이 엇갈렸다. 민주노총 금속노조는 제조업이다. 대부분 조합원이 육체노동을 한다. 육체노동자는 자기 일터와 삶에서 나오는 방식을 자연스럽게 선택한다. 생산라인을 중단시키는 파업, 사측과 경찰에 맞선 몸싸움, 싸움이 극단에 이를 경우 생산현장에 있는 볼트와 너트 등 쇠붙이와 쇠파이프를 도구로 사용한다. 신생노조가 생기면 금속노조 간부는 팔뚝질, 구호 외치기, 선동 연설을 자연스럽게 가르치고 '금속스런 문화'를 익히게 한다.

삼성전자서비스지회 조합원은 고장 난 전자제품을 수리하는 육체노동을 한다. 동시에 깨끗한 옷차림과 최대한 친절하고 세련된 매너로 고객을 방문한다. 고객에게 고장 난 제품에 대해 묻고, 고치고, 설명한다. 고객이 불평을 하면 듣고 설명하고 설득하는 정신노동과 감정노동을 한다. 사무실에 들어오지 않더라도 휴대전화로 업무지시를 받고 업무 결과를 보고한다. 전국 방방곡곡에서 고객집을 방문한다. 이런 특성에서 깔끔한 이미지, 낯선 사람과 대화능력, 온라인 통신망을 통한 소통, 전국 특색과 민심을 파악할 수 있는 장점이 있다.

금속스런 투쟁방식으로 길에서 밤을 새우거나 자는 노숙농성을 하면 깨끗한 차림새를 유지할 수 없다. 사용자는 이런 모습을 "노조하면 거지꼴로 개고생한다"는 식으로 비꼰다. 친절하게 방문해서 고장을 고치는 기술자를, 고객을 불편하게 만드는 원흉으로 묘사한다. 전국 곳곳 고객집을 방문해 여론작업을 할 수도 있고 온라인 행동을 통해 더 많은 공감을 일으킬 수도 있지만 모두가 삼성 본관 앞에 모여 노숙을 하는 패턴에 집중했다. 노조파업을 무력화시키려고 대체인력을 투입한 회사에 맞서 특정 지역 고객이 돼 집중적으로 고장수리를 접수하는 "집중 콜운동" 제안도 나왔다. 그러나 우리는 준비되지 않았다. 금속스런 방식이 압도했다.

고객에게 좋은 이미지를 주기 위해 깔끔하게 매장을 꾸민 서비스센터를 일부러 '무당집처럼 만드는' 투쟁도 있었다. 서비스센터 앞에 거칠고 투박하게 쓴 현수막을 여기저기 걸어 귀신이라도 나올 것처럼 분위기를 망치는 방법이다. 이런 방식이 긍정적 효과를 얻을까? 부정적 결과로 이어질까?

노조방식과 사회운동

다섯째, 노조방식과 사회운동방식이 엇갈린다. 노조방식이나 사회운동방식이나 여러 가지 측면을 가지고 있다. 여기서는 노조 중심으로 문제를 풀어 가는 측면과 시민 · 사회단체와 함께 풀어 가는 측면을 비교한다.

삼성전자서비스지회 투쟁은 무노조 삼성그룹에서 거의 처음으로 민주노조 깃발을 올리고 조합원이 파업을 통해 요구를 따내려는 투쟁이었다. 노조 하나를 만들고 정착시키는 문제가 아니었다. 반노조 정서를 가장 강력하게 퍼뜨리는 한국사회 최고 재벌과 맞서는 투쟁은 그야말로 사회운동이어야 한다.

삼성전자서비스지회는 민주노총 금속노조 소속이다. 당시 금속노조 조합원은 15만 명에 가까웠다. 상당한 재정이 있기에 "삼성전자서비스지회투쟁에 10억 원을 줬다"는 애기가 나올 정도로 상당한 지원을 했다. 전국에 조직망이 있기에 지역에 흩어진 삼성전자서비스센터 조합원을 각 지역지부가 직접 지원하고 지도했다. 상당한 투자였다.

삼성에 맞선 사회운동으로 발전시키지는 못했다. 삼성 노동자를 지원하는 삼성노동인권지킴이를 비롯한 시민 · 사회단체가 노력을 기울였다. 2014년 2월 20일

200여개 사회단체가 '삼성바로잡기운동본부'를 만들었다. 하지만 노조 중심을 벗어나 넓고 오래가는 사회운동으로 발전하지는 못했다.

깊이 없으면 겉돈다

삼성전자서비스지회 사례를 통해 노동조합 투쟁문화를 짚어 봤다. 함께했던 경험이기에 세부내용을 파악할 수 있었다. 이 경험을 통해 한계를 발견한다.

첫째는 죽음이라는 압도적 상황에 처하면 다른 생각은 묻히기 마련이다. 최종범 열사와 염호석 열사의 희생은 삼성전자서비스지회 조합원에게 분노와 단결을 가져왔고 사회에 영향을 미쳤다. 다른 한편으로 기술서비스직 노동자 특성을 어떻게 살려서 삼성에 맞설 것인지 차분한 논의를 할 수 없는 분위기를 만들었다.

둘째는 금속노조라는 시스템에서 나오는 기풍이다. 1987년 노동자 대투쟁에 뿌리를 둔 금속노조는 제조업 노동이 가진 특성과 80년대 군사독재에 맞서는 전투성과 군사문화를 물려받은 노동운동 특성이 작용한다. 육체노동과 감정노동이 결합한 기술서비스직 노동자 특성을 충분히 고려할 분위기가 아니다.

셋째는 과거 문화는 압도적이고 새로운 문화는 약하다. 금속노조만이 아니라 사회운동 전반이 그렇다. 촛불시위로 새로운 문화가 성장하고 있지만 노동운동이 문화를 개척하기보다 뒤처진 느낌이 크다.

넷째, 교섭을 둘러싼 엉뚱한 논쟁이 부각되는 바람에 투쟁문화를 깊이 있게 평가하고 토론하지 못했다.[193)]

노동자 스스로 가진 특성을 살리지 못하면 투쟁에 자긍심을 느끼지 못한다. 시민에게도 공감을 얻기 힘들다. 이미 한국 사회운동 문화는 바뀌고 있다. 10년이 넘은 촛불시위문화가 이를 보여주는 증거다. 노조가 촛불을 어설프게 따라 하면 어설픈 흉내에 머문다. 민주노조 문화가 탄생한 뿌리를 성찰할 때 그 결과로 문화형식이 바뀐다. 문화가 가진 뿌리를 성찰할 때 새 줄기와 가지를 뻗어 비로소 새로운 문화가 풍부하게 열매를 맺는다.

폭력은 삼층

요한 갈퉁에 따르면 폭력은 세 가지 층이 있다. 첫째는 직접폭력이다. 도구나 신체를 이용해 타인의 육체와 정신에 타격을 주는 행위다. 일상과 뉴스에서 접하는 '사건으로서 폭력'이다. 개인 사이 폭행, 집단 사이 공격행위, 국가 사이 전쟁이 직접폭력이다.

둘째는 구조폭력이다. 사회구조와 제도가 만들어 내는 폭력이다. 국가나 권력에 의한 억압이 있다. 자본가와 시장경제가 만든 착취는 구조폭력이다. 사회구조가 만들어 낸 가난도 구조폭력이다.

셋째는 문화폭력이다. 폭력을 정당하게 만드는 모든 문화가 여기에 속한다. 종교와 사상, 언어와 예술, 과학과 법, 대중매체와 교육 안에 문화폭력이 있다. 다른 종교를 이단이나 악마로 취급하는 종교는 다른 종교인을 향한 폭력을 정당화한다. 성소수자를 악마로 여기는 종교는 성소수자를 향한 폭력을 부추긴다. 종북좌빨을 공격하는 언론은 진보세력을 겨냥한 폭력을 정당한 행위로 만든다. 여성비하나 약자혐오를 담은 말은 약자를 향한 폭력을 조장한다. 헌법에는 특수계급을 인정하지 않지만 비정규직을 만드는 법률은 차별과 착취를 용인한다. 문화폭력과 구조폭력은 서로 겹친다.

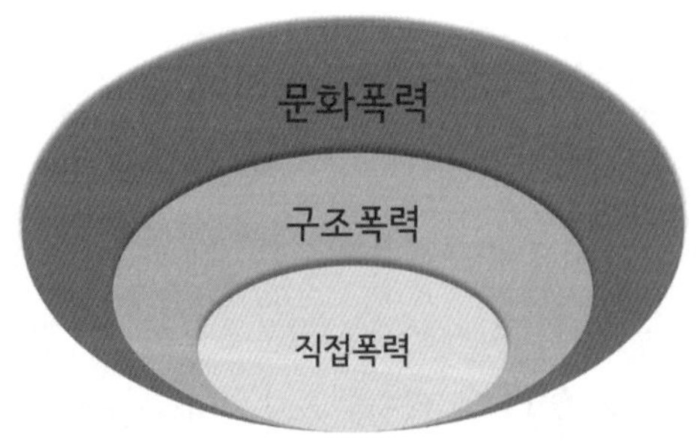

노조를 겨냥한 폭력이 있다. 노조를 만들려는 사람을 납치 · 감금 · 협박하거나 노조를 깨려고 용역깡패를 동원하는 직접폭력이 있다. 노조를 만들기 어렵게 하고 노조를 쪼개서 약화시키는 복수노조 창구단일화 제도는 구조폭력이다. '과격' '이기적' '귀족' 등 언론이 퍼뜨리고 회사가 하는 반노조 교육은 문화폭력이다.

민주화에 따라 노조를 향한 직접폭력이 줄어들고 구조·문화폭력 비중이 높은 것처럼 보일 수 있다.

그러나 문화·구조폭력은 직접폭력을 부추기기 때문에 직접폭력은 사라지지 않는다. 반노조 정권이 들어서 문화·구조 폭력을 강화하면서 노조를 향한 직접 폭력도 늘었다.

이명박 정권 시절 노조파괴 전문컨설팅이 늘었다. 이들이 만든 노조파괴 시나리오는 세 가지 폭력을 모두 담고 있다. '창조컨설팅'이 대표 사례다. 2017년 12월 초 현재 노조파괴 시나리오에 따라 노사가 충돌한 유성기업 노동자는 투쟁 중이다.

왜 노조는 군대를 닮을까

직접폭력 대응은 결과에 맞서는 활동이다. 직접폭력은 문화·구조폭력이 부추긴 결과이기 때문이다. 직접폭력을 막으려면 물리력이 필요하다. 사용자가 용역 직원을 데려와 조합원에게 폭력을 휘두른다면 이에 맞선 물리력이 필요하다. 전투적 노조와 '투사'가 필요하다. 공감하는 사람보다 전투하는 사람을 필요로 한다.

직접폭력에 집중한 민주노조는 전투형 조직문화를 강하게 띤다. 평등을 지향하는 노조가 위계적 조직을 만든다. 위원장으로부터 '실장-국장-부장' 등 수직구조를 갖는다. 임금과 단체협상을 할 경우 조직을 전국·지역·사업장 단위로 '쟁의대책위원회'로 전환한다. 평상시 조직과 별로 다르지 않지만 마치 전시체제 군사조직처럼 명칭을 바꾼다.

집회·시위에는 일체감을 불어넣고 통제하기 쉽도록 유니폼을 입은 조합원을 열을 맞춘 군사 대형으로 모이게 한다. 집회 연단에 오른 노조간부는 "투쟁"이라는 구호로 인사하고 흥분한 목소리로 격한 용어를 써서 전투적 연설을 한다. 공감과 웃음을 이끌어 내는 연설이 아니다. 집회 중간에 등장하는 민중가수는 군가풍 투쟁가를 부른다. 전문 율동패나 이들로부터 율동을 배운 조합원은 일사불란하고 단호한 춤사위를 과시한다. 다소 줄었지만 행진을 할 때면 맨 앞에 선봉대나 사수대를 세워 전투대형을 갖춘다. 행진 참가자는 팔뚝질을 하면서 힘을 과시한다.

투쟁성을 제거하면 노조가 무기력에 빠질 수 있다. 군대를 닮은 생산현장에서 일하는 노동자, 거친 건설현장에서 일하는 노동자는 평소에 자신에게 익숙한 방식으로 투쟁한다. 산업 특성과 노동자 특성, 일상에서 사용자와 갈등관계에 있는 노조 특성을 고려해야 한다. 노동과 노동자 특성을 무시하고 다른 문화를 강요할 순 없다.

촛불시위문화는 다양한 방식을 가진 참가자를 포용한다. 노조문화를 배제한다면 다양성을 부정하는 배타적 문화로 후퇴한다. 2016~2017년 탄핵촛불집회에서 노조깃발과 발랄한 시민깃발이 '아무깃발대잔치'로 광장에서 서로 존중하며 새롭게 만났다.

노조는 스스로가 가지고 있는 문화를 돌이켜 보는 자세를 가져야 한다. 전투성에 갇힌 노조문화가 "노동조합에 가입하면 전장에 나가는 전투사가 돼야 할 것 같은 기분"이 들게 하고 "누군가의 목이라도 베어야 할 것" 같은 느낌을 준다. 훨씬 풍부하고 다양한 노동조합 문화를 만들어야 한다.

문화 · 구조폭력 대응력 키우자

구조폭력에 맞서기 위해서는 관계력을 키워야 한다. 개인이나 작은 집단이 국가권력을 넘어서기 힘들다. 노동시민 한 사람이나 작은 노조 몇 개가 재벌이 만든 다단계 착취구조를 넘어서기 힘들다. 국가는 다양한 행정기구를 통해 통치한다. 권력은 언론에 영향을 미치고 종교를 비롯한 관변단체를 동원한다. 아무리 강한 노조도 물리력으로 국가권력이 가진 무장력을 이길 순 없다. 재벌과 부자는 돈을 가지고 관료조직 · 정당 · 종교 · 언론 · 법조계 · 학계에 영향을 미친다. 노조가 권력과 자본이 만들어 내는 구조폭력에 맞서려면 더 많은 노동시민과 연대해야 하고, 시민 · 사회운동이나 주변 시민과 튼튼한 관계를 맺어야 한다.

문화폭력에 맞서려면 문화폭력이 가진 위험을 봐야 한다. 종교 · 언론 · 학교 · 회사를 포함해 일상에 스며 있는 문화폭력을 느끼고 찾아내는 문화감수성이 중요하다. 문화폭력을 바꿀 다양한 문화형식과 매체, 시민토론과 학습이 필요하다.

직접폭력에 맞서기 위해 투쟁력을 가진 '투사'가 필요하다면 문화 · 구조폭력에 맞서기 위해서는 공감력 · 관계력 · 문화감수성을 가진 사람이 필요하다.[194] 직접폭력에 맞서는 데 강한 몸과 쇠파이프 · 화염병 등이 필요하다면 구조 · 문화폭력에 맞서기 위해서는 공감을 일으키는 스토리와 이를 생생하게 전달할 수 있는 사진 · 동영상 등 다른 수단을 가져야 한다.

지방자치단체 · 교육청과 협력해 노조와 시민 · 사회단체가 전국에서 청소년노동인권네트워크를 만들어 노동인권교육을 한다. 공감을 일으키고 다양한 관계력을 가진 전문가나 능력자도 필요하지만 노동시민은 이미 삶 속에 다양한 스토리를 품고 있다. 스마트폰을 비롯한 온라인 매체를 활용한다. 노동시민은 판을 바꿀 '축적의 시간'을 보내는 중이다.

반폭력

폭력에 맞서는 방법은 크게 세 가지다. 첫째는 비폭력이다. 일체의 폭력에 반대한다. 폭력에 맞서 대응폭력을 사용하지 않는다. 세계에 알려진 비폭력 저항운동을 주장한 사람 중 하나가 인도의 간디다. 비폭력운동은 폭력에 굴하지 않음으로써 많은 사람에게 감동을 줄 수 있다. 그러나 폭력 앞에 인간을 무력하게 만든다는 비판이 있다. 집에 강도가 들어와 칼을 휘두를 때 어떤 방어도 하지 않는다면 무기력하게 당한다. 비폭력운동은 폭력을 두려워하지 않는 자기수양과 자기결단을 요구한다. 폭력이 발생하는 조건을 무시하면 폭력을 인정하는 결과를 낳을 수 있다.

둘째는 대항폭력이다. 폭력에 맞선 폭력을 지지한다. 억압하는 권력은 폭력성을 가지고 있기 때문에 대응폭력을 의식적이고 계획적으로 준비한다. 80년 광주 항쟁을 경험한 운동권은 국가권력이 가진 폭력성을 봤다. "권력은 총구에서 나온다"고 생각했다. 혁명을 위해 반드시 무장이 필요하다고 보고 이를 조직적으로 준비하려는 운동권이 많았다. 80~90년대 학생운동은 화염병을 던지면서 스스로를 전투적 군사조직으로 훈련시키는 한편 전위조직은 군대 안에 조직원을 만들고 무장봉기를 준비했다. 오늘날 세계에서 벌어지는 테러도 대항폭력이다. 대항폭력은 폭력 가해자를 향한 분노와 적개심을 기반으로 폭력을 통해 국가와 권력에 맞선다.

셋째는 반폭력이다. 폭력에 반대한다. 그런데 폭력은 조건적이다. 국가나 권력은 아무 때나 폭력을 드러내지 않는다. 폭력은 특정한 조건에서 나타난다. 특정 조건에서 폭력에 맞서 물리력을 사용할 수 있다. 폭력에 맞선 대항폭력을 의식적 조직적으로 키우지 않는다. 폭력을 만드는 조건을 없애는 게 핵심 목표다.

2016~2017년 탄핵촛불운동 과정에서 시민은 스스로 물러나지 않는 박근혜 대통령 하야를 외치며 청와대로 향했다. 가는 길을 경찰이 막자 폭력투쟁을 불사하자는 주장도 나왔다. 참가 시민 상당수가 반대했다.

탄핵촛불운동은 폭력을 사용할 조건을 제거하는 '반폭력 정치'를 보여줬다. 압도적 다수가 대통령 탄핵을 외치고 있을 때 국가권력은 힘으로 누르지 못했다. 더 큰 반발을 불러오기 때문이다. 국가권력이 폭력을 사용할 수 있는 조건을 없애 버렸다. 다수가 모인 집회는 이미 권력을 압도하는 자신감으로 충만했고 과격성을 드러낼 이유가 없었다. 전국에 걸친 다수 국민이 공감하고 광장에 주권자로 나섰다. 촛불광장 시민도 폭력을 사용할 필요를 느끼지 않았다.[195]

이렇듯 '반폭력 정치'는 다수 시민의 공감을 만들고 튼튼한 관계를 맺어 세상을 바꾼다. 이런 대응방법을 통해 '관계예술이 만드는 가장 역동적 작품인 사회혁명'이 탄생한다.

새판은 가능할까

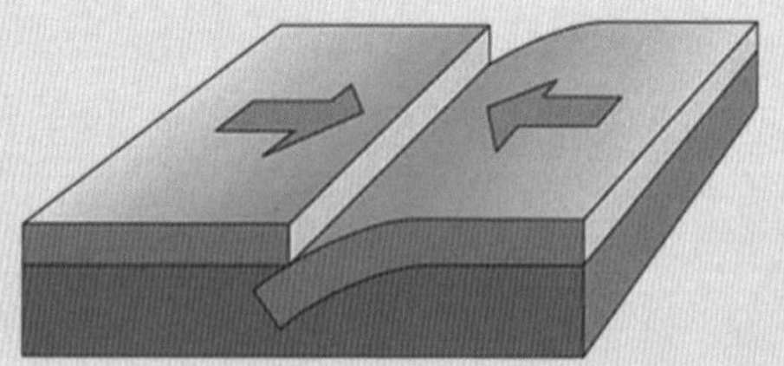

프로크루스테스는 죽는다

그리스 신화에 나오는 프로크루스테스는 집에 철로 만든 침대를 갖고 있다. 지나가는 사람을 침대에 눕혀 침대보다 크면 그만큼 자르고, 키가 침대보다 작으면 늘여서 죽였다. 아테네 영웅 테세우스는 프로크루스테스를 잡아 침대에 눕히고 똑같은 방법으로 머리와 다리를 잘라 죽였다.

이 신화에서 "프로크루스테스의 침대"라는 말이 나왔다. 자기 생각에 맞춰 남의 생각을 뜯어고치려거나 남에게 피해를 주면서 자기 주장을 관철하려는 행동을 뜻한다.

한국 산별노조는 기업별 노조를 넘기 위해 조직형태를 바꾸려 했다. 금속노조는 전국에 걸쳐 있는 대기업노조를 지역으로 쪼개 지역지부로 나누려 했다. 하지만 대기업노조가 반대했다. 현대자동차지부 · 기아자동차지부 · 한국지엠지부 · 현대중공업지부 등 대기업노조는 기업별 노조 형식을 유지하고 있다. 금속노조는 2006년부터 10년 이상 이 문제를 둘러싸고 논란을 벌였다.

마치 프로크루스테스처럼 산별조직이라는 침대에 대기업노조를 눕혀 두고 잘라 내려 했지만 실패했다. 대기업노조 조합원은 이미 자신이 가진 강한 힘을 믿고 있다. 지역으로 쪼갠 산별노조를 더 나은 대안으로 보지 않는다.

금속노조 규약은 기업지부를 인정하지 않고 지역지부로 바꾸도록 돼 있다. 그런데 규약 적용을 계속 연기했다. 10년 넘었다. 금속노조는 스스로 만든 규약에 어긋난 조직이 됐다.

작은 노조가 새로 생기면 어김없이 지역으로 편제한다. 2017년 전국에 조합원이 있고 삼성그룹에 맞서야 하는 삼성전자서비스지회는 지역으로 나뉘게 됐다.

어떤 집단이든 규율과 질서가 있다. 규율과 질서를 지키게 한다고 프로크루스테스 침대에 빗댈 수만은 없다. 하지만 자꾸 침대 길이를 벗어나는 일이 벌어진다면 다시 생각해야 한다. 지켜지지 않는 잣대를 고집하다 보면 프로크루스테스처럼 죽을 수 있다. 새 기준을 세우려 노력해야 한다. 대안노조가 갖춰야 할 조직문화와 조직형태는 어떤 게 있을까.[196]

관계가 강하면 성공

노조를 만들 때 복수노조 창구단일화 제도를 감안한다. 직원 과반수를 넘어야 교섭권과 파업권 등 온전한 노동 3권을 누릴 수 있다. 회사는 친회사 노조를 만들어 과반수를 넘지 못하게 막는다. 시작부터 노사가 쪽수싸움을 한다.

오래된 노조라도 조합원 관계에 틈이 생기면 공격당한다. 민주노조 파괴 시나리오에 당한 사례에서 확인할 수 있다. 조합원이 '산 자'와 '죽은 자'로 나뉘면 정리해고에 맞선 싸움에서 실패한다. 관계에 틈이 생겼기 때문이다. 사용자가 파고들어 노조가 쪼개지면 노조 힘이 약해진다.

직장폐쇄를 당하면서 생계와 해고 위협에 몰리더라도 조합원 관계가 튼튼하면 당하지 않는다. 2012년 7월 27일 직장폐쇄와 함께 용역깡패가 폭력을 휘두른 경기도 안산 에스제이엠과 두 번씩이나 직장폐쇄를 당한 안성 두원정공은 조합원 관계가 튼튼해서 무너지지 않고 이겨 냈다. 금속노조 경기지부는 "단결하는 노동자는 패배하지 않는다"는 사실을 경험했다. '단결불패(團結不敗)' 정신을 이어 가려 노력한다.

2016~2017년 탄핵촛불집회도 "시간이 지나면 꺼질 것이다"며 관계를 뒤틀어 분열시키려고 했던 박근혜 정부를 넘어 탄핵을 이끌어 냈다.

결 따라 만나자

1차 관계는 혈연에 따라 가족과 친인척으로 관계를 잇는다. 2차 관계는 더 많은 수익을 올리려는 이익관계다. 3차 관계는 권력이 있는 곳을 중심으로 관계를 맺는다. 4차 관계는 그 관계가 탄생하는 영역에 따라 관계를 맺는다. 4차 관계 중 노동조합은 일터에서 시작한다. 일터는 회사와 회사가 만드는 산업 특징과 노동 특성에 따라 관계를 시작한다.

금속노조 경기지부는 2010년부터 매년 5~10개월 매주 하루를 잡아 각 회사 노조간부가 모여 지역 시민을 만나 홍보물을 나눠 주고 다양한 퍼포먼스를 펼쳤다. 최저임금 인상 캠페인을 비롯해 직장생활에서 알아야 할 권리를 알리고 상담하고 커피를 나눠 마셨다. 그러면서 초점을 노조가입 운동으로 돌리기 시작했다. 경기 남부지역 도심이나 공단을 돌아다니며 노동 문제 상담이나 노조설립 상담을 홍보했다.

이런 방식으로 노조가 생기는 경우는 거의 없다. 이 방식은 '무차별 그물망식 조직방법'이라고 할 수 있다. 그물을 여기저기 쳐 놓고 노조에 가입하거나 노조를 만들고 싶은 사람이 걸리기를 바라는 방법이다. '007작전'이라고 할 수 있는 방식이 있다. 노조를 경험했거나 혹은 학생운동을 하던 사람이 노동현장에 들어가 노조를 만드는 방법이다. 80년대에 학력을 밝히지 않고 '위장취업'으로 노동현장에 들어가 활동한 대학생 출신 운동권이 많았다. 지금은 이런 사람이 많지 않다.

'유목민 방식'도 있다. 같은 직장에 있지 않고 자주 직장을 바꾸지만 비슷한 알바나 임시직으로 일하거나 직장규모가 작은 노동자는 회사 안에 노조를 만들기 어렵다. 서로 다른 직장에 있지만 유사한 노동자가 온라인 · 오프라인 캠페인을 통해 회사 밖에 노조를 만드는 방법이다. 알바노조나 청년유니온이 여기에 가깝다. 공장 벽으로 둘러싸인 생산현장에서 엄격한 통제를 받는 제조업은 이런 방식이 잘 통하지 않는다.

'제도활용 방법'도 있다. 전국 각 도시 공무원은 국가 행정부처와 교육청을 통해 교육을 받는 기회가 있다. 이런 교육에 참여해 노동권을 교육하고 노조가입을 받아 노조를 만들기도 한다. 교육공무직이나 학교비정규직이 그런 사례다.

'자발적 시작'이 있다. 부당한 대우를 받으며 일하는 노동자가 노조를 만들 결심을 하고 해당 산업노조를 찾아오곤 한다. 금속노조 경기지부 사례를 볼 때 이렇게 시작하는 경우가 제일 많다. 어떤 조건에 있는 노동자든 노조 만들기에 성공할 수 있는 좋은 안내가 필요하다. 엄격한 관리 · 통제에 있는 제조업은 회사가 눈치 채지 못하게 사전 준비를 했다가 봉기하듯 노조를 만든다.

'성공사례를 통한 자극' 방법이 늘어나기 시작했다. 인근 회사에 노조가 생겨 성공한 사례를 들으면 안도감이 든다. 동종 업계 노조가 성공했다는 소식을 들으면 자신감을 얻는다. 동종 산업에 있는 노동자가 산업이라는 결을 따라 노조를 만들고 가입한다. 결 따라 만든 관계는 튼튼하다.

불만으로 뭉치면 불안

"체불임금 받아 드립니다." "떼인 돈 받아 드립니다." 가끔 노동조합 가입 캠페인을 할 때 현수막이나 홍보물에 이런 문구가 등장한다. 빚을 돌려받지 못하는 사람을 대신해 다양한 방식으로 돈을 받아내는 채권추심업체와 비슷하다. 말만 채권추심업체고 실은 깡패조직이나 다름없다. 행동으로 떼인 돈을 찾아주고 그중 일부를 가지는 사람도 있다.

임금 몇 푼을 위해 노동조합을 만들거나 가입하는 경우는 그리 많지 않다. 노조를 만든다는 것은 사용자와 전혀 다른 길을 간다는 의미다. 노조가입이나 설립은 노조를 싫어하는 사용자에 맞선 반란이고 혁명이다. 일부 이익을 위해 노조 만들기를 결심하는 경우는 드물다.

가난하다고 반란이나 혁명을 일으키지는 않는다. 너무 가난하면 생존에 얽매여 미래를 꿈꾸지 못하고 현실을 바꿀 열정을 가지기 어렵다. 결핍이 변화를 만드는 힘은 아니다.

임금이 적고 관리자 횡포가 심한 어느 소도시에 있는 H사 사례다. 소도시 외딴 공단에서 일하는 노동자는 먼 구석으로 떠밀린 느낌을 가졌다. 불만이 가득했고 스스로 자긍심은 낮았다. 회사가 상여금을 없애고 기본급으로 전환하면서 임금을 깎자 노동자 불만이 터져 나왔다. 이 불만이 노조를 만드는 힘이었다.

노조를 만든 이후 간부 사이에 갈등이 나타났다. 과거 인간관계 갈등이 그대로 드러났다. 노조를 만들자 누가 간부를 할 것인지를 둘러싼 갈등도 생겼다. 조합원이 불만을 드러내는 경우가 종종 나타났다. 억압된 욕망은 불만으로 표출된다. 회사를 향한 불만과 간부를 향한 불만이 구분 없이 드러난다. 억압된 욕망이 노조를 만들면서 작은 불이익에 민감하고 간부자리를 둘러싼 갈등으로 이어지다. 조합원은 문제해결 주체가 아니라 간부나 노조에 "왜 이걸 해결해 주지 못하냐"며 불만을 터뜨리는 모습을 보인다. '불만'이 조직문화 특징이다. 불만을 강하게 드러내고 갈등을 일으키는 몇 사람이 영향을 끼친다. 간부 중에 노조를 탈퇴하는 사람도 생긴다. 불만으로 만든 관계는 다른 불만이 생기면 필요 없는 관계가 된다. 이를 넘어서려는 간부와 조합원이 많기 때문에 노조를 유지하지만 불안한 마음을 감추기 힘들다.[197]

자긍심으로 뭉치면 강하다

소도시에 있는 K사 사례다. 비교적 젊은 20대 말에서 30대 중반 노동자 몇이서 노조 만들기를 시작했다. 3년을 준비해야 한다는 각오로 속력보다 방향을 중요하게 여겼다. 부품사 외주 하청업체인 데다, 한 공장에서 일하지만 여러 업체로 나뉘어 있는 어려운 조건 때문이기도 했다. 차분하게 학습부터 시작했다. 자신이 가진 장단점을 파악하는 토론도 했다. 하청 비정규직이지만 자동차 핵심부품을 조립한다는 사실, 우리가 없으면 완성차를 만들 수 없다는 긍지를 강조하는 논의가 오갔다. 핵심 모듈업체이기에 "우리가 멈추면 완성차가 멈춘다"는 장점을 공유했다.

임금을 얼마나 받는가도 중요하지만 인간다운 권리를 누리지 못하는 현실에 더 주목했다. 스스로 찌질한 존재, 비참한 존재가 아닌 누구나 누려야 할 노동권 주인이 되자고 했다. 노조를 '이익단체'가 아닌 '권리 먼저' 생각하는 조직으로 만들자고 했다. 토론을 통해 자신을 '비정규직'으로 부르지 않기로 했다. 정규직이 되려는 요구를 앞세워 소송하지 않기로 했다. 하청노동자로 살아가는 많은 노동자와 연대하면서 정규직으로 오르기보다 넓혀서 바꾸는 길로 가기로 했다.

노조설립과 함께 회사 동료 다수가 가입했다. 비정규직노조가 따내기 어려운 활동시간 · 사무실 · 계약직 정규직화를 실현했다. 이 과정에서 자신이 생산을 멈추면 완성차가 멈춘다는 사실을 확인했다. 신생노조이기에 이들이 어떤 길을 개척할지 미지수다. 그러나 꽤 의미 있는 출발이었다.

피해자 흉내에 뿌리가 있다

왜 대기업 정규직 노동자는 피해자 코스프레를 자주 할까? 대기업 정규직 조합원을 보면서 의문을 갖는다.

언론은 대기업 노동자 고임금을 비판한다. 연봉이 1억 원이 넘는다는 보도가 나오면 노조는 "실제로 그 정도 안된다" 혹은 "잔업특근을 해야 겨우 받을 수 있는 연봉이다"는 반론을 했다. 대부분 노조나 노동조합 반응은 변명에 가깝고 당당하게 반박하지 못한다.

두 가지가 엇갈린다. 노동자가 1억 원 넘는 연봉을 받지 못할 이유가 없다. 그런데 당당하게 주장하지 못한다. 대기업 노조가 다른 노동자와 "나누지 않는다"는 지적에 찔리기 때문이다.

2016~2017년, 노조간부나 조합원을 만나면 이런 질문을 자주 했다.

"대기업노조 조합원을 재벌 수혜자로 생각합니까? 피해자로 생각합니까?"

상당수 재벌대기업노조 간부와 조합원은 피해자라고 답했다. 재벌기업이 아닌 다른 회사 간부와 조합원은 수혜자라고 생각하는 비율이 높았다. 마찬가지로 묻는다. "대기업노조가 권리를 누리는가? 박탈당했다고 생각하는가?" 재벌대기업노조 간부와 조합원은 권리를 충분히 누린다고 생각하지 않는다. 비재벌 회사 조합원은 재벌대기업노조 조합원이 권리를 누린다고 생각하는 비율이 높다.

박탈감과 피해의식을 가진 사람은 남과 나눌 처지가 아니라고 생각한다. 재벌대기업노조가 박탈당한 처지라 여기면 다른 노동자와 나누고 연대하기 어렵다. 스스로 피해자라 여기는 대기업노조는 "나도 피해자다. 나도 보상받아야 한다"고 말한다. 중소·영세기업 노동자나 불안정 노동자와 나눠야 한다고 생각하기 어렵다.

다른 노동자와 재벌대기업 노동자가 받는 임금을 객관적으로 비교할 때 대기업 노동자 박탈감과 피해의식은 근거가 없다. 그럼에도 과거 구조조정으로 "정신을 피폭당한" 상처가 남아 있는 재벌대기업 노동자는 박탈감과 피해자의식을 쉽게 떨칠 수 없다.

에너지에 따라 다른 향기

마르크스를 비롯한 수많은 이론가가 자본에 의한 노동착취를 분석했다. 사용자에게 임금인상을 요구하는 노동자는 착취당하고 수탈당하는 피해자로 자신을 설명하곤 한다. 불안정노동이 늘어난 현실을 담은 자료를 보면 일해도 가난한 '워킹푸어' 현실을 알 수 있다. 무권리 저임금으로 일하는 비참한 노동현실을 드러내는 조사연구 결과가 다양한 자료나 책으로 나온다. 이런 자료는 노동시민을 비참한 존재로 그린다. 노동운동은 자본가에게 요구하는 정당성을 알리기 위해 최대한 자신을 착취당하는 피해자로 묘사한다. 투쟁하는 노동조합은 얼마나 자신이 사용자에게 당하고 살아왔는가를 최대한 비참하게 설명하려는 경향이 있다.

헌법 1조에 따르면 대한민국의 모든 권력은 국민으로부터 나온다. 이에 빗대면 "자본주의 모든 이윤은 노동으로부터 나온다" "회사의 모든 이윤은 노동으로부터 나온다" "모든 사회 자산은 노동시민이 생산한다"고 말할 수 있다. 노동자는 착취당하는 피해자를 넘어 사회와 역사의 주인이 돼야 한다. 노동자는 주인의식을 가질 자격이 있다.

노동자를 피해자로 생각하면 노동운동은 헐벗고 굶주리며 가난하고 못사는 사람이 하는 운동이다. 결핍상태에 있는 노동자가 빼앗기고 박탈당한 것을 찾아 채우기 위한 운동이다. 반면 노동자를 사회와 역사의 주인으로 생각하면 노동운동은 권리 주인이 하는 운동이다. 자격이 충만한 노동자가 당연히 누려야 할 권리를 찾는 운동이다.

경기지역 청년들을 만나 "노동자를 생각하면 어떤 느낌이 들어요?"라고 묻곤 했다. "찌질해요"라는 답을 듣고 충격을 받았다. 한편에서는 노동을 천하게 여기는 사회문화가 작용하고 다른 한편에서는 스스로를 비참한 존재로 설명하는 노조활동이 이런 생각에 영향을 미친다.

결핍은 뭉치고 투쟁하는 데 필요조건이 될 수 있지만 권리 주체가 될 충분조건은 아니다. 불만을 에너지로 삼아 결핍과 피해의식을 넘어서지 못한 노조가 있다. 불만이 관계를 만든 동력이다. 권리 주인으로서 충만한 에너지를 가지고 만든 노조도 있다. 충만함이 관계를 만든 동력이다. 노조가 가진 에너지에 따라 조직에 흐르는 기운이 다르고 풍기는 향기도 다르다.

자존감은 멋진 에너지

폭동과 봉기는 다르다. 폭동은 결핍상태와 피해의식을 가진 사람이 불만을 드러내는 방식이다. 폭동은 박탈감에 사로잡혀 내게 결핍되고 타인이 가진 것을 훔치거나 약탈한다. 외국에서 가끔 일어나는 폭동을 보면 상점을 약탈하고 적대감을 가진 대상에게 폭력을 행사한다.

시민권리를 주장한 시민혁명, 인간이 곧 하늘(인내천, 人乃天)이라며 스스로 존엄을 외치며 일어선 동학혁명, 독재에 맞서 민주주의를 요구했던 4 · 19 혁명, 시민을 학살한 군사독재에 맞선 광주항쟁, 국민주권을 위해 군사독재를 무너뜨린 6월 항쟁은 대중봉기였다. 봉기한 광주시민은 스스로 질서를 만들고 폭력을 통제하면서 공동체를 만들어 냈다. 군사독재에 지배당하는 국민이 아니라 폭력정권이 보낸 계엄군을 몰아내고 주인으로서 단단하게 뭉치면서 공동체를 만들었다.

불만 · 불안 · 분노에 기초해 적개심으로 가득한 노동자는 자신을 불쌍하게 여기고 피해자 코스프레를 한다. 이런 노조가 가진 조직문화는 '결핍문화'다. 권리 주인으로서 충만함을 가진 조합원은 당당하게 권리를 요구한다. 스스로를 존중하는 자존감을 품고 당당한 주인 모습을 보여준다. 이런 노조가 가진 조직문화는 '자존감문화'다.

결핍문화를 가진 조합원은 사용자에게 불만을 드러낼 뿐만 아니라 결핍을 채우려는 이익욕망과 적개심으로 노조를 바라본다. 노조 안에서 작은 불이익에 불만을 품고 동료에게 공격성과 적개심을 드러낸다. 함께 기여하고 노력하기보다 결과를 챙기려 한다. 노조 안에 갈등이 자주 발생한다.

자존감문화를 가진 조합원은 사용자에게 당당하게 요구할 뿐만 아니라 문제해결 주체가 된다. 노조간부에게 불만을 제기하기보다 문제를 해결하는 데 참여하고 기여하려고 한다. 이런 노조는 불만을 넘어 당당하게 권리를 확장해 나간다.

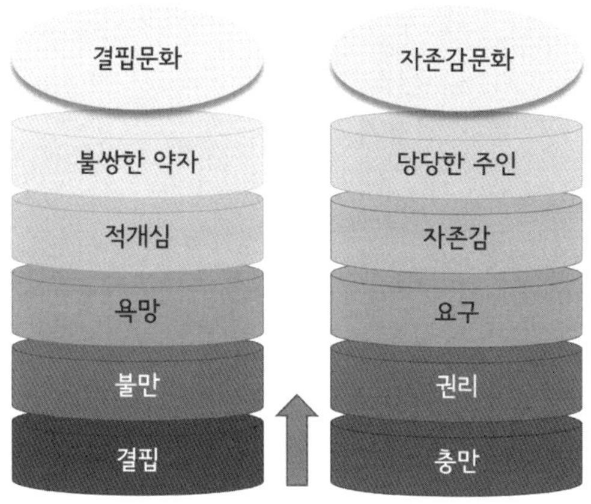

노동자 운동은 '불쌍한 피해자 운동'이 아니라 '당당한 권리 주인이 펼치는 운동'이다. 피해자 노조와 권리 주인 노조는 향기가 다르다. 권리 주인으로서 충만함과 자존감으로 만든 노조에서는 좋은 향기가 난다.

수많은 노조를 경험하고 새 노조를 만들면서 얻은 결론이다. 노조활동을 해 온 필자는 실험하지 않고 실천한다. 현실을 본떠 만든 심리학 실험실에서 얻은 결론이 아니다. 실천을 통해 경험했다.

운영방법을 바꾸자

"떼인 돈 받아 드립니다"는 식으로 캠페인을 하고 노조가 마치 떼인 돈을 받아 주거나 대신 임금인상을 해 준다는 생각과 "나는 노예가 아니다. 인간답게 살고 싶다. 내가 주인이다"는 생각은 차이가 있다.

전자는 자신과 노조간부나 노조를 분리해 타인이 되게 하고 남의 힘을 통해 문제를 해결하게 만든다. 후자는 내가 노조이고 주인이기에 문제해결 주체가 되는

'자력화'로 이끈다.

이는 노조민주주의와 긴밀한 관련이 있다. 대의민주주의를 통해 유권자가 당선자에게 권력을 위임해 타력화(他力化)하듯 노조가 대의민주주의를 그대로 따르면 조합원이 선출한 간부에게 권력을 주고 그들에게 의존하게 된다. 조합원은 동전을 넣고 간부는 결과를 주는 '자판기노조'가 된다.

선거 과정에서 후보에게 기대했다가 기대를 저버리면 실망하고 정치인에게 냉소를 보낸다. 대의제 선거정치는 열렬한 지지자인 '빠'와 극렬한 반대자가 돼 비판하고 까대는 '까'를 만든다.

노조가 대의제를 그대로 따르면 조합원은 타인이 돼 집행부가 대신해 주기를 바라거나 실망해서 "왜 못하냐"고 불만을 터뜨린다. 이것이 노조를 '자판기노조'로 만든다.

노조는 간접민주주의 원리보다 직접민주주의 원리를 더 필요로 한다. 조합원 분임토론을 비롯한 숙의민주주의, 선거보다 추첨을 통해 많은 조합원이 간부로 참여하는 추첨민주주의, 자본이 추구하는 개발을 위한 민주주의와 다른 생태민주주의를 흡수하고 발전시켜야 한다. 노조민주주의를 비롯한 노조 운영원리를 바꿔야 대안노조가 된다.

특징 살린 관계

노동시민은 산업구조가 가진 결을 따라 관계를 맺고 노동형태에 따른 특징을 반영해 관계를 맺는다. 공포를 넘어 공감하며 권리 주인으로서 관계를 맺고 공감과 권리를 넓히기 위해 관계력을 높일 때 발전한다. 자원을 공유하고 노동시민에게 접근성이 좋은 관계로 나아간다.

기술서비스직인 삼성전자서비스 노동자는 깨끗한 옷을 입고 친절한 매너로 고객을 만난다. 고장 난 전자제품을 고치는 기술력을 가지고 있다. 휴대전화를 통해 신속한 업무처리를 한다. 깔끔한 이미지를 가진 노동자가 길바닥 농성과 서비스센터를 일부러 지저분하게 꾸미는 방식으로 활동한다면 자기 특징과 어울리지 않는다. 처음 만나는 고객은 물론이고 까다로운 고객에게도 최대한 친절하게 고장 난 제품이 가진 문제를 설명한다. 격렬한 시위가 필요할 때도 있지만 설득력과 호소력을 가지고 시민과 만나는 방식이 더 잘 어울린다. 고장 난 전자제품을 고치는 기술력을 가지고 있고 휴대전화로 신속하게 업무를 처리하는 이들에게는 삶을 바꾸는 기술력을 보여주는 새로운 활동방식이 어울린다. 밴드를 활용해 전국에 있는 동료와 소통했던 것처럼 온라인을 활용한 삼성전자와 삼성전자서비스를 압박하는 새로운 방식을 개발해 나가야 한다.

여성조합원이 많은 노조가 힘으로 부딪치는 몸싸움을 하면 잘 어울리지 않는다. 사무연구직이 많은 노조가 쇠파이프와 화염병으로 무장하면 어울리지 않는다. 전통 제조업 노동자가 갑자기 재기발랄한 신세대처럼 집회를 만들 수 없다. 노동자 특징과 어울리지 않는 활동은 자부심을 느끼기 어렵게 한다.

거울효과 깨자

노조는 여전히 위계적 조직을 모방하고 있다. 이 모방은 깊은 뿌리를 가지고 있다. 노조는 사용자를 자주 만난다. 사용자를 대표하는 사장이 있으면 그에 맞서 조합원을 대표하는 위원장이 있다. 회사에는 사장만이 아니라 전무·상무·이사 등 임원이 있다. 노조에는 수석부위원장·부위원장·사무국장 등 임원이 있다. 회사에는 부장·차장·과장·대리가 있고, 노조에도 실장·국장·부장 같은 직급이 있다.

노조간부가 사용자를 만날 때 직책상 끗발에 밀리면 안 된다. 회사 부장을 만나는 간부가 부장이라는 직책보다 실장이나 국장이라는 직책을 달고 있으면 끗발이 높아 보인다. 노조는 끗발에 밀리지 않으려 회사에 대응하는 직급체계를 만들어 대응했다.

회사는 군대를 모방한 수직구조를 갖고 있다. 이에 대응하는 노조도 수직구조를 가지게 됐다. 단지 수직계급체계 이름만 빌리지 않았다. 일사불란하게 싸우려면 조합원을 군사적 질서로 집중시켜야 했다. 노조는 싸우면서 상대를 닮아 가는 '거울효과'를 보여준다.

계급에 따른 수직관계를 수평관계로 바꾸고, 이익을 위한 경쟁관계를 협력관계로 바꾸고, 사용자가 노동자에게 지시하고 명령하는 일방관계를 쌍방관계로 바꾸어야 할 노조가 '거울효과'에 사로잡히면 기업을 닮아 간다. 회사에서 경험한 '사용자-직원'으로 이어지는 수직관계를 노조가 '간부-조합원' 수직관계로 반복한다.

수평을 중심으로 하되 일부 수직체계를 흡수하는 입체적 관계를 만들어야 조직이 발전한다.

관계 친화적 조직

대항폭력을 중시하는 운동권과 직접폭력에 주목하는 노조는 물리적 전투를 중요하게 생각한다. 용역업체를 불러와 폭력으로 노조를 깨려는 사용자가 있는 한국 사회에서 때로는 강력한 전투를 피할 수 없다. 그러나 시대가 점점 바뀌고 있다.

노조는 투쟁을 위한 '선봉대' 같은 조직을 중요하게 여겼다. 선봉대는 관리자와 싸울 때, 경찰과 싸울 때 맨 앞에 서는 조합원들이다. 시대가 점점 바뀌어 법·제도를 이용한 노무관리, 손해배상을 비롯한 민사상 책임을 씌우는 노무관리 방식이 대세를 형성했다. 이에 맞선 군사적 대응은 무력하다. 치열한 전투가 벌어지는 상황이 아닐 때 선봉대는 필요하지 않다.

노조는 정치세력화를 위한 '정치위원회'를 만들었다. 산업별·지역별, 그리고 각 사업장에 정치위원회를 꾸렸다. 정치위원회는 정당 건설, 지지정당 선거운동, 정치자금 지원모금을 담당했다. 하지만 민주노조가 추구한 정치세력화는 실패했다.

지금은 노조가 관계를 확장하려고 노력해야 할 때다. 주변에 있는 시민과 공감하고 무노조·무권리 상태로 일하는 노동시민과 함께 권리를 누릴 수 있는 조직문화와 조직체계가 필요하다.

희망연대노조는 '생활연대사업국'을 두고 지역사회 시민과 생활문화 연대활동을 한다. 아동청소년과 나눔연대를 위해 별도로 복지법인인 '희망씨'를 만들어 활동한다. 민주노총과 산별노조는 무권리 노동자를 위한 부서를 만들었다. 거기서 '미조직사업담당자'가 활동한다.

형식적으로 특정부서를 설치한다고 해서 지역사회나 무권리 노동자와 연대가 잘된다고 할 수 없다. 노조간부가 조합원끼리 관계를 깊고 강하게 맺도록 '관계 촉진자'가 돼야 한다. 조합원과 노조가 자신만을 위한 활동을 넘어 지역사회와 무노조 노동시민과 함께하는 문화를 만들어야 한다. 산업적 특징, 지역 특징 등을 고려해 다양한 방식으로 지역사회나 이웃 노동시민과 관계를 넓히려는 노력을 기울일 때 노동권도 확장된다.

아직도 계몽 중

"나는 우리한테 명령조로 말하는 것이 싫습니다. 지들이 뭔데 우리한테 '하라 마라' 명령합니까."

상급단체에서 만들어 보낸 포스터나 홍보전단을 볼 때마다 지역에서 함께 활동하는 동료는 이렇게 반응했다. 그래서 노동조합 또는 사회운동단체가 만드는 포스터나 홍보물을 꼼꼼하게 보게 됐다.

'학습하라' '선전하라' '조직하라' '투쟁하라' '분노하라' ….

노동운동단체나 노동조합이 만든 홍보물에 자주 등장하는 명령어투다. 여러 가지 원인이 있겠지만 오래된 한국 운동권 유산이다.

근대 과학발전과 함께 인간 이성을 확고하게 믿게 됐다. 사회 또한 과학적으로 분석한 필연적 법칙이 있다고 확신한다. 낡은 사회를 깨뜨리고 새로운 사회로 나아가는 역사법칙을 먼저 깨달았다고 생각한 전위는 자기 사상을 과도하게 확신한다. 역사 법칙을 실천하는 전위는 권력이 된다. 역사법칙을 깨달아야 할 대중에게 가르치며 명령한다.

운동권은 선전을 "여러 가지 생각을 전달해 대중을 계몽하고 의식화하는 것"으로 본다. 선동은 "핵심을 짧고 간결하게 전달해 대중행동을 일으키는 행위"로 본다.

노조는 선전선동교육을 한다. 선동교육을 통해 팔뚝질을 하면서 구호를 외치고 목청 높여 자기주장을 하는 웅변 같은 연설방식을 가르친다. 뿌리 깊은 선전선동 문화는 여전히 힘을 발휘하고 있다.

민주노조운동은 노동자가 삶 속에 품고 있는 스토리를 발견하고 소통 · 공감하는 방식을 적극 개발하지 못했다. 인터넷 활용이나 팟캐스트 같은 소통방식은 한국 사회운동이나 노동운동에서 선도문화가 아니다. 흉내를 내며 따라가려 노력하는 편이다.

민주노총과 각 산업별 노조는 빈번하게 조합원에게 지침을 하달한다. 각종 투쟁이나 집회를 비롯해 행동을 통일하기 위해 실천지침을 만들어 전달한다. 위로부터 내려오는 지침에 익숙해지다 보면 자발성이 떨어진다.

민주노총 금속노조 간부는 1년에 50차례 이상 집회에 참여한다. 조합원이 공감하고 스스로 참여하기보다 상급단체 지침을 받아들일 뿐이다.

공감벨트

정치인은 흔히 "내가 해결하겠습니다" 혹은 "우리 당이 해결하겠습니다"는 식으로 공약을 앞세우고 유권자에게 약속한다. 대의민주주의에서 대리정치를 하는 사람은 당연하게 생각할 수 있다. 하지만 노조마저 이런 식으로 생각하면 문제다. 노조는 간부가 대신 문제를 해결하는 집단이 아니다. 조합원 참여를 생명으로 한다.

자신을 선택받은 특수한 사람으로 생각하는 선민의식(選民意識)에서 은혜를 베푸는 시혜(施惠)가 나온다. 복지는 물질적 시혜가 되고 계몽 · 의식화 · 선전선동은 정신적 시혜가 된다. 정신적 시혜는 지침과 동원을 통해 행동과 조직문화로 나타난다.

"사람 사이에 지식 차이는 있을 수밖에 없어. 해당 분야를 잘 아는 전문가가 모르는 조합원을 가르쳐야 하는 거 아냐?"

어떤 분야를 잘 아는 전문가가 있기 마련이다. 그렇다고 지식 차이가 권력차별로 이어져선 안 된다. 스스로 깨달은 전위라 자처하고 전위당이 권력을 장악했던 사회는 오래가지 못했다. 전문지식은 다수와 공유해야 한다. 지식이 권력이 돼 있는 사회에서 사회운동과 노조가 이를 반복하면 대안이 아니다.

"좋게 얘기하면 잘 따르지 않는 게 사람 속성이야. 자발성을 기대하지 마. 때로는 강제를 해야 움직여."

노조간부에게 가끔 듣는 얘기다. 어떤 조직이든 질서를 위한 규율이 있다. 자율적으로 합의한 규율을 지키려고 노력해야 한다. 그러나 공감을 잃으면 당위를 앞세우고 지침을 남발하며 강제동원에 빠진다.

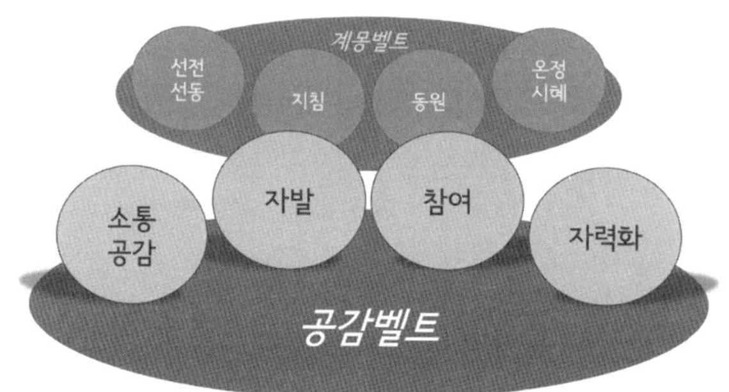

2010년 민주노총 금속노조 선전홍보 담당자가 모였다. 대기업 광고업무를 하는 강사가 왔다. 그는 기업광고를 분석해 소비자와 어떻게 소통하고 공감하는지를 보여줬다. 기업은 '커뮤니케이션팀'과 같이 바뀐 마인드를 가지고 있다. 노동조합이 아직도 선전선동론에 머물고 있다며 노조 '교육선전부'를 다른 이름으로 바꾸는 게 어떠냐고 했다. 노조는 어렵게 강사를 초청해 교육을 받았지만 이 제안을 받아들이지 않았다.

형식이 문제가 아니다. 새로운 주체가 노조운동 주인공으로 등장하지 못하고, 오래된 민주노조운동 관성이 새로운 패러다임으로 바뀌지 않은 데 원인이 있다.

'선전선동-지침-동원-온정과 시혜'는 하나의 묶음이다. 과거 운동이론인 계몽주의에서 자라난 묶음이다. 21세기 노조가 강조해야 할 것은 '소통공감-자발성-참여-자력화' 묶음이다. 이른바 '공감벨트'다. 노조가 매력적이려면 공감벨트를 강화해야 한다.

접속이 편했으면 좋겠다

"노조가 있었으면 좋겠다는 생각을 하죠. 그런데 회사 눈치도 보이고 노조 했다가 괜히 잘릴 수도 있고, 노조를 잘 모르니 선뜻 결심하기 어렵죠."

많은 직장인이 이렇게 생각한다. 노동권을 누리지 못하는 노동자를 만나 이런 얘기를 자주 들었다.

"자녀와 함께할 수 있는 노조를 만들어 주셨으면 해요."

민주노총이나 금속노조에 부탁하고 싶은 얘기가 무엇이냐는 질문에 청년들은 이렇게 말했다.

노조는 다수 노동시민에게 멀리 있다. 노조와 노동시민 사이에 거리감을 만드는 장벽이 있다. 첫째는 문화장벽이다. 기업과 정치권력, 보수언론이 퍼뜨리는 반노조정서가 문화장벽을 만든다. 그렇다고 노조가 남 탓만 할 수는 없다. 노조운동이 가진 문화를 되돌아보면서 바꿔야 한다.

둘째는 구조장벽이다. 헌법은 노동 3권을 보장하고 있다. 근로기준법과 노동조합 및 노동관계조정법 등 법률이 노동권을 보장한다. 법률은 동시에 노동조합활동을 제한한다. 교사와 공무원 같은 특수업무 노동자는 노조활동을 제약받는다. 복수노조 창구단일화 제도에 의해 회사에서 과반수 조합원이 가입하지 않으면 교섭권도 단체행동권도 행사할 수 없다.

노조 조직형태가 가진 문제도 있다. 직장에서 반란에 성공하지 못하고 노조에 가입할 수 없는 현실이 있다.

조직형태를 더 개발하자

"평생 소원이 민주노총 조합원 되고 싶은 사람이 있어요. 그런데 노조가입이 너무 힘들어요. 그냥 가입하면 되는 줄 알았는데 노조를 만들어서 가입해야 하니 어렵죠."

경기지역에서 활동하는 분들을 만났을 때 몇 차례 들었던 얘기다. 회사가 작고 이직률도 높은 직장에 다니는 분들이다.

회사에서 다수 동료를 가입시켜 노조를 만들지 않으면 노조활동이 어렵다. 어떤 회사에 다니든 혼자 민주노총이나 금속노조에 가입할 수는 있다. 하지만 혼자나 소수가 노조에 가입하면 사용자가 무시한다. 사용자가 참가하지 않아 노사교섭이 어렵고 파업을 해도 사용자에게 압력을 줄 수 없다.

민주노총 금속노조에 개별 가입한 조합원이 있다. 회사에서 활동하기 어려울뿐더러 상급노조도 별로 신경 쓰지 않는다.

지역노조나 일반노조에서는 개인이나 소수가 가입한 경우 친목도모 활동을 하고 문제가 생기면 주변 다른 회사에 다니는 조합원을 모아 압력을 가한다. 청년유니온처럼 조합원들이 다양한 직장에 다니면 문제를 언론에 퍼뜨리고 쟁점화해서 해결해 나간다.

큰 기업에서 다수가 가입하면 현장활동을 한다. 회사에서 오랫동안 일하고 직장과 직업이 일치하는 노동자에게 적합한 '정착민 방식'이다. 노조는 일터 안에 있다.

노조 없는 노동시민 대부분이 300인 이하 중소·영세규모 회사에 다닌다. 다단계 하청구조에서 일한다. 안정적인 일자리가 아니라서 회사를 자주 옮긴다. 직장과 직업이 일치하지 않는다. 이런 노동자가 노조를 만들면 노조는 일터 밖에 있다.

일터가 자주 바뀌는 민주노총 건설노조나 특수고용 노동자로 특정한 회사에 고용되지 않고 일감을 처리하는 화물연대가 이런 유형이다.

노동 유연화에 맞서 일자리를 지킨 정규직 대기업보다 노동 유연화로 불안정노동을 하는 노동시민이 늘어난 시대다. 유목적인 노동자에게 적합한 활동과 조직을 많이 개발해야 한다.

두 흐름에 맞게 뭉치자

노조는 두 가지 다른 힘을 가질 수 있다. 사업장 교섭력과 연합적 힘이다.[198)]

대기업노조는 다수가 모여 있어 힘이 있다. 그보다 중요한 힘은 생산을 중단할 수 있는 구조에서 나온다. 완성차 공장은 연결된 조립라인에서 일한다. 생산라인 중 일부를 멈추면 앞뒤 생산공정도 멈춘다. 제조업만이 아니라 철도 같은 교통산업도 유사하다. 이런 곳에 있는 노조는 생산을 중단해 사용자를 압박하기 때문에 교섭력이 크다. 노동조합은 힘이 모이는 일터 안에 있다. 노조가 일터 밖으로 빠져나가면 조합원과 노조는 멀어진다. 현장이 중심인 노조를 공장 밖으로 빼서 산업차원의 노조를 만들려고 하면 현장 조합원이 동의하기 어렵다. 오래된 습성 때문이다. 현장에 있는 힘, 현장 안에 있는 노조에 익숙하다. 현장 밖 힘, 현장 밖 노조가 유리하다는 체험을 한 적이 없기 때문이다.

불안정노동을 하는 중소·영세사업장 노동자나 비정규직은 다르다. 2000년대 이후 탄생한 비정규직노조는 대부분 노조를 시작할 때부터 절실하게 주변 연대를 필요로 했다. 다단계 하청구조 아래에서 여러 개로 쪼개진 한 회사에서 노조를 만들면 같은 제품과 서비스를 생산하는 회사가 대체생산을 한다. 사업장 안에서 교섭력을 가질 수 없다. 대체생산을 하는 곳까지 포함한 조직네트워크를 가지고 있지 않다면 다른 사회운동단체의 지원을 받아야 한다.

큰 회사나 공장에 모여 일하는 곳과 달리 여기저기 흩어져 일하는 노동시민은 일터 안에서 다수를 조직하기가 쉽지 않다. 일터를 넘어 유사업종, 유사노동을 하는 사람과 연계된 관계망을 만들어야 한다. 힘은 일터 안에 있지 않다. 전국 각지에서 일하는 삼성전자서비스 노동자들은 온라인으로 소통하고 뭉친다. 파리바게뜨 제빵기사들은 인스타그램에서 의견을 나눈다. 여러 일터에 있는 소수가 연합해서 힘을 만든다. 노조는 일터 밖에 자리를 잡는다.

유연한 산업 · 기업 · 노동과 유연화를 막아 낸 산업 · 기업 · 노동은 다른 특징을 갖고 있다. 이런 특징을 반영한 조직방식과 조직형태를 만들어야 한다. 산별노조를 획일적 구획으로 정해 놓고 여기에 끼워 맞추려 하면 침대에 맞춰 사람을 자르거나 늘이려 했던 프로크루스테스가 된다.

공유네트워크가 힘

'직장갑질 119'가 생겼다. 직장에서 당하는 갑질을 얘기하는 가톡방과 밴드가 생겼다. 어디에 하소연하지 못하던 노동시민이 직장에서 당한 일을 털어놓는다. 상담을 하고 해결책을 찾는다. 노조를 만들기도 한다. 접속을 쉽게 만들려는 노력이다.

접속은 편해야 하지만 단지 접속해서 하소연하는 수준에 그치면 의미가 없다. 직장에서 권리를 요구하고 노조를 만들어도 당하지 않도록 지원받을 네트워크가 절실하다.

기술서비스직 정규직과 비정규직이 함께 있는 희망연대노조는 다양한 사회단체의 지원을 받기 위해 '진짜사장나와라운동본부'를 만들었다. 삼성전자서비스지회는 삼성그룹에 맞서기 위해 지원과 연대를 위해 시민 · 사회단체와 함께 '삼성바로잡기운동본부'를 결성했다.

알바노동을 하면서 직장에서 다수 동료와 활동하기 어려운 청년은 청년유니온이나 알바노조에서 연합한다. 열정을 착취하는 기업에 홀로 맞서기 어렵기 때문에 노조를 통해 세상에 알리고 사회 압력을 통해 서로를 지키고 현실을 바꾼다. 작은 일터에서 큰 힘을 가지기 어려운 노동시민은 지역일반노조에서 지원하고 연대한다.

경기도 평택시 포승의 작은 회사 (주)우리에서 일하는 노동자 16명이 노조를 만들자 금속노조 경기지부 조합원 1,500명이 파업을 하고 이들에게 힘을 주려고 몰려갔다. 지원연대에 힘입은 노동자 16명은 회사와 단체협약을 체결하고 노조를 지키고 있다. 경기도 안산에 있는 철강회사 대창에서 노조를 만들자 금속노조 경기지부는 재정지원은 물론 매일같이 지역 노동자들이 찾아가 "몰빵"하면서 노조를 지켜 냈다.

노조는 재정 · 인력 · 활동 노하우를 비롯해 모든 자원을 공유하려고 노력해야 한다. 자원을 공유하는 네트워크가 더 많은 시민을 노동권 주인이 되게 북돋는다.

대안노조는 자원을 공유할 수 있는 네트워크가 있다. 전국네트워크를 통해 삼성전자서비스 노동자에게 돈과 인력을 지원한 금속노조가 대표적이다. 직업과 직장이 일치하지 않는 불안정노동을 하는 청년노동자에게는 직장 밖에서 여론을 만들고 사회압력을 만들어 내는 청년유니온이나 알바노조가 공유네트워크로 필요한 조직형태다. 경기도 포승에 있는 우리지회나 안산에 있는 대창지회는 바로 곁에서 재정과 인력을 지원했던 산별노조 지역조직이 공유네트워크가 됐다. 자원을 공유하는 데 적합한 네트워크가 바로 대안노조 조직형태다.

권리 플랫폼

다이빙을 위해 올라서는 발판을 플랫폼이라고 부른다. 우주선을 띄워 올리는 발사대도 플랫폼이다. 곳곳으로 이동하기 위해 기차를 타는 곳도 플랫폼이라고 한다.

온라인 공간이 생기면서 온라인 쇼핑몰 · 온라인 카페 · 블로그 · SNS가 플랫폼 기능을 한다. 제품개발 · 판매 · 정보소통 등을 위해 모이는 장소이자 시스템이 플랫폼이다. 플랫폼 기능을 하는 기업이 출현하고 있다. 페이스북이나 트위터 등 온라인 소통망은 정보를 소통하고 공유하는 공간이다. 이런 플랫폼을 이용하면서 다양한 모임이 생겨나고 새로운 사업이 탄생한다.

공유네트워크는 튼튼하고 풍부한 플랫폼을 필요로 한다. 전국 곳곳으로 여행하기 위해 각지에 있는 기차역 플랫폼에서 열차를 탄다. 플랫폼은 전국에 연결된 네트워크를 만들고 활력을 불어넣는다.

각 산업과 지역에 있는 노조 상급단체가 모인 총연합단체로서 민주노총은 노동자 권리를 위한 플랫폼이 돼야 한다. 직장에서 당하는 부당한 처우를 해결하려면 각종 상담과 노동자 권리를 찾기 위한 정보지원, 정책지원, 노동법률 상담과 소송지원, 노동조합을 만들고 지키기 위한 물적 인적지원을 받아야 한다. 민주노총은 누구를 어디에서 만날 수 있는지 관계망을 소개해 주고 접속할 수 있도록 하는 플랫폼이 돼야 한다.

'그곳에 가거나 혹은 그곳에 접속하면 노동권에 대한 모든 것을 알 수 있고 지원받을 수 있다'는 생각이 들도록 풍부한 콘텐츠를 가진 플랫폼이 필요하다. '사업장→지역과 산업→ 총연합단체'로 올라가는 조직 틀 위에서 투쟁을 지휘하는 것은 총연합단체 역할 중 하나다. 투쟁지휘본부 역할보다 중요한 콘텐츠와 관계망을 가진 노동권 플랫폼 역할을 하는 총연합단체가 필요하다. 노조 중앙조직은 물론이고 지역조직과 산별조직이 탄탄하고 풍부한 플랫폼이 될 때 노동시민이 접속하는 풍부하고 탄탄한 노동권 네트워크가 탄생한다.

대안노조는 삼위일체

21세기에 필요한 새로운 개념을 가진 노조를 만들어야 한다. 20세기 말에 탄생한 민주노조는 사용자로부터 자주성, 조합원이 의사결정에 참여하는 민주성, 권력과 자본에 맞서는 투쟁성을 핵심으로 삼았다.

고용빙하기에 실업공포가 노동자를 덮치자 조합원마저 일자리 경쟁과 노동속박에 빠지게 만들었다. 고용을 지키려 기업에 의존하면서 자주성은 무너졌다. 동료는 산 자와 죽은 자로 갈리고, 노동자는 정규직과 비정규직으로 단절됐다. 관계를 새롭게 잇는 '관계예술'이 필요하다.

민주화시대를 지나면서 민주주의는 절박한 문제가 아니다. 오히려 조합원 직선제가 등 노조민주주의는 형식 절차가 되고 있다. 노조 위원장을 뽑는 직선제가 일부 정파가 노조권력을 잡으려는 권력경쟁 수단으로 타락하기도 한다. 투쟁성은 노조에 따라붙는 과격 이미지로 굳어져 시민이 노조에 다가가기 어렵게 만드는 문화장벽이 됐다. 이 시대는 군대 같은 전투성이 아니라 공감하면서 관계력이 강한 노조를 요구한다.

관계가 먼저

대안노조가 갖춰야 할 핵심 개념을 종합하면 세 가지로 요약할 수 있다.

첫째로 관계 먼저다. 노조는 사회관계 중 4차 관계에 속한다. 가장 많은 시민이 가장 많이 하는 활동인 노동과정과 가장 많은 시간을 보내는 공간인 직장에서 맺는 인간관계다.

대안노조는 고정된 틀이 아니다. 대안노조는 노동자를 연결하고 자원을 공유하며 움직이는 관계다. 사유(私有)하고 통제하는 사용자에 맞서 공유(共有)와 자결권을 높여 가는 노동시민 관계다. 조합원에 머물지 않고 무권리 노동자와 권리를 함께하고 자원을 공유하고 지원하는 관계다. 여성권 · 환경권 · 이주노동자 권리 · 성소수자 권리 등 모든 권리를 위해 시민과 다양하게 연결망을 만들고 실천하는 관계다. 대안노조는 시민 사이 관계력을 높이고 성숙시켜 사회를 바꿀 수 있다.

권리 중심

둘째로 권리 중심이다. 과거 운동권은 노조를 "경제적 이익을 추구하는 이익단체"라며 한계를 미리 못 박았다. 노조로는 한계가 있다면서 이를 넘어 정당과 정파가 필요하다고 주장했다. 정당과 정파는 자기 존재를 정당화하려고 노조를 깎아내렸다.

한계 없는 인간은 없다. 한계 없는 조직도 없다. 노조에 한계가 있다면 정당과 정파조직도 한계가 있다. 전 세계에서 수많은 정당이 생기고 사라지는 과정을 겪었지만 세계에서 가장 많은 노동자가 노조를 중심으로 뭉쳐 있다. 노조를 경제적 이익을 위한 조직으로 깎아내릴수록 자기 이익에 집착하는 노조를 당연하게 만드는 측면이 있다.

실리는 권리에 따라온다. 노조를 만들어 뭉치고 요구하고 교섭하고 행동하며 노조활동을 할 자유가 권리다. 임금은 권리를 가지면 따라서 오르는 실리다. 권리를 버리면 실리도 사라진다.

이익종자가 된 조합원은 비정규직을 희생시키고 동료를 해고하고 내 이익을 챙긴다. 실리를 먼저 챙기는 노조는 조합원을 이익종자로 만든다. 이익을 목적으로 하는 노조는 대안노조가 될 수 없다. 4차 권리관계가 아니라 이익종자를 만드는 자본주의적 2차 관계를 닮아 이익경쟁을 부추길 뿐이다. 21세기 대안노조가 이익보다 권리를 우선에 둬야 하는 이유다.

권력종자가 된 조합원은 노조간부가 돼 타인을 지배하려 한다. 노조에서 경력을 쌓아 출세에 이용한다. 권력욕에 사로잡힌 정파는 노조를 정치도구로 이용한다. 21세기 대안노조가 권리에 초점을 맞춰야 하는 까닭이다.

자존감 발전소

셋째로 자존감 발전소다. 자존감은 스스로를 소중하게 여기는 마음이다. 누구도 인생을 대신 살아 줄 수 없다. 따라서 나는 소중하다.

타인에게 이익을 착취당하거나, 권력에 의해 지배당하면 자존감을 가지기 어렵다. 내 몸의 주인으로서 자기결정권을 가지고 사회구성원으로 함께 만들어 낸 부를 나누는 공유권을 가져야 한다. 노동조합은 이를 통해 자존감을 높인다.

타인과 비교하고 경쟁해서 우월감을 느끼는 자존심은 자존감과 거리가 있다. 흔히 말하는 자존심은 타인과 비교경쟁에서 꿇리지 않으려는 열등감에 대한 두려움이다. 열등감과 우월감은 동전 양면처럼 작용한다.

육아와 교육에 자존감이 중요한 개념으로 떠오른 지 오래다. 정작 사회는 자존감을 죽인다. 이익경쟁과 권력경쟁이 중심인 사회는 자존감을 죽인다. 학교에서는 성적으로 줄을 세워 소수 우등생에게 '우월감'을 주고 다수 학생에게 '열등감'을 강요한다. 대학을 경쟁서열로 줄을 세워 소수 우등생과 다수 열등생으로 나눈다. 취업하면 기업순위와 연봉순위로 소수 우등시민과 다수 열등시민을 만들어 차별한다.

대안노조는 열등감을 느끼게 하는 결핍보다 권리 주인이라는 당당함을 뿌리로 삼는다. 다단계 하청구조에서 삭제된 존재, 취업경쟁에서 버려진 잉여인간이 늘고 있다. 대안노조는 어떤 노동을 하던 존중받고 그 노동이 가진 사회적 가치를 인정하게 만든다. '여기에 있어서 좋다'고 느끼는 '공동체 감각'을 높이는 데 기여한다.

삼위일체를 이루자

사용자가 주면 주는 대로 시키면 시키는 대로 일하던 노동자가 생애 첫 노조를 만들어, 생애 첫 파업을 할 때 느낌은 특별하다. 사용자는 파업을 생산과 이익에 차질을 주는 행위로 적대시한다. 노조나 조합원은 파업을 사용자를 향한 공격행위로 생각한다.

다르게 보면 파업은 노동자가 자기 존재를 드러내는 소중한 순간이다. 늘 결정하고 명령하고 통제하던 사용자가 아니라 내가 멈추면 회사가 멈추고 내가 일하면 회사가 돌아간다는 사실을 보여준다.[199] 내 존재감, 노동자 존재감을 드러내는 특별한 순간이다. 그들이 회사를 통제할 수 없고 노동자가 회사를 통제하는 경험을 한다.

파업만이 아니라 삭제당한 존재, 잉여가 된 노동자를 주체로 드러내는 활동이고 자존감을 높이는 활동이다. 21세기 대안노조는 관계 먼저, 권리 중심, 자존감 향상이 삼위일체를 이루는 노조다.

판은 충돌 후 정착한다

"민주노총이 아닌 다른 노총을 만들자는 겁니까?"

21세기 어떤 대안노조가 필요한가를 토론하는 자리에서 가끔 들었던 질문이다. "민주노조를 버리고 다른 노총을 만들자는 얘기가 아니다. 노조를 21세기에 맞게 발전시키자는 얘기다"고 하면, "그럼, 뭐 그냥 있는 민주노조 잘하자는 건가요?" 라며 시큰둥한 반응을 보인다.

30년 역사를 가진 민주노조가 있는 상황에서 새로운 활동내용과 조직형태가 출현하고 있다. 다른 판이 충돌하고 서로 영향을 받아 새로운 판이 탄생한다. 몇 가지 경우를 예상할 수 있다.

첫째는 억압이다. 민주노조가 바뀐 시대에 새로운 노동자층이 가진 성향을 흡수하지 못하고 낡은 조직형태와 활동문화를 고집한다면 대안노조를 위한 싹을 짓누르게 된다.

둘째는 후퇴다. 민주노조와 대안노조 흐름이 충돌해 노조운동이 후퇴하는 경우다. 이런 조짐이 있다. 문재인 정부가 추진하는 비정규직 정규직화가 정규직과 비정규직 충돌로 나타나곤 한다. 노동자끼리 싸울수록 노동운동에 대한 불신과 거리감이 늘어날 수 있다. 극복하려는 노력도 있다. 스스로 비정규직이라 비하하지 않고 권리를 높여 차별을 개선하려는 노조가 출현하고 있다.

셋째는 각자도생이다. 민주노조는 민주노조대로 대안노조는 대안노조대로 다른 길을 걷는 경우다. 민주노조가 낡은 행태를 고집하면 새로운 노조를 원하는 사람은 민주노총이 아닌 다른 노조를 만들어 따로 갈 수 있다.

넷째는 통합발전이다. 민주노조 장점과 대안노조 장점을 보완하면서 노동운동이 수렴해서 발전하는 경우다. 민주노조 안에서 활동을 개선하려는 노력은 계속되고 있다. 민주노총에 가입하지 않은 청년유니온 사례가 보여주듯 새로운 실험이 민주노조 밖에서 일어난다. 민주노조 안팎에서 새로운 노조에 대한 열망이 자라고 통합된다면 새로운 노동운동 단계로 나아갈 수 있다.

다섯째는 뒤바뀜이다. 민주노조가 퇴조하고 대안노조운동이 새로운 판으로 등장하는 경우다. 민주노조가 혁신역량이 없고 낡은 방식을 고집할 때, 대안노조운동이 민주노총을 넘어 노조운동을 주도한다면 노조운동 판이 민주노조에서 대안노조로 바뀌게 된다.

민주노조운동은 끓는점에 이른 물처럼 물과 수증기가 공존한다. 비정규직을 외면하는 낡은 행태와 비정규직 조합원이 늘어나는 새로운 모습이 교차한다.

대안노조는 분명한 개념과 모습을 갖추는 수준에 이르지는 못했다. 이론을 크게 벗어나지 못했지만 '사회운동노조'를 대안노조로 여기는 사람도 있다. 어떤 이는 정규직과 비정규직, 조합원과 비조합원인 노동자 연대를 핵심에 두는 '연대노조'를 대안으로 여긴다. 민주노총에 가입해 있지만 다른 실천을 하는 '희망연대노조'도 있다. 민주노총 밖에서 청년유니온처럼 '유니온운동'[200] 을 하는 이들도 있다.

'산업화-민주화-세계화'와 양극화를 거치면서 시대가 바뀌었다. 노동이 바뀌고 새로운 노동자층이 늘어났다. 노동자 성향도 달리지고 있다. 이를 반영하는 새로운 실천이 계속되고 있다. 대안노조 요소가 늘어나고 있다.

노력보다 노조

세계 제일을 달리고 국내 최고 재벌이라고 하지만 21세기에도 노동권을 인정하지 않는 삼성그룹은 20세기도 넘어서지 못한 낙후한 모습을 보여준다. '직장 문 앞에 멈춰 선 민주주의'를 보여주는 회사는 독재의 영토로 남아 있다. 가장 많은 시민이 가장 많은 시간을 보내는 기업이 노동권 밑바닥인 상황에서 시민권리를 보장하는 사회가 생길 리 없다.

좋은 회사에는 좋은 노조가 있다. 노조를 수용하면서 회사를 경영하는 사용자는 그만큼 능력이 있는 셈이다. 노동권을 인정하면서 경영하는 회사는 권리가 충만한 사회를 만드는 기반이다.

생존권 수준에 머물러 있는 기업이 많은 사회에서 노동권은 낮은 수준을 벗어날 수 없다. 이익경쟁이 강력하게 작용하는 사회에서 노조까지 물들면 노조는 사회운동이 아니라 이익집단에 그치게 된다. 노조가 4차 권리관계가 아니라 2차 이익관계로 바뀐다. 노동권은 발전하지 못하고 반쪽보다 못한 권리에 멈춘다. 노동 3권을 보장하는 기업이 늘면 반쪽이지만 중간수준 권리를 누리는 중위수준 사회가 된다. 공유에 기초한 노동자 자기결정권이 발전할수록 수준 높은 사회가 된다.

숫자상으로 성장률이나 국민총생산이 높아도 빈부격차 · 빈곤율 · 자살률이 높다면 선진국이라 할 수 없다. 그래서 한국은 '헬조선'이다.

2017년 학교와 지하철과 인천공항공사에서 비정규직 정규직화 갈등처럼 이 시대는 경쟁을 통한 배타적 이익추구와 협력을 통한 권리공유가 충돌한다. 고시나 공시(공무원시험)처럼 죽어라 경쟁해 선택받은 소수가 될 가능성이 없는 다수가 삭제된 존재, 잉여인간, '헬민'이 아니라 인정받고 존중받는 '짱민'이 되려면 권리를 가져야 한다. 평범한 영웅인 노동시민에게 '노오력' 보다는 노조가 필요하다.

다른 인권과 함께 노동권은 사회성격을 파악하는 중요한 지표다. 한국 사회가 성숙한 사회로 발전하려면 노동권 수준을 높여야 한다. 노조는 낡은 모습을 넘어 대안노조로 발돋움할 때 공감을 얻고 희망이 된다. 대안노조운동이 발전하면 헬조선을 넘어 대안사회로 나아갈 수 있다.

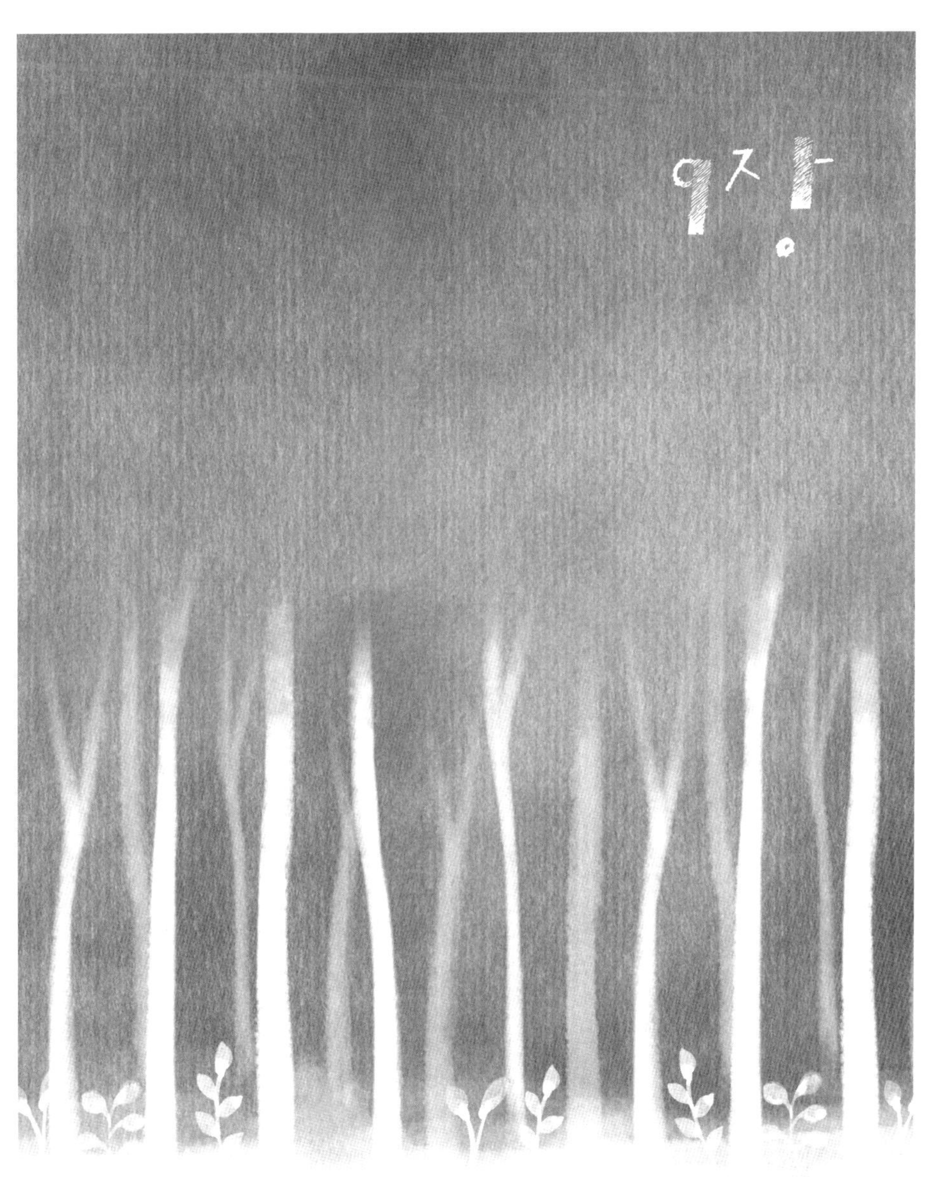

기여자를 만나자

평범한 노동자가 일깨운다

태권도, 당랑권, 태극권, 취권…. 노동자를 위한 권법은 무엇일까? 노동권이다. 무술과 권리는 다르다. 노동권을 쉽고 간단하게 설명하고 싶어 이렇게 비유를 한다.

태권도를 배우면 초급에서 중급을 거쳐 1단을 딴다. 노동권 배우기 초급이 노조 만들기다. 헌법에 나오는 자주적 단결권이다. 중급은 단체교섭이다. 헌법과 법률에 나오는 단체교섭권이다. 교섭을 하다가 사용자가 요구를 들어주지 않으면 힘을 써서 단체행동을 한다. 낮은 수준에서 높은 수준까지 집회에서 파업까지 할 수 있다. 헌법과 법률이 보장하는 단체행동권이다.

노조를 만들어 단체교섭을 하고 사용자와 단체협약을 체결하면 비로소 노조는 인정받는다. 노조 출생신고서인 셈이다. 단체협약을 체결하면 노동권 1단을 딴 것이다. 매년 단체교섭을 하고 단체행동을 하면서 노동권 내공이 깊어진다.

노동권 초보자를 만나면 대부분 노동권이 뭔지, 노동조합을 어떻게 만드는지 모른다. 노조에 대한 부정적 이미지가 넘치는 대한민국에서 노조를 만들 수밖에 없는 절박한 이유들이 있었다. 이유는 저마다 다르다.

인격을 무시당하고 살면서 분노가 쌓였다. 노조를 만들면 해고당하거나 찍혀서 다른 곳에 취직도 못할 거라는 공포도 있다. 공포를 넘어설 만큼 절박한 상태가 되면 노조를 만들려고 한다.

노동시민은 노조에 대해 제대로 배울 기회가 없다. 80년대처럼 학생 출신이 위장취업을 해서 노조를 만드는 것도 아니다. 처음 노조 만들겠다고 나선 노동자 95% 이상이 평범한 노동자였다.

환상 밖 현실

자본주의는 2차 관계가 지배하는 사회다. 2차 관계가 만들어 내는 최고 인간형은 재벌이다. "재벌 아들이나 재벌 딸이 되고 싶지만 엄마 아빠가 재벌이 아니어서"라는 말을 자식에게 듣는다. 많은 청년이 스티브 잡스나 빌 게이츠 등 세계적 부자를 선망한다. 재벌까지는 아니더라도 부자가 되려면 자본이 있어야 한다. 상속을 받든, 빚을 내서 대출 받아 잘 굴리든, 공부를 잘하든, 처세술이 좋든, 사기를 치든 어떤 방식으로든 자본을 가지게 될 때 가능성이 조금이라도 있다.

국가권력은 막강한 영향을 미친다. 3차 권력관계가 만들어 내는 최고 인간형은 유능한 정치인이다. 존경하는 정치가를 모델로 삼는 사람이 적지 않다. 보수성 강한 사람은 이승만 · 박정희 전 대통령을 존경한다. 김대중 · 노무현 전 대통령과 문재인 대통령을 존경하는 사람도 꽤 있다. 진보성 강한 사람은 마르크스 · 레닌 · 마오쩌둥 같은 혁명가를 존경한다. 체 게바라는 세계에서 추앙받는 혁명가다. 80년대 운동권은 혁명을 꿈꾸며 사회혁명을 이끄는 전위가 되고자 했다.

그런데 유명한 세계적 부자나 재벌, 유명한 정치가는 다수 시민에게 실현 불가능한 환상 또는 망상이다. 요즘 신세대는 부자와 정치가가 아닌 인기연예인이 되고 싶어 한다. 인생 롤모델을 하나쯤 가지면 삶에 힘이 될 수 있다. 하지만 대부분 시민에게 이런 인물이 되려는 꿈은 그냥 꿈이다.

유명한 사람이나 혹은 돈 많은 부자가 되지 않고도 평범하지만 인생을 만끽하며 살아가는 길도 있다. 그런데 이 시대는 수많은 시민을 불안정한 노동으로 몰아붙인다. 존재감이 없는 잉여인간으로 내몬다. "평범하게 살기가 가장 어렵다"는 말이 나온다.

평범한 꿈은 지옥의 성공?

임금보다 시간복지를 추구하는 '워라밸 세대'가 등장했다. 힘겹게 경쟁하며 시달리기보다는 '아무나'가 돼 평범한 삶을 살기를 원하는 '노멀크러시' 현상도 나타난다. 성공담보다 경험담을 나누며 행복을 추구하는 경향이 주목받는다.

왜 이럴까? 지금까지는 1등을 위해 내달렸지만 1등 이외는 행복할 수 없고 경쟁과 실패로 상처 입는다. 이런 인생에 대한 성찰이다.

다른 한편으로는 평범한 삶조차 허용하지 않는 '헬조선' 현실이 있다. 지옥에서 행복을 꿈꾸기 어렵다. 지옥에서는 기쁨보다 고통으로부터의 탈출이 절실하다. 평범하게 살기 쉽지 않은 현실에서 위대함보다 평범함, 특별한 성공보다 보통 인생을 갈망하는 씁쓸한 측면도 있다.

위대함 · 성공 · 특별함보다 평범함을 꿈꾸게 한 사회체제야말로 목적을 이뤘을지 모른다. 지옥을 움직이는 저승사자인 지배계급이 노린 결과일 수 있다. 오르지 못할 나무를 쳐다보지도 못하게 만들었으니까. 큰 것을 바라지 않고 단지 작은 편안함에 만족하도록 욕망을 통제하는 데 성공했으니까. 삭제된 존재가 아니라 포함된 존재, 잉여인간이 아니라 공동체에서 인정받으려는 꿈은 그래서 서글픈 꿈이다.

루저나 도망자가 아니다

평범한 일상을 살아가며 풍부하고 좋은 관계 속에 인생을 엮어 가는 '아무나'는 루저가 아니다. 경쟁에 밀려난 삭제된 존재 · 잉여인간은 실패자, 즉 루저다. 노멀크러시가 루저를 위한 변명이 될 수 있다. 성적경쟁 · 입시경쟁 · 취업경쟁을 했다가 밀려난 사람이 '그래 진짜 인생은 평범한데 있는 거야'라고 생각한다면 실패를 합리화하는 행위다.

노멀크러시를 설명할 때 대기업을 그만두고 작은 기업에서 덜 받고 덜 일하는 청년이 사례로 나온다. 일류대 좋은 학과를 다니다 조용한 시골 소도시에서 소소한 일을 하며 행복한 생활을 하는 사례도 있다.

경쟁에서 성공한 능력자가 좋은 일자리, 선택된 위치를 버리고 떠난다. 경쟁을 강요하는 대기업, 자리를 유지하기 위해 더 많이 일해야 하는 행동표준을 바꾸려 하지 않고 떠나는 도피다. 이건 좋은 일자리, 높은 위치를 차지할 수 있는 사람이 성찰을 통해 결단하고 선택한 삶이다. 삭제된 잉여인간과 전혀 다른 조건을 가진 사람 얘기다.

특별한 사람이 아니라 아무나가 돼도 좋다는 유명 연예인은 많은 사람에게 위로를 줬다. 그러나 성공해 돈도 꽤 벌고서 도시를 떠나 큰 집 짓고 사는 유명인과 애초에 선택을 할 수 없는 사람은 다르다.

불안정노동을 하며 불안한 삶을 살아가는 시민이 평범한 삶을 살려면 레벨업을 해야 한다. 직장을 옮길 수도 없고 옮겨도 그게 그거인 처지에서 필요한 것은 떠남이 아니라 바꿈이다. 시간복지를 위해 더 적게 일하고 싶다면 장시간 노동을 강요하는 사용자와 부딪쳐야 한다. 저임금에 시달리는 노동시민은 임금을 올리기 위해 부딪쳐야 한다. 인격적 모멸감을 받고 사는 노동자는 자기 존엄을 위해 요구해야 한다.

나를 지배하려는 특권자에 맞서 내 권리를 높이고 특권 없이 함께 권리를 누릴 때 우리 모두는 아무나가 된다. 권리 없는 사람에게는 권리를 높이는 일이다. 권력자가 누리는 특권을 없애고 권리를 일반화하는 일이다. 타인의 노동이 만든 결과를 빼앗아 남보다 더 많은 부를 누리는 특혜를 없애고 정당하게 성과를 분배하고 공유할 때 진정한 '아무나'의 세계가 열린다.

길은 내 몸에

신화시대는 영웅이 지배했다. 신앙시대는 신의 은총과 계시를 받은 성직자나 왕이 지배했다. 과학과 산업이 발전하기 시작한 이성시대에는 이데올로기가 활짝 폈다. 신흥 부자인 자본가는 "보이지 않는 손"이 정의와 평등을 가져온다며 시장을 앞세워 경제력을 쥐고 세상을 지배하기 시작했다. 이성에 대한 믿음을 일깨운 철학자 · 정치가 · 사상가 · 과학자 등 계몽적 지식인이 촉망받았다.

20세기에 자본주의가 가져온 계급투쟁이 사회혁명으로 발전하자 과학적 사상을 먼저 깨달은 전위 혁명가가 촉망받는 인간형으로 떠올랐다. 계급투쟁과 사회혁명이 낳은 대중을 계몽하는 지식인이자 정치인이 바로 전위였다.

2018년 초 화제가 된 영화 〈1987〉의 배경이 된 그 시대에, 돈 벌어 재벌이 되고 출세해서 권력자가 되려는 사람과 함께 독재권력을 무너뜨리고 노동자 · 민중을 해방시키는 전위투사가 되려는 운동권 인간형이 부각됐다. 그 혁명적 열정이 군사독재를 무너뜨리고 노동자 대투쟁을 불러일으키는 데 기여했다.

지금은 어떤가? 한편에서는 인정받지 못하고 삭제된 잉여인간이 늘어난다. 산업 · 정치 · 인문학 등 각 분야에서 나름 전문가라는 사람이 대중매체와 온라인매체에 전문가로 나온다. 저성장 자본주의를 다시 성장시키려는 4차 산업혁명이 열풍처럼 떠돈다. 산업혁명 시대에 첨단산업을 연구하는 기술자와 첨단기술을 상업화해서 성공한 자본가가 되려는 꿈이 솟아난다. 그러나 기술 자체는 인간을 해방시키지도 않으며 구속하지도 않는다. 기술을 둘러싼 인간관계가 해방과 구속을 결정한다.

모든 시민 몸에 길이 있다. 공감 위에 존엄과 권리가 생긴다. 사회 자산을 더 많이 나누는 공유권 위에서 노동시민의 자기결정권이 생긴다. 정신과 육체가 통일된 몸을 지배당하지 않는 새로운 시민을 향해 나아갈 때 길이 열린다.

아무나의 필수 아이템

비참한 생활도 아니고 특별한 인생도 아닌 평범한 삶을 위한 '노멀 레볼루션'은 어렵지 않다. '헬민'이 아니라 '짱민'을 향해 가는 길은 평범하다.

'아무나'가 되기 위한 필수 아이템이 있다. 헌법과 법률이 보장한 권리로서 노조에 가입하는 것, 노조에 가입해 권리를 요구하고 주인이 될 때 관계혁명이 시작된다. 단지 평범하다고만 할 수 없다. 노조를 만들거나 가입했다가 불이익을 당할 수 있다는 두려움을 넘어서야 하기 때문이다. 그래도 벼락부자가 되거나 잘나가는 권력자가 되거나 유명한 연예인이 되는 길보다 훨씬 쉽다.

행정관청 · 국회 · 법원에 있는 권력자, 높이 솟은 빌딩에 자리 잡은 기업 경영자, 금융투자나 부동산 자산으로 다른 사람 노동을 착취하는 부자는 우리 몸을 통제한다. 기업규제 철폐를 귀가 아프게 외치지만 그들이 우리에게 씌운 삶의 규제, 몸의 규제는 항상 작동한다.

내 몸을 통제하는 그들로부터 내 몸에 대한 자기결정권을 찾아올 수 있다. 수많은 노동현장에서 권리주체로 나서는 노동자가 실천하고 가르쳐 줬다. 관청 · 국회 · 법원 · 기업 · 자산가의 정치가 아니라 아무나 할 수 있는 정치가 무엇인지 배웠다. 노조를 만들고 가입하는 일은 평범한 시민이 권리 주인이 되는 필수 아이템을 얻는 '득템'이다. 서로 경쟁하는 이익종자를 생산하는 삼각관계를 깨는 노동시민에게서 배웠다.

사장 앞에서 주눅이 들어 눈을 내리깔고 욕을 듣던 노동자가 당당히 눈을 들고 하고 싶은 얘기를 하는 순간은 매번 봐도 인상 깊다. 내가 더 이상 그들에게 통제받지 않겠다고 생각하고 동료와 공감하며 나서는 순간 더 이상 그들 권력이 아무것도 아니라는 사실을 확인한다. 탄핵촛불에서도 경험했다. 광장에서만 주인이라고 외치다 일상에서 찌그러지는 시민이 아닌 직장에서 권리 주인으로 나선 노동자를 통해 배우고 익혔다. 더 많은 노동시민이 '득템'하기를 소망한다.

기여자가 소중하다

기여자(起予者)는 나를 일으켜 세워 주는 사람이다. 내 생각을 일깨워 주는 사람이다.[201] 좋은 관계란 서로를 일으켜 세워 주는 관계다.

기여자는 특권층이나 전문가가 아니다. 노동조합을 만들겠다고 찾아온 평범한 노동자가 직장에서 무권리로 살던 동료를 권리주체로 세운다. 사용자와 종업원의 수직관계를 평등한 관계로 바꾼다. 연봉경쟁 · 실적경쟁 · 승진경쟁을 하던 직장 동료를 같은 뜻을 가지고 협력하는 동지(同志)로 바꾼다.

평범한 노동자가 4차 관계를 일깨우는 '기여자'였다. 동료가 누릴 수 있고 누려야 하는 권리를 촉진한다. 경영자와 관리자 앞에서 눈을 깔고 공손한 자세로 서서 욕먹으면서 일했던 동료가 당당하게 어깨를 펴고 눈을 들어 그들을 볼 수 있게 만든 '자존감 촉진자'다.

2017년 12월 노조를 만들려는 노동자가 반년 전에 노조를 만든 신생노조 조합원에게 물었다.

"노조가 생기고 달라진 게 뭡니까?"

짧은 순간, 이제 6개월 정도 지난 신생노조 조합원이 어떻게 답할지 궁금했다. 크게 달라지진 않았어도 소소하게 바뀐 것은 많은데 무엇을 말할까? 답은 간단했다.

"동료들 눈빛이 달라졌습니다."

눈빛이 달라졌다는 한마디가 모든 것을 설명했다. 이런 노동자가 어깨 펴고 눈을 들어 하고 싶은 말을 할 수 있게 나를 일으켜 세우는 기여자다. 이들이 대안노조를 일깨우는 기여자다.

사회운동단체와 노조에는 오랜 운동이론에 따라 사회혁명을 이끄는 전위투사, 정파로부터 사상과 이념학습을 거치고 조직규율을 지켜야 하는 활동가가 있다. 이제는 시민단체나 노조에 취업한 상시근무자(상근자)와 정파 활동가를 구분하지 않고 활동가로 부른다. 이 시대에 4차 권리관계를 확대하기 위해서는 평범한 노동시민의 '기여자' 역할이 중요하다.

나는 권리파

나는 좌파인가? 우파인가? 중도인가? 여론조사기관은 끊임없이 정치성향을 묻고 언론은 이를 보도한다. 좌우파는 부담스러우니 다양한 질문항목을 만들어 진보 · 보수 · 중도로 성향을 파악하고 분석하고 활용한다.

이런 분류가 불편하다. 다른 방식으로 얘기하고 싶다. 나는 좌파나 우파나 중도

파가 되고 싶지 않다. 나는 오직 권리파가 되고 싶다.

인간관계를 1차 혈연·지연·학연관계, 2차 이익관계, 3차 권력관계, 4차 권리관계로 나눠 보면, 대부분 시민은 1, 2, 3차 관계를 맺고 있다. 4차 관계를 맺은 사람도 있다. 나는 4차 권리관계가 늘어나기를 바라는 권리파다. 이익종자나 권력종자가 아닌 권리종자가 되기를 희망하고 노력한다.

사회운동과 노동운동에는 정파가 스며들어 있다.[202] 정파는 조직원이 노동조합에서 활동할 때 조합원이나 노조활동보다 자기 정파가 가진 정치목표를 최우선에 둔다. 조합원 이익과 권리를 높이기 위해 노력하지만 이 또한 정파가 가진 목적을 위한 수단으로 여긴다. 정파는 정치권력을 잡으려고 한다. 그런데 이런 목적을 솔직히 드러내지 않는다. 정파는 권력종자를 만드는 경향이 강하다.

권리를 중심에 둔 4차 관계는 권력을 중심에 둔 정파와 다르다. 권리형 인간을 위한 4차 관계는 권력형 인간을 만드는 정파와 다르다. 권리를 중심에 둔 대안노조는 권력을 우선하는 정파와 맞지 않다. 권리를 촉진하는 기여자는 권력을 추구하는 정파 조직원이나 활동가와 다르다.

삼비일권(三非一權)

혈연에 빠져 다른 가족, 다른 지역, 다른 인종, 다른 민족에 배타적이면 서로를 일으켜 세우지 않고 억압한다. 가족이 기업을 장악한 족벌경영, 가족 권력세습은 세습봉건사회를 벗어나지 못한 낙후한 모습이다. 누구나 혈연관계가 있지만 공(公)과 사(私)를 구분해야 한다. 혈연에 빠지지 않는 '비(非)혈연'이 대안사회를 위한 시민의 태도다. 인종차별·성차별 같은 1차 관계에서 파생하는 차별도 심각하다.

기여하지 않고 이익을 얻는 특혜가 정의와 평등을 가로막는다. 이익종자는 내가 일어서기 위해 남의 것을 빼앗아 주저앉힌다. '함께 살자'가 아니라 '너 죽고 나 살자'다. 정당한 이익은 권리에 해당한다. 이를 넘어선 이익은 타인이 가져야 할 것을 빼앗는 행위다. 타인 권리를 박탈하는 짓이다. 권리를 넘어선 이익을 거부하는 '비(非)이익'이 대안사회를 위한 '시민다움'이다.

타인보다 특별한 권력을 누리는 특권세력이 사회를 어지럽힌다. 특권을 바라는 사람은 타인을 차별하고 억압한다. 서로 일깨우는 관계가 아니라 내가 지배하고 남을 복종하게 한다. 권력과 권력종자를 경계하는 '비(非)권력'이 대안사회를 위한 삶의 태도다.

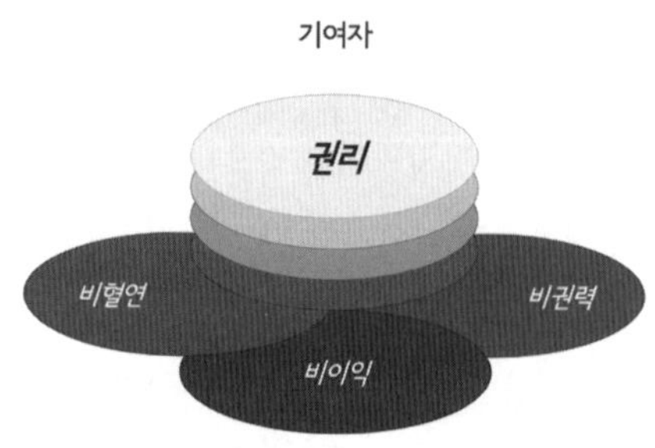

혈연 · 이익 · 권력에 빠지지 않고 모든 생명을 소중하게 여기고 존중하며 일으켜 세우는 권리를 중요하게 생각하는 시민이 늘어날 때 건강한 사회가 된다.

비혈연 · 비이익 · 비권력과 권리우선을 '3비1권'으로 부르겠다. '삼비일권'이 4차 권리관계를 확대하는 기본 자세다. '삼비일권'은 '기여자'가 갖춰야 할 덕목이다.

곳곳에 기여자가 있다

기여자는 다양한 모습으로 활동한다. 사회운동단체 회원과 상시근무자(상근자)로 활동하거나 노조 조합원이나 노조간부로 활동할 수 있다. 어떤 직책을 가지고 있지 않더라도 노동권 · 여성권 · 환경권 · 평화권 등 여러 영역에서 권리를 일으켜 세운다.

노동조합에서 기여자 모습은 다양하다. 노조를 시작할 때에는 마중물 역할을 하는 노조 발기인 또는 초동멤버 역할을 한다. 노조가 출범하고 난 다음에는 간부

역할을 맡기도 한다. 노조가 정착되면 풀어야 할 과제를 해결하기 위해 임금체계 개편 · 인력충원 · 노동시간을 비롯한 각종 과제를 해결하기 위한 '제도개선위원회' 같은 기구에 참여한다. 노조에서 특정한 역할을 맡지 않더라도 조합원으로서 현장문제와 지역 · 사회 문제에 함께 참여해 권리를 넓히고 높이기 위해 힘쓴다.

기여자는 개인이 아니라 단체일 수 있다. 지역에서 노동권을 누리지 못하는 무권리 노동자를 지원하고 신생노조가 생기면 정착할 수 있도록 지원하고 연대하는 노조가 기여자다. 낡은 노동조합 활동을 바꿔 혁신하면서 대안노조운동을 개발하고 주변에 퍼뜨려 촉진하는 노조가 기여자다.

기여자를 찾아 만나자

이미 모든 시민은 기여자다. 저마다 살아가면서 서로에게 도움을 주고 사회에 기여하고 있다. 더 나아가 '권리 기여자'를 만나자. 평범한 일상을 살아가는 시민에게 기여자는 소중하다. 내게 이익과 권력을 바라는 사람을 만나면 불편하다. 서로 존중하고 일으켜 세우는 사람이 있다면 행복하다.

경쟁에 시달리며 삭제된 존재, 잉여인간이 늘어나는 사회에서 내 가치를 발견하고 존중하는 사람, 서로 권리를 일으켜 세워 자존감을 높이는 사람이 있다면 행복한 일이다. 서로에게 기여자가 될 때 공동체 감각이 피어난다.

대안노조는 기여자가 풍부할 때 발전한다. 노동권만이 아니라 여성권 · 환경권 · 이주노동자 권리 · 성소수자 권리 · 평화권을 포함한 모든 권리를 위한 사회운동을 촉진하는 사람과 부단히 만나고 소통하자.

기여자는 노조운동에서 사업장 · 지역 · 산업을 넘어 서로 관계를 맺고 사례를 공유하며 열정과 발상을 일깨운다. 사회운동 각 분야에 있는 기여자가 각 부분을 넘어 관계를 맺고, 협력하고, 연대할 때, 사회 각 분야에서 4차 관계를 넓혀갈 때, 일상을 바꾸는 대안노조와 대안사회가 선명한 모습으로 다가 올 것이다.

미주

1) 한겨레신문, 2017년 12월 19일자, "직장인 73%'나도 괴롭힘 당한적 있다'"

2) 조건준, 2009, [아빠는 현금인출기가 아니야](2판), 매일노동뉴스. 금속노조 쌍용자동차지부-노동자역사 한내, 2010, [해고는 살인이다]. 공지영, 2012년, [의자놀이], 휴머니스트 등 참조.

3) 전국금속노동조합 경기지부와 희망김장기획단 엮음, 2012, [사람 꽃을 만나다], 배포용 간행물 참조.

4) 이양구, 2016, [호모 파베르의 인터뷰], 제철소.

5) "자본주의에 대한 좌파적 비판가들은 도덕적으로 높은 입장을 취하려는 경향을, 우리 자신을 사회보다 높은 곳에 두려는 경향을 가지고 있다. 사회는 병들었다. 그러나 우리는 건강하다. 우리는 사회가 무엇이 잘못되었는지 알고 있다. 그러나 사회가 너무나 병들어 있어서 다른 이들은 그것을 보지 못한다. 우리는 옳다. 우리는 올바른 의식을 가지고 있다 … 이 무슨 오만함인가! 이 얼마나 터무니없는 소리인가! 우리는 사회 바깥에 서 있을 수 없기 때문에 사회가 병들었다면 당연히 우리도 병든 것이다 … '나는 당신보다 더 성스럽다'는 방식으로 비판하는 것은 아무런 의미가 없다. '나는 당신보다 더 성스럽다' 식의 비판은 애당초 주체와 객체 모두의 병의 원인이었던 양자의 분리를 전제하며, 따라서 그것을 강화한다 … 사회에 대한 비판은 동시에 우리자신에 대한 비판이어야 하고, 자본주의에 대항하는 투쟁은 동시에, 자본주의에 맞설 뿐 아니라 그것에 속해 있기도 한 '우리'에 대항하는 투쟁이어야 한다는 것을, 비판한다는 것은 우리가 분열된 자아임을 인식하는 것이다. 사회를 비판한다는 것은 그 사회의 재생산에 우리 자신이 연루돼있음을 비판하는 것이다."(존 홀러웨이 지음, 조정환 옮김, 2002, [권력으로 세상을 바꿀수 있는가], 도서출판 갈무리, 183~184쪽)

6) 금속노조 경기지부 현대모비스화성지회, 2017, [반란의 순간들], 단행본 책자. 최초 제목을 '혁명의 순간들'로 붙이려 했지만 과도하다는 의견이 있어 이렇게 결정했다. 조합원 중에 반란은 실패한 느낌이 든다며 제목을 '혁명의 순간들'로 해야 한다는 의견도 있었다.

7) 80년대 사회운동 이론 대부분이 수입품이었다. 80년대 초기 수입이론은 러시아혁명을 근거로 한 마르크스-레닌주의였다. 곧이어 북한 제품인 주체사상이 확산됐다. 90년대 사회주의가 망하면서 소련제는 인기가 떨어졌다. 북한이 망하지 않으니 북한 제품인 민족해방파는 운동권에서 확산될 수 있었다. 90년대는 이론 빈곤상태 속에 노조가 노동운동 중심이었다. 97년 외환위기 이후 거듭되는 구조조정으로 노조는 위기에 시달렸다. 이때 유럽이론인 산별노조건설-정치세력화(진보정당건설)라는 '양날개론'이 뜬다. 이 결과 민주노동당의 창당에 이른다. 동시에 소위 '포스트주의'라는 서양에서 수입한 이론이 많이 들어왔다. 민주노동당은 종북패권주의 논쟁과 함께 분열했다. 민족해방파는 북한이 국제사회에서 고립되면서 권위가 약해지다가 '종북세력'으로 공격받았다. 한국 경제는 '따라잡기'를 벗어나야 한다는 얘기처럼 운동이론 또한 수입품을 가져다 쓸 상황이 아니다. 고립된 발명은 어리석을 수 있기에 국제적 수준에서 다양한 이론적 교류들을 통해 한국적이면서도 세계적인 이론의 발전이 필요하다. 사회운동이야말로 '창조적 운동'이 필요한 때가 아닐까. 기초가 허약하면 창조할 수 없다. 한국 사회운동과 노동자운동은 '창조의 기반'이 튼튼할까? 80년대 혁명적 운동기, 90년대의 이론 빈곤기, 2000년대 양날개론 시도와 파산, 2010년대 혼돈기를 경험했다. 수입품을 찾아 헤매지 말고 한국 사회 운동경험을 성찰한다면 새로운 논의가 가능하지 않을까.

8) 윤소영 주장은 이해하기 어렵다. 그러나 마르크스주의의 곤란과 공백을 인정하고 이를 일반화하려는 노력이 담겨있다. 과학과 실천연구소 주장은 공감출판사를 통해 책으로 발간됐다. 윤소영의 2008년 [일반화된 마르크스주의 개론](개정판)에서 주요 내용을 볼 수 있다.

9) 신영복 선생 글에서 아이디어를 얻었다. 선생 개인생활이나 삼성관계에 대한 비판도 있다. 그러나 책 두 권(신영복, 2004, [강의], 돌베개. 2015, [담론], 돌베개)이 내게 큰 영감을 줬다.

10) 조효제, 2010, [인권의 문법], 후마니타스 · 기본개념과 쟁점에 대해 포괄적인 내용을 배웠다.

조효제, 2016, [인권의 지평], 후마니타스 · 새로운 인권 이론을 위한 문제의식과 방향을 배울 수 있었다.

11) 기시미 이치로, 고가 후미타케 지음, 전경아 옮김, 2014, [미움 받을 용기], 인플루엔셜. 프로이트 제자였다가 다른 길을 갔다는 심리학자 아들러에 대해 잘 알지 못했다. 몇 년 전부터 이 책이 베스트셀러가 되면서 대중적으로 알려졌다. 2016년 같은 출판사를 통해 [미움 받을 용기2]가 나왔다. 어릴 때부터 성적경쟁, 입시경쟁을 거쳐 취업경쟁, 일자리 경쟁, 연봉경쟁을 하는 사회에서 자기존중감을 갖기 무척 어렵다. 이렇게 열등 콤플렉스를 강요하는 사회구조를 별로 중요하게 여기지 않는 한계가 있지만 어렵지 않게 읽었다.

12) 요한 갈퉁 지음, 이재봉 외 옮김, 2000, [평화적 수단에 의한 평화], 들녘.

13) 넓게 보면 이익을 위한 2차 관계도 인간 권리향상에 기여한 측면이 있다. 조효제는 한국 산업화를 '빈곤탈출운동'으로 보고 이 또한 인권운동에 포함한다. 다르게 보면 이익을 많이 챙긴 사람 즉, 돈 많은 사람은 돈에서 나오는 권력을 가진다. 자본이 가진 소유권에서 나오는 힘과 현대 민주주의를 통한 동의를 통해 정당성을 얻고 법적 강제력에서 나오는 힘이 동일하지 않다고 본다.

14) 니체의 '권력의지', 푸코의 '생체권력' 등 권력에 대한 전혀 다른 이론부터 일상에서 말하는 '권력'에 이르기 까지 권력을 넓은 의미로 얘기할 수 있다. 권력개념을 확대하면 국가권력과 확장된 권력의 경계를 구분하기 어렵고 복잡하다. 이 글에서 권력은 국가권력, 정치권력이라는 의미로 사용한다.

15) 다중(多衆)은 대중이나 민중과 달리 각자 정체성을 가지고 개별행동을 하되 특정한 사안에 동의할 때 개별성을 유지하면서 공동행동을 하는 사람이다. 내가 인간이 다차원 관계에 영향을 받기에 다중성을 갖는다고 할 때, 다중(多重)과 의미가 다르다. 다중이나 다중지성을 중요하게 여기는 이론가나 시민단체 활동가들 만나 다중과 계급에 대해 얘기를 나누곤 했다. 그들은 노동운동이 여전히 계급으로 시민을 구분하고 계급성으로 조직하려는 문제를 지적한다. 시민이 가진 다양한 정체성을 보지 못하고 계급으로 가둔다는 비판이다. 노동운동이 다양성을 보지 못하는 편향도 경계하지만 반대로 계급을 부정하는 편향도 경계한다.

16) 투데이신문, 2017.4.19., 심리연구소 '함께' 김태형 소장 [인터뷰] 중.

"국민이 주인인 영역이 거의 없다. 광장에서는 국가의 주인이고 세상을 바꾸는 주체지만 학교나 회사에 가서는 '찌그러져야' 하는 괴리가 있다." "촛불 들고 광장에 나가는 것은 조직된 힘이 아니다. 일상에서 조직돼 있어야 한다. 그래서 노조, 협동조합이 필요하다."

17) 학교 · 종교 등은 특정 차원의 관계로 분류하지 않았다. 학교는 인생에서 점점 더 긴 시간을 차지하고 있다. 조기교육과 취업 지연 때문이다. 가족을 포함해서 학교 · 종교를 이데올로기적 국가장치로 분류하는 이론도 있다. 이렇게 보면 학교와 종교는 3차 관계에 가까울 수 있다. 다르게 보면 학교는 3차 직업관계를 맺기 위한 준비관계다. 1차와 2차의 중간인 1.5차 관계라고 할 수도 있다. 종교는 그 사회 지배관계가 무엇인가에 따라 맥락이 달라진다. 정교가 일치한 사회에서 종교는 3차 관계다. 반대로 종교가 시민 권리를 위한 사회운동을 지원 할 때, 4차 관계에 가깝다. 인간관계는 이외에도 다양한 모습으로 나타나지만 그 성격들은 대체로 1, 2, 3, 4차 관계들에 의해 영향을 받기에 독립 차원으로 분류하지 않았다.

18) 노동조합 및 노동관계조정법 2조2항. 근로기준법 2조1항의2에도 비슷하게 "사용자란 사업주 또는 사업 경영 담당자, 그 밖에 근로자에 관한 사항에 대하여 사업주를 위하여 행위하는 자를 말한다"고 규정돼 있다.

19) 윤효원, 2016년 5월 30일, [노조전임자 급여는 어디서 오는가], 매일노동뉴스.

20) 인정투쟁이란 단순하게 타인으로부터 나를 인정받는다는 의미만 있는 것이 아니라. 내가 타자를 인정함으로 인해서 발생하는 효과가 있다. 악셀 호네트에 따르면 우리가 인정행위를 통해 해당 주체에게 이미 존재하는 가치 있는 속성들을 단지 드러낼 뿐일지라도, 이 주체는 우리의 반응을 통해 비로소 실제로 자주적 위치에 서게 된다(악셀 호네트, 2011, 368쪽).

21) 악셀 호네트 지음, 문성훈 · 이헌재 옮김, 2011. [인정투쟁], 사월의 책. 이책은 인정투쟁과 관련한 철학적 생각을 읽을 수 있지만 관련 내용에 익숙하지 않으면 어렵다.

분배투쟁과 인정투쟁을 다르게 생각하는 주장과 분배투쟁도 인정투쟁에 속한다는 주장이 있다. 낸시 프레이저와 악셀 호네트의 [분배냐 인정이냐](옮긴이 김원식 · 문성훈, 2014, 사월의 책)가 가장 대표적인 논쟁이 아닐까 싶다. 번역의 한계도 있겠지만 이들의 이론과 철학을 잘 알지 못한 이유 때문에 온전히 이해했다는 자신이 들지는 않는다. 따라서 나는 이 글에서 인정투쟁을 엄밀한 학술적 규정으로 따지기보다 '서로의 존재와 가치를 인정받으려 하는 다툼'으로 단순하게 이해하며 쓴다.

22) 소스타인 베블런, 김성균 옮김, 2012(개정판), [유한계급론], 우물이 있는 집.

23) 로버트 H 프랭크, 2007, [부자아빠의 몰락], 창비.

24) 강신주, 2009, [상처받지 않을 권리], 이 책은 노동자로 일하다가 소비자가 돼서 자본에게 돈을 바치는 모습을 "수족관에 갇힌 낙지"로 비유한다. 임금은 결국은 주인에게 잡아먹힐 수족관의 낙지에게 주는 물과 산소라고 비유하고 있다.

25) 손정순, 2009, '금속산업 비정규 노동의 역사적 구조변화', 박사학위 논문. 이 글에서 자본주의 축적체제의 변화 과정에서 비정규직 노동이 어떻게 탄생하고 축소 또는 확대되는지를 볼 수 있다.

26) 윤소영, 2008, [일반화된 마르크스주의 개론], 공감, 이 책의 3강 부분에 자본주의 기업들의 변화에 대한 분석을 볼 수 있다.

27) 사회진보연대, 2016년 5월호, [오늘보다].

28) 경향신문, 2016. 6. 9., "조선소 물량팀 노동자의 생생한 증언, 조선소는 비정상 덩어리".

29) 조돈문 외, 2014, [위기의 삼성과 한국 사회의 선택], 후마니타스, 339쪽.

30) 사회진보연대, 2016년 6월호, [오늘보다], (통권 제17호).

31) 매일노동뉴스는 생생한 노동현장에 대해 2008년 [현장을 가다], 2010년 [통]이라는 책으로 출판한 바 있다.

32) 노무현 대통령은 "권력은 시장으로 넘어갔다"는 유명한 말을 남겼다. 노무현 정권은 삼성과 꽤 긴밀한 관계를 가졌고 그의 측근들이 삼성의 지원을 받았다는 사실은 김용철 변호사의 폭로를 통해서도 드러났다(그가 쓴 [삼성을 생각한다]를 참조). 마이클 페럴먼은 기업하기 좋은 나라가 단지 한국만이 아니라 미국에서도 어떻게 진행되는지 잘 보여주고 있다(마이클 페럴먼 지음, 오종석 옮김, 2009, [기업권력의 시대], 난장이). 이 책의 제목처럼 이 시대를 "기업권력의 시대"라 할 수 있다.

33) 근로자 파견업체 등의 현황은 고용노동부가 매년 조사해 발표한다. 불법파견이 많아 고용노동부에는 이런 통계가 잡히지 않는다. 정부의 조사통계는 정확한 현실을 반영하지 못한다.

34) 자유경제원은 기업 논리를 확산시키는 역할을 하는 대표적인 단체다(미디어펜, 2015. 10. 7.자 기사, "빈껍데기 노동개혁, 파견근로 자유화가 답이다"). 사용자단체인 경총, 전경련을 비롯해 고용노동부까지 이런 논리로 파견업을 늘려야 한다고 주장했다.

35) 지인으로부터 '담합'이라는 표현이 부적절하기 때문에 '순응'으로 수정할 것을 권고받았다. 담합은 통상적으로 독점을 위한 행위인데 정규직이 사용자와 담합을 통해 독점할 것은 없다는 이유다. 사용자의 제안에 대해 순응했다는 표현이 적절할 수 있다. '담합'이라고 할 때, 정규직은 사용자와 동일한 책임을 져야 하는 것으로 읽힐 수 있다. 그러나 노사담합을 통해 정규직은 비정규직에 대한 우월적 지위, 일자리를 배타적으로 독점하는 측면이 있다. 이런 측면을 강조하려 표현을 바꾸지 않았다.

36) 히로세 다카시 지음, 이규원 옮김, 2010, [제1권력], 프로메테우스출판사. 마이클 페럴먼의 [기업권력의 시대]가 기업에게 자유를 주는 정책과 기업의 논리가 사회적으로 확장돼 있음을 보여준다면, 이 책에서 저자는 세계적으로 유명한 기업들을 소유한 자본가들의 가계도까지 상세히 파헤치면서 그들이 어떻게 역사를 좌지우지했는지를 보

여준다. 2011년 같은 출판사에서 번역출판한 [제1권력] 2권에서는 자본가들이 어떻게 러시아의 사회주의혁명을 삼켜 버렸는지를 쓰고 있다.

37) 김용철, 2010, [삼성을 생각한다], 사회평론. 삼성에 관한 많은 책이 있지만 삼성이 어떻게 각계각층에 영향을 미치고 있는지를 삼성 내부에서 근무했던 사람이 폭로한 획기적인 책이다.

38) 강준만 교수는 [갑과 을의 나라](2013년, 인물과 사상사), [개천에서 용나면 안된다-갑질공화국의 비밀](2015년, 인물과 사상사) 등에서 갑질공화국에 대해서 말하고 있다. 구조적 분석의 깊이가 떨어지고 사회적 실천과 거리가 있는 저널리즘이라는 비판적 시각도 있을 수 있지만 그다지 전문적 지식을 가지지 않아도 읽을 수 있다는 장점이 있다.

39) 제러미 리프킨의 (1996, [노동의 종말], 민음사) 로버트 라이시(2001, [부유한 노예], 김영사) 등을 비롯해 김만수(2004, [실업사회], 갈무리), 강준만(2010, [영혼이라도 팔아 취직하고 싶다], 개마고원) 등은 우울한 노동의 전망과 실업의 심각한 현실을 보여 준다. 그룹 크리시스(2007, [노동을 거부하라], 이후)는 노동지상주의를 비판하며 노동거부운동을 주장한다. 들뢰즈와 네그리(2005, [비물질노동과 다중], 갈무리)는 정보화 사회의 노동을 다른 시각으로 접근한다. 이진경(2006, [미래의 맑스주의], 그린비)과 조정환(2011, [인지자본주의], 갈무리) 등도 이와 유사한 맥락에서 새롭게 노동을 해석하려고 한다. 비버리 J 실버(2005, [노동의 힘], 그린비)는 노동이 세계적으로 끊임없이 이동하고 있으며 노동자운동도 이동하고 있다는 점을 보여준다. 강수돌 · 홀거하이데(2009, [자본을 넘어 노동을 넘어], 이후)와 앙드레 고르(2008, [에콜로지카], 생각의 나무. 2011, [프롤레타리아여 안녕], 생각의 나무)는 노동집착을 벗어날 것을 주장한다. 토마스 바세크(2014, [노동에 대한 새로운 철학], 열림원)는 노동에 대한 과거의 생각을 소개하면서 노동에 대해 새롭게 볼 것을 주장한다.

40) 경향비즈, 2002. 9. 16., "(월가메일) 테러보다 무서운 실업".

41) 짐 클리프턴 지음, 정준희 옮김, 2015, [일자리 전쟁], 북스넛. 저자는 세계적인 여론조사 기관 갤럽의 경영자로서 2013년 갤럽에서 이미 발표한 바 있는 조사결과를 담고 있다. 그는 해법으로 기업가 정신이 필요하다는 등의 자본친화적인 시각을 가지고 있다.

42) 작가 공지영은 쌍용차 사례를 책으로 쓰면서 일자리를 둘러싼 싸움을 '의자놀이'라고 표현했다(2012, [의자놀이], 휴머니스트). 나는 졸저인 [아빠는 현금인출기가 아니야] 2판에 첨부한 글을 통해 쌍용차의 경험을 노동자끼리의 생존권 싸움으로 표현한 바 있다.

43) 마이클 페럴먼, 같은 책. 95쪽.

44) 디지털 다임즈, 2016. 3. 16., "알파고와 '헐값 대국' 이세돌, 광고시장서 몸값이…".

45) 사회적 네트워크는 전세계에서 서로 모르는 사람이라고 할지라도 다섯 명만 거치면 연결된다는 '좁은 세상이론 small world theory'에 설득력을 더해 주고 있다. 지구상의 모르는 사람 사이에는 겨우 6.6단계만 존재한다는 연구결과가 나오기도 했다.(제러미 리프킨, 2010, 590~592쪽).

46) 논란이 있지만 네 것과 내 것을 가르는 1차원적 자아가 아닌 다차원 자아, 인간이 국경을 넘어 코스모폴리탄이 되는 '연극적 자아' 탄생이라는 긍정적 평가도 있다(제러미 리프킨, 2010).

47) 아톰세계(원자가 구성단위인 오프라인 세계)와 비트세계(컴퓨터 데이터로 이뤄진 온라인세계)로 구분하면서 아톰세계는 시공간 제약이 있지만 비트세계는 데이터가 온라인 공간에 쌓이기에 특정한 물리적 공간을 차지하지 않으며 이동속도도 아톰세계에 비해 훨씬 빠르다는 비교연구는 오래됐다. 4차 산업혁명은 아톰세계와 비트세계를 통합하고 연결하는 사물인터넷과 인공지능이 상징하는 혁명이다.

48) 제러미 리프킨은 그의 책 [공감의 시대]를 통해 정보통신의 발전이 세계적 차원에서 인간의 공감영역을 넓히고 더 빠른 공감을 가능하게 했다고 긍정적으로 평가한다.

49) 이진경, 2006, [미래의 맑스주의], 그린비. 저자는 "정보화를 통해 자본은 디지털화된 네트워크와의 '접속'을 수반하는 모든 활동을 가치화한다. 자본은 굳이 노동력을 구매하지 않고서도 모든 종류의 활동 자체를 착취할 수 있는

가능성을 확보하고자 한다"(170쪽)며 마르크스가 분석한 절대적 잉여가치 착취와 상대적 잉여가치 착취를 넘어 정보화시대 사회적 잉여가치 착취문제를 제기하고 있다.

50) 서울경제, 2017.11.10., "페이스북 창립멤버 'SNS는 마음착취'".

51) 조지 리처 지음, 김종덕 외 옮김, 2017, [맥도날드 그리고 맥도날드화], 풀빛.

52) 조지 리처, 2017, 341쪽.

53) 돈 아이디라는 기술철학자는 기술이 우리의 신체기능을 확장시키는 역할을 하는 것을 체현관계(embodiment relation)로 보고, 기술에 따라 제공받는 텍스트가 다르고 특정 기술에 따라 보여주는 것과 볼 수 없게 차단하는 것이 있기 때문에 인간은 기술이 보여주는 것을 어떻게 해석할지를 둘러싼 해석관계(hermeneutic relation), 사이버공간이라든지 기술에 의해 만들어진 세계를 배경으로 살아갈 수도 있는데 이때 인간에게 기술은 신체의 연장이나 볼 수 없는 것을 보게 하는 통로를 넘어 인간이 살아가는 배경세계가 된다는 배경관계(background relation) 등을 통해 기술과 인간의 관계를 볼 수 있는 발상을 제공한다.

54) 송옥주 · 이정미 · 이용득 의원실 주최, 2016년 7월 19일, [복수노조 악용실태와 개선방안 토론회] 자료집.

55) 2016. 11. 6., 헤럴드경제 인터넷판.

56) 2016. 10. 24., 연합뉴스 인터넷판.

57) 토마 피케티 지음, 장경덕 옮김, 2014, [21세기 자본], 글항아리.

58) 2017년 8월 31일, 금속노조 경기지부 교육위원회 수련회에 온 청년유니온 사무처장 송효원은 저성장 시대를 이렇게 말했다.

59) 허핑턴포스트 코리아, 2016. 6. 8., "북한은 권력자 혼자 세습, 남한은 100명이 나눠서 세습".

60) 정태인 · 이수연, 2013, [협동의 경제학], 레디앙.

61) 열정(熱情)과 페이(pay)가 결합한 신조어. '좋아하는 일(열정)'을 '임금(pay)' 대신 준다는 의미, 청년의 저임금 노동 착취를 상징하는 말. 인턴이나 수습을 비정규직으로 채용해서 저임금으로 일을 시키는 행위에 대한 비판의 뜻을 담고 있다.

62) 콜린 메이어, 옮긴이 이남석, 2014, [왜 우리는 기업에 실망하는가], 알에이치코리아.

63) 2012년 3월, 장하준 · 정승일 · 이종태의 [무엇을 선택할 것인가]라는 책이 나온 이후 진보적 학자들의 논쟁이 있었다. 이병천의 〈레디앙〉과 〈프레시안〉 비판글, 〈프레시안〉의 '한국 경제 성격 논쟁'이라는 기획시리즈, 〈한겨레21〉의 장하준 특집 참조.

64) 김상봉, 2012, [기업은 누구의 것인가], 꾸리에.

65) 프레시안, 2012. 1. 27., "착한 초콜릿 · '이마트' 유기농이 '에코'라고?".

66) 주간인권신문 인권오름, 2012. 2. 1., "[강양구의 인권이야기] '착한' 마케팅이 지키는 '나쁜' 세상".

67) 흔히 사회주의는 계획경제고 자본주의는 시장경제라고 생각한다. 이런 기준에 따라 중국 사회를 자본주의로 평가한다. 색다른 시각도 있다. 김정호는 주요 기업을 국가가 소유하고 여기에서 나오는 이익을 복지에 쓰는 '공유기업+시장+공공재원조달'이라는 '사회주의시장경제'를 기초로 하고 있다고 본다. 20세기 시각이 아닌 다른 시각으로 소유와 경제체제를 본다(김정호, 2017.12. 20., "중국은 '사회주의' 사회다", 레디앙).

68) 이지문, [한국 민주주의의 위기와 추첨 민주주의], 위 책 [추첨민주주의] 148~150쪽.

69) 선거의 마술, 또는 뒤틀린 거울 같은 효과를 볼 수 있는 토마스 프랭크 지음, 김병순 옮김, 2012, [왜 가난한 사람들은 부자를 위해 투표하는가], 갈라파고스.

70) 어니스트 칼렌바크 · 마이클 필립스 지음, 손우정 · 이지문 옮김, 2011, [추첨민주주의], 이매진.

71) 콜린 크라우치 지음, 이한 옮김, [포스트민주주의], 미지북스, 같은 책, 185쪽.

72) 요한 갈퉁, 2000, 292쪽

73) "절대국가의 억압권력에 저항하면서 시민적 · 정치적 권리는 부르주아적 경제권력을, 사회불평등의 억압권력에 저항하면서 출현한 경제적 · 사회적 권리는 중앙집권적 국가권력을, 식민지배의 억압권력에 저항하면서 출현한 민족자결권은 경제적 제국주의와 자국 내 지배계층 권력을 각각 유지시키는 역기능을 했다."(조효제, 2010, [인권의 문법], 후마니타스, 330~331쪽)

74) 조효제, 2010, 298쪽.

75) "레닌이 수정한 마르크스주의에서는 역사유물론과 계급투쟁이 정치의 우선성과 혁명적 전위로 대체되었다."(셰리 버먼 지음, 김유진 옮김, 2010, [정치가 우선한다], 후마니타스, 106쪽)

76) 노암 촘스키, 강주헌 옮김, 2004, [촘스키, 세상의 권력을 말하다], 시대의 창, 180쪽.

77) 콜린 크라우치, 같은 책 68쪽.

78) "신자유주의적 안전권력은 주권권력 및 규율권력과 달리 개인들의 신체에 직접적인 폭력을 가하거나 신체에 밀착하여 그것을 특정한 질서에 따라 움직이게끔 감시하고 강제하는 권력이 아니라 오히려 그 개인들이 놓여 있는 환경에 특정한 경제적 게임의 법칙을 도입하고 그 게임의 패자들을 죽도록 방치하는 권력이기 때문에 신자유주의적 폭력은 개인들 앞에 가시적인 방식으로 자신을 드러낸다기보다는 오히려 원거리에서 또는 무대의 뒤편에 숨어 작동하는 비가시적 성격을 띤다는 점이다. 이 때문에 신자유주의적 폭력은 훨씬 더 자연스런 방식으로 다시 말해서 마치 그러한 폭력이 누군가에 의해 저질러진 인위적인 것이 아니라 자연에 의해 저질러진 것인 양, 자연적인 것인 양 나타나게 된다. 발리바르의 표현에 따르면 '전능한 자의 무기력'이라고 할 수도 있다."(최원, 2014, "멈춰진 세월 멈춰진 국가-신자유주의적 통치성과 폭력의 새로운 형상", 진보평론 61호, 2014년 가을호)

79) 조효제, 2010, 303쪽.

80) 조효제, 2016, 312쪽.

81) 조효제, 2016, 315쪽.

82) 조효제, 2016, 317쪽.

83) 조지 레이코프, 유나영 옮김, 2015, [코끼리는 생각하지마](10주년 전면 개정판), 와이즈베리, 26쪽.

84) 셰리 버먼, 2010, 242쪽.

85) 18~19세기 철학자나 법학자는 물론이고 자본가는 재산권이 권리와 자유를 보장한다고 봤다. 이는 선거권에서도 재산을 가진 남자만 투표 참여권리를 보장하는 것으로 나타났다. 국가는 사유재산권을 보호하고 재산을 늘리도록 보장하면 된다고 생각했다. 그런데 사유재산권은 자본가들에게 보장된 권리일 뿐 노동자계급은 장시간 고강도 노동을 하더라도 재산을 갖지 못했다. 결국 국가는 부르주아 재산권을 보호하고 그들 부를 늘리도록 보장하는 자본가계급 도구일 뿐이라는 좌파 국가이론이 탄생했다. 국가는 지배계급인 부르주아를 지키고 이에 반발하는 피지배 노동자계급을 폭력으로 억압하는 조직된 기구로 본다.

86) 국가권력은 약자에게 강하다. 그런데 국가폭력에 맞서 강자가 되려고 대항 무장력을 키우는 것은 대안이 아니다. 80년대 운동권은 국가폭력에 맞선 전투력을 키워야 한다고 믿었던 경향이 있었다. 대항폭력이 아니라 압도적 다수가 공감하고 참여하는 시민 힘이 국가폭력을 무력화시킨다. 87년 6월 항쟁에 전두환 군사정권이 군대를 투입하지 못한 이유는 바로 여기에 있다. 국가폭력에 맞서는 방법은 '비폭력'이나 '준비된 폭력'이 아니라 '반폭력의 정치'다. 이에 대해서는 김정한(2013, [1980 대중봉기의 민주주의], 소명출판)을 참조.

87) 콜린 크라우치 지음. 이한 옮김, [포스트 민주주의], 2008, 미지북스, 31쪽.

88) 한겨레, 2013. 1. 28. "누락되거나, 변질되거나, 경제민주화 '박근혜 빛바랜 약속'".

89) 노무현, [진보의 미래], 309쪽. 특히 노동 관련해서 그의 회고가 기억에 남는다.

90) 마이클 페럴먼, 2009.

91) 히로세 다카시 지음, 이규원 옮김, 2010, [제1권력], 프로메테우스출판사.

92) 김대중 정권이 끝나고 노무현 정권 시절에 떠돌기 시작한 유머가 있다. 야당정권이 노조에 친화적이지 않은 사실을 이 유머가 표현하고 있다.

백성을 소중히 여기는 어진 임금이 들어서자 궐 안의 내시들이 노조를 만들기 위해 왕에게 허락을 요청했다. 골똘히 생각하던 왕은 안 된다고 했다. 내시들이 그 까닭을 묻자.

"모여서 논의할 정자(亭子)가 필요할 터, 너희에게 정자(精子)가 있느냐?"

"헉, 없~사~옵~니다."

"발기(發起)인 대회를 해야 할 터, 너희가 발기(勃起)할 수 있느냐?"

"윽, 불~가~하옵니다."

"정관(定款)을 만들어야 할 터, 너희에게 정관(精管)이 있느냐?"

"어, 없~사~옵~니~다."

"대신들이 반대하면 누군가에게 사정(事情)해야 할 텐데 사정(射精)할 수 있느냐?"

"헐, 없~사~옵~니~다."

"노조를 만들면 정사(政事)에 참여하려 할 텐데, 정사(情事)에 관여할 수 있느냐?"

"어~ 없사옵니다."

"노조를 만들면 대신과 사대부의 반대 등 난관(難關)을 뚫어야 하는데 너희가 난관(卵管)을 헤쳐 나갈 수 있느냐?"

"부~불~가~하옵니다."

"그래서 너희가 노조 만드는 것을 윤허할 수 없느니라."

"아~알~겠~사~옵~니~다."

93) 윤소영, 2003, [마르크스의 '경제학 비판'과 평의회 마르크스주의], 공감, 24~26쪽.

94) "권위 일반을 거부하고 권력 일반에 반대하는 아나키즘"(윤소영, 2003, 같은 책, 15쪽)을 어떻게 보는가에 따라 "아메리카 혁명의 사상적 아버지 제퍼슨으로 소급되기도 하는데, 이 경우에는 하이에크 · 노직의 현대적 보수주의도 아나키즘에 포함된다"고 할 수 있다.

95) 소로는 무정부주의자가 아님을 이렇게 밝힌다. "나는 무정부주의자라고 자처하는 사람들과 달리 지금 당장 정부를 폐지할 것을 요구하는 것이 아니다. 나는 지금 당장, 보다 나은 정부를 요구하고 있을 뿐이다."(헨리 데이비드 소로, 강승영 번역, 2011, [시민의 불복종], 은행나무, 20쪽)

96) 제도화된 정치, 정당정치를 강조하다 보면 운동정치는 야만으로 보일 수도 있다(박상훈, 2017. 10. 10.자 동아일보 인터넷판, "문 대통령 新민주주의 노선의 함정"). 이에 대해 최장집(2005, 민주화 이후의 민주주의, 후마니타스 참조)과 2011년 11월 19일 열린 고려대 민족문화연구원의 심포지엄 [최장집의 한국민주주의론]의 발표자료(진태원, "최장집과 에티엔 발리바르- 민주주의의 민주화의 두 방향") 참조.

97) "추첨에 의한 선택을 파벌에 반대하는 방어책으로 인식했다는 헤드럼(Headlam 1933, 38)의 지적처럼 정치적 평등의 약속과 함께 추첨은 파벌주의 감소를 위한 사용이 그 목적으로 가장 많이 거론된다. 다울렌(Dowlen 2008a, 41~65; 2008b, 34~35) 역시 기원전 508~507년 클레이테네스(Cleisthenes) 개혁으로 투표가 아닌 추첨 방식으로 평의회를 확립한 것은, 추첨이 당파의 형성을 막는 능력을 지녔기 때문으로 해석한다."(이지문 박현지 지음, 2017년 6월 29일, [추첨시민의회], 삶창, 38~39쪽)

98) 대의제 중심인 민주주의체제에서 국가권력이 국회를 무시하고 직접지지자들을 동원한 정치를 한다면 이 또한 위험한 일이다. 국가권력과 대중투쟁의 직접적인 연결이 파멸적인 결과를 가져올 수도 있다. 대중이 권력과 결탁해 대중운동도 왜곡될 위험이 있다. 문화대혁명과 파시즘 등에서 확인할 수 있다.

99) 정흥준, 2017, "한국 노동체제의 진단과 과제", 한국노동연구원 개원 29주년 기념세미나 자료.

100) 조효제의 [인권의 문법]은 18세기 말 미국과 프랑스혁명으로 나타난 1차 인권혁명, 20세기 후반에서 현재까지 진

행하는 2차 인권혁명으로 나누고 인권이론의 탄생 · 비판 · 발전을 설명한다. 전혀 다른 맥락에서 윤소영은 [일반화된 마르크스주의 개론] 등의 여러 저작을 통해 마르크스는 '생산양식'의 분석에 몰두한 반면 '주체화양식'인 이데올로기와 정치와 관련해서는 공백상태임을 지적하면서 이 문제를 해결하는 것을 마르크스주의 일반화라고 한다. 노동자가 해방을 위한 주체가 되는 과정은 권리의 주체로서 자각하는 과정이 필요하다고 본다. 나아가 '인권의 정치'가 전현대 정치, 현대 정치, 탈현대 정치를 구분하는 기준임을 보여준다.

101) 조효제, 2016, [인권의 지평], 후마니타스.
"정치학자 리처드 포크(Richard Falk)는 〈세계인권선언〉이 '무색무취하고 절충주의적인 합의문'처럼 보이지만, 사실은 인류의 거대한 이념적 기획이었다고 지적한다.(Falk, 2000. 4) 서구 계몽주의 전통 내에서 말 그대로 전 인류를 상대로 제시된 대표적 이념으로 자유주의와 마르크스주의를 꼽을 수 있는데, 〈세계인권선언〉은 이 두 보편 이데올로기를 결합하려 한 시도였다는 것이다. 18세기 이래의 자유주의와 19세기 이래의 사회주의라는, 상반되는 두 이데올로기가 〈세계인권선언〉에서 변증법적 통일을 이루었다는 해석이다."(139~140쪽)

102) 조효제, 2016, 143~145쪽.

103) 조효제, 2010, 229쪽.

104) 콜린 크라우치, 2008, 139쪽.

105) 이 글을 쓰는 막바지에 유사한 문제의식을 발견했다. 인용하면 "중세의 기독교 세계에서는 인간의 타락성이 보편적 조건으로 간주됐고, 인간을 단합시키는 비전으로서 영구적 구원이 제시됐다. 근현대에 와서는 인간의 실용주의와 탐욕이 보편적 조건으로 간주됐고, 물질적 진보가 인류를 단결시키는 꿈으로 수용됐다. 그러나 도래하고 있는 글로벌 시대에는 연약성과 취약성이 인간의 보편적 조건으로 인식되는 동시에 세계화 의식이 추구하는 꿈이 되고 있다. 마찬가지로 소유적 의무가 중세의 신앙을 중심으로 한 기독교 세계관을 구성했고, 재산권이 물질적 진보의 시대에 실용주의를 구축했으며, 다가오는 새 시대에는 인권이 세계화 의식을 고무하고 지속 가능한 발전을 도모하기 위한 기준이 되고 있다."(제러미 리프킨, 2005, 349쪽)

106) 신생노조를 만들 때 노동자에게 노동법에 나온 권리를 교육한다. 이런 실천경험을 통해 권리가 주체화 과정에 중요함을 확인한다. 윤소영은 이렇게 주장한다. "현실에 존재하는 것은 개인으로서 노동자가 아니라 대중으로서 노동자입니다. 즉 생산관계라는 원인의 효과로서 노동자는 아직 개인이 아니라 대중이지요. 그러나 대중으로서 노동자가 계급으로서 노동자로 형성될 때 권리의 주체로서 개인이라는 개념이 매개적인 역할을 합니다. 또 그런 권리의 주체로서 개인은 생산관계가 아니라 교통관계, 즉 이데올로기의 효과입니다."(윤소영, 2008, 128쪽) "아까 노동자가 객관적인 상태에서 해방되기 위해서는 주체적인 운동 또는 이데올로기적 반역이 필요하다고 했는데, 그것이 바로 인권의 정치입니다."(283쪽)

107) 제러미 리프킨 지음, 이경남 옮김, 2010, [공감의 시대], 민음사, 21쪽. 저자는 인류 역사를 신화의 시대, 신앙의 시대, 이성의 시대, 공감의 시대로 구분한다. 신화 시대는 입으로 전달하는 신화가 지배하고, 신앙 시대에는 신의 계시와 은총이 중심이고, 이성 시대는 이데올로기 의식이 지배적이고, 현재에 이르면 공감과 같은 심리학 의식이 중심이라고 한다. 개발도상국은 아직 신학적 의식이 지배적이고 중진국은 이데올로기적 의식이 우세한 반면 선진화된 나라에서는 심리학적 의식이 우세하다고 한다.

108) 조효제, 2016, [인권의 지평], 후마니타스, 294~295쪽.

109) 최장집, 2017. 11. 22., 인터넷판 중앙일보 "[최장집 칼럼] 시민사회의 두 얼굴".

110) 소유권은 이권 성격이 크다. 인권이론에서도 이런 문제를 지적한다. "그런데 제일 판단하기 어려운 부분이 II(인권+권익) 항목이다. 그 이유는 순수한 자기이익 중에도 인권 역사나 국제기준, 헌법 및 일반법률에 의해 '인권'으로 인정되는 이익이 일부 존재하기 때문이다. 또한 법률에 의해 권리로 규정된 자기이익도 있다. '소유권' 같은 것이 대표적이다."(조효제, 2010, 314쪽)

소유권에서 시작하는 인권을 뿌리부터 비판하는 견해가 있다. "케임브리지 대학교의 정치학자 브라이언 터너는 '인간의 연약함'과 '취약성', 그리고 그에 수반되는 연민이 인류를 단결시키고 보편적 인권이 수용될 수 있는 기초를 닦을 수 있는 유일한 보편적 감정이라고 주장했다. 터너는 모든 권리가 전통적으로 존 로크 식의 재산 개념과 결부돼 왔다는 점을 지적했다. 그 속성상 이런 종류의 권리는 처음부터 '내 것 vs. 네 것'이라는 개념에서 출발했기 때문에 인류 보편적인 것으로 간주될 수 없다."(제러미 리프킨, 2005, 348쪽)

111) 조효제, 2010, 같은 책, 25쪽.

112) 조효제, 2010. 같은 책, 312쪽. 조효제는 인권과 이권을 구분하는 기준을 같은 책의 314쪽에서 표를 통해 설명하고 있다.

113) 2008년, 미국 대선 후보경선 선거여론조사 결과 민주당 지지자들은 선거에서 이길 확률이 높은 사람보다 '공감'을 더 중요한 대통령 후보 자질로 꼽았다. 버락 오바마 대통령은 '공감'이라는 단어를 즐겨 사용했다고 한다.

114) 권리 주인으로 당당하게 살아가는 시민을 표현할 적절한 단어를 찾기가 어려웠다. '평범한 영웅'이라고 썼지만 새로운 합성어를 생각하기도 했다. 온라인 네트워크(Network)와 시민(Citizen)을 합친 네티즌(Netizen)처럼 강한(Super) 시민(Citizen)을 합쳐서 '슈티즌(Sutizen)'이라는 단어를 만들어 주변에 설명한 적도 있다.

115) '깨어 있는 시민'이라는 표현은 계몽주의적 느낌을 준다. 계몽(啓蒙)이라는 말 자체가 어둠과 무지에서 깨어나게 한다는 의미다. 80년대 운동권에게 영향을 미친 레닌은 대중의 자생성과 전위의 목적의식성을 구분하고, 깨어 있는 목적의식적인 전위가 대중을 지도해서 혁명을 일으킨다고 주장한 바 있다. 이성과 감성, 정신과 육체를 나누는 이분법의 논리구조와 유사하다. 전위 또는 지식인이 '깨시민'으로 변형돼 있다는 느낌을 준다.

116) 허균이 말한 호민론에 빗대어 노동자교육을 하곤 했다. 허균은 백성을 원망만 하는 원민, 그냥 인정하고 지배층에 복종하는 항민, 다른 마음을 품고 때를 기다렸다 일어서는 호민으로 구분했다. 헬조선에서 체념하고 살아가는 '헬민', 잘못된 현실에 놀라 "헐!"을 연발하며 원망만할 뿐인 '헐민', 자기 권리를 당당하게 찾아 일어서는 '짱민'으로 설명한 적도 있다.

117) 2007년 금속노조 위원장 선거에 출마한 박병규-백은종-정식화 후보조와 박근태 · 고남권 부위원장 후보는 선거운동본부 이름을 '공감선본'이라 이름 붙이며 공감을 강조했다. 물론 이때 함께했던 사람들이 모두 공감이 가진 의미를 깊이 공유했다고 보긴 어렵다. 나 또한 당시와 지금 사용하는 의미와 깊이가 같지 않다. 꽤 세월이 흐른 후에도 대학교 총학생회 선거에도 '공감선본'이라는 이름을 붙이는 사례를 본다. 지향하는 가치는 각자 다르다.

118) 닉 다이어-위데포드, 신승철,이현 옮김, 2003, [사이버-맑스], 이후, 410쪽.

119) 강수돌은 이런 현상을 '강자와의 동일시'로 표현한다. (강수돌, 2008, [경쟁은 어떻게 내면화 되는가], 생각의 나무, 강수돌 · 홀거 하이데, 2009, [자본을 넘어, 노동을 넘어])

120) 제러미 리프킨의 공감을 매우 긍정적으로 평가한다. 그러나 공감 자체를 높이 평가할 뿐 공감이 어떻게 사회변화의 힘으로 발전할 수 있는지를 구체적으로 말하지 않는다. 자칫하면 공감 자체가 사회를 변화시키는 것으로 보일 수 있다.

121) 현대정치에서 대중봉기와 대중의 공포를 가장 극명하고 복합적으로 드러낸 사례가 바로 중국의 '문화대혁명'이라고 할 수 있다. 이에 대해 백승욱(2007, [문화대혁명], 살림), 천이난(장윤미 옮김, 2008, [문화대혁명-또 다른 기억], 그린비), 백승욱(2012, [문화대혁명과 정치의 아포리아], 그린비) 참조. 한국의 대중봉기 중 대표적이고 또한 사회운동에 강력한 영향을 미친 광주민중항쟁 연구와 대중의 공포를 넘어서는 시민다움에 대해서는 김정한(2013, [1980 대중봉기의 민주주의], 소명출판) 참조.

122) 2009년, 노사합의 실패, 산 자와 죽은 자로의 분열, 격렬한 폭력충돌, 농성이 끝난 후에도 자살이 이어진 쌍용자동차노조의 정리해고에 반대한 77일간의 농성투쟁도 이런 시각에서 이해할 수 있다.

123) 백승욱(2012), 김정한(2013)을 비롯한 시빌리떼에 관한 국내 연구서적 · 번역서 참조. 시민성 · 시민다움으로 번

역하는 발리바르의 시빌리떼(civilite)는 통상적인 의미의 시민의식보다는 훨씬 복잡한 개념이다. 대중의 공포를 넘어서기 위한 복잡한 연구들이 있지만 나는 대중의 공포를 넘어서는 대안이 권리형 인간과 권리관계라고 본다.

124) 제러미 리프킨, 2010, 665쪽.

125) 제러미 리프킨,이원기 옮김, 2005, [유러피언드림], 민음사, 249쪽.

126) "20세기는 적어도 '노동광신주의'라는 면에서 자본주의와 사회주의의 평화공존이 완성된 시기였다. '노동의 예루살렘을 향한 여정'을 꿈꾸는 노동사회는 여전히 모든 체제에서 발견된다. '노동하지 않는 인간은 인간일 수 없다(Homo laborans)'는 명제하에 노동사회는 천하를 통일했다. 이것이 '노동 전체주의'로 이끌었다.

노동 전체주의는 아우슈비츠 정문에 걸린 '노동이 너희를 자유롭게 하리라'라는 파시즘의 슬로건에서, '일하지 않는 자 먹지도 말라'라는 20세기 자본주의와 사회주의의 슬로건에서, 그리고 현재 붉은 장밋빛-유럽 사민주의의 상징-의 의상을 걸친 서유럽의 '제3의 길'이 내걸고 있는 '노동복지'에 이르기까지 모든 장소와 모든 근대적인 시간에 걸쳐 자행됐다." 차문석, 2001, [반노동의 유토피아(산업주의에 굴복한 20세기 사회주의)], 박종철출판사, 342쪽.

127) 아나톨 칼레츠키, 같은 책, 96쪽.

128) 한겨레신문, 2008. 9. 18.

129) 경향신문, 2009. 9. 23.

130) 정규재, 2011.10.17., "자본주의 4.0과 센델에 열광하는…", 한국경제.

이창양, 2011.10. 23., "자본주의 4.0을 경계한다", mk뉴스.

131) 조선일보, 2011. 8. 2., "이젠 자본주의 4.0이다" 이후의 관련 기획기사들.

132) 2012년 금속노조 경기지부는 에스제이엠, 두원정공 등이 직장폐쇄를 당했을 때 임금을 받지 못하는 노동자의 생활고를 가중시키면서 '자칫하면 해고될 수 있다'는 공포를 만들려는 사용자의 의도를 잘 알고 있었다. '공장으로 돌아가자'는 식의 주장은 '돌아가자'는 생각에 집착함으로서 그 밑바닥에 깔린 해고공포를 자극한다. 2001년 대우차 정리해고 반대투쟁에서도 자주 외쳤고 대우차노조의 투쟁백서 제목도 "공장으로 돌아가자"였다. 정리해고나 직장폐쇄를 당한 노조 상당수가 이런 구호를 외치지만 2012년 에스제이엠 투쟁에서는 이 구호를 외치지 않으려 노력했다. 오히려 "즐겁게 싸우자"고 했다. 에스제이엠 투쟁 당시에 시민단체와 노조가 만든 집회 제목은 "놀자"였다. 당시 세계에 유행하기 시작한 '강남스타일'을 '노동자스타일'로 바꾼 가사에 맞춰서 춤을 추며 축제처럼 즐겼다. '대항폭력의 정치'와 '반폭력의 정치'는 투쟁 방식과 집회형식에서도 다르게 나타난다. 2009년 이후 노동조합은 "함께 살자"보다 훨씬 더 많이 "해고는 살인이다"는 구호를 외쳤다. 해고 심각성을 알리려는 이 구호는 전혀 반대로 "해고의 공포"를 가장 적나라하게 확산시킬 수 있다. 단순히 어떤 구호를 더 많이 외쳤는가를 넘어서는 문제다.

133) 강준만, 2010, [영혼이라도 팔아 취직하고 싶다], 개마고원.

134) '함께 살자'라는 문구는 2008년 세계금융위기 때에 (2010년께 해체됐지만 당시에는 '새흐름'이라고 불렸던) 나와 가까운 사람들이 모여서 '위기의 시대에 노동자운동을 어떻게 해야 할까'를 주제로 몇 차례 토론 끝에 나온 구호였다. 이를 금속노조 핵심 슬로건으로 제안하기도 했고 실제로 금속노조는 당시 이 문구를 새긴 깃발을 만들어 집회에서 사용했다. 그러나 '함께 살자'는 구호를 넘어 노조 전략 · 전술로까지 깊이 있게 이해하고 발전시키지는 못했다. 2009년 쌍용차 투쟁 초기에 조합원에게 배포한 책자 제목이 '함께 살자'였다. 그러나 이후 투쟁 과정에서 이 기조를 유지했다고 볼 수는 없다.

135) 2009년 4월 7일 쌍용차노조는 기자회견을 통해 5시간 근무제를 통한 일자리 나누기로 고용유지, 비정규직 고용안정을 위한 정규직 12억 출연, 개발자금 및 운영자금 인건비 담보로 1,000억 대출 등 자구안을 제안했다. 파업이 시작된 후 나는 쌍용차에서 정리해고로 인한 고통과 갈등을 겪은 다른 사례와 다르게 '새로운 모델'을 만들기

위해 4월 7일 발표한 내용과 함께 회사가 정상화되기까지 무급순환휴직을 통해 고용을 유지하자는 제안을 했다. 6월 1일 이 내용이 쌍용차지부 기자회견으로 발표됐다. 그러나 강경파 노동단체는 강력히 반대했고 6월 8일 쌍용차지부는 이 제안을 폐기했다.

136) 2009년 8월 6일 쌍용차노조는 남아 있는 해고대상자 중에 52%의 노동자 정리해고를 인정하고 48%가 무급휴직을 하는 노사합의를 했다. 그 이전인 7월 19일, 나와 쌍용차노조 간부가 만나 회사와 정부측 교섭창구를 통해 논의한 끝에 제안한 내용은 공개하지 않았다. 쌍용차 투쟁이 끝난 직후 이 내용을 본 점거농성 참가자 몇 사람은 절대 공개하지 말라고 부탁했다. 7월 19일 협상안은 8월 6일 안에 비해 훨씬 나았기 때문이다. 이 내용을 공개하면 "왜 그때 그 안을 받지 않았냐"며 노조 지도부에 불만이 쏟아질 것이라고 했다. 나는 공개하지 않았다.

7월 19일 제안내용은 크게 세 가지였다. 첫째는 상하이차의 지분을 20% 이하로 감자하되 못할 경우 법정관리인과 회사 경영진이 사퇴한다. 둘째는 정리해고를 철회하고, 정리해고 대상자는 자율적으로 무급휴직 · 희망퇴직 · 영업전직 · 분사 중에 하나를 선택하는 것이다. 셋째는 2011년까지 이미 해고되지 않는 '산 자'들에게 적용하는 임금인상동결과 상여금의 250% 지급 중단 등 후생복지를 1년간 양보하는 대신 점거농성 과정에서 발생한 민형사상의 고소 · 고발을 10일 안에 취하하고 징계하지 않는다는 내용이다.

이 안에 따르면 조합원은 무급휴직을 선택해 정리해고는 피할 수 있다. 또한 점거농성 이후 점거농성에 참여한 노동자들에게 민형사상 법적 책임으로 인해 고통받았지만 7월 19일 안에 따르면 민형사상 책임을 면할 수도 있었다.

하지만 이 제안은 노조 임원이 참가한 회의에서 일부 반대의견이 있었고 강경한 노동단체가 반대했다. 이 안을 점거농성 중인 쌍용차노조 간부회의에 한상균 당시 지부장이 보고했으나, 이미 지도부는 그 안을 받지 않겠다는 판단을 한 뒤였다.

나는 이 과정에 참여했다는 이유로 일부 노동단체로부터 "내부의 적"이라는 공격을 받았다. 이 과정에서 진행된 사실과 다른 왜곡된 소문으로 아직도 이런 혐의를 자진 사람으로부터 비난을 받곤 한다.

137) 정리해고가 아닌 직장폐쇄는 2010년 이후 노조를 깨는 데 사용자가 자주 써먹는 방법이다. 직장을 일시적으로 폐쇄해 놓고 임금을 받지 못하는 노동자들이 견디지 못하면 노조탈퇴를 약속하고 업무에 복귀시킨다. 해고 협박도 한다.

138) "노동자와 자본가 사이의 임금과 수익 분배를 둘러싼 자연스런 갈등을 토대로 성립된 경제시스템에서는 실업이나 실업의 공포를 통해 규율을 바로잡는 효과를 얻을 수 있다. 1960년대 후반의 전후 세대 노동자들은 대규모 실업이나 대공황의 경험 없이 성장했다. 그래서 노동자들은 더욱 호전적으로 변해 임금인상 요구가 높아졌다. 그리고 정부가 완전고용 유지에 정책의 최우선 순위를 두고 있었으므로, 기업들은 노동자의 호전성과 파업을 저지하기 위해 임금이 얼마든 간에 정부가 돈을 충분히 발행해 줄 것이라고 생각하게 됐다. 이 인플레이션의 순환을 막고 노동시장의 규율을 회복하는 유일한 방법은 정부가 완전고용 정책을 포기하고, 수백만명의 노동자들이 직업을 잃을 수 있는 상황을 만드는 것이었다. 1979년 이후에 일어난 일이 바로 이것이다."(아나톨 칼레츠키, 2011. 76~77쪽)

1979년은 대처가 영국 수상이 된 해였고 다음 해 미국에서 레이건이 대통령이 됐다. 대처리즘이나 레이거노믹스가 이런 길을 걸었다. 그러나 금융위기 등을 거친 현재에는 또 다른 상황으로 정부는 통화정책을 통해 돈을 풀고 실업률 관리에 신경을 쓴다.

한국은 고도성장을 하다 97년 외환위기를 맞은 이후 구조조정과 정리해고제 도입을 통해 실업을 적극 만들어 냈다. 세계적으로 79년부터 시작된 상황이 한국에서 97년 이후 본격화된 측면이 있다.

139) '스마트워킹'을 늘리기 위해 노동부와 기업들이 수없이 떠들지만 외국에서도 논란이 있다. 재택근무를 폐지한 야후를 빌게이츠가 비판하는 일도 있었다. 노동권이 튼튼하지 않는 상태에서 스마트워킹을 진행하면 노동유연성

확대, 즉 노동 불안정성을 높이는 결과를 낳을 수밖에 없다. 전혀 다른 현상들도 있는데 인터넷쇼핑이 늘어나면 늘어날수록 택배를 비롯한 화물운반 수요가 늘어나는 현상이다. 인터넷쇼핑을 하는 사람은 구매를 위해 이동하고 쇼핑하고 귀가하는 시간을 절약하는 것으로 보이지만 반대로 구매품을 배달하는 노동은 증가한다. 스마트한 쇼핑이 스마트하지 않은 노동을 증가시키는 역설을 보여준다. 정보통신기술 발전이 21세기에 중세 노예노동 같은 열악한 노동을 늘리는 현상과 유사하다.

140) 조르조 아감벤, 김항 옮김, 2009, [예외상태], 새물결출판사.
예외상태는 이해하기에 굉장히 복잡하다. 나는 정상적이고 일상적인 상태와 다른 예외적 상황으로 아주 단순한 의미로 썼다. 조르조 아감벤은 '호모사케르'라는 개념을 쓰는데 이 또한 이해하기 쉽지가 않다. 단순하게 '발가벗겨진 인간' 혹은 '버려졌으나 버려지지 않은' 매우 복합적인 의미를 가진 것으로 보이는데 오늘날의 노동자 상태와 유사하다고 생각한다.

141) 비판은 먼저 국가권력과 자본권력에게 돌아가야 한다. 그 다음 비판대상은 우리 자신이다. 2008년 현대차 정리해고 때 "모두가 현대차를 바라보고 있다"는 내 얘기에 대해 "다들 지켜만 보고 있죠"라며 섭섭해했던 당시 김광식 위원장의 말을 잊을 수가 없다. 국민 대부분이 그렇지만 특히 민주노총 소속 노동조합들도 함께 파업하면서 투쟁하지 못했다. 예수는 "죄 없는 자 저 여인에게 돌을 던지라"고 했다. 배부른 정규직이라는 노조비판은 노동운동과 거리를 두거나 심지어 자본의 편이 된 사람이 자기행동을 정당화하는 근거로 삼기도 했다. 다수 노동자는 '반노조 정서' 프레임을 받아들여 이를 국가권력과 자본권력과 함께 공유한다. 그 결과 노조로부터 거리를 유지한다. 다르게 말하면 자기 권리로부터 거리를 유지한다 자기 권리를 스스로 버리는 행위다.

142) 로버트 라이시 지음, 오성호 옮김, 2001, [부유한 노예], 김영사.

143) "이쪽과 저쪽 양쪽 모두에게 결정적 목표는 돈을, 가능한 한 많은 '돈을 버는 것'이다. 양쪽 모두 그 목표에 도달하기 위한 필요불가결한 수단이 '성장'이라고 생각한다. 둘 다 '늘 좀 더 많이', '늘 좀 더 빨리'라는 내재적 구속에 얽매인다."(앙드레 고르의 [에콜로지카], 121쪽)

144) 김만수, 2004, [실업사회], 갈무리, 276쪽.

145) 연합뉴스, 2011. 7. 7., "한국인 신경쇠약 직전, 치료는 꺼려〈NYT〉". 경향신문 · YTN 등도 같은 내용을 보도했다.

146) 박명림, 김상봉, 2011, [다음 국가를 말하다], 웅진지식하우스, 34쪽.

147) 기디언 래치먼 지음, 안세민 옮김, 2011, [불안의 시대], 아카이브.

148) 민주노총 금속노조 정책실장 · 단체교섭실장 · 기획국장 등 다양한 직책을 가지고 활동하면서 2000년대 중반 이런 논란을 숱하게 겪었다.

149) 중앙일보, 2013. 4. 5., "노동자 · 중산층의 분화 … 현대는 7계급 사회".

150) 이진경, 2006, [미래의 맑스주의], 그린비, 309쪽.

151) 노동은 자유권이기 때문에 국가에 요구하는 청구권적 권리가 아니라는 주장도 있다(정규재, 2017. 3. 27. "노동할 권리는 청구권 아닌 자유권이다", 한국경제, 인터넷판).

152) 위 정규재 글.

153) 노동권에 대해 노동과정과 노동결과에 대한 노동자 통제권 같은 개념만 가지고 있었으나 노동권을 '몸에 대한 자기결정권'으로 바라보는 사고방식을 금속노조 경기지부 간부인 김유진에게서 처음 듣고 발상을 얻었다.

154) 은수미, 2012, [날아라 노동], 부키, 91~94쪽.

155) 폴 라파르그 지음, 차영준 옮김, 2009, [게으를 권리], 필맥.

156) 버트런드 러셀, 2007년 개정판, [게으름에 대한 찬양], 사회평론.

157) 로버트 라이시 지음, 오성호 옮김, 2001, [부유한 노예], 김영사, 11~12쪽.

158) 레온 크라이츠먼, 한상진 옮김, 2002, [24시간 사회], 민음사.

159) 노동과 소유 분리와 약간 다른 차원에서 경영과 소유 분리 문제가 있다. 전문경영인 체제를 통해 회사를 운영하는 방식인데, 이는 노동과 소유 분리 연장선에 있다. 전문경영인을 세워 놓고 이익을 받는 주주들은 노동 없는 소유, 순전히 투자를 통한 소유를 하는 셈이다. 전문경영인체제든 오너경영이든 노동가치 차별화를 통해 정당화할 수도 있다. 즉 노동자 노동은 가치가 낮지만 경영인이나 오너 노동은 엄청난 가치가 있기에 그만큼 더 많이 가져가야 한다는 주장이다. 하지만 경영자나 오너 노동과 노동자 노동가치가 그렇게 차이 나는 것을 증명할 수 없다.

160) 정반대로 노동을 통한 해방을 주장하는 노동을 신성하게 여기는 이데올로기에서 빠져나와 노동으로부터 해방을 주장하는 의견이 있다. 앙드레 고르를 비롯해 문화사회를 주장하는 사람, 노동거부운동 등. 이에 대해 진보평론, 2010, 46호 겨울호 참조.

161) 레디앙, 2016. 1. 1.자, "노동으로부터의 자유, 그 씁슬한 분석과 대안"에서는 니시다 료스케, 구도 게이가 쓴 [무업사회]를 간략히 소개했다.

162) 소유보다 통제가 중요하다는 의견도 있다. "소유(ownership)보다 중요한 것은 통제(control)이며, 사회화(socialization)에 있어 중요한 것은 소유의 사회화보다는 통제의 사회화, 즉 사회적 통제(social control)이라고 본 것이다. 이 점은 같은 시기 스웨덴 사회민주당의 닐스 칼레비(Nils Karleby)와 비그포르스(Wirgforss) 역시 마찬가지였다. 노동자들이 회사와 산업(업종), 그리고 국가경제기관의 각종 의사결정 기구에 참여해 자본가들과 함께 공동으로, 민주적으로 회사와 산업, 국민경제를 사회적으로 통제 · 통치하는 'Social control'이 훨씬 중요하다고 보면서 그것을 경제민주주의라고 불렀다."(정승일, 2017년 10월 31일, "더 넓고 더 깊은 경제민주주의+복지국가의 꿈을 꾸자", 사회연대네트워크가 주관한 '노동조합, 복지국가 어떻게 주도할 것인가' 토론회 발표문 중)

163) 제러미 리프킨,이원기 옮김, 2005, [유러피언드림]
"복지국가 개념은 한쪽에서는 부상하는 부르주아 계급과 귀족들이, 다른 한쪽에는 노동자 계급과 빈민들이 대립하는 가운데 양쪽을 달랠 수 있는 타협의 길이었다. 시장 자본주의에서 발생하는 과도한 부 가운데 일부를 재분배하는 대신 사유재산 제도를 유지한다는 것이 그 핵심이었다. 복지국가는 부의 균형을 잡고 계급 간의 갈등이 거리혁명과 노골적인 투쟁으로 비화하는 것을 막는 수단으로 자리 잡았다."(194쪽)

164) 요한갈퉁, 2000, 324쪽.

165) 동화돼 자신을 잃어버리지 않지만 다른 사람들과 조화를 이룬다는 '화이부동(和而不同)'은 문제를 덮으려는 노사화합이나 사회모순을 숨겨 둔 채 정치인이 떠드는 사회통합과 차원이 다르다. 이익과 권력욕에 빠지지 않고 상호 권리를 존중하는 4차 관계를 중심으로 하되 2차와 3차의 관계가 공존할 수 있는 사회는 이런 발상이 어울린다. 인간관계 아름다움이 '화이부동'에 있다면 건축을 비롯한 한국예술 아름다움은 검소하지만 누추하지 않고 화려하지만 사치스럽지 않은 '검이불누 화이불치(儉而不陋 華而不侈)'에 있다. 인간의 아름다움은 '당당하나 거만하지 않고 겸손하지만 비굴하지 않은 인간형'에 있다. 이 셋은 통하는 측면이 있다.

166) 너새니얼 브랜든, 김세진 옮김, 2015, [자존감의 여섯가지 기둥], 368쪽.

167) 토마스 프랭크 지음, 김병순 옮김, 2012, [왜 가난한 사람들은 부자를 위해 투표하는가], 갈라파고스, 294~295쪽.
토마스 프랭크의 책 초판이 나온 10여 년 후에 오바마 대통령은 미국인들에게 노조에 가입할 것을 권유하는 발언을 했다(경향신문 인터넷판, 2015. 9. 8., "오바마 "미국인이여, 노조에 가입하라"). 노조 약화는 진보 약화와 보수 강화, 노동자 약화와 자본 강화로 진보개혁 정책 기반을 무너뜨리기 때문에 대통령이 나서 이런 발언을 한 게 아닐까.

168) 토마스 프랭크, 2012, 294쪽.

169) 정흥준, 2017, "한국 노동체제의 진단과 과제", 한국노동연구원 개원 29주년 기념세미나 자료.

170) 조지 리처 지음, 김종덕 외 옮김, 2017, [맥도날드 그리고 맥도날드화], 풀빛. 맥도날드화가 보여준 중요한 쟁점 하나는 포스트포드주의, 탈산업사회, 정보통신사회로 이어지는 이론이 노동변화를 보는 방식이다. 조지 리처에 따

르면 기술노동이나 서비스노동이 증가하지만 관료주의, 테일러의 과학적 관리, 포디즘에서 맥잡으로 이어지는 저임금 단순노동도 증가하고 있다. 일부 새로운 노동이 증가하지만 다른 한편에서 맥잡과 같은 노동이 증가한다는 점에서 또 다른 노동양극화라고 할 수 있다. 실제 경기지역에서 활동하면서 이를 확인한다. 최근 30년 된 민주노조인 현대케피코지회는 연구사무직이 생산직을 넘어섰다. 반면 하청노동자 주축인 신생노조가 늘어났다.

171) 목적을 향한 운동(Kinesis)과 현재실현(Energeia)은 아리스토텔레스로부터 시작된 철학개념이라고 한다. 한국에서는 기시미 이치로가 [미움받을 용기]를 통해 이를 설명하면서 좀 더 널리 알려졌다.

172) 한국일보, 2018년 1월 6일자 인터넷판, "[노멀크러시] 성공 관심없어! 나는 '아무나'가 되련다"를 비롯해 노멀크러시에 대한 얘기들은 쉽게 찾아볼 수 있다.

173) 김민주, 2017. 11. 27., 오마이뉴스 "비정규직 가슴에 대못질하는 인천공항 정규직들에게", '인천공항 정규직 전환 공청회' 참가 후기 참조.

174) 경향신문, 2017년 12월 16일자, "'동네 반장 선거도 아니고…' 민주노총 직선제 계속 삐거덕".

175) 조건준, 2004, "기금요구, 독인가 약인가", 노동사회 통권 90호.

176) 인수범, 2006, "사회연대기금의 형성과 역할", 노동사회연구소 홈페이지.

177) 오마이뉴스, 2004. 7. 2., "완성차 노사, 공동협의체 구성 전격합의".

178) 2000년대 초반에 세계 노동조합이 모이는 국제회의에 수차례 참가한 적이 있다. 이때까지만 해도 한국 민주노조는 1996~97년 노동자 총파업으로 세계에 잘 알려졌고 외환위기 이후 정리해고에 맞선 격렬한 투쟁이 있어서인지 나른 나라 노조에서 관심을 보였다. 특히 국제회의에 모이면 브라질과 남아공 노동조합은 돈독한 친밀감을 보였고 이들과 따로 술자리를 만들어 함께 즐길 정도였다.

179) 한국 민주노조운동 퇴조가 국제노동운동에 알려지기 시작했다. 2003년 8월 23일부터 9월 7일까지 호주제조노조를 방문한 적이 있다. 호주 제조노조와 한국 민주노총 금속연맹은 당시 수차례 상호 교차방문을 하면서 연대를 이어 가고 있었다. 방문했을 당시 호주 제조노조 간부는 우리에게 말로만 사회를 바꾸자고 하면서 현장에서 실리만 챙기는 노조를 사회운동노조라고 할 수 있는가를 물었다. 당혹스럽고 아팠던 기억이다(전국금속산업노동조합연맹, 2013, 호주연수보고서).

180) 한국에서도 기본소득 주장이 계속 나오고 있으며 세계에서도 기본소득에 관심이 높아지고 있다(한겨레 신문 연재, 2017년 11월, "세계는 지금 기본소득 실험 중" 참조).

181) 세계에서 장시간 노동을 하는 한국 노동시간을 조사하는 방법을 바꿔 실제보다 짧게 보고했다는 논란이 있다. 한겨레신문 인터넷판, 2017. 12. 5., "OECD 한국 노동시간 지난해 172시간 짧게 보고됐다" 참조(기사 제목은 나중에 "취업자에게 물어본 연 노동시간, 최장 멕시코와 14시간차"로 수정되었다).

182) 한겨레신문, 2018년 1월 12일자 4~5면, 새해기획 기사 참조.

183) 신세계이마트는 2017년 12월 8일 주 35시간, 1일 7시간으로 노동시간을 단축해 2018년부터 실시하겠다고 발표했다. 이 발표에 대해 노동강도를 높이거나 줄어든 노동시간 만큼 임금도 줄 것이라는 우려와 어차피 시간당 임금은 깎이지 않고 노동시간 단축흐름을 만들 것이라는 긍정적 의견이 엇갈렸다. 이마트에 민주노총 소속노조와 한국노총 소속노조가 함께 있는데 노조 입장도 엇갈렸다(매일노동뉴스, 2017. 12. 13.자 인터넷판, "마트산업노조 '이마트 주 35시간 도입 반대'").

184) 손정순, 2009, '금속산업 비정규 노동의 역사적 구조변화', 박사학위 논문. 이 글에서 자본주의 축적체제의 변화 과정에서 비정규직 노동이 어떻게 탄생하고 축소 또는 확대되는지를 볼 수 있다.

185) 노동연구원이 발주한 연구사업에 참여한 적이 있는데, 자동차산업 · 철강산업 · 조선산업 하청노동자 비교연구였다. 이 연구작업을 통해 각 산업에 따라 하청노동자 노동 성격과 노동자 요구와 지향에 차이가 난다는 점을 확인할 수 있었다.

186) 조돈문(2016, [노동시장의 유연성-안전성 균형을 위한 실험], 후마니타스, 12쪽)은 평생 비정규직 시대를 막아 내는 데 무기력한 민주노조에 대해 "민주노조운동이 계급적 전망은 고사하고 전노협 시대의 거부권력(veto power) 마저 상실한 지 오래됐음을 실감하게 한다"고 평가했다.

187) 한겨레, 2017년 8월 20일자 인터넷판, "이대의 난 1년 … 프레임에 갇힐까 봐 자기검열 했었다" 참조.

188) 이데올로기 반란이 다른 대항이데올로기가 준비돼 시작되지는 않으며 기존 지배이데올로기가 가진 허구성을 현실에서 실현되도록 하려는 행동에서 발생한다는 연구를 참조할 필요가 있다. 김정한 책 참조.

189) 노동계가 주목하는 투쟁이 끝나면, 투쟁을 정리한 보고서나 책자를 발간한다. 그러나 대부분 특정 단체가 자기주장을 정당화하고 자기역할을 강조하려 입맛에 따라 정리하곤 한다. 다양한 토론을 거쳐 생각을 모아 투쟁백서를 내면 바람직하겠지만 쌍용차나 에스제이엠 모두 이런 과정을 통해 정리한 결과가 없어 아쉽다. 두 노조 투쟁사례를 비교하고 있는 나 또한 한계를 벗어날 수 없다.

190) 2012년 에스제이엠 투쟁을 할 때까지 '대항폭력'과 '반폭력의 정치'라는 개념을 알지 못했다. 다만 에스제이엠 투쟁은 쌍용차 투쟁과 달라야 한다고 생각하고 일관되게 다른 발상으로 대응하려 노력했다. 한참이 지난 2016년 초에 김정한이 쓴 [1980 대중봉기의 민주주의]를 읽으면서 '대항폭력'과 '반폭력의 정치'가 쌍용차 투쟁과 에스제이엠 투쟁 차이를 가장 잘 설명하는 개념이라고 생각하게 됐다.

191) 삼성그룹에서 민주노조운동 사례와 삼성전자서비스 투쟁을 정리한 내용은 삼성노동인권지킴이, 2015, [삼성무노조 벽을 넘다]. 단행본 책자 참조.

192) 이런 투쟁기풍이 열사가 나타나는 이유 중 하나가 아닐까 생각했다. 그러나 열사가 나오면 노조에서 이런 논의는 거의 금기시된다. 제대로 분석하고 토론하며 평가할 여유를 가지지 못한다.

193) 삼성전자서비스지회 교섭을 둘러싸고 "밀실교섭" 혹은 "블라인드교섭"이라고 공격하는 주장이 있었다. 이 시대 대부분 비정규직은 하청 사용자와 교섭한다. 하청 사용자는 결정권이 거의 없다. 원청과 교섭해야 하는데 원청 사용자는 교섭장에 나오지 않는다. 비공개 직접교섭, 원청이 블라인드 뒤에 배석하고 하청 노사가 교섭을 하는 블라인드 교섭, 정치인을 비롯한 제3자가 중재하는 3자 교섭을 비롯해 원청과 하청노조 사이에 복합적 교섭방식이 탄생한다. 이를 보지 못하고 정규직이 사용자와 교섭하듯 하청노조가 공개적으로 삼성전자서비스와 교섭을 해야 한다는 주장은 현실을 무시한 관념에 가깝다. 삼성노동인권지킴이, 2015 참조.

194) 직접폭력에 대응하는 전투성을 남성성으로 제한할 수는 없다. 2차 세계대전에 참여한 여성은 남성 못지않은 전투력을 보였다.(스베틀라나 알렉시예비치 지음, 박은정 옮김, 2015, [전쟁은 여자의 얼굴을 하지 않았다], 문학동네) 하지만 물리력이 필요한 전투와 군사문화는 여성성보다 남성성에 가깝다. 전투적 군대문화를 중심에 두는 한 노동조합은 남성 중심 문화를 벗어나기 쉽지 않다.

195) 1980년 광주에 군대를 투입한 군사정권은 87년 6월 민주항쟁에 군대를 투입하지 못했다. 압도적 다수 시민이 지지하고 참여하는 상황에서 군대를 투입하면 내부 군사구테타를 비롯한 엄청난 반발이 두렵기 때문이었다. 이 또한 반폭력 정치를 보여주는 중요한 사례다.

196) 민주노총에는 조직을 둘러싼 또 다른 갈등이 끊이지 않는다. 산별노조 원리에 따르면 같은 산업이면 해당 산업노조에 가입해야 한다. 그러나 이런 원리에 어긋나는 일이 벌어져 갈등을 일으킨다. 특정 정파에 강한 영향을 받는 노조는 특정 정파가 영향을 가질 수 있는 상급단체에 가입하는 경우도 있다. 같은 산업에서 같은 일을 하는 노동자가 딴살림을 차린다.

197) 노조 설립 이후 드러난 문제를 충분히 논의하지 못했다. 다른 문제에 신경을 써야 하는 상황이었던 점도 있었다. 이때만 해도 나는 이런 노조에서 나타나는 문제를 깊이 생각하지 못했다. 어떻게 해결해 나가야 할지를 고민하는 과정에 있었다.

198) 비버리 J. 실버, 백승욱 · 안정옥 · 윤상우 옮김, 2005, [노동의 힘], 그린비.

199) 조합원 교육을 할 때 '고스톱 내공'이 중요하다고 설명한다. 노동자가 "스톱(Stop)"하면 공장과 회사가 멈추고, "고(Go)" 하면 돌아가게 하는 고스톱 내공. 즉 생산에 대한 통제권에서 노동자 자존감을 확인할 수 있다. 노동권을 태극권 · 당랑권 · 취권 등 권법과 비교해 설명하곤 했는데 노동권 내공은 바로 이런 고스톱 실력에서 나온다. 생산라인을 끊어서 사용자에게 압력을 주기 힘든 기업과 산업에서는 사회적 반향을 일으켜 문제를 해결하는 연합능력이 필요하다.

200) 노동조합은 영어로 union이다. 이렇게 보면 '노조운동'과 '유니온(union) 운동'은 다를 바 없다. 그럼에도 왜 청년유니온은 청년노조가 아닐까. 일본에서 노조에 대한 사회시선이 매우 나쁜 편이라고 한다. 노조는 회사와 결탁하고 각종 비리와 부패 이미지를 가지고 있다. 그럼에도 노동시민에게 노조는 필요하다. 때문에 노조가 가진 부정적 이미지를 벗어나기 위해 '노동조합'이라는 이름을 쓰지 않고 '유니온'이라는 이름을 쓴다.

201) 기여자(起予者)는 논어에 나온다. '전위'나 '활동가'는 매우 오래된 개념이다. 노조와 사회운동에 뿌리 깊게 박힌 이런 개념은 먼저 깨달아 잘난 척 대중을 계몽하고 지도하려는 모습으로 나타나곤 한다. 이런 사고를 넘어서기 위해 고민하던 중 다양한 분야에서 사회운동을 하는 사람이 모인 초월회에서 '촉진자'라는 단어를 들었다. 촉진자(facilitator)는 회의를 원활하게 돕는 회의 진행 촉진자로 널리 사용한다. 촉진자와 유사하지만 더 적절한 말을 찾으려 함께 활동하는 사람들과 얘기했다. 기획자, 촉매자, 도우미, 양념, 마중물, 기여자 등 여러 단어가 나왔다. 백승욱이 쓴 책(2017, [생각하는 마르크스], 북콤마)을 보다가 '기여자'를 다시 생각하게 됐다. 어떤 일이 잘 되게 하는 '촉진자'와 서로를 일깨우는 '기여자'가 유사하다고 생각했다. 함께 토론한 김유진은 '기여자'라는 단어가 더 적절하다고 추천했다. 그는 남에게 도움이 되도록 이바지한다는 의미의 '기여자(寄與者)'도 좋다고 했다. 이익을 노린 투자, 권력을 노린 시혜가 아닌 권리를 위한 기여가 절실한 현실이다.

202) 운동권 정파를 몇 가지 유형으로 나눌 수 있다.

첫째로 20세기 혁명이론에서 시작해 그 뿌리를 버리지 않고 있는 전위조직형이 있다. 정당 · 노조 · 농민단체 · 학생운동 · 시민단체 등 곳곳에 조직기반을 가지고 지도해 사회변혁을 이끌겠다는 목적을 추구한다.

둘째로 정당형이 있다. 20세기 전위정당이론이 약해지고 민주사회에서 대의민주주의 정치를 위한 정당으로 탈바꿈한 정파도 있다. 특정 정당을 지지하는 사람 모임이다. 민주당을 지지하고 정의당을 지지하는 모임도 있다. 노조운동에 따로 독립된 정파라기보다 특정 정당지지 모임 성격이 더 강하다.

셋째로 단체형이 있다. 노조나 사회운동 각 분야에 조직기반이 약하지만 정치 · 경제 · 사회 등 각 분야에 대한 이론과 정책을 가진 이데올로기형 단체와 특정 분야에 전문성을 가지고 노조활동을 지원하는 전문단체다.

넷째로 소수 견해그룹이 있다. 노조나 사회운동에 별로 영향을 미치지 못하지만 굉장히 급진적인 주장을 하는 작은 서클 수준이 대부분이다.

운동권 정파는 정치권력을 잡아서 세상을 바꾸겠다는 분명한 목표를 가진다. 이를 위해 체계를 갖춘 사상이론, 조직기반, 조직원 행동통일을 이룰 규율을 갖춰야 정파로서 완성도가 높다.

이런 기준으로 볼 때, 첫번째 전위형이 정파에 가장 가깝다. 조직방침을 실행하도록 만드는 규율도 가지고 있다. 세월이 가면서 점점 영향력이 떨어지고 두 번째의 정당형으로 중심이 바뀌고 있다. 민중당이 대표적 사례다. 정당형은 제도정치권에 흡수된 정당 지지자에 점점 가까워지고 있다. 단체형은 정파라기보다 노동운동단체다. 소수견해그룹은 정파가 되기를 꿈꾸지만 서클(작은 모임)을 벗어나지 못하는 수준이다.

노동운동이나 사회운동은 점점 '정파시대'에서 '정당시대'로 바뀌어 왔다. 노멀 레볼루션이 필요한 지금, '정당시대'를 넘어 '아무나 정치'를 만드는 '기여자시대'가 되기를 소망한다.

관계의 숲속 누구나 일으키는 아무나 혁명

노멀 레볼루션

초판 1쇄 발행 2018년 4월 2일
초판 2쇄 발행 2018년 4월 19일

글쓴이 조건준
펴낸이 박 운 · 부성현
펴낸곳 ㈜매일노동뉴스

등록 제2008-62호
주소 서울특별시 마포구 양화로10길 20(서교동, 2층)
전화 02-364-6900
팩스 02-364-6901
홈페이지 www.labortoday.co.kr
이메일 book@labortoday.co.kr

ISBN 978-89-97205-40-0
값 18,000원